歷史的脈搏

始祖骸骨、青銅神像

與失落國度

岳南——著

PULSATIONS
OF THE HISTORY
I

岳南
大中華史

人頭骨 × 青銅面具 × 孫子兵法……圖文並茂再現千年的古文明之光與文化傳奇

三星堆銅人、兵馬俑等瑰寶背後，藏著怎樣的故事？

以文物為線索，從遺址中探尋千年文明的祕密
夸越時光長河，以考古發現重新詮釋歷史的壯麗篇章

目錄

序言　　005

第一章　探尋「北京人」的足跡　　009

第二章　文明的曙光　　047

第三章　解密夏商周：追尋歷史年代之謎　　091

第四章　三星堆：失落文明的傳奇　　151

第五章　破解《孫子兵法》的密碼　　231

第六章　消失的曾國：神祕王國之謎　　309

目錄

序言

　　最近20多年來，好友岳南先生以《風雪定陵》一書為開端，堅持不懈地陸續撰寫11本考古重大發現紀實著作，加上正籌備中、關於殷墟發掘的《青銅王國》，共計將有12本之多，總字數不下6,000萬字。內容多為近年來備受矚目之考古發現，側寫歷史，內容詳實、旁徵博引、圖文並茂，受到廣大讀者的熱情支持。有幾本書，我在付梓前讀到原稿，有的則是出書後第一時間獲贈，令我親見這位考古文學專業作家刻苦努力、奮鬥不已的成長歷程。今年春節獲知岳南將已出版之11本書濃縮為新著《岳南大中華史——從北京猿人、三星堆到清東陵》（以下簡稱《岳南大中華史》），來信向我索序，感到既不能推辭，又很不好寫，略說一點感想。

　　歷代流傳下來的歷史典籍，汗牛充棟。且不說紀傳體「二十四史」多達三千多卷，如此篇幅的鉅著，倘非專業人士無法問津。而地下埋藏的大量珍貴的古代遺跡和遺物，在考古學興起以前，長期聽任自然和人為的破壞，未能成為歷史研究的資料，僅有少數人著手收集與研究。19世紀末以後，西方和日本的探險家及「考古學者」潛入邊境地區，攫取古代文物。遲至1920年代，真正的中國考古學始告誕生，北洋政府聘請的外國專家安特生 (Johan Gunnar Andersson) 發現並發掘周口店、仰韶村遺址，隨後，裴文中在周口店發掘出北京人第一個完整頭蓋骨化石，李濟、梁思永等主持對殷墟等遺址進行長期的發掘。不過由於抗日戰爭爆發等原因，截至1940年代末，可靠的考古研究成果大多尚未詳細發表。所以，將近五十年間迭出的通史專著和中學教科書，無論王桐齡《中國

史》、鄧之誠《中華二千年史》、呂思勉《中國通史》、繆鳳林《中國通史要略》、錢穆《國史大綱》，還是范文瀾《中國通史簡編》、呂振羽《簡明中國通史》、翦伯贊《中國史綱要》，僅個別著作曾引用過考古資料，卻還未必正確。

在夏鼐為主要指導者的培育下，以科學發掘為基礎的考古學開始茁壯、成長，學科系統越來越完整。1983年出版的《新中國的考古發現和研究》和1986年出版的《中國大百科全書》第一版《考古學》卷，這兩部夏鼐主編的論著，展現了考古學的發展狀況。不斷更新的歷史教科書和博物館歷史陳列，對此也有充分的表現。以中國歷史博物館編《簡明中國歷史圖冊》（天津人民美術出版社1979年末出版）為例，西安半坡、山東大汶口、青海柳灣、浙江河姆渡、偃師二里頭、鄭州商城、殷墟婦好墓、周原銅器、雲夢秦簡、滿城漢墓、馬王堆漢墓等等，都有許多文物圖片入選。文物出版社還曾出版大眾化的《20世紀中國文物考古發現與研究叢書》（包含數十冊，每冊15萬字）。

1990年代的「夏商周斷代工程」，從2004年夏開始，正式命名為「中華文明起源與早期發展綜合研究」（簡稱「中華文明探源工程」），進行了三年前導研究（2001年至2003年），成為重大科學研究項目，進行了一系列重要的考古發掘與研究。最新研究成果顯示：在距今5,000年前，中國已進入文明階段，出現了國家，進入「古國」時代，表明中華文明的起源和早期發展是多元一體的過程，最終融會凝聚出以二里頭文化為代表的文明核心，進而開啟了夏商周三代文明。在此期間，出版了多卷本《中國考古學》（已出《新石器時代卷》、《夏商卷》、《兩周卷》、《秦漢卷》、《三國兩晉南北朝卷》5卷）。在相當程度上充實和摹寫了悠久的文明歷史，使之更加豐富多彩。

在眾多考古發現不斷湧現、爭奇鬥豔的今天，出版《岳南大中華史》仍有積極意義。它撥開人們心目中的迷霧，告訴大家那些膾炙人口的考古發現，例如三星堆銅人、曾侯乙編鐘、秦始皇帝陵兵馬俑、馬王堆漢墓女屍和絲織衣物、法門寺地宮佛指舍利、北京明定陵帝后冠冕等，是如何在考古學家的辛勞下，得以完整地重現於世，使大家更加自覺地珍愛和保護各式各樣的古代文物。回想與岳南先生初識時，他將近不惑之年，而今行年也已六旬，衷心希望他再接再厲，有重點地拾遺補闕，繼續將歷史上意義重大、但是出土文物並不華麗的考古項目撰寫出來，使「大中華史」的內容更加充實和全面。

是為序。

王世民
時年八十七歲

序言

第一章
探尋「北京人」的足跡

瑞典人安特生來華

　　1914 年 4 月，北洋政府農商部部長張謇簽發了一張聘請書，特聘瑞典 39 歲的地質、生物學博士安特生來華擔任農商部顧問，協助丁文江與翁文灝主持的地質調查所，訓練地質調查專業人員，前往具有礦藏的北部考察並採集化石，以便開發。安特生對於自己的職位與年薪 18,000 塊銀洋的薪水表示滿意（當時北洋政府教育部社會教育司第一科科長魯迅，月薪 280 塊銀洋；北京大學教授如李大釗等月薪 300 塊銀洋），來華後很快投入了工作。

　　1918 年 2 月某日，安特生在一個偶然的機會遇見了當時在燕京大學任教的麥格雷戈・吉布教授，這位化學家很了解安特生對於化石的獨到興趣，當即出示一些包在紅色黏土中的碎骨片。「這是在周口店發現的，詳細地點是一處名叫雞骨山的山崖左側，由於紅土中隨處可見到鳥類骨頭而得名。前幾天我到那裡考察，親自採到了這些有骨頭碎片的泥塊。」吉布教授得意地說著，將碎骨從泥塊中剝下，遞給安特生。

　　「這些泥塊由充滿特色的紅土構成，我發現這種紅土在周口店地區多處石灰岩洞中均可見到。但引起我注意的是，其中有許多小碎骨，大部分骨頭是空腔的，顯然屬於鳥類骨頭……」吉布教授的敘述對安特生來說極具誘惑力，這不僅僅由於安特生涉獵廣泛、知識淵博，引起他興趣

第一章 探尋「北京人」的足跡

的最大原因,則是在此之前的一件學術懸案。

20年前,一位叫哈貝爾的德國醫生在北京行醫期間,從中藥店裡買到了不少「龍骨」和「龍齒」。這位醫生雖然不是研究古脊椎動物化石的專家,但極具科學頭腦的他十分了解這些化石的學術意義。1903年,當哈貝爾離開時,他認真挑選買到的「龍骨」,裝在木箱內,帶回他的國家。不久,哈貝爾把這批化石全部送給當時著名的德國古脊椎動物學家施洛塞爾教授(Schlosser)研究。

經過研究鑑定,施洛塞爾驚奇地發現在眾多的「龍齒」化石中,有兩顆是人類的牙齒,而且其中一顆是人類的上第三臼齒——這是整個亞洲大陸破天荒的發現。如果施洛塞爾勇於公布他的研究鑑定成果,那麼,亞洲具有遠古人類生存遺跡的事實論斷,將會提前23年公布於世,安特生的聲名也不會在日後大放光彩。令施洛塞爾和哈貝爾遺憾終生的是,他們只是把兩顆人類牙齒當作類人猿臼齒就匆匆公布於世。

施洛塞爾和哈貝爾二人與偉大的發現榮光失之交臂。但是,這兩顆牙齒還是引起了學術界的注意。因為早在1856年,德國尼安德特山谷深處便發現了尼安德塔人,1891年又在爪哇島上發現了爪哇人,而亞洲大陸卻是一片空白。這一發現,不能不引起敏感的學術界重視。

安特生來華後,始終沒有忘記施洛塞爾的研究成果,並隱約感到尚有一種未被參透的天機。他大量地向科學界的外籍朋友寫信,並總是隨信附上施洛塞爾關於動物化石的鑑定結果,並請他們注意收集和提供「龍骨」的線索以及化石產地。

此時,科學界已經知道所謂的「龍骨」就是埋入地下的古脊椎動物化石,但對遠古人類化石是否夾雜在「龍骨」之中,很少有人勇於大膽地假設。

面對吉布教授贈送的一把零亂骨頭,一個念頭從安特生腦海中閃過:

20年前,哈貝爾在北京中藥店買到「龍骨」,也許,施洛塞爾發現的牙齒就來自周口店。想到這裡,安特生匆匆向吉布教授道謝,回到自己的住所靜靜地沉思起來。3月22日一大早,安特生從北京永定門外乘坐火車,踏上了考察周口店的旅程。

周口店位於北京西南方大約50公里處,是一個極為普通的山野村鎮。安特生很快地找到了周口店西南方約兩公里處的雞骨山,並發現這一帶焚燒石灰、採煤以及開採建築材料相當普遍,也是這個小鎮和附近居民所從事的主要行業。吉布教授正是從這裡的一種深紅色砂質黏土中發現化石的。

圖1-1 周口店與龍骨山

山中土層充滿石灰岩洞,石灰岩洞將泥土中的物質小心地保存下來,填洞的土層逐漸轉變成可分離的石柱,無數碎骨化石就黏著在這獨立高聳的石柱上。安特生揮動考古探鏟,在石柱四周搜尋、發掘,很快找到了兩種嚙齒類化石和一種食肉類化石。太陽快西沉的時候,安特生將採集到的化石裝了滿滿兩個背包,悄悄地來到龍骨山一側的鄉間寺廟住了下來。

入夜,山野空曠寂靜,周口店陷入一片黑暗之中。安特生點燃一盞油燈,慢慢打開裝滿了化石的背包,取出化石,一一觀賞著,反覆思考

第一章 探尋「北京人」的足跡

著，內心湧起多年來少有的驚喜與激動。

兩天後，安特生回到了北京。他對周口店之行非常滿意。能夠在北京附近找到一處「龍骨」產地，可以說是十分幸運。況且，這是安特生來華四年來第一次發現骨化石。儘管骨骸很小，看起來屬於普通的並可能是倖存下來的鳥的種類。但這個發現，畢竟為他解開施洛塞爾發現的人齒地點之謎，敞開了一扇透著些微曙光的門戶。

可以說，從安特生的這次考察開始，就已注定了日後轟動世界的周口店考古發現。

叩開「北京人」的大門

1921年初夏，奧地利古生物學家奧托·師丹斯基（Otto Zdansky）在瑞典烏普薩拉大學維曼教授的建議下到了中國。由於維曼的熱情介紹和推薦，安特生準備和這位剛剛取得博士學位的年輕人合作三年，主要從事三趾馬動物群化石的發掘和研究。此時的安特生已經在這個領域的發掘和研究中初見成效，並渴望獲得突破性的成果。

然而，安特生仍沒有忘記施洛塞爾留下的那個謎。當師丹斯基到北京後，安特生便安排他先去周口店的雞骨山進行發掘，公開的理由是讓這位年輕人體驗一下農村生活，以便日後開展工作。其實安特生心中另有打算。

歷史在繞了一個小圈之後，師丹斯基不知不覺地走進了遠古人類的家園。

這一年的8月某日，安特生和葛蘭階博士（Walter Granger）一起來到周口店探望師丹斯基。葛蘭階是美國自然歷史博物館派的著名猛獁古生

物學家，主要任務是協助由安德魯和李契夫曼主持的考察團在蒙古的探索工作，是該團的首席古生物學家。

安特生邀請這位他所敬重的古生物學家一同前往周口店的目的，除了了解一下師丹斯基的發掘流程，更重要的是請葛蘭階傳授美國先進的發掘技術，因為美國的古脊椎動物學家以及古生物學家，在發掘技術上已遙遙領先於世界各國。

此時師丹斯基已在安特生1918年住過的鄉村寺廟中建立起田野發掘指揮部，安特生和葛蘭階在寺廟稍做休息後，與師丹斯基一起向雞骨山走去。在發掘現場，葛蘭階傳授和示範了美國的先進田野考古技術，並找到了一些容易漏掉的小碎骨化石。按照他的理論，在發掘中不能放過任何極為細小的線索。

當安特生等人坐在工作現場休息時，從山下走來一位40歲左右的中年男子。中年人先是好奇地看了看眼前的幾位長鼻子洋人，又在發掘現場轉了一圈，突然轉身說：「你們是要挖龍骨吧？離這裡不遠有個地方，可以挖到更多更好的龍骨，沒有必要在這裡費力了⋯⋯」

安特生猛地站了起來，他清楚地知道「龍骨」的開採和收集已具有相當長的歷史了。雖然他不清楚周口店從什麼時候開始發現和開採「龍骨」，但根據他在1918年的那次訪問調查，此處幾乎每家都有「龍骨」收藏，有的賣給藥店，有的則當作一種外傷藥以備自用，因為用「龍骨」製成的藥物可以止血癒傷，因而特別受到人們的青睞。而所謂的「龍骨」，其實就是埋入地下的古人類與古動物骨骼，有的因年代久遠成為化石，此種骨骼被研磨成粉末後，撒在刀割或創傷的裂口上，有止血癒傷的作用。自從1918年安特生來到周口店，他在心中就有著這樣的結論：也許當年哈貝爾收購的「龍骨」，就來自這個荒野山坡之中。

第一章　探尋「北京人」的足跡

　　安特生不能錯過這個線索。他詳細地詢問中年男子後，便整理好工具包，與師丹斯基、葛蘭階一起跟著中年男子向北方一座石灰岩山走去。

　　他們很快就到達了新地點。這裡位於周口店火車站西方150公尺左右，是一塊地勢較高、早已被廢棄的石灰礦。礦牆約10公尺高，面向北方，呈直角狀陡立著，看起來十分危險，撐不了幾次風雨便有倒塌的風險。中年人指著一條填滿堆積物的裂隙說：「龍骨就在那裡，你們挖下去，保證有很大的收穫。」

　　安特生等人小心地來到裂隙前，只見堆積物由石灰岩碎片、砂土和大動物的碎骨組成，並與石灰岩緊緊地黏結在一起。一行人搜尋了沒多久，就發現了一件豬的下顎骨。

　　豬骨化石的發現，說明了這是一處比雞骨山更有希望的化石地點，無疑是一個好兆頭。他們在堆積層中一直搜尋到傍晚，才懷抱著偉大發現的夢想返回寺廟休息。

　　當天晚上，他們坐下來仔細鑑別採集到的各種骨骼化石。葛蘭階反覆思索一件奇異的下顎骨後，舉棋不定地遞給安特生。儘管這件下顎骨的牙齒已經缺失，但安特生還是憑藉著自己豐富的田野考古經驗及獨到慧眼，大膽地推測出那是一種鹿骨化石。這一論斷，很快得到了證實。

　　第二天清晨，安特生一行人在太陽的光照中沿著一條直路，從居住的寺廟朝向一處名叫「老牛溝」的新地點走去。

　　新的調查收穫出乎意料，採集到的化石不僅有與先前相同的看似奇異的下顎骨，而且牙齒保存完好。葛蘭階贊同安特生先前的論斷，並在隨後的研究中正式將其定名為「腫骨鹿」動物化石。而和「腫骨鹿」動物化石同時採集到的還有犀牛牙齒、鬣狗的下顎骨、熊類的頜骨碎片……

這一切的發現預示著研究遠古人類的大門即將敞開。

晚上，他們在破舊的寺廟裡喝著摻水的烈酒，慶賀這預示著美好未來的發現。安特生決定讓師丹斯基在老牛溝繼續發掘，自己和葛蘭階返回北京。許多年後，安特生在他的回憶錄中提到，這一夜，他們激動得幾乎沒有閉眼。當翌日清晨他們準備冒雨踏上往北京的列車時，山下洪水猛漲，暴雨匯集成水流從山谷奔騰而下，切斷了去路，他們只能望洋興嘆。直到第四天清晨，雨過天晴，二人赤裸著身子，涉過與胸齊深的積水向車站走去。

安特生在回憶錄中特地提到，在和師丹斯基握手話別時，他面對朝霞映照下的周口店和雞骨山，說出了這樣一句意味深長的話語：「等著瞧吧，總有一天這個地點將成為考察人類歷史最神聖的朝聖地之一。」

回到北京，安特生對師丹斯基的發掘工作仍不放心。幾天後，他又來到周口店。

這次，他從已發掘的堆積物中注意到一些白色帶刃的石英碎片，並觀察到岩洞旁的石灰岩中有一條狹窄的石英礦脈，這條礦脈從山頂一直延伸到發掘地。

帶有鋒利刃口的石英碎片的出現，令安特生驚然意識到這是人類在原始時期所用的工具，因為最早期的簡陋工具不是由原始人類加工製造的，而是從路旁的山野叢林中撿到的。從帶有利刃的石英碎片發掘數量來看，只有原始人類居住在周口店附近，才會有如此集中並大致相同的石英碎片。這些鋒利的刃口，正是祖先用來切割他們捕捉到的野獸的肉。

安特生做出這一推斷的同時，用手中的石英碎片敲著岩牆，對師丹斯基說：「我有一種預感，原始人的遺骸就躺在這裡，現在唯一的問題是

第一章 探尋「北京人」的足跡

如何找到它。如果有可能,你把這個洞穴一直挖到空為止。」

師丹斯基按照安特生的建議,又在周口店發掘了幾個星期,但最後沒有把岩洞挖空,便結束了工作,因為發掘的困難比預想的要大得多。此時的安特生卻無法忘記對岩洞中存在人類的推斷,在他的請求下,師丹斯基於 1923 年夏季再度回到周口店去發掘那個岩洞。由於可供發掘的部位已高懸於陡壁之上,再發掘下去非常危險,當師丹斯基把能採集到的化石儘量採集到手後,又一次向安特生提出結束發掘工作的要求。

「對於這個地點存在人類遺骸,我始終充滿希望。」安特生企圖再度挽留,而這次師丹斯基的決心已定,不再顧及安特生的勸阻,匆匆結束發掘工作,帶著化石返回歐洲,在烏普薩拉大學開始了對周口店化石標本的研究。

1921 年和 1923 年對周口店的調查發掘,未能使安特生立即實現找到人類遠古遺骸的夢想。其實,他的好夢已經成真,只不過他當時未曾發覺而已。

早在 1921 年初次發掘時,他們就在堆積物中發現了一顆人類的牙齒,但當時的師丹斯基卻並未意識到它的真實面貌和價值,把它當作類人猿的牙齒而置於一邊,並且直到 1923 年在《中國地質調查簡報》上發表周口店的工作報告時仍隻字未提。直到 1926 年夏天,當師丹斯基在烏普薩拉大學古生物研究室整理標本時,從發掘的化石中認出一顆明確的人類牙齒之後,才與第一顆連繫起來公布於眾。而這時的安特生已經在對遠古文化的發掘和研究中取得了顯赫成就。

1926 年 7 月某日,安特生接到了瑞典政府的信件,內容是瑞典皇太子偕太子妃已於 5 月動身環球旅行,幾個月後將轉往日本和中國。瑞典政府請安特生做好科學界的安排和接待工作。

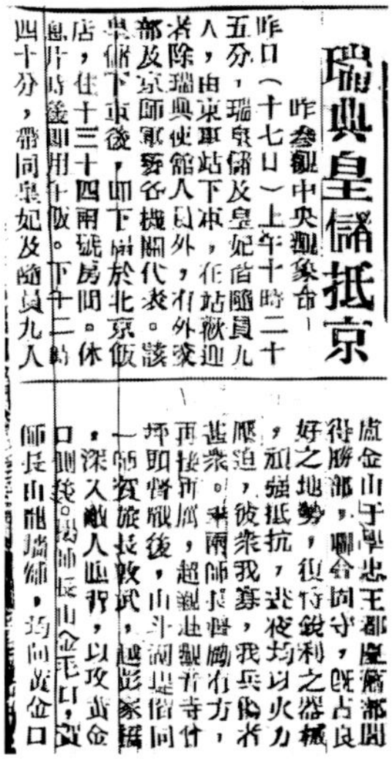
瑞典皇儲抵京

昨參觀中央觀象台

昨日（十七日）上午十時二十五分，瑞典皇儲及皇妃偕隨員九人，由東車站下車，在站歡迎者除瑞典使館人員外，有外交部及京師軍警各機關代表。該皇儲下車後，即下榻於北京飯店，住十三十四兩號房間。休息片時後即用午飯。下午二時四十分，帶同皇妃及隨員九人

圖1-2 1926年10月18日，北平《晨報》登載瑞典皇儲抵達北京的消息

這位皇太子就是後來成為瑞典國王的古斯塔夫六世·阿爾道夫 (Gustaf VI Adolf)。他出生於西元 1882 年，直到 1973 年 91 歲時才在斯德哥爾摩去世。這是一位學識淵博、享有國際聲譽的政治家、考古學家和文物鑑賞家、收藏家。當時，他擔任瑞典科學研究委員會會長，這個機構掌管包括在中國境內的瑞典科學家進行地質學、古生物學和考古學方面的考察、研究經費。安特生所進行的古生物考察和考古調查發掘的經費，大部分由這個機構提供。

因此，在遠東科學界，選擇安特生出面安排皇太子的活動是極其自然和恰當的。

安特生收到信後，立刻動身前往日本東京。離開之前，他也預先安排好皇太子在北京的活動。他深知這位皇太子的才學和嗜好，如果讓皇太子接觸有關考古和藝術研究領域的人與物，將會有特殊的意義。他還相信，如果安排召開包括其他科學領域在內的科學研究會議，北京的中外學者可能會藉此機會宣布一些尚未公開的科學研究成果。那麼，在這個會議上，安特生本人也得以藉機公布自己的考察研究成果而出風頭 —— 這將是一件一舉數得的幸事。

安特生迅速地寫信給烏普薩拉大學研究所的維曼教授，向他索求關於自己發掘化石的有關資料。前面已經提及，安特生發掘的古生物化石是運往瑞典供維曼教授研究。他與維曼的合作是令人愉快的，而安特生後來之所以能聞名於世，與維曼的幫助有著密切而重要的關係。

第一章　探尋「北京人」的足跡

▌「北京人」橫空出世

10月17日，在安特生等人的陪同下，瑞典皇太子偕夫人從日本來到北京。

安特生一回到北京，就見到了維曼教授寄來的研究成果報告，內容包括在河南、山東發現的恐龍以及一些很奇特的長頸鹿、三趾馬等化石的重要研究成果。最讓安特生震驚的是，師丹斯基在周口店關於兩顆人類牙齒的發現，維曼教授將這原始人牙齒的投影片和研究成果一同寄往北京──安特生對周口店存在早期人類的神奇夢想終於成為現實。

10月22日下午2點，以科學界人士為東道主的歡迎大會在北京協和醫學院禮堂舉行，出席大會的有來自北京、天津的中外學者和知名人士。繼丁文江之後，繼任中國地質調查研究所所長的翁文灝在會上致歡迎詞，皇太子接著致答謝詞。第一位進行學術報告的是著名政治改革家和學者梁啟超，他發表了長篇報告〈中國考古學的過去、現在和將來〉。就當時梁啟超在世界的聲譽，他在這樣的場合首先演講是理所當然的事情。

安特生作為壓軸人物，最後一個登場。他代表維曼教授介紹了在烏普薩拉大學關於古生物研究的最新成果。接著發表〈亞洲的第三紀人類──周口店的發現〉──

所發現的牙齒中，一顆是右上臼齒，大概是第三臼齒。從照片看來，它那未被磨損的牙冠所顯示的特徵本質是屬於人類的……另一顆大概是靠前面的下前臼齒。它的牙冠保存很好，沒有磨損。照片上所顯示的特徵是一個雙尖齒。

圖 1-3 最早發現的三顆「北京人」牙齒化石，
現收藏於瑞典烏普薩拉大學古生物研究所（引自《北京原人》，黃慰文著）

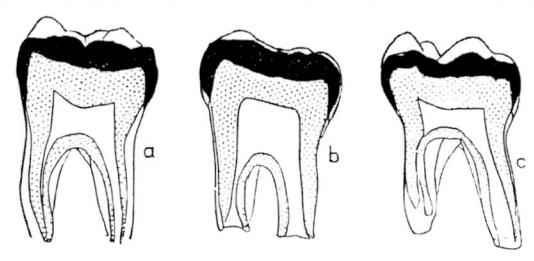

圖 1-4 左下第一臼齒對比圖：
a.10 歲的中國小孩；b. 中國猿人；c. 年輕黑猩猩
（引自《黃土的兒女》【Children of the Yellow Earth】）

周口店出土的白齒，在特徵上與哈貝爾從北京一家中藥店購來的那顆牙齒相似。這件標本在 1903 年由施洛塞爾描述過。它是一顆左上第三臼齒。它的牙根合併，但齒冠磨蝕得很嚴重。根據石化程度，施洛塞爾認為它可能屬於第三紀的，分類上暫時放在「真人？」或「類人猿？」施洛塞爾在描述這個牙齒時所做的推論很值得回味。他當時指出：未來的調查者可以指望找到新的類人猿、第三紀人類或更新世早期人類化石的材料。因此，周口店的發現，對他的預言做出了肯定的回答。

如今已比較明確，在第三紀末或第四紀初，亞洲東部確實存在人類、或與人類關係十分密切的類人猿。這一點在史前人類學領域是至關重要的……周口店的發現，為人類起源於中亞的假說提供了強而有力的證據，在一連串關係鏈中又增加了重要一環。

第一章 探尋「北京人」的足跡

安特生的報告使幾乎所有的與會者都楞住了，因為在亞洲大陸上從未發現過年代如此久遠的人類化石，在這個板塊上，即便是絲毫關於人類化石的消息，都使人感到強烈的震驚。

論文演講完畢，長達一分鐘，臺下仍然沒有絲毫的反應。安特生知道為什麼會出現如此的局面，這個消息的震撼力太強大了，即便是富有預見的科學家，面對這個消息所產生的強烈衝擊也無法立即適應。

安特生顧不得聽取眾人的迴響，他相信他們終會清醒、並由此對自己這一偉大的劃時代發現投以敬慕之情。現在最要緊的是使大家儘快相信這是事實而不是虛幻。於是，他開始放映這兩顆人類牙齒的投影片……

安特生沒有白費心機，一切都如他預想的那樣順利和自然。這次歡迎會，他語驚四座，「北京人」橫空出世，把安特生的事業推上了輝煌的頂峰，並使他的名字在科學歷史史冊中理所當然地占據了一席之地。安特生盛名的光環，使他同時代的地質學家和考古學家都黯然失色。瑞典良好的形象，提供安特生成功的機遇。安特生不負眾望，他的成功又為瑞典塗上了一層耀眼的光彩。

經與會的美國地質學家和古生物學家、當時在北京大學地質系任教的葛利普（Amadeus William Grabau）提議，這一人類種屬被稱為「北京人」。

隨後幾天，中外新聞媒體紛紛報導這個震驚世界的消息。北平《晨報》以「周口店發見之最古人類牙齒」為題在顯著位置做了如下報導：

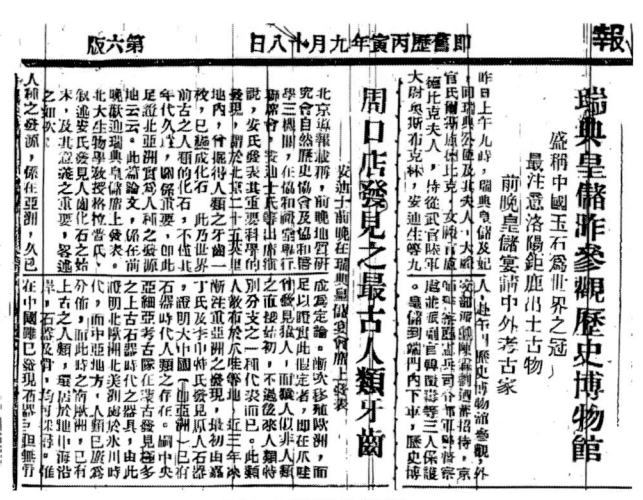

圖 1-5 當時的報紙

周口店發現「北京人」的消息一經傳出，就像一枚重磅炸彈，震撼了當時的科學界。它使所有考察的科學家，以崇敬和羨慕的心情向周口店集結而來。即便是稍有一點科學研究知識的人都可以預料，安特生的發現，只不過剛剛揭開遠古人類帷幕的一角，在它的後面將會有更加輝煌迷人的風景。

接下來，便是一項舉世聞名的科學發掘計畫。周口店的發掘，開創了國際真誠合作的先例，因而取得更加偉大的成果似乎是理所當然的事情了。

龍骨山洞中的資訊

1928 年冬天，中國地質調查所負責人丁文江、翁文灝，與北京協和醫學院代表、加拿大籍古生物學家步達生（Davidson Black）等人經過反覆磋商，制定出一個為期三年的合作發掘計劃。由美國洛克斐勒基金會提供 11 萬美元經費，用以雙方共同發掘研究周口店出土化石。為避免在

第一章　探尋「北京人」的足跡

日後流程可能出現的問題，需要正式建立一個從事新生代地質學、古生物學，尤其是古人類學研究的專門機構——中國地質調查所新生代研究室。這是隸屬於中國地質調查所的特別部門，一切發掘研究計畫將由此機構掌管。

1929年2月8日，中美雙方在共同擬定的章程上簽字。協議規定：

> 丁文江為中國新生代研究室的名譽主持人。步達生為研究室名譽主任。一切採集的材料包括人類學標本在內，全部歸中國地質調查所所有，但人類學標本將暫時委託北京協和醫學院保管以便於研究。當標本保存在地質調查所時，亦應隨時為協和醫學院的科學家們提供研究上的方便。一切標本均不得運出中國。

中國農礦部很快地批准了這一具有非凡科學意義的章程及一切附加協議。同時，洛克斐勒基金會第一批資助款項已透過北京協和醫學院撥給新生代研究室。至此，周口店的發掘研究計畫，已徹底取代了幾年前步達生和安特生發起的中亞考察計畫。不同的是，這個計畫的中心點是原始人的聖地——周口店。

新生代研究室的建立，開拓了整個新生代研究的新局面。它的直接收穫是1929年年底第一個完整的北京人頭蓋骨的發現，造成了「整個地球人類的震撼」。

近代田野考古學作為一門重要的學科，在古老的大地上誕生了。

1929年4月，從北京大學畢業的裴文中，在接受了嚴格的考古學訓練後，被認為可以擔負起周口店發掘負責人的重任，裴文中走馬上任，指揮工人在中外科學家曾經發掘的地方，由第五層起繼續向深處發掘。早在安特生剛剛意識到周口店具有發現古人類的可能時，他就極富經驗地提醒師丹斯基：「在沖積地層中尋找人類遺跡，就像在德國公園尋找一

枚失落的針;然而在同時期的岩洞中尋找古人類,就像在皇家圖書館的閱覽室中尋找一根針。後者無疑也不容易,但比起在公園中尋找,希望還是大得多。」

裴文中當然知道安特生所指,他決定在這個發掘區一直挖下去,直至挖到含有化石堆積的最底部。意想不到的是,第五層卻異常堅硬,出現了「鑿之為鏗鏘之聲,勢如銅鐵」的局面。

在一番努力均告失敗之後,裴文中毅然決定,用炸藥將岩石炸開。儘管這個手段對於考古學來說是一大忌,但在當時的環境下,除了以「暴力」手段揭開岩石,似乎別無選擇。

勢如銅鐵的第五層岩石,最終未能抵擋住烈性炸藥的威力而逐漸崩裂瓦解。堡壘一經攻克,後來的發掘便顯得格外容易,發掘人員輕易取得了第六層和第七層的堆積物,隨後又連克兩層,即第八層與第九層,清晰的地層圖已勾畫出來,許多湮沒難解的問題已變得明朗起來了。

發掘的遺跡顯示出極厚的地層,從洞頂到空隙底部,不少於35公尺。而從整個洞穴堆積的內容來看,從底部到頂部都屬於同一地質年代的動物群。

儘管這個時期的發掘,裴文中和他的助手以及所指揮的工人們付出了極為艱苦的努力,取得了相當可觀的成績,卻仍未超出安特生和師丹斯基等人發現成果的範疇。遠古的祖先像是故意逗弄著後生晚輩,而那令後世人類極度敬仰的遠古祖先身影,在世紀的光照中總是忽隱忽現、忽明忽暗,令虔誠的敬仰者感到撲朔迷離、神祕莫測。

桃花撲面、芬芳溢鼻的春天過去了。

雨水四濺、山洪瀉流的夏季過去了。

漫野紅遍、層林盡染的秋季過去了。

第一章　探尋「北京人」的足跡

寒冷的冬天已經來臨，大雪一陣接一陣，周口店連同周圍的群山一片慘白。

周口店的發掘仍在繼續。隨著深度不斷延伸，挖出的堆積物也逐漸增多，洞中的空間也漸漸變得狹小起來。當深度已進入地下40多公尺時，狹窄的空間幾乎只能容下一兩個人。正當裴文中考慮就此收兵時，意外地在空隙的底部鑿穿了一個洞穴。這個洞穴的出現，意味著「北京人」的大門轟然洞開了。

發現「北京人」頭蓋骨

三個工人手持蠟燭相繼進入洞內，極富遠見的裴文中當然不會錯過眼前的機會，他很快地找來繩子綁在腰上，點燃一根蠟燭握在手中，對後面的人說：「將繩子這一頭抓住，我下去看看。」

圖 1-6 龍骨山北裂隙，第一個頭蓋骨即出自這一洞穴中（裴文中攝）

蠟燭的火苗忽明忽暗地噗噗跳蕩，使人辨不清洞的深度，陰森恐怖的氣氛籠罩著裴文中。他摸著洞壁前行到五、六公尺的地方，看到了前面的幾個晃動的人影。他湊上前，弓著的身子慢慢地蹲下來仔細查看。他驚奇地發現，無數遠古動物的化石安詳地躺在洞底的塵土碎屑之中，只要用手一撥，化石便清晰地顯露出來。面對眼前的一切，裴文中那顆怦怦跳動的心被極度的興奮所替代，這種興奮使他忘記了自己身在窄小的洞穴之中，以至於當他猛地起身站立時，頭撞在洞頂堅硬的石壁上，一聲悶響，頭上劇烈的疼痛使他差點昏倒。

他在工人們齊心協力之下順著繩子爬出洞穴。多年後，跟他發掘的工人還清楚地記得他剛走出洞口時的場景——裴文中一手捂著凸起血包的頭，臉上蕩漾著顯然是高度興奮才有的紅暈，語言極不流暢地說：「我⋯⋯我發現了祖先，不對，是⋯⋯是我感覺到將要在這裡發現⋯⋯發現我們的祖先。」

像當年的安特生博士一樣，裴文中對洞穴內存在原始人的預感，再一次被驗證。只是，他的驗證要快得多，就在第二天。

從洞口開始的發掘已向內延伸到十公尺，儘管裴文中和其他三人手持的四支蠟燭仍在不住地燃燒，火苗不規則地跳動，但越往前行，洞內越昏暗，慘淡的光亮使四名發掘者幾乎看不清對方的臉。含大量化石的堆積物被一鏟一鏟小心地挖出，又一筐一筐地拉出洞口。山野中寒風呼號，零星的雪花被風挾帶著，漫無邊際地飄蕩，慘白的太陽自西方的山頂悄悄地從雲霧中鑽出，向世界做了最後的告別。天就要黑了。

黑暗的洞穴深處沒有人講話，沉寂中只有錘鎬、探鏟發出冰涼的碰撞聲。只有這樣的響動，顯示著這陰暗的深處擁有高級生命的活動。

突然，裴文中大喊一聲：「這是什麼？」

幾個人同時顫抖了一下，放下手中的工具，向裴文中圍攏過來。

一點燭光照耀著洞底，對映著一個凸露的圓圓的東西。「像是人頭，是人頭！」裴文中再次喊叫起來。

奇蹟出現了。匿藏了 50 萬年的原始人，終於露出了他的面龐。裴文中感到「從未有過的身心的戰慄和激動，面對這輝煌奪目的偉大發現，我竟一時不知所措」。

發現的頭骨化石，一半埋在鬆軟的土層，一半在硬土之中，想要取出，首先應把周圍的雜土清理乾淨。裴文中與幾個技工將這一切做完

第一章 探尋「北京人」的足跡

後，找來撬棍，輕輕地插於頭骨底部，然後慢慢撬動。由於頭骨已演變成化石，撬動之中骨蓋破裂，無法完整地抱出洞穴。來不及找合適的包裹物將頭骨包住，因為這個發現太突然，太出乎意料了，即使最偉大、最有遠見的科學家，也斷然不會想到這一人類研究史上照耀千古的發現就在今天。

裴文中急中生智，迅速脫下身上的棉襖，將頭蓋骨輕輕地包起來，小心地抱住，彎著腰走出洞穴。

「挖到寶貝了，這是真正的寶貝⋯⋯」和裴文中一道走出來的技工，情不自禁地向等在外面的人群爭相傳播著這一振奮人心的消息。眾人聞聽，目光皆投向裴文中懷中的棉襖。

「挖出了什麼寶貝，快讓我們看看。」工人們圍住裴文中，七嘴八舌地叫喊著，眼睛放出奇特的光，如同一場奪寶大戰的前奏。

「是人，我們挖出了一個人⋯⋯」未等裴文中說話，一起從洞穴走上來的技工喬德瑞做了極富懸念和誘惑力的回答。

「還活著嗎？快拿到村子救一救！」眾人在誘惑力的驅使下，紛紛擁上來，用手扒裴文中懷中的棉襖，欲對挖出的「人」施救。

裴文中急忙轉身，聲音顫抖地說：「不要搶，人已經不活了，我們回去好好看，好好看⋯⋯」

「走，快回去，快收拾東西回去。」工人們叫喊著，紛紛收拾發掘工具，跟隨裴文中向山下擁去。

夜幕降臨了，起伏的山巒在夜色包圍中格外肅穆空曠。風已停歇，雪下得更密了，看樣子一場真正的封山大雪就要到來。裴文中懷抱頭蓋骨，在起伏不平的山間小路上向前走著，走著⋯⋯

許多年後，裴文中對此情此景仍記憶猶新：

發現「北京人」頭蓋骨

我像一個淘金人突然遇到了狗頭金,不,我懷中的頭骨比狗頭金要貴重得多,意義要大得多。儘管是寒雪飄灑的傍晚,但我只穿了兩個褂子的身體沒有感到一點寒意,只覺得心在怦怦地跳,兩腮和耳朵根熱辣辣的。懷抱頭蓋骨,在沉寂的山野中走著,思緒不住地翻騰。多少人的嚮往、夢幻和追求,今天終於付諸實現了。遠古的祖先就躺在我的懷中,實實在在地躺在懷中,這是一件多麼有趣和了不起的事情啊!想到這裡,我的眼窩開始發熱、發燙,最後淚水嘩嘩地淌了下來⋯⋯

圖 1-7 裴文中抱著經石膏加固後包裹好的頭骨準備送往北平,技工王存義拍攝時太注意「北京人」之頭而忽略了裴氏之頭
(王存義攝,1929 年 12 月 3 日)

與裴文中料想的結果大不相同,北平方面接到消息後,在一片譁然之中竟然沒有人相信這位剛走出校門的年輕人會遇上如此的好運。「如果說發現了頭蓋骨,肯定不是人而是其他動物的,以裴文中的知識和才華,他可能還分辨不清人與其他動物的差異到底在哪裡,確切地說他還不知道什麼是『人』⋯⋯」有不少科學界資深人士做出如此結論。

即使是極富遠見並對周口店發掘抱有極大希望的步達生,在接到電報後也愣住了。他希望其有,又恐怕其無;希望其真,又怕裴文中走火

第一章 探尋「北京人」的足跡

入魔，謊報「軍情」。這種複雜的心態在他寫給安特生的信中可以見到：「昨天我接到裴文中從周口店發來的電報，說他明天將把他所說的一個完整的猿人頭蓋骨帶回北平。我希望這個結果不是幻想而是真的。」

北平的喧譁與騷動、搖頭與嘲諷，裴文中當然不會知道，在周口店那間冷清的屋子裡，他正緊張而有序地做著如何把頭蓋骨安全運送到北平的準備。

幾十萬年的造化，將頭蓋骨變成化石的同時，又賦予了它一個嬰兒般嬌嫩的外表。整個頭蓋骨既酥軟又潮溼，稍微一震動就會發生爆裂。如此狀況，顯然無法安全無損地帶回北平。經過反覆思考，裴文中大膽決定，先用火將頭蓋骨慢慢烤乾，待嚴密處理後再送往北平。如此處理方法在當時是尚無先例的。

一堆柴火在泥做的盆中劈哩啪啦地爆響、燃燒起來，炭火越聚越多。待木柴全部燃盡後，裴文中將頭蓋骨捧在手裡，在火的上方烘烤。

頭蓋骨在逐漸的乾燥中開始硬化，初試取得成功，裴文中大喜。之後，裴文中又在變硬了的頭骨四周糊上五層綿紙，再於綿紙外加石膏和麻袋片，經水浸泡後再將頭蓋骨放在火盆上方烘烤，直至包裹著的頭蓋骨形成一個乾燥而堅固的整體。

12月6日清晨，裴文中宣布1929年的周口店遺址發掘到此結束。送走工人，他將頭蓋骨用自己的兩床舊棉被包裹起來，外面捆上床單和毛毯，連同其他生活用具一起背下山，搭上了去北平的長途巴士。

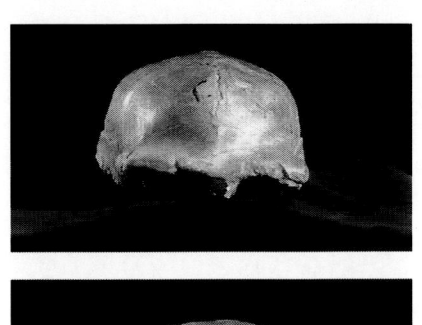

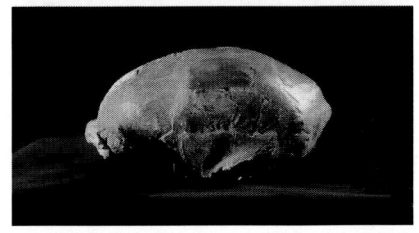

圖1-8 第一個完整的「北京人」頭蓋骨（正面與側面）

地球人類的震撼

在協和醫學院新生代研究室，步達生用別針一點一點地將包裹著頭蓋骨的硬土剔掉，這位傑出的古人類研究專家抱著露出本來面目的頭蓋骨，愣愣地看了十幾分鐘。由於高度興奮，抖動的雙手差點將頭蓋骨摔在地上。

「沒錯，是人的，是人的。」步達生兩眼放光，站起身拍了拍裴文中的肩膀，高聲說道，「年輕人，感謝你，整個世界的古人類學家都應該感謝你這一偉大的發現。記住，從現在起，你的名字可以流傳後世了。」

完整的「北京人」頭蓋骨的發現，以無可辯駁的事實宣告了周口店發掘的頂峰地位，它使一切懷疑和貶低裴文中所取得成就的人都啞口無言。

12月28日下午，中國地質學會特別會議在地質調查所隆重舉行，應邀到會的除了科學界的大師名流之外，還有中外新聞界人士。裴文中

第一章　探尋「北京人」的足跡

在會議中發表了「北京人」頭蓋骨的發現報告。正如預料，這一項創世紀的偉大發現，立即轟動了世界。當時的北平《晨報》以巨幅標題做了如下報導：

「五十萬年前的人類祖先被喚醒　周口店發現一完整的猿人頭蓋骨」

與此同時，各國報紙紛紛登載周口店發現「北京人」頭蓋骨的消息，並以「地球人類的震撼」、「古人類研究史上的一道閃電」等振聾發聵的標題，概括了「北京人」頭蓋骨發現的重大意義和影響。正如著名考古學家李濟後來所說：「『北京人』骨骸是考古學為體質人類學提供的珍貴非凡的實物資料，它不僅對人類起源的研究是一個巨大的突破，而且使人類學學科體系進一步牢牢奠定在唯物主義的堅實基礎之上，使整個人類學的面貌為之一新。」

年輕的裴文中以發現「北京人」頭蓋骨而把周口店的發掘和研究推上了輝煌頂峰，但這並不意味著整項事業已走到終點。幾乎每一位關心周口店的科學家都清楚地知道，在那個充溢著奇蹟的山洞裡，一定還會有與之匹敵的驚人發現，等待現代人類去叩訪。

1931年春天，裴文中和剛到周口店協助工作的賈蘭坡帶領工人清理洞中的鬆軟堆積物時，意外發現了一層含有豐富石英碎片的地層堆積物。這個發現，立即引起了裴、賈二人的注意，於是開始籌備大規模的發掘。兩個月之後，在周口店一個叫鴿子堂的地點，又發現一處規模較大的石英層。

經過將近一年的發掘，從發現的兩個地區之中，收集到不少於兩千塊石英碎片和十塊不屬於洞中的石頭，五塊綠色砂石、三塊褐鐵礦石。另外發現了兩塊並列著的燧石和各種顏色的石英片。所有這些發現，幾乎和人類的骨骸，猛獁、鹿、三趾馬等動物化石在同一地層中找到，而那些石英

碎片，其中大多數沒有爭議地顯示出加工和使用過的痕跡。由此，裴文中大膽做出了「石英碎片正是遠古人類加工和使用的石器」的結論。

1931年秋天，法國著名的史前石器考古學家步日耶教授（Henri Breuil），詳細地考察、研究了周口店遺跡的化石之後，這位傑出的學者完全接受了裴文中所做結論，並且進一步提出「一些獸角和骨頭也有明顯人工加工過的痕跡，而這些發現與石器一樣，都可能成為原始人的工具」。

當安特生最初來到周口店時，他正是把收集到的石英碎片假設成用以切割獸肉的工具，並進一步推斷地層中可能有人類遺存。十年之後，安特生假設的事實終於被科學發掘所驗證。

幾乎就在同時，裴文中、步達生、步日耶三位天才學者，根據周口店堆積層中燒焦的木頭和碎骨的痕跡，得出了北京人已開始用火的結論。儘管這個結論一開始遭到部分學者的反對，但最終還是以無可辯駁的事實，得到了科學界的認同。

石器、骨器與用火遺跡的發現，使周口店的發掘又登上了一個高峰，裴文中本人也在這些偉大的發現之中，再度走上輝煌的人生之途，名聲已遠遠超過了當年的安特生博士。多年後，青少年仍然在歷史課本上讀到「北京人」頭蓋骨及其用火遺跡等偉大發現，裴文中這個名字也伴隨著此劃時代的發現而被後世所銘記。

賈蘭坡的新發現

然而，就在周口店發掘出現第二個輝煌頂峰的同時，世界政治格局已發生了急遽變化。1931年9月18日晚上，盤踞在東北境內的日本關東軍，以中國軍隊炸毀南滿鐵路為藉口，炮轟瀋陽北大營。當時的中華民國海陸空軍副總司令張學良，在北平設定行營、全權掌控東北軍政兼

第一章　探尋「北京人」的足跡

理整個華北地區軍務，他嚴令不准抵抗，數十萬東北軍一槍未放，退入關內，瀋陽淪陷。隨後三個月內，東北三省全部淪陷。這就是「九一八事變」。

1933 年 1 月，日軍占領山海關；3 月，占領熱河省會承德；4 月，占領秦皇島；5 月，占領通州，對北平形成三面包圍的態勢。

1936 年，日本軍隊向華北大量增兵，對內陸形成烏雲壓頂之勢。

周口店遺址的發掘，在這烏雲密布、刀光劍影的政治風雲中，跨越了近七個年頭的艱難歷程。儘管開始幾年的發掘一度走進了谷底，並令當時的多數學者心灰意冷，甚至感到絕望，但最終還是迎來了中外合作計畫的第三次、也是最後一次輝煌。

1936 年起，繼裴文中之後，主持周口店發掘的賈蘭坡（裴文中於 1935 年赴法國留學），開始率領人員在周口店展開第三次大規模發掘。

6 月 10 日，賈蘭坡與他的團隊開始向發掘點的第八層至第九層推進。開工不到十分鐘，就發現了一個幾乎完整的獼猴頭骨。

6 月 20 日，賈蘭坡率領的發掘隊又發現了兩顆「北京人」門齒和一塊頭骨碎片，同時還有三塊獼猴的上頜骨。這一連串遺物的出土，令賈蘭坡精神大振的同時，也讓他隱隱地預感到，比人牙更加重要的東西極有可能隨之出現。

11 月 15 日是星期天，夜裡一場雪，使天氣變得格外寒冷，但賈蘭坡一早便領著隊伍來到了發掘現場。剛開工不久，在靠近北邊的洞壁處，技工張海泉在一片鬆軟的沙土中挖出了一塊碎骨片，然後隨手將它扔進了用荊樹條編成的小筐裡。張海泉的這一舉動恰好被站在五公尺外的賈蘭坡看見，賈問：「什麼東西？」張海泉滿不在乎地說：「韭菜！」（按：方言，即碎骨片的意思。）賈蘭坡心裡一動，會不會是「北京猿人」的頭

蓋部分呢？他馬上跑過去，拿起來一看，大聲叫道：「嘿！這不是人的頭蓋骨嗎？」

眾人聽見，紛紛圍攏過來，仔細一看，果然是一塊人的頂骨。這一個意外發現，使大家群情振奮。賈蘭坡帶著三位發掘好手在周圍繼續搜尋。很快地，大量的頭骨碎片以及為數眾多的枕骨、眉骨和耳骨相繼被發現。

下午4點15分，賈蘭坡率隊在挖出上述頭蓋骨不遠處，又發現了另一個頭蓋骨。一日之間，兩個頭蓋骨化石被發現。

這是繼1929年裴文中發現第一個「北京人」頭蓋骨之後，中外學術界又一次被周口店發現的頭蓋骨所震撼，人們對華北地區這塊神祕的土地再度投以驚奇的目光。然而，傳奇故事並未到此結束。十天之後的1936年11月26日上午9點，賈蘭坡又在風雪飄零中，再度從周口店龍骨山那個近似魔術師道具一般的山洞裡，發現了第三個「北京人」頭蓋骨。

這個遲遲不肯輕易露面的頭蓋骨，雖然深藏於堅硬的岩層之中，卻不像先前發現的那樣破碎，而比過去發現的所有頭蓋骨都要完整得多，甚至連神經大孔的後緣部分、鼻骨上部及眼孔外部都依然完好。其完整程度，前所未有！

圖1-9 在西部洞頂之下約1公尺處發現人頭骨（賈蘭坡攝，1933年11月3日）

第一章　探尋「北京人」的足跡

　　為了確保這個頭蓋骨的安全，賈蘭坡連夜下山，搭乘火車將其親自送到北平，安全地交給地質研究所新生代研究室負責人、德國著名古人類學家魏敦瑞（Franz Weidenreich）。

　　這個頭蓋骨的發現，無疑是錦上添花，使本來就沉浸在驚喜之中的北平科學界欣喜若狂。這是繼裴文中舉世聞名的發現之後，第二次發現完整的人類頭蓋骨化石，也是周口店發掘在徘徊了6年之後，幾乎一無所獲的蕭條情況下，再一次獲得具有歷史意義的重大突破。兩個頭蓋骨同時出現的事實，再度讓關注周口店發掘的悲觀者看到了燦爛前景。

　　12月29日，中國地質學會北平分會在中國地質調查所北平分所圖書館舉行特別會議，一百餘名中外學者參加了這次盛會。魏敦瑞針對該發現的重大意義發表了長篇學術報告，認為：1929年裴文中先生發現的頭蓋骨屬於8歲孩童。賈蘭坡在11天之內發現的3個完整頭蓋骨，均為成年人的，保存得都很完好。前兩個，一個較大，一個略小，大的屬於男性，小的屬於女性。四個頭蓋骨以及春季發現的頭骨碎片，全部可以用來解釋爪哇猿人的問題。爪哇猿人很早就被認為是大長臂猿的化石，但因頭骨的性質與「北京人」相同，由此可見爪哇猿人並非他物，而是屬於與「北京人」相類的一支人類。換句話說，所謂爪哇猿人，即為「北京人」演化過程中的代表。然而這次找到的頭骨，男性比女性高得多，並且很接近尼安德塔人，所以演化過程，似乎是從「北京人」進化到尼安德塔人，然後又進化到現代人類……

　　會後，中外報紙紛紛對此做了大篇幅報導，儘管當時戰爭的煙雲幾乎遮住了人們對其他所有事物的關注，但賈蘭坡繼裴文中之後在周口店發現三個「北京人」頭蓋骨的消息，卻很快地散播至全球。據英國倫敦弗利特街110號國際剪報社於1937年6月向賈蘭坡提供的資訊，該社擁有

美國、英國、愛爾蘭等地區發表此消息的剪報多達 2,000 則。如此大規模和大幅度的消息傳播，就當時的政治文化背景而言，是任何一項其他考古發現所無法匹敵的。

戰爭爆發

正當驚喜交加的科學界欲挽起袖子、準備在周口店發掘與研究領域大顯身手，徹底解開人類進化之謎之時，越來越險惡的戰爭情勢，使他們不得不含恨放棄這個輝煌的夢想。

1937 年 7 月 7 日,「盧溝橋事變」爆發。

中日交戰的槍聲，驚碎了幾乎所有關心周口店發掘事業的科學家的美夢。洛克斐勒基金會資助的這一項具有世界合作性質的考察計畫，艱難地持續了十個年頭之後，終於降下了曾經照耀全球的帷幕。

根據中國地質調查所的建議，周口店發掘人員分批撤回北平。主持人賈蘭坡攜帶化石標本，率領大部分科技人員先撤往北平，只留下幾名僱用的當地技工看守發掘場地。

「盧溝橋事變」發生一個月後，周口店龍骨山發生了一場規模異常的血戰，交戰雙方是日本操縱的冀東偽軍與華北抗日自衛軍。當年安特生曾住過的鄉村寺廟以及寺廟總院、後來成為周口店發掘指揮部的幾間大廳院，全被日偽軍所占，並成為阻擊抗日自衛軍的基地。山野中埋有「北京人」遺骸的洞穴，也成為日偽軍存放彈藥、食品和進行作戰的天然屏障。龍骨山已完全失去了往日的孤寂與平靜，隆隆的炮聲震撼著山谷，喊殺聲和哀號聲在山野迴盪。整個龍骨山硝煙瀰漫，寺廟、土牆在炮聲的轟鳴中坍塌了，埋藏原始人的山洞在戰火中崩裂，戰爭為這塊聖

第一章　探尋「北京人」的足跡

潔之地帶來了空前的劫難。

1937 年 11 月初，周口店地區的戰事處於暫時緩和的狀態。華北抗日自衛隊撤出龍骨山，進入大石河一帶，日偽軍抓住這短暫的喘息機會，進行休息整備。就在這個短暫時刻，發生了一件看似平常、但與日後「北京人」頭蓋骨化石遺失一案關係極大的神祕事件。

11 月 7 日，三輛汽車滿載著荷槍實彈的日本兵駛出北平城，來到周口店龍骨山停下。數十名日軍護衛著兩位身穿便裝、具有學者風度的日本人，來到裴文中發現「北京人」頭蓋骨的山洞前。便裝者先是打量了一番山洞四周，接著掏出皮製圈尺，測量山洞的長寬距離，然後用相機幾乎拍下了一切可拍攝的地形、地貌和古生物堆積層。這二位悄悄來華蒐集「北京人」情報者便是後來參與了「北京人」頭蓋骨化石失蹤案的日本東京帝國大學人類學教授長谷部言人以及東京帝國大學地質系助教高井冬二。四年之後，日本派遣軍總司令部正是根據他們提供的情報，開始了搜尋「北京人」化石的行動。

▎轉移「北京人」

1941 年 11 月，時局動盪。此時華北、華東、國民政府首都南京相繼淪陷，日軍展開對戰時陪都重慶的大轟炸，抗戰到了最艱難的時期。面對危局，存放在北平地質研究所新生代研究室的「北京人」頭蓋骨化石的安全，成為中、美兩國科學界關注的焦點。若繼續存放北平，則「有被竊遺失之危。倘遇不幸，乃為吾國與世界人類文化之一大損失」。

國民政府行政院召集相關人員開會商議。經過幾番慎重討論，終於做出決定：國民政府同意並允許將「北京人」化石運往美國紐約自然歷史博物館暫避風險，待戰爭結束後再歸還。

會後，翁文灝立即致信裴文中，對「北京人」化石轉移之事做了如下安排：

先找美國公使館對「北京人」轉移之事，做個周密的計畫安排，請他們委託有關部門將「北京人」化石標本運到美國，然後再交給國民政府駐美大使胡適先生。

「北京人」化石運到美國後，可供魏敦瑞博士研究時使用，但保管和儲存權必須在中國駐美大使館的手上，即必須要掌握在胡適先生的手上。待戰爭結束後，務必再將「北京人」化石重新運回中國。

裴文中接到翁文灝來信的當天，便匆匆趕往美國駐北平公使館，就「北京人」化石轉移事宜進行交涉。裴氏在其後來撰寫的〈「北京人」的失蹤〉一文中這樣說道：

一直到1941年11月，才由北京的美國大使館轉來翁文灝的信，允許將「北京人」的標本全部運往美國，交紐約自然博物館保管，待戰爭結束後再行運回中國。但是當我與北京的美國公使館交涉時，他們的負責人卻說沒有得到重慶美國大使詹森的訓令，不便負責。我又請他們急電重慶請示詹森，等詹森回電答應。時間已經到了11月底。以後，就由協和醫學校的校長胡頓和總務長博文二人與美國公使館交涉。

裴文中至死也不清楚為什麼不讓自己和美國公使館繼續交涉，而改由胡頓和博文進行交涉。而胡頓和博文與美國公使館到底是如何交涉的、雙方談了些什麼、達成了什麼協議，也是撲朔迷離、無證可查。

「北京人」化石的命運，從這時起，開始變得詭祕、複雜、恍惚起來。而這個時候離太平洋戰爭爆發只有十幾天的時間了。

既然中、美雙方總算達成「北京人」化石轉移的協定，面對動盪的局勢，協和醫學院高層不敢怠慢，立即著手行動。而行動的第一個階段就

第一章　探尋「北京人」的足跡

是裝箱。此一歷史性的重任,落到了胡承志身上。

胡承志原本是魏敦瑞的一名助手,新生代研究室的所有標本模型幾乎都出自他一人之手。1931年春天,年僅15歲的胡承志來到北平協和醫學院解剖科擔任雜工。由於環境薰陶,加上胡本人年輕好學,無論是中文還是英文程度都快速進步,讀與寫皆相當熟練。後來,他進入新生代研究室,幫助步達生修補自周口店發掘的化石。步達生死後,他成為新一代主任魏敦瑞的助手,主要任務是修補化石和做「北京人」模型。其認真的工作態度和出色的成果頗得魏氏的賞識。正是由於胡承志所處的獨特位置,裝箱的任務就落到了他的身上——他是最後見到「北京人」的中國人。

1950年代,政府追尋「北京人」下落的第一個高峰時,曾特地向胡承志徵求意見,胡在出具的一份報告中這樣說道:「在珍珠港事變前,十八日至廿一日之間(余已忘其確期,此日期為十二月八日協和醫學院被日人占據時推憶者,不致錯誤),博文先生匆匆至余處,囑速將『北京人』裝好,要在極祕密之下送至彼辦公室。余當時將早經備妥之二只木箱拿出應用,並將房門鎖住後裝箱。該二木箱均為白木箱,一為48寸長、11寸高、22寸寬,一為45寸長、11寸高、20寸寬。至裝箱之情形,頗為華貴。先將骨骼用擦顯微鏡頭用之細綿紙包好,再用軟紙包著,然後再裹以潔白醫用吸水棉花後,用粉蓮紙包上,然後再用醫用細紗布多層包在外面,裝入小箱,再用吸水棉花填滿,小木箱內周圍六面有具有彈性之黃色瓦楞紙數層包好,一一裝入大箱內,用木絲填裝。至於牙齒之類之小骨骼,具有相似裝首飾之小紙匣,上面有玻璃,內填棉花,於玻璃上有紅邊的標誌號碼,以及牙齒屬何部位,皆詳明。兩木箱裝好後,即書 Cad Ⅰ 和 Cad Ⅱ。大箱為一號,小箱為二號。旋即派工友用車親自押

送至博文先生辦公室,當面交彼。彼即刻將兩箱送到『F』樓下四號之保險室,過夜後即送至美大使館。」

自此之後,「北京人」化石下落不明。

「北京人」被劫運美國

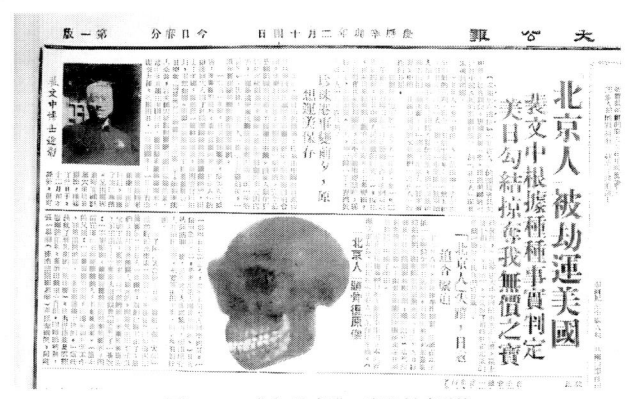

圖 1-10 《大公報》刊登的報導

1950 年 3 月 21 日,香港左派報紙《大公報》登載了一篇專訪裴文中的報導,這篇專訪充滿了強烈的時代政治色彩,且邏輯推理上尚欠嚴謹,遣詞造句也顯粗糙,卻旗幟鮮明地向世界宣布——日、美暗中勾結,已將「北京人」從日本偷偷運到了美國紐約!

這是「北京人」失蹤近十年來,一直沉默的中國學術界首次公開提出「北京人」下落,並指責美國「賊喊捉賊」的醜惡行徑。消息傳出,無異於在陰霾天空炸響了一聲驚雷。每一個中國人感到強烈震驚的同時,也讓美國人大為驚訝。尤其是美國科學界,更感到震驚與不可思議。未等世人回過神來,另一篇發表在《人民日報》上的文章,直接將美國紐約自然博物館和魏敦瑞推到了審判席。報導稱有人在紐約自然歷史博物館發

第一章 探尋「北京人」的足跡

現有古人類頭骨化石正在展出,經過向該館的人類學者了解,這個頭蓋骨化石正是 1941 年丟失的「北京人」頭蓋骨。

而該文中指出的化石展出主持者,則是另一位古人類學家哈里‧夏皮羅(Harry L. Shapiro)。

夏皮羅看到這篇指責報導,於極度震驚中叫苦不迭。他感到很冤枉,覺得有責任、有必要站出來為自己「闢謠」,為他所服務的博物館正名。

於是,1951 年 3 月 27 日,《紐約時報》發表夏皮羅的反駁文章。其主要內容是:本館從來沒有展出過「北京人」化石,也未隱藏「北京人」頭蓋骨。關於美國自然歷史博物館占有「北京人」並進行展出一事,實為造謠惑眾,不能讓人信服且經不起推敲。試想,如果美國自然歷史博物館對它們展覽或進行科學研究,無異於向世人展示自己的竊盜行為。若是我自己私人占有,一個人擁有如此著名的東西能做何用?況且它們並不具備什麼藝術價值,以供我獨自把玩欣賞。對此我不願再說什麼,只等待未來事實站出來說話。

隨後,美國的一些媒體紛紛站出來為美國政府和自然歷史博物館辯解。一時之間,圍繞著「北京人」在不在美國的問題,中、美雙方唇槍舌劍,你來我往,各持一端,掀起了一場指控與反指控的輿論大戰,使得中外不少著名的科學家、學者和記者都捲入了這場史學界空前熱鬧的「世界大戰」之中。

從 1950 年到 1959 年,中、美雙方斷斷續續進行了近十年的指控與反指控輿論大戰,儘管論戰對探尋「北京人」下落產生了一些推動效果,但對中、美科學家之間的感情,卻形成了不小的傷害。而最後,「北京人」到底在不在紐約,不在紐約又在哪裡?依然沒有人能夠提出符合邏輯又令眾人信服的定論。

日軍上尉的遺囑

1996年年初的一個夜晚，日本東京某醫院，一個日本老兵氣息奄奄地躺在病榻上，向他的好友、日本劇作家久三枝透露了一個隱藏在心中數十年的重大祕密。

1941年年底，太平洋戰爭爆發，日軍占領北平，這位老兵作為日軍七三一部隊一名上尉軍醫，奉命來到北平協和醫學院解剖室，進行有關細菌的祕密研究工作。不久，日軍情報部門查獲了已落入美國駐北平海軍陸戰隊兵營中的「北京人」頭蓋骨化石，並再度押送到協和醫學院祕密保存並研究。於是，他被指定為保管、研究「北京人」的具體負責人。

1945年日本戰敗後的一天，他接到了上司命令，要他迅速轉移「北京人」。由於事發突然，時局緊張，「北京人」頭蓋骨化石已很難安全運送出境。鑑於日軍大勢已去，並面臨行將變成戰俘的危險，他趁外部一片混亂之際，在一個月黑風高的夜晚，將藏匿於協和醫學院地下室的「北京人」頭蓋骨化石以及孫中山的內臟等珍貴標本，匆匆裝箱後偷運出去，並在夜幕的掩護下，將這些東西輾轉運送到距離協和醫學院東方約兩公里，在一個有很多古樹的地點，挖坑埋藏了。將這些化石、標本埋藏完畢後，他還特意拿軍用砍刀在距埋藏地點不遠處的一棵粗壯松樹上，砍掉了一塊長約1公尺、寬約20公分的樹皮做為標記，以便來日辨認。

當這一切悄無聲息地完成之後，他又摸黑回到了協和醫學院。之後不久，他被俘虜了。再之後不久，他被遣送回到日本本土。

後來的歲月，這個日本上尉軍醫始終將這一個祕密埋藏於心底，沒有向任何人提起。直至生命即將結束之際，才向久三枝吐露了此事。講

第一章　探尋「北京人」的足跡

完這個祕密後，他還特地為久三枝留下了遺囑：請久三枝一定要將這個祕密告知中國政府，以便讓珍貴的「北京人」頭蓋骨化石及其他貴重標本早日回到中國。

日本老兵說出這個祕密並留下遺囑後，很快便去世了。劇作家久三枝感到事情的嚴重性，未敢公開對外宣揚，只是將此事悄悄地告訴了一位常在中國工作的朋友嘉藤剛清。

嘉藤剛清聞訊後大為驚訝，又將此事告訴了他的老朋友仰木道之。

仰木道之長期致力於中、日文化交流，時為中日合作北京共同保安服務有限公司常駐董事、顧問。得知上述消息，他既震驚又興奮，意識到這將是一件震動世界的大事。為證實原日本上尉軍醫臨終遺言的可信度，仰木道之憑自己對北京市地理環境的了解，按照嘉藤剛清告知的線索，首先在協和醫學院以東一帶悄悄地進行調查。

經過一番努力，仰木道之在協和醫學院東南側兩公里左右的日壇公園神道北側，找到了一棵樹幹上被砍掉樹皮的古松。經過初步觀察，樹皮被剝落的時間較長，形狀和那位日本老兵所描述的大致相似。因此，仰木道之根據這棵古松的位置和特徵推斷，如果不是偶然的巧合，這棵古松之下應該埋藏著本世紀古人類學最大的祕密──「北京人」頭蓋骨化石！

仰木道之透過相關管道向中國科學院說明了事情的始末。中國科學院大感意外與驚喜。畢竟這是「北京人」頭蓋骨失蹤半個多世紀以來，又一條獨特而又比較可信的線索。於是，1996年3月24日，中國科學院委派本院古脊椎動物與古人類研究所分管業務的副所長葉捷和張森水研究員，與仰木道之會面，以了解線索的來源和可信程度。

由於線索來源已先後經過好幾個人轉述，到仰木道之這裡可能多少

打了折扣。仰木道之還是極盡可能地將聽到的情況向葉、張二人詳細說明。葉捷和張森水聽完，對幾個細節問題提出疑問，但因仰木道之並非這一祕密線索的原始提供者，故無法一一作答。葉捷和張森水只好抱著寧可信其有、不可信其無的態度，與仰木道之一起前往日壇公園進行實地勘察。

在仰木道之的引領下，葉捷、張森水二人很快在公園東神道的北側見到了一棵樹幹上有明顯砍剝痕跡的古松。二位專家經過現場勘察，再結合仰木道之提供的說明，認為此處埋藏「北京人」頭蓋骨的可能性不大。其主要理由是：

一、那名原日本七三一部隊的上尉軍醫對於轉移、隱藏「北京人」的具體時間含混不清。

二、孫中山的內臟在手術後一直保存在協和醫學院，後來日本人占領協和醫學院後，將內臟送給汪精衛，汪精衛藉機舉辦了一個「國父靈臟奉安儀式」，將靈臟放於一個玻璃瓶裡，並安葬於南京中山陵，這是眾所周知的事，根本不存在和「北京人」一起轉移的可能。

三、有著砍剝痕跡的那棵古松，其位置在公園神道附近，如果在此樹下挖坑，勢必破壞神道。由於當時日軍占領中國後，日本方面一直在喊「中日滿親善」、「建立大東亞共榮」等口號，因而破壞神道與當時的政治背景不符。再者，神道一旦遭到破壞，勢必引起眾人注意，這對保密也極為不利。

儘管葉捷和張森水在理性上有著比較清醒的認知，還是認為要對仰木道之提供的線索慎重考慮，在尚未被事實證實之前，不宜輕率地予以否定。因此，葉捷和張森水將此情況如實向中國科學院做了書面報告。

1996年5月3日，中科院決定由地球物理研究所針對線索地點進行

第一章 探尋「北京人」的足跡

「地表探測」。5月8日，探測儀器發現異常物體，深度約1.5公尺到2.5公尺，厚度、寬度均為1公尺，長度方向占6個測點，約3公尺。於是，中科院決定對「匿藏點」實施發掘。

6月3日上午，日壇公園古松下的發掘拉開序幕。遺憾的是，下挖至2.8公尺，掘出的都是細黃砂岩，沒見到一件埋藏物。而此前探測的所謂「異常物體」，經檢測，不過是一堆由特殊分子結構形成的碎石而已。於是，發掘工作只好停止。

歷史，再一次開了一個玩笑。是喜劇？鬧劇？還是惡作劇？這個隱藏了半個多世紀的「重大祕密」和臨終遺囑，究竟是發自心底的善意忠告，還是病榻上的神經質幻覺？抑或是故意的調戲與嘲弄？除了那名死去的日本老兵，恐怕誰也不知道他葫蘆裡賣的是什麼藥。

不是尾聲

為了繼續尋找「北京人」頭蓋骨化石這一人類至寶，北京市房山區政府成立了尋找「北京人」頭蓋骨化石工作委員會，透過各種方式在全世界展開宣傳和搜尋。

2005年1月的一天，中科院古脊椎動物與古人類研究所收到一條線索，大意是：河南偃師山化鄉牙莊村一個姓李的農民，說自己手中有確鑿的「北京人」頭蓋骨線索。周口店北京人遺址博物館工作人員立即與這位李姓農民通電話，想詢問具體情況。但這位李姓老兄神祕兮兮，只吞吞吐吐地說線索證據確鑿，自己保守了這個祕密幾十年，一定要面談。

這年3月，周口店「北京人」遺址博物館的工作人員趕到偃師與李姓農民會面，地點約在一間飯店。時年64歲的老李如約趕到，說出了隱藏幾十年的祕密。

不是尾聲

1941年深秋，一群官兵開著一輛卡車行路，車到河南汝陽的時候忽然拋錨了，當地的另一隊官兵發現車子載重不輕，就劫持了這輛車子。劫車的官兵們不僅從車廂裡搜出了一些金銀珠寶，還發現兩個很大的白色木箱。用鐵棍撬開木箱，只見裡面有葫蘆狀的人頭骨，一些玻璃瓶子裡還裝著人的牙齒，用紅紙寫著標籤。劫車的官兵之中，其中一名是李姓農民的父親。

由於還要赴前線打仗，不能攜帶貴重物品行動，劫車的官兵商量之下，把財寶和木箱埋在一個廢棄的窯洞裡，約好打完仗之後，大家再把財寶挖出來分配。此後，為了爭奪這批財寶的歸屬權，劫車官兵開始自相殘殺，不少人死去了，李姓農民的父親僥倖活了下來，從此隱姓埋名住在藏寶地附近，看守著這批寶藏，直到去世。

李姓農民說，直到1970年代父親去世前才告訴他這個祕密，父親說，等國家時局穩定了，才可以把祕密說出來。自1960年代，這位老兵每年都帶著李姓農民去一趟藏寶地，檢視有無閃失，行車路線是先坐車到汝陽，再走將近兩個小時的山路，到一個荒無人煙的地方，那就是藏寶地點。

這位老兵去世後，已長大成人的李姓農民自己也去看過，但他拒絕說出具體地點，並要求前往約談的工作人員先與他簽訂一份尋寶協議。

2005年10月，周口店博物館工作人員帶著協議書再次找到了李姓農民，雙方在協議上簽字，而後一行人在老李的帶領下來到了藏寶地點——汝陽縣小店鎮虎寨村。這個村子在汝陽縣東南方向不到十公里，李姓農民指著一個丘陵說，寶藏就藏在那裡。前往的工作人員一看，丘陵兩邊都是山，丘陵上東北方向有一面斷牆，牆的西南面是一片種著莊稼的坡地。老李又說，寶藏就埋在坡地上一棵迎春花旁邊。

第一章 探尋「北京人」的足跡

2005年11月9日,周口店「北京人」遺址博物館的工作人員帶著發掘工具再次來到汝陽,來訪前已經請示了各級文物局,並得到當地派出所的支持。發掘工作很快地在丘陵的坡地展開。未久,在莊稼地下面果然挖出了一座舊窯洞,這個窯洞的出現,與李姓農民此前的說法吻合,工作人員欣喜萬分。

然而發掘工作連續進行了五天,仍沒有發現傳說中的木箱蹤跡,只在窯洞的地下發現一些已經變黑的散落的小米。大家有點失望,停止發掘,動用著名的洛陽鏟鑽探。當幾支洛陽鏟以梅花狀鋪開,叮叮噹噹地鑽探了兩天後,已經探到了窯洞的地基層,仍然沒有絲毫埋藏物品的跡象。又經過三天的鑽探,仍未發現半點木箱的蹤跡,工作人員心中埋藏了大半年的希望破滅了,發掘工作不得不在極度的失落中黯然收場。

儘管此次搜尋再度失敗,但尋找「北京人」的工作仍在繼續,說不定哪一天,失蹤80年的「北京人」將重返人類溫馨的家園。

第二章
文明的曙光

▎走進仰韶村

　　1920 年秋天，安特生在周口店龍骨山的調查、發掘陷於短暫沉悶。有人告訴他，除了北京周口店一帶出產「龍骨」，河南省地界也有許多，有人專門蒐集、挖掘地下的「龍骨」變賣。安特生聞訊，既驚且喜，立即派他的助手劉長山奔赴河南湯陰、洛陽一帶，調查「龍骨」的出土線索，並收集第三紀脊椎動物化石，同時注意有無石器時代的遺存。

　　這一年年底，劉長山結束調查返回北京，收穫是：從河南農民手中買了大量的三趾馬化石，以及 600 餘件石斧、石刀等新石器時代遺物。劉長山滿帶自豪地對安特生說：「這些石器都是從一個村的農民那裡買來的，這個村叫仰韶村。在那裡，農民蒐集了他們土地中所有我想要的遺物。」

　　安特生拿起幾件石器端詳了一陣，頓時兩眼放光，他對劉長山說：「我們已找到了亞洲大陸上第一個石器遺址，看來西方學者所說的中國沒有發現石器遺址的時代應該結束了！」劉長山聽聞自己取得的東西竟然如此重要，激動得滿面紅光，連夜向安特生彙報調查經過與器物的詳細來源。安特生信心倍增，表示要親自赴河南調查一番。

　　1921 年 4 月初，安特生來到周口店，針對可能遺存人類骨骸的幾條山溝和洞穴再度進行調查，並選好幾處發掘地點。4 月 18 日，安特生離開北京，偕助手劉長山來到河南澠池縣，稍做休息整頓，便前往離縣城

第二章　文明的曙光

6公里的仰韶村考察。

在距離仰韶村1公里的地方，橫亙著一條峽谷，這條無名的峽谷由於安特生的到來而受到矚目。在這個峽谷的北面，安特生驚奇地發現谷底紅色的第三紀泥土明顯地裸露著，並和一層滿含灰土和陶片的泥土混在一起。憑著這些特徵，他當即做出判斷，這就是石器時代的堆積。安特生進一步搜尋谷底，很快便在堆積物的最底層發現了一小塊紅色陶片，這塊陶片被磨光了的表面上，居然清晰地繪有一方黑色的花紋圖案。安特生幾乎不敢相信，這些精美的彩陶和石器工具，居然會在同一地點！

這些古老的器物到底意味著什麼呢？難道昭示著一種尚不為人類所知的古代文明嗎？

安特生懷著深深的好奇和困惑回到了北京，開始日夜思索和研究從仰韶村帶回的古老器物。有一天，他無意中發現了一份探索考察的報告，是美國地質學家龐帕萊於1903年和1904年在土耳其斯坦安諾地區所進行的那次著名考察的經過，報告所載的彩陶圖片令安特生眼睛為之一亮。這些彩陶的外表和仰韶村發現的彩陶竟出奇的相似！難道這兩者之間有一種神祕的內在連繫？安特生強烈地預感到，仰韶村的彩陶，有可能存在於史前時代！

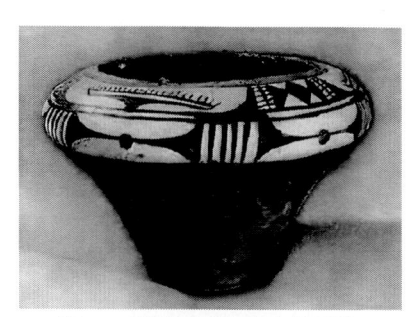

圖2-1 仰韶村遺址出土的彩陶

同年秋天,安特生再也按捺不住心中湧動的激情,在中國政府和地質調查所的大力支持下,他偕同中國地質學家袁復禮等組成一支訓練有素的發掘隊伍,大規模地發掘仰韶村遺址。從安特生後來撰寫的著名傳記《黃土的兒女》(Children of the Yellow Earth)中,可以看到這位歐洲科學家此時的心情——

　　在助手的陪同下,我於1921年10月27日到達仰韶村。這個地區不僅有如此豐富的地質遺跡,它早期歷史的遺跡也讓人驚嘆不已。只要望一眼,你就會在這裡看到漢代的墳墓和出土的青銅器,而晚些時期的建築和紀念碑群在北部的石灰岩上隨處可見。更為醒目的一座古寺和兩座古城堡,看上去都經歷了和平時期的安寧和戰亂時代的磨難。那一個個受尊敬的傳說人物,在村落旁的路邊立著的精美雕刻的石碑上可清晰地見到。我深深地感受到對這富饒、文明村落的虔誠和神聖崇拜,很難想像石碑下的早期偉人對我們努力探索這莊嚴神聖的史前遺跡是什麼感受。在這裡,我驚喜地看到,石器時代的村落發展和遙遠的地質堆積物的發現,都將與我們所知的這地區早期人類歷史活動鏈條般地銜接在一起……

　　仰韶史前遺址的發現與發掘,儘管比法國人類學家摩爾根在美索不達米亞蘇薩地區發現彩陶幾乎晚了半個世紀,但它代表著具有劃時代意義的田野考古學在中國的開始。發現具有史前歷史的彩陶,使上古的盛世時代,不僅僅是一個推測或近似怪誕的想像。

　　仰韶遺址發掘的資料顯示,先進的農業社會包含的內容不僅與傳說中的記載有關,而且與中亞的史前史有極其密切的關聯。這些發現物打破了西方歷史學家一貫認為的東亞是印度——歐羅巴文明界外的神話,它以無可辯駁的事實再次提醒西方歷史學家,東、西亞文明並不像他們想像的那樣是獨立分開的。

第二章　文明的曙光

　　仰韶遺址與出土器物，特別是彩陶的發現，很快地聞名於世，由於它在中國歷史上是首次發現，按學術界以「第一次發現的典型遺跡的小地名為名」的原則，被命名為仰韶文化。

　　仰韶文化的發現及其重要價值，使之很快地聞名於世，安特生也因此獲得了非凡的聲譽。學者都公認仰韶遺址的發掘是中國現代考古學的源頭，它不僅促成了中國的第一個考古學文化——仰韶文化的誕生，並且為中國學者帶來了一套歐洲先進的田野發掘方法——這套方法在整個20世紀都被中國的考古學家們所沿用。

　　仰韶文化的發現使安特生驚喜異常，根據仰韶文化使用陶器和磨製石器、且未發現青銅製品和文字等特點判斷，他認為其時代應當晚於打製石器的舊石器時代，早於青銅時代，是一種新石器時代晚期的文化，相當於西元前3,000年左右。這一論斷徹底否定了一些外國學者聲稱中國沒有石器時代文化的觀點。

　　至於此一文化的來源，安特生在一度的困惑和搖擺後，宣布贊同某些西方漢學家的「文化西來」假設，即仰韶遺址所發掘最有代表性的彩陶文化，其發祥地和源頭可能在中亞，經新疆、甘肅一帶，最後傳到中原地區，並融入以陶鬲為代表的漢文化圈的本土文化之中。

　　1924年，安特生將此觀點正式寫進他所著的《甘肅考古記》一書中，此一「文化西來說」在國際學術界產生了重大影響。1934年，他在其最有影響力的通俗性英文著作《黃土的兒女》中，仍然堅持仰韶的彩陶製作技術是先在西方成熟後才傳入中國的觀點。

　　一時之間，「中國文明西來說」甚囂塵上，幾乎成為世界學術界的主流觀點。當然，這個觀點隨著另一個考古文化遺址——龍山文化，尤其是後岡三疊層的發現，加上再後來的老官臺、大地灣文化的發現，被從根本上徹底否定。不過，這已是安特生發現仰韶文化半個世紀之後的事了。

吳金鼎發現龍山文化

1928年夏天，清華大學國學研究院研究生吳金鼎，遵照過去的導師、考古人類學家李濟的教導，藉著暑假的機會到濟南四周進行考古調查。吳是山東安丘萬戈莊人，早年就讀於齊魯大學，對齊魯大地一往情深，很想找機會尋求故鄉文明之根。這個暑假正是實現導師囑託的難得機會。

吳金鼎提著考古探鏟出了濟南城，向平陵故城和歷城縣龍山鎮一帶走去。他來到一個叫做城子崖的地方，發現河邊有一處臺地，臺地不大，平面呈方形，西邊與南邊高出地面3公尺至5公尺。遠遠望去，很像一座古城殘廢的城垣，路溝邊斷崖的橫截面，在陽光照耀下閃閃爍爍，一條數十公尺的古文化層帶向遠方延伸，文化堆積清晰可見。經仔細觀察，斷崖上有殘存的灰土和陶片，這個現象引起了他的注意。

此後，吳金鼎先後5次到城子崖實地考察，特別對文化層堆積較厚的城垣之西、南兩面斷崖仔細觀測，在城子崖下層發現了一種非瓷非釉、光潔美麗的黑色陶片。頗具意味的是，這種陶片總是與石器、骨器一同出土。此一非同尋常的現象，無疑向吳金鼎昭示，這是一處極其重要的史前文化遺址，地下埋藏著華夏民族的巨大祕密。

吳金鼎不敢大意，趕緊寫信將調查情況向他的老師、正在河南安陽殷墟率隊進行田野發掘的李濟彙報。李濟聞訊，與甲骨學家董作賓一起赴山東章丘縣龍山鎮對遺址進行複查，認為吳金鼎所言極是。

在此之前，李濟、董作賓、梁思永、尹達等考古學家，對安特生提出的「中國文化西來說」並不認同，只是苦於沒有確實的證據加以推翻，想不到吳金鼎突然在黃河下游發現了完全不同於仰韶文化的黑陶，這是否屬於一種新的文化？這個文化難道也是從西方傳來的嗎？如果不是，

第二章　文明的曙光

又如何解釋？正是懷著對「中國文化西來說」不服氣的心理，李濟毅然做出了這個決定：實施發掘，收穫一定不小，極有可能挑戰或推翻安特生的「西來說」。

李濟的決定獲得自己服務的學術機構——中央研究院歷史語言研究所所長傅斯年的同意和支持，他迅速調集安陽殷墟發掘的大部分人馬，揮師城子崖，開始了中國考古學史上又一個極具學術意義的重大遺址發掘。

李濟率領考古隊來到濟南，代表中央研究院史語所與當地合作共同發掘城子崖，得到了山東省政府的大力支持，省教育廳廳長何思源親自為考古發掘隊籌集發掘經費，解決發掘中的困難。在各方努力下，城子崖遺址於1928年11月開始首次發掘。1931年，由另一位考古學家梁思永接替李濟主持城子崖第二次發掘，收穫超出想像。

城子崖遺址中所出土的文物與仰韶文化出土文物風格迥異，其中發現最多的黑陶和灰陶器具，幾乎完全不同於河南、甘肅的彩陶，器型也沒有相同之處。而城子崖最具特徵的「蛋殼陶」，通體漆黑光亮，薄如蛋殼，其製作工藝已達到了新石器時代的頂峰，並作為一種文化象徵——黑陶文化，成為前無古人、後無來者的絕響。

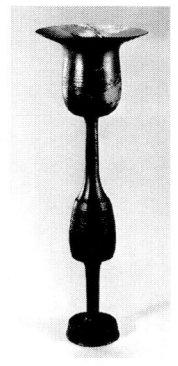

圖 2-2 城子崖遺址出土的龍山文化高柄蛋殼陶

圖 2-3 城子崖遺址出土的龍山文化陶鬹

除此之外，城子崖遺址還首次發現了新石器時代與殷墟文化有著某種關聯的卜骨，以及長 450 公尺、寬 390 公尺、基址 10 公尺的版築夯土城牆。這一項發現，正如李濟所言：「替中國文化原始問題的討論找到了一個新的端緒」、「將成為中國上古史研究的一個極其重要的轉捩點」，為學者們尋找商文化前身夏文化增強了信心。

後來，由傅斯年、李濟、梁思永等著名學者編寫的中國第一部田野考古報告《城子崖》公諸於世，並認定疊壓於東周文化層之下的遺存屬於新石器時代。由於城子崖遺址在龍山鎮，隨後將這一文化遺址命名為龍山文化遺址。

就龍山文化的最初命名而言，是泛指以黑陶為特徵的史前文化，但隨著田野考古工作的全面展開，這一命名已不適應考古學的發展要求。因為此後不久，中央研究院史語所的梁思永、尹達等考古人員，又在山東日照縣兩城鎮發現了一個大型遺址，出土了數量龐大的黑陶，與城子崖屬於同一時代，但又有自身的特點。再之後，考古學家亦在河南、山西、陝西等黃河中下游地區發現具有獨特文化面貌的黑陶遺址。

鑒於此，考古學界做出新的規定，凡發現以黑陶為特徵的遺存，只要在陶器質地、形制、花紋等方面具有獨特的風格，其他方面也與城子崖龍山文化有所不同，則被劃分出來，重新命名，如山東龍山文化、河南龍山文化、陝西龍山文化等。當然，這都是若干年以後的事了。

夏朝都城在何處？

1959 年春夏之交，已 72 歲高齡的考古學家、歷史學家徐旭生帶著助手來到豫西，對文獻記載中的「夏墟」展開調查，從而拉開了實地田野探索夏文化的序幕。

第二章 文明的曙光

傳統文獻中，關於夏人活動區域的傳說很多，整體而言，夏民族主要活動區域分布在晉南平原汾、澮、涑水流域，洛陽平原伊、洛、潁水流域以及關中平原三個大區。徐旭生此行，選擇了最有可能捕捉到歷史資訊的豫西作為考察的首區。徐氏一行數人，在豫西來往穿行，每日步行20多公里，每當遇到大雨連綿，鞋子陷進泥中行走不便，徐旭生便乾脆將鞋子背在肩上，光腳在泥濘中前行，分別對河南省登封縣的八方、石羊關，禹縣的閻寨、谷水河等古文化遺跡進行田野調查。

有一日，徐旭生和助手途經偃師縣，準備到中科院考古所洛陽考古工作站落腳，路過洛河邊一個叫二里頭的村子。徐旭生發現此處有些異常，便停下來四處漫步，尋找心目中的東西。當他在村外繞了半圈後，有一個正在田地裡工作的農民感到奇怪，以為他弄丟了什麼東西，便主動上前詢問。

這一問，徐旭生幽默地回應說：「弄丟了一件大東西，是一座城，幾千年的一座城。」

農民不解，徐旭生解釋說：「我是做考古調查的，想在這一帶看看有沒有古代留下的陶片之類的。」

農民聽完，不以為意地說：「陶片，我們這裡很多呢，還有完整的陶罐、陶盆，都是做水利建設時挖出來的。」

徐旭生大為驚喜，急忙對農民說：「你說的地方在哪裡，能帶我去看看嗎？」

農民爽快地答應，帶著徐旭生到了村東的一片田野。果然，徐旭生在這裡發現了許多陶片，並且還撿到了一件完整的陶器。從遺留的陶片以及陶器的花紋、質地等特點判斷，這是一處規模甚大的古文化遺址。

徐旭生對二里頭遺址做了初步判斷，立即回到中科院考古所洛陽工

作站，將調查的情況告知了工作站的趙芝荃等人。大家一聽，都很振奮，決定第二天由工作站站長趙芝荃帶領幾名考古人員，隨著徐旭生赴二里頭做進一步調查。

二里頭遺址位於河南省偃師縣城西南方約9公里處，西近洛陽城。就其位置而言，它南臨古洛河及伊河而望嵩嶽、太室、少室山，北依邙山而背黃河，東有成皋之險，西有函谷崤函之固。其所處的河洛地帶自古被稱為中土、土中、地中，並有「河山拱戴，形勢甲於天下」和「萬方輻輳」之譽。傳說自伏羲至周成王各代聖王皆在河洛地帶膺圖受瑞，並有「三代之居皆在河洛之間」的記載。由於武王曾在此處廷告於天：「余其宅茲中國，自茲乂民。」因而這裡也是本來意義的中國。後來周公遵武王旨意在此營建雒邑作成王之都。

當趙芝荃等人隨徐旭生來到二里頭村外時，當地農民仍在田野裡進行農田水利建設。他們一行人來到農民們正在挖掘的一個水塘邊，發現遍地都是挖出的陶片。待他們進入水塘的臺階，又看到塘壁上布滿了陶器的碎片，用手輕輕一摸，這些碎陶片便「嘩啦嘩啦」地跌落下來。這個情景讓趙芝荃等人興奮異常，在以往的考古調查中，不曾遇到這般激動人心的場面。如此豐富的文化堆積，如果不是古代的都城遺址，那又是什麼？

離開水塘之後，徐旭生等人又在二里頭村的四周詳細調查，推測此遺址範圍東西長3公里至3.5公里，南北約1.5公里。從地理環境和歷史淵源以及發現的遺跡、遺物看，這裡有可能是歷史上的一個帝都。

按照徐旭生在後來發表的調查報告中所言，他認為這裡應是商湯時代的都城「西亳」。從文獻方面論證後，徐旭生又補充道：「此次我們看見此遺址頗廣大，但未追求四至，如果鄉人所說不虛，那在當時實為一大都會，為商湯都城的可能性很不小。」

第二章　文明的曙光

　　儘管當時徐旭生對這處遺址做出的判斷，在後來證明有誤，但由於他的首次發現和隨之而來的數十次發掘，使二里頭成為國內外學術界最引人注目的古文化遺址之一。它不僅成為學者們探索夏史和夏文化的關鍵所在，也成為探討國家和文明起源無法繞開的聖地。

　　鑒於二里頭遺址在考古學上所具有的龐大潛力和學術價值，趙芝荃等人回到洛陽工作站之後，迅速地向中國科學院考古所報告，請求率部移師，發掘二里頭遺址。此後不久，河南省文管會也得知了二里頭發現重大遺址的消息，並決定派隊前往發掘。於是，1959年秋天，得到批准的中國科學院考古所洛陽工作站以趙芝荃為首的十餘人，與河南省文管會派出的一個專門由女性組成的「劉胡蘭小組」，幾乎同時進駐二里頭遺址展開發掘。

　　1960年，河南省派出的「劉胡蘭小組」撤出了發掘工地。整個二里頭遺址在以後的若干年內，只有中科院考古所下屬的二里頭工作隊進行發掘。

　　經過半年多的發掘，二里頭遺址已出現了考古學界所期望的曙光。考古人員發現了一組夯土基址，夯土眼很明顯，其中北面的一處基址長、寬各約100公尺，是這組建築的主要部分。透過仔細辨別，可以肯定是一處宮殿基址。結合之前在四周所發現相當數量的房基、窖穴、灰坑、水井、窯址以及鑄銅陶範、石料、骨料等遺跡、遺物推斷，二里頭遺址確實具有古代早期都邑的規模。一時之間，二里頭遺址發現宮殿的消息迅速在學術界傳開並引起震盪。

　　此後40多年的時間裡，經由趙芝荃、方酉生、殷瑋璋、鄭振香、高天麟、鄭光、杜金鵬、張立東、許宏等幾十位考古學家的不斷努力，終於大致呈現出二里頭遺址的文化面貌。「所知範圍總面積約3平方公里，

文化堆積甚厚，內涵十分豐富。」遺址的文化延續時間經歷了相當長的歲月，粗略估計前後 400 多年。

圖 2-4 河南偃師二里頭夏代遺址

　　尤其令人震驚的是，在遺址中部發現的第一、第二號兩座宮殿基址，規模宏偉，氣勢壯觀，頗有王者氣象，「其平面配置開中國宮殿建築的先河」。僅從臺基的面積來看，甚至可以與北京故宮的太和殿匹敵。如此規模龐大的宮殿基址，考古學家前後花費了二十多年的時間，才使其完整地重見天日。經研究者推斷，這兩座宮殿都屬於二里頭文化三期，在此時期，二里頭文化進入了最繁榮輝煌的鼎盛時代。

　　二里頭遺址的發掘，除了大型宮殿遺址，還出土了大量的玉器、銅器和陶器。其玉器多為圭、璋、戈等禮器，這些禮器在整個玉器和禮器發展史上具有承上啟下的意義。而出土的青銅容器和武器形狀之獨特，皆為中國首次發現。尤其是鑲嵌綠松石的銅牌飾種類繁多，其選料之精、製作技術之高超、紋飾之精美，在整個商代考古史上從未有其先例，堪稱國之重寶。

第二章 文明的曙光

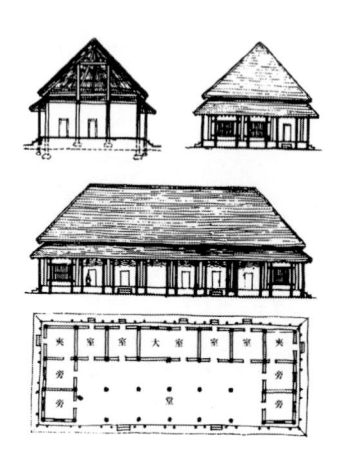

圖 2-5
二里頭遺址主體殿堂復原設想圖

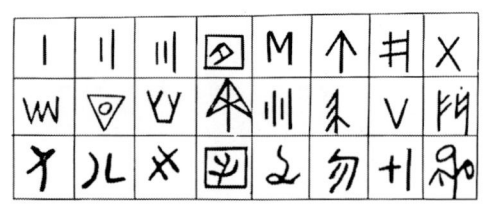

圖 2-6
二里頭遺址出土的文化刻符和文字

圖 2-7 二里頭遺址出土的綠松石龍

圖 2-8 二里頭遺址出土的綠松石銅牌飾

圖 2-9 二里頭遺址發現綠松石龍頭

很明顯地，從二里頭遺址發掘的規模、等級、規格乃至氣勢來看，這裡曾經存在過都城已成定論。但有些遺憾的是，考古人員經歷40年的發掘，踏遍了遺址的四周，居然沒有發現城牆，甚至連壕溝也未曾發現，於是，有人認為這是一座無城之都。

由於二里頭遺址的發現和發掘是中國考古學史上最重大的事件之一，所以關於它的時代、文化性質、遺址性質等問題皆備受學術界關注。

1962年，考古學大師夏鼐把此類文化遺存命名為「二里頭類型文化」，之後又根據新的發掘進展，將這一文化遺存命名為「二里頭文化」，此一新的考古學文化的命名，更加突顯了二里頭遺址的典型性和代表性，從此二里頭遺址的影響力更為提高和擴大，二里頭文化成為考古學上一個十分重要的文化概念。

隨著二里頭遺址蜚聲中外，有關這個遺址的時代、是歷史上哪個帝王所在都城等問題，成為學術界爭論的焦點，導致學術界對夏文化探索出現了空前的繁榮。有的認為是商都，有的認為是夏都，有的認為是一半是夏、一半是商，有的認為少量是夏、多半屬商或商都。各種觀點、各種主張令人眼花撩亂，目不暇給。從河南龍山文化晚期，經二里頭一、二、三、四期，到鄭州商城文化之前，每兩者之間都有人試圖切上一刀，以作為夏、商的分界。從每一位操刀切割者的主張和觀點來看，似乎都有各自的道理。

此一爭論持續了三十多年未有結論，成為考古、歷史學界一個懸而未決的學案，直到1996年「夏商周斷代工程」開始之後，方得到解決──二里頭遺址就是夏朝某個王的都城。至於是否夏都斟鄩，還有待進一步考證。此為後話。

接下來，簡略敘述夏朝之後的商朝，以及商朝甲骨文的發現與甲骨文的歷史嬗變之謎。

第二章　文明的曙光

▎神祕的甲骨文

甲骨文是刻在龜甲和獸骨上的一種古文字，它們的作用就像遠古的先民們「結繩記事」一樣，是一種「記錄文字」。當這些龜甲和獸骨上的文字未被認出之前，它只是被當作不值錢的藥材出現在中藥店。而這些古文字被確認之後，天下震驚，歷史研究的新紀元由此開始。

關於誰是發現甲骨文的第一人有不同的說法，但學術界公認王懿榮是鑑別和解析甲骨文的第一人。

王懿榮，山東福山人，字正儒，號廉生，生於清道光二十五年（西元1845年）一個官宦世家。他的父親曾以兵部主事由京城回家鄉辦團練，受到皇帝的嘉獎，賞戴藍翎，加員外郎銜。王懿榮長大成人後，曾先後出任翰林院編修、國子監祭酒等職。其人「嗜古，凡書籍字畫，三代以來之銅器印章貨泉殘石片瓦，無不珍藏而祕玩之」。因為收集和研究了許多古代文物，又曾與當時著名的金石學家陳介祺、潘祖蔭、翁同龢、吳大澂等人一起切磋學術，在金石文字方面有深厚的造詣，才奠定了他後來看似偶然、實為必然的甲骨文劃時代的偉大發現。

光緒二十五年（西元1899年）秋天，時任國子監祭酒（相當於皇家大學的校長）的王懿榮得了瘧疾，用了許多藥仍不見好轉，京城裡有一位深諳醫理藥性的老中醫開給他一劑藥方，裡面有一味中藥叫「龍骨」，王懿榮派家人到宣武門外菜市場口一家老中藥店「達仁堂」按方購藥。藥買回來之後，王懿榮親自打開藥包驗看，忽然發現「龍骨」上刻有一種類似篆文的刻痕。憑著金石學家對古物鑑定的敏銳，他立刻意識到這頗像是篆文的刻痕，可能是一種很早的古文字，其刻寫的時間要早於自己所研究的古代青銅器上的文字。這個意外發現使他興趣大增，於是又派人將達仁堂中帶有文字的「龍骨」購買回來，加以鑑別研究，同時留意在京城收

購。不久，山東濰縣的古董商范維卿又攜帶這種刻有文字的甲骨 12 片，進京拜見王懿榮。王懿榮一見，視若珍寶，全部收購下來。此後，又有另一位古董商趙執齋也攜甲骨數百片來京，被王懿榮認購。在不長的時間裡，王懿榮就收購了有字甲骨約 1,500 片。

范維卿原本是一位農民出身的古玩商販，在山東濰縣浮煙山北麓一個丘陵小莊世代居住，兄弟五人，他排行老二，人稱二哥。他的經營方式是：四處周遊，搜求古物，邊收邊賣。後來漸漸走出了自己的門路，將收到的古物主要販賣給天津、北京的達官貴人和文人世家，尤其以端方和王懿榮為主。由於河南安陽、湯陰一帶經常有青銅器出土，范維卿便經常到此地收購。

西元 1899 年，范維卿再次來到安陽尋找「獵物」，由於久收不到青銅器，在閒晃當中聞知龍骨能入藥，便順手收購了一批龍骨，送到了北京的藥鋪賣掉。接下來便有了王懿榮因病到藥鋪抓藥並發現甲骨文的故事。

根據當代學者鄧華考證，王懿榮發現甲骨文之後，曾親自到藥鋪問過貨源來路，並叮囑藥鋪掌櫃：「若濰縣古董商范某再來，必為引見。」按鄧華的說法，1899 年夏天，范維卿又去北京送龍骨，遂被藥鋪掌櫃引薦到王府，范氏與王懿榮的相識或許緣始於此。

當王懿榮看到范維卿帶來的一批刻有文字的甲骨後，興奮異常，當場指認上面一些近似鐘鼎文的字形給范氏看，范維卿才恍然大悟，想不到自己順手收來的破爛骨頭竟然是很有價值的古董。

真相初露

王懿榮在得到甲骨並發現了上面的文字後，是如何鑑別「審定為殷商古物」，後人難以知曉。有人撰文說王懿榮是受《尚書‧多士》篇中「唯

第二章　文明的曙光

殷先人，有典有冊」的啟示，並結合對周代青銅器上的篆籀文字研究而得出的結論。這個說法是否符合事實尚難確定，但有一點卻是不爭的事實，那就是王懿榮以及後來的甲骨文研究者，都普遍具有深厚的國學基礎，即對古文獻的博學以及在音韻、訓詁等方面的精深造詣，而這些正是甲骨文學者們取得成功的前提。正如著名考古學家李濟後來所說：「在智力的發展中，都有其特定的階段，並遵循著某種規律性。19世紀末甲骨文被認為是一個重大發現，這個發現與其說是偶然的，還不如說是學者們不斷努力的結果。西元1899年發生的事是有長期的學術準備的。」斯言甚是。

甲骨文被確認之後，震驚了國內外學術界，王懿榮不僅確認了甲骨文的學術價值，更是將其定為商代文字的第一人，也是大量收集、珍藏甲骨文的第一人。他為甲骨文研究開先河，也拉開了商代歷史研究、確認的序幕。

然而，就在甲骨文發現的第二年，王懿榮搜求千餘片甲骨，準備著手深入研究之時，八國聯軍攻入北京，時為國子監祭酒兼京師團練大臣的王懿榮面對侵略者的燒殺搶掠和清王朝的腐敗無能，自感無力回天，憤而投井自盡。

王懿榮與他剛剛開始的新事業訣別了，甲骨文研究的命運也面臨著是生還是滅的又一輪抉擇。所幸的是，由於劉鶚的及時出現，才使甲骨文研究的歷史按照王懿榮的願望走了下去。

劉鶚，字鐵雲，江蘇丹徒人。曾以所著《老殘遊記》聞名於世。早年的劉鶚精算學、水利，又懂醫術，性嗜金石、碑帖、字畫及善本書籍。曾在上海行醫，後棄醫經商，但盡蝕其本。光緒十四年（西元1888年）黃河於鄭州決口，著名金石學家、河督吳大澂率民眾治理，但久不奏

效。第二年，劉鶚投效於吳大澂的門下，決心以己之長治理黃河。由於劉鶚的積極參與，氾濫成災的黃河鄭州段得到了有效的治理，劉鶚本人因治河有功，被朝廷任命為山東黃河下游提調，相當於知府的官銜，從此聲譽大起。

王懿榮發現甲骨文的時候，劉鶚正在北京候補知府。他是吳大澂的學生，也涉獵金石學，與王懿榮經常往來，後來成為至交密友。王懿榮殉難後，他極為悲傷。當時王家為了還債，把王懿榮生前收藏的甲骨大部分折價轉讓給了劉鶚。

自得到王懿榮遺留的甲骨之後，劉鶚開始廣泛搜求甲骨，他委託一位古董商奔走在昔日的「齊魯、趙魏之鄉」，約一年的時間，收集到約3,000 片，另外又派自己的兒子到河南一帶去收購甲骨，短時間內就收集了近 5,000 片。

劉鶚收購甲骨，當然不是單純地為了收藏和把玩，其根本目的是學術研究。1903 年，他將自己收集到的甲骨整理分類，拓印了 1,058 片，分成 6 冊，以「抱殘守缺齋」的名義拓印，從而出版了第一部甲骨文書籍──《鐵雲藏龜》。此書雖然印刷不夠精細，拓本也有些漫漶不清，但它畢竟為甲骨文研究提供了第一份書面資料，更重要的是為甲骨文研究者開闊了視野，開創了奠基性的學術道路。同時，也象徵著甲骨文研究開始從以收藏為主的書齋走向更加廣闊的社會。

在劉鶚開始搜求甲骨時，就很想知道甲骨的出土地點，因為只有釐清這些古物的出土地，才能最終揭開甲骨文字的奧祕。但收購甲骨的古董商人唯利是圖，唯恐將甲骨的出土地洩漏之後，斷了自己的財路，便謊稱甲骨的出土地點為河南湯陰或汲縣，對真正的產地安陽卻守口如瓶，從不洩漏半字。在當時交通不便、消息閉塞的情況下，古董商的謊

第二章 文明的曙光

言使甲骨收藏者信以為真,王懿榮至死也未能釐清甲骨的真正出土地點,並有「河南湯陰、安陽,不甚具體」的感慨。而天資聰穎的劉鶚,也對古董商人的謊言深信不疑,在其發表的專著中稱甲骨的出土地為「河南湯陰縣之羑里城」。

《鐵雲藏龜》在海內外學術界產生了很大迴響,收購和研究甲骨成為一時風尚,流風所及,劉鶚的「湯陰說」成為甲骨出土地的主要依據,這個說法不僅誤導了中國人,就連日本人也受到了矇蔽。但假的畢竟是假的,偽裝總要被剝去,狡猾的古董商人編織的謊言最終被拆穿,而拆穿這個謊言的不是別人,正是商人們自己。在著名金石學家羅振玉的勸誘下,古董商人終於吐露了真言。

圖 2-10 劉鶚《鐵雲藏龜》一書的首頁

羅振玉,字叔蘊,號雪堂,浙江上虞人。曾做過清朝學部參事官、京師大學堂農科監督等官。他精通國學,後來與日本和歐美的漢學家有不同程度的交往,使他在金石學、文字學、文獻學等方面都成為不可多得的集大成者,是中國近代學術史具有重大影響的學者之一。當然,一般人對他的理解,大多是從末代皇帝溥儀《我的前半生》中得知的,該書中他為清王室的復辟忠誠而執著地努力。

羅振玉年輕時在劉鶚家中當過家庭教師,後來他的長女羅孝則嫁給了劉鶚的兒子劉大紳。正是由於這一層特殊的關係,羅振玉才得以於1902年某日在劉鶚家中見到了從王懿榮府中轉購來的甲骨。出於學術上的遠見卓識和超乎常人的思考意識,羅振玉極力鼓舞劉鶚將其所藏甲骨拓印出版,並親自為其所藏甲骨文進行墨拓。他曾滿懷感慨地說:「漢以來小學家若張、杜、楊、許諸儒所不得見也。今山川效靈,三千年而一洩其密,且適我之生,所以謀流傳而悠遠之,我之責也。」

在羅振玉的鼓勵和親自示範下，劉鶚的《鐵雲藏龜》才得以拓印出版。付印之時，羅振玉還特別寫了一篇序言，認為，甲骨上的文字與篆書「大異」，其為史籀以前之古文字無疑。為此，「龜與骨乃夏商而非周之確證」。

《鐵雲藏龜》的出版，使甲骨文由「古董」一躍而變為可資研究的重要歷史材料。可以說，劉鶚在甲骨學研究史上的功績，與羅振玉的提示及幫助是分不開的。

羅振玉接觸到甲骨文後，對於出土地點，也輕信了古董商的謊言，認為在河南汲縣和湯陰一帶。由於沒有釐清甲骨的真正出土地，研究受到了很大局限，並出現核心思考上的混亂。羅振玉在 1903 年還認為甲骨文是「夏殷之龜」，把此種文字的時代確定為夏、商兩代。直到 1908 年，羅振玉經多方探尋，才得知甲骨文真正的出土地在河南安陽的小屯村，正如他在後來的著述《殷墟古器物圖錄》的序言中所說：「光緒戊申，予既訪知貞卜文字出土之地為洹濱之小屯。」1910 年，羅振玉再次詢問來自河南的古董商，進一步證實了甲骨的出土地「在安陽西五里之小屯而非湯陰」。

撞開殷商王朝的大門

隨著甲骨出土地點被確認，以及更加深入的甲骨文研究，對甲骨文所在時代的理解也越來越清楚了。羅振玉修正了自己之前認為甲骨是「夏殷之龜」的觀點，而確認為是商代之物。

也就在這一年，羅振玉應日本學者林泰輔約請，寫了著名的《殷商貞卜文字考》一書。此時的他已釋讀出一定數量的甲骨文單字，並「於刻辭中得殷帝王名諡十餘，乃恍然悟此卜辭者，實為殷室王朝之遺物」。在這部著作的「序」中，羅振玉進一步考證小屯村為「武乙之墟」。

1911 年 2 月，羅振玉委託他的弟弟羅振常到河南安陽訪求甲骨，羅

第二章　文明的曙光

振常不負所望，在安陽小屯逗留了 50 天，不僅釐清了甲骨所出地的準確位置，而且搜求甲骨 12,000 萬多片，分兩次透過火車運往北京。

1914 年，羅振玉透過對大量甲骨的進一步研究，從《史記・項羽本紀》「洹水南殷墟上」記載中得到啟示，認為此地為「武乙之都」，並在新著《殷墟書契考釋・自序》中又確定了小屯為「洹水故墟，舊稱亶甲，今證之卜辭，則是徙於武乙去於帝乙」的晚商武乙、文丁、帝乙三王時的都城。這個考釋，無論是當時還是之後，都被學術界認為是一項具有開創性的重大學術研究成果。

1916 年 3 月 30 日，從日本歸國的羅振玉由上海趕赴安陽實地考察，從他後來的著作《五十日夢痕錄》中可以看到，羅振玉上午 9 點左右到達安陽並住進人和昌客棧，吃完飯，立即找了一輛車子去小屯。他在出土甲骨最多的地方做了實地考察後，還順手撿了一塊古獸骨和一些無字甲骨 —— 這是甲骨學者第一次將足跡印在古老的殷墟之上。有了現場勘察的實地經驗與歷史記載的溝通，甲骨文的釋讀開始有了突破性進展。

羅振玉回京之後，學者們不僅透過古董商，而且派人直接去安陽小屯收集甲骨，從而減少了甲骨資料的損失，並擴大了對甲骨文的搜求。

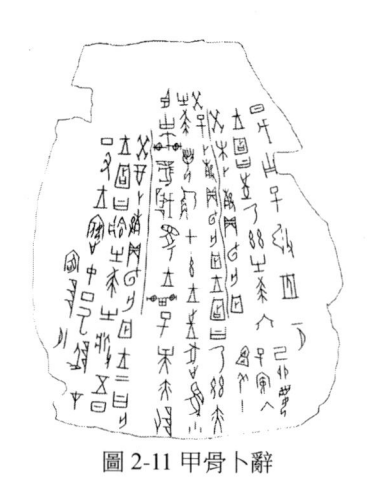

圖 2-11 甲骨卜辭

羅振玉除了考證該地區為殷代晚期都城外，還將甲骨文中的人名與《史記‧殷本紀》中的商王名做比較，發現其中大部分相同。他在1915年發表、1927年增訂的《殷墟書契考釋》一書中，總共釋讀了561個甲骨文單字，指出商王名號22個，外加示壬、示癸兩個先公名號，並發現了王亥之名，這項成果成為他對甲骨學和殷商考古研究的重大貢獻之一。

在此基礎上，羅振玉還開始注意對整則甲骨文卜辭的通讀，並提出了著名的「由許書（指許慎的《說文解字》）以上溯古金文，由金文以上窺卜辭」的治學方法。這個方法後來成為甲骨文研究者的重要法寶。羅振玉從1906年開始廣泛地購藏甲骨，直到1940年去世，先後收藏甲骨達3萬多片，並加以刊布和研究。由他編著的《殷墟書契前編》以及後來的《殷墟書契後編》、《殷墟書契續編》和《殷墟書契菁華》，是殷墟正式發掘以前零星出土甲骨的重要集錄。正如甲骨學者王宇信所言，羅振玉的研究成果，「為有清一代『小學』之一總結，它代表著以《說文》為中心的『小學』的結束，代表著一個以地下出土的古文字資料為研究中心的新學科正在升起，並為後來甲骨學研究打下了堅實的基礎，發揮繼往開來的作用」。

如果說羅振玉透過對甲骨文的釋讀和研究使殷商的歷史之門顯出了一道縫隙，讓學界得以窺視廟堂之間的些許影像，那麼，王國維則把這扇封閉了3,000年的殷商王朝歷史之門徹底撞開了。

王國維，字靜安，號禮堂，又號觀堂。1877年出生於浙江海寧。他7歲入私塾就讀，16歲考取秀才。1898年2月，他離開家鄉來到上海，在《時務報》謀求了一份司書、校對的工作。

在上海期間，王國維結識了羅振玉，不久即到羅振玉所辦的「東文學社」學習日文，並於1900年去日本留學，由此擴大了他學習西方近代科學知識的眼界，羅、王的師生加兄弟之誼因此建立。1906年，羅振玉奉學部之命北調京師，王國維與之同行，其後的8年，羅、王兩人幾乎形影不離。

第二章 文明的曙光

在此期間，王國維曾出任清朝末代皇帝溥儀身邊的「南書房行走」等職。

王國維早年對學術研究的興趣相當廣泛，自 1902 年在南洋公學虹口分校任職時起，便開始研究西方哲學，主攻康德、叔本華等德國哲學，並努力將學到的新思想用於總結文化發展的歷史經驗。從王國維留給後人的《觀堂集林》中可以看到，他不僅對哲學，而且對文學、詩詞、戲曲等都做過研究，取得了豐碩的成果。如他撰寫的《紅樓夢評論》、《人間詞話》、《宋元戲曲史》等都是盛極一時、頗有影響的學術著作。

1911 年，辛亥革命爆發，清王朝宣告滅亡。不久，王國維隨著羅振玉攜家眷東渡日本京都避居。在此期間，王國維開始了研究古文字、尤其是甲骨文的學術生涯。由於具有深厚的國學根基和自身的勤奮學習，以及縝密嚴謹的邏輯思考和論證方法，加上羅振玉具針對性地指導，同時又有羅振玉所藏的大量圖書資料、甲骨文字、古器物及其拓片可以利用，所以在京都的幾年間，王國維在古文字、特別是甲骨文的研究上突飛猛進，取得了令人矚目的成就，為他日後的頂峰之作做好準備。

圖 2-12 王國維〈殷卜辭中所見先公先王考〉及其〈殷卜辭中所見先公先王續考〉中論證商先公先王譜系所利用的由三個斷片綴合的甲骨摹本（《殷契粹編》第 112 片）。

1916年，王國維從日本京都歸國，受聘為上海倉聖明智大學教授，主編《學術叢編》，並繼續從事甲骨文字、金文及音韻、訓詁等方面的研究。1917年2月，王國維撰成名篇〈殷卜辭中所見先公先王考〉。同年4月，又撰成〈殷卜辭中所見先公先王續考〉。

在此之前，儘管羅振玉於1915年刊行的《殷墟書契考釋》，已指出了卜辭中商王名號22個並發現了王亥之名，但遺憾的是他並沒有整體地研究整個商王室世系，也未能找出其他資料加以印證，以至未使殷代王室世系真正被確認下來。這個遺憾和空白最終由王國維在〈殷卜辭中所見先公先王考〉及〈殷卜辭中所見先公先王續考〉中予以填補並發揚光大。

王國維首先突破了羅振玉的局限和框架，將卜辭對照的文獻範圍，由《史記》一書擴大到《山海經》、《竹書紀年》、《楚辭》、《世本》、《呂氏春秋》等古代文獻，並擴大到銅器銘文的範圍。這種研究思路和方法，使他成功地發現了《史記》中誤記或以通假字記載的一些殷商先公先王名號。在這兩篇論文中，王國維從卜辭中考定殷代先公先王帝嚳、相土、季、王亥、王恆、上甲、報丁、報丙、報乙、示壬、示癸、大乙、羊甲等13人的姓名及前後順序，證實了歷史記載的殷代王室世系的可靠性。

正所謂青出於藍而勝於藍，當〈殷卜辭中所見先公先王考〉文稿初成之後，王國維即寄給羅振玉，請其斧正。羅振玉讀畢，精神為之大振，驚為曠世之作。他在致王國維的回信中寫道：「昨日下午郵局送到大稿，燈下讀一過，欣快無似。弟自去冬病胃，悶損已數月，披覽來編，積痾若失。憶自卜辭初出洹陰，弟一見以為奇寶，而考釋之事，未敢自任，研究十年，始稍稍能貫通，往者寫定考釋，尚未能自慊，因知繼我者必在先生，不謂捷悟遂至此也……」從信中可見，羅振玉驚喜之情溢於言表，而王國維得到回信後，同樣是「開緘狂喜」。

第二章　文明的曙光

經過王國維研究考訂，商代先公先王的名號和世系基本上得到了確認，並建立了殷商歷史的整體體系。王國維因此登上了甲骨學研究的高峰，其所寫的〈殷卜辭中所見先公先王考〉和〈殷卜辭中所見先公先王續考〉，被譽為自甲骨文發現19年來最具重大價值的學術論文，為甲骨學的研究和發展做出了劃時代貢獻。

甲骨文的研究雖不是自王國維肇始，但利用考古學上的新材料與舊文獻的記載進行比較研究，相互驗證，即用地下文物和文獻相互印證的「二重證據」法，闡明殷商歷史的真相，走上科學治史的道路，則由王國維啟之。正是有了王國維這位曠世奇才的開創性功績，殷商歷史的大門才轟然洞開，湮沒3,000年的祕密得以揭開，從而直接引發了古代史、尤其是殷商史作為可靠信史研究的革命性突破。

當年王國維曾引用宋代晏殊、柳永、辛棄疾等人的詞句，來表述古今之成大事業、大學問者，必須經過的三種境界，即「『昨夜西風凋碧樹，獨上高樓，望盡天涯路』，此第一境也。『衣帶漸寬終不悔，為伊消得人憔悴』，此第二境也。『眾裡尋他千百度，驀然回首，那人卻在燈火闌珊處』，此第三境也。」此正是王國維在學術和人生之路上所經歷過程的寫照。

關於王國維的功績，正如另一位甲骨學研究大師郭沫若所做的評價：「卜辭的研究，要感謝王國維。是他，首先由卜辭中把殷代的先公先王揭示了出來，使《史記‧殷本紀》和《帝王世紀》等書所傳的殷代王統得到了物證，並且改正了它們的訛傳。」從而「發掘了3,000年來久被埋沒的祕密。我們要說殷墟的發現是新史學的開端，王國維的業績，是新史學的開山。那樣評價是不算過分的。」

更為重要的是，在疑古風潮大行其道的當時，王國維能以充分的證據證明司馬遷的《史記‧殷本紀》確實是一部信史，填補了由疑古派造成的古史空白。由此可見存於周、秦之間的古代傳說，並非毫無根據。

殷墟之謎

繼王懿榮、劉鶚、羅振玉、王國維等人之後，隨著國內外收藏家、金石學者以及達官顯貴、儒林雅士的重金索求，安陽小屯有字甲骨價格暴漲，一路狂升，竟達到了一個字二兩銀子的價格。由此，盜掘掠取甲骨，便成為當地村民、尤其是古董商人牟取暴利、發財致富的重要途徑。

短短十餘年間，安陽小屯等地的甲骨被從地下一批又一批地掘出，一批又一批流散於民間和市場。盜掘的狂潮使價值連城的甲骨遭到極大破壞和損失，安陽殷墟遺址也變得千瘡百孔，面目全非。許多具有科學考察價值的遺存被破壞，與甲骨共出的大量殷代遺物同樣遭到毀壞和流失。更令人扼腕的是，許多有字甲骨和文物流失海外，難以回歸。

在這緊要關頭，與地質學、生物學密切相關的西方田野考古學，經由安特生等人的示範和傳播，培養出一批思想敏銳的學者，很快地接受了西方先進的科學方法，成為中國田野考古學的開拓者和實踐者。

為了獲得更多研究商代歷史的文字資料和其他實物資料，更加全面地了解殷商都城及其政治、經濟、文化面貌，同時也為了儘快制止這批寶貴文化遺產遭到破壞、流失和劫掠，對殷墟的保護和以科學考古手段進行發掘，成為學術界的當務之急。

1928年5月，民國政府中央研究院歷史語言研究所成立，「五四運動」學生北平遊行總指揮、北大畢業後留學英、德等國七年的「黃河流域第一才子」傅斯年出任該所所長。

當時史語所尚處於籌備階段，傅斯年就決定派河南南陽人董作賓（字彥堂），實地調查安陽殷墟甲骨的出土地。當時，這個決定遭到不少學者的反對，尤其是以羅振玉為首的大部分金石學家認為，經過30年對

第二章　文明的曙光

甲骨的蒐集，埋藏的珍品已全部被發現，再進一步蒐集是徒勞無益的。傅斯年與羅振玉等人的看法恰恰相反，並堅持己見。於是董作賓於1928年8月12日到達了安陽。

董作賓抵達安陽，首先訪問當地幾位士紳，包括彰德府中學校長、古玩店老闆、以偽造甲骨但不認得甲骨文字而出名的藍葆光等。透過訪問，獲得了大量關於甲骨盜掘、販賣及販賣管道等情報。

此後，董作賓由一名嚮導帶領，訪問城西北的花園莊和小屯。據董作賓在報告中稱：

花園莊有一私塾，塾師閻君金聲，招待余等入舍，頗客氣……余則私詢兒童，有拾得甲骨上有文字者否？初見，不敢言。繼有一兒，由抽斗取出一片，小如指甲，上有二三殘字，予給以當百銅元一枚。他生皆竊出，歸家取之，共得五六片。閻君歸，亦取來二三片，云是小兒撿得者，與錢二百，小兒歡躍以去。由學塾出，乃赴小屯村北，尋求甲骨出土地點。經小屯到村北，遇一少婦，詢曰：「汝村中小兒女，曾有撿得田中龜版龍骨，上有文字者乎？如有，可將來，予買少許。」婦曰：「客或有之，姑少待。」旋取出甲骨一盤，中有碎片數十，皆有文字，且一望而知非贗品，付洋五毫。頃刻間，男婦老幼麇集，手掬碗盛者，環列求售……村人云，古董商時常來收買，能出高價，唯不要碎者。今之小塊，蓋土人發掘時所棄，而為小兒女拾得者也，故貶價售之……以銅元十枚之酬金，請霍氏之子女為嚮導，引余等至甲骨出土之地。地在洹水西岸，為一沙丘，與羅氏（振玉）所謂之棉田，張君所謂有禾稼之土迥異。豈彼等所至非此地耶？然此地有足作證據者，一為最近土人所發掘之坑十，一為予在坑邊撿得一無字之骨版也。

透過調查得知，小屯地下埋藏的有字甲骨，並不像羅振玉等人所說的那樣已被挖盡，而從當地農民盜掘甲骨留下的坑痕來看，殷墟規模龐大，地下遺物十分豐富，進行科學的考古發掘是必要的，且意義十分重

大。鑒於此情，董作賓立即向中央研究院歷史語言研究所寫了報告，並擬定初步發掘計畫。

接到董作賓的報告，傅斯年頗為驚喜，決定立即在小屯初步發掘。經與中央研究院總部多次協商，成功得到了1,000塊銀圓經費，這筆經費在當時已是相當可觀的數目。正是憑著這筆經費，由董作賓為首的6名考古隊員，攜帶購買的測量、攝影及其他必需的物品，於1928年10月7日到達安陽，開始發掘小屯。繼瑞典人安特生成功示範田野考古學已過了14年，如今由中國學術機關第一次獨立進行田野發掘。此次以尋找甲骨文為主要目的，不僅是殷墟科學發掘的開端，也是中國現代考古學的起點。

發掘工作前後進行了24天，共掘得40個土坑，揭露280多平方公尺的面積，掘獲石、蚌、龜、玉、銅、陶等器物近3,000件，甲骨854片，其中有字甲骨784片。董作賓作為這次發掘的負責人，手抄有字甲骨392片，並作了部分考釋，這些成果與他的前期調查報告，共同在後來歷史語言研究所創辦的《安陽發掘報告》上作為第一篇文章刊載。這篇文章的發表，不僅結束了舊的古物愛好者「圈椅研究的博古家時代」，更重要的是，為有系統地發掘著名的殷墟遺址預先做好準備。

1929年春天，中央研究院歷史語言研究所正式聘請哈佛大學人類學博士、時為清華國學研究院講師李濟為考古組主任，並主持安陽殷墟的第二次發掘。

接到傅斯年的任命，李濟立即前往開封，和正在那裡的董作賓見面協商發掘事宜，並預測下一步可能取得的成果。李濟閱讀了董作賓撰寫的報告，他對殷墟遺址有了進一步的了解，當即做出三個方面的設定：

一、小屯遺址明顯是殷商時代的最後一個首都。

第二章　文明的曙光

二、雖遺址的範圍未確定，但有字甲骨出土的地方一定是都城遺址的重要中心。

三、在地下堆積中與有字甲骨共存的可能還有其他類遺物，這些遺物的時代可能與有字甲骨同時，或早或晚，當然要依據埋藏處多種因素而定。

根據以上設定，李濟制定了第二次小屯發掘的計畫，並很快地付諸實施。在董作賓密切配合下，李濟率領考古隊於 1929 年春季和秋季分別進行了第二次和第三次發掘，陸續發現甲骨 3,000 餘片，取得了令人振奮的成績。

就在李濟率考古隊於 1929 年 10 月 7 日再次來到安陽殷墟開始第三次發掘，考古人員躊躇滿志、熱情高漲，渴望一舉揭開商王朝的祕辛之時，卻發生了一個意外事件，導致發掘工作不得不暫時停止。

事件的大致起因是，中央研究院歷史語言研究所在殷墟發掘之初，曾與河南省政府商定，所獲甲骨器物暫存安陽中學。然而考古隊為了研究方便，於第二次發掘之後，將部分甲骨和器物從安陽中學取出運回了北京。安陽中學校長向河南民族博物院院長何日章報告這個消息，深受舊式挖寶思想影響的何日章聽畢大怒，立即向河南省督軍韓復榘呈報此事，並添油加醋地說了一番不利於李濟等考古人員的壞話。韓復榘是個大老粗，一聽說河南地盤的寶貝被北京來的人拿走，當場下令：「河南是我們的地盤，要挖寶，不用他們，我們自己來。」

有了韓督軍的指令，何日章如同拿到了尚方寶劍，立刻率領人馬直奔安陽小屯，開始挖掘起來，同時勒令李濟等外省人「立即收攤回京，不准在此隨便盜搶寶物」。如此一來，堂堂的中央研究院考古人員成了盜寶者，而河南民族博物院的人馬卻成了捍衛真理的士兵。衝突自然是不可避免了。雙方劍拔弩張、互不相讓，各自向自己的上司發電報，尋求

支持。李濟宣布發掘暫停，考古人員就地待命，自己與董作賓匆匆趕回北京，向傅斯年彙報發生的具體情況。

鑒於已造成的矛盾與衝突，傅斯年不得不全力斡旋，力爭協調中央政府和地方政府的關係。最後由中央研究院院長蔡元培出面呈請國民政府，打電報給河南省政府，請其繼續保護和配合中央研究院的發掘工作，並讓何日章無條件地停止挖掘，以免造成破壞。經過反覆協商，雙方終於達成了幾條協議，大致內容是中央研究院在發掘的同時，應注意維護地方政府的利益，所獲古物雙方共同擁有等，一場衝突遂告一段落。

仰韶 —— 龍山 —— 殷商

1931 年，殷墟開始進行第四次和第五次發掘。此時的發掘隊員增加了一批朝氣蓬勃的年輕學者。在李濟的指導下，有計畫地將殷墟分為五個區域，每一區由一位受過訓練且有經驗的考古學家指導發掘。就在這兩次發掘中，考古人員從實踐中摸索出辨認版築夯土的規律，這對於古代建築多是夯土結構、而不是磚石結構的中國考古極其重要，對後來的中國考古學發展和對中華文明的理解產生了深刻的影響。

在發掘的五個區域中，最令人矚目、也最讓後代考古學者稱道的是後崗村的發掘。這個工地的主持者是傑出的考古學家梁思永。

梁思永是中國近代史上風雲人物梁啟超的次子，1923 年畢業於清華學校留美預備班，然後赴美國哈佛大學研究所攻讀考古學和人類學。1930 年夏季於哈佛大學獲碩士學位後歸國，加入中央研究院歷史語言研究所考古組。同年秋天，赴黑龍江發掘昂昂溪遺址。其間，轉道通遼入熱河進行考古調查。1931 年春，完成黑龍江昂昂溪發掘報告後，赴安陽

第二章 文明的曙光

殷墟主持後崗區的發掘。

由於梁思永是真正受過考古學訓練的學者,在田野考古發掘中,無論是思考方式還是技術,都比其他學者更勝一籌。發掘中,梁思永採用了西方最先進的科學考古方法,按照土質、土色、包含物來劃分文化層,成功地區別出不同時代的古文化堆積——這便是中國考古史上著名的「後崗三疊層」,即「小屯、龍山和仰韶三種文化的堆積關係」。

這個方法被後來的考古學者當作圭臬沿用至今,其意義之重大已超出了殷墟發掘本身,它使中國考古學與古史研究進入一個嶄新的階段。就中國的田野考古發掘而言,梁思永是當之無愧的一代宗師。

1931年那個明媚的春天,梁思永於殷墟後崗主持發掘時,發現彩陶——黑陶——殷墟文化,以一定的順序疊壓在大地深處,安然地度過了幾千年人類的生命年輪。這個重大發現,令以梁思永為代表的考古學家想起安特生提出的「中國文化西來說」懸案。

很明顯,彩陶文化代表著安特生在河南澠池發現的仰韶文化,那麼黑陶文化是否代表著山東章丘城子崖的龍山文化?帶著這個疑問,梁思永在接替李濟主持城子崖發掘時,比較殷墟和城子崖兩地的黑陶文化,發現兩者大致相同。

當他回到安陽殷墟後,在其後的幾次發掘之中,於殷墟同樂寨又發現了純粹的黑陶文化遺址。

這個發現使梁思永堅信,後崗的仰韶文化——龍山文化——商文化三疊層,是按先後存在的時間順序自然形成的。也就是說,先有仰韶文化,再有龍山文化,再有殷商文化。後崗三疊層的劃分,成功地構築了中國古文明發展史的基本時間框架,使死去的文明轉世還魂,使乾涸的歷史長河重新流動起來,形成了一條清晰的人類文化發展史的大動

脈。此舉正如李濟所言：城子崖的發掘使「小屯與仰韶的關係問題，漸次擴大為小屯、仰韶與龍山（城子崖）的關係問題」。而後崗三疊層的發現與確認：「殷商文化就建築在城子崖式的黑陶文化之上。」這一發現，為推翻安特生「中國文化西來說」打下了堅實的基礎。

當然，梁思永首次提出的仰韶──龍山──商文化的承接性歷史框架，解決了中國文明史重大舊問題的同時，也衍生了許多新的問題，其中最明顯的是，這三個獨立的文化系統並非緊密相連，環環相扣，中間尚有大的缺環和空隙，什麼樣的文化能連接和填補這些缺環與空隙呢？

1932年春天，安陽殷墟進行第六次發掘，考古人員很快地發現了殷墟宮殿基址。這個發現，無疑地比起單純地發現甲骨，更具科學考古價值。因為有了宮殿的出現，就進一步證明殷墟作為都城的可能性，這是甲骨文發現之後，又一個破天荒的突破。

從這次發掘開始，田野考古工作的重點由單純尋求甲骨和器物，漸漸轉變為揭示和研究宮殿基址。由於這些宮殿是在很長的時期內陸續建造而成，舊的毀棄之後，新的又得以重建，前後交疊，已看不清原來的布局。隨著發掘探溝與探方的展開，殷墟的神祕面紗才被一層層揭開。

1932年秋天到1934年春天，李濟、董作賓、石璋如、郭寶鈞等學者，又在殷墟進行了第七、八、九次發掘。這時考古學家的目光轉向洹河北岸侯家莊的西北崗，並在這一帶找到了夢寐以求的王陵區，而商王陵之所在從未見諸史書記載。

1934年秋天到1935年秋天，由梁思永主持的第十、十一、十二次發掘，對已發現的王陵跡象緊追不捨，繼續擴大戰果。這時胸有成竹的考古學家們已經不再是區域性試探，而是擁有了大面積揭露的膽識和氣

第二章 文明的曙光

魄,每天投入勞力最多達到了 500 人。一連發掘了 10 座王陵,以及王陵周圍的 1,200 多座小墓和祭祀坑。發掘的大墓規模宏偉,雖經盜掘,豐富的出土文物仍舉世震驚。

圖 2-13 殷商時期的甲骨文,一般多為卜辭,單純記事者很少見。
宰豐骨匕所刻乃是記載帝乙或帝辛時,宰豐受到商王賞賜的事情。
這塊牛骨所刻文字,已有精妙的間架結構,熔奇變的章法、布局於一爐,
顯示出卜辭的書法,在結構上重心安穩、錯落有致,
有疏密得當、展蹙分明的藝術效果

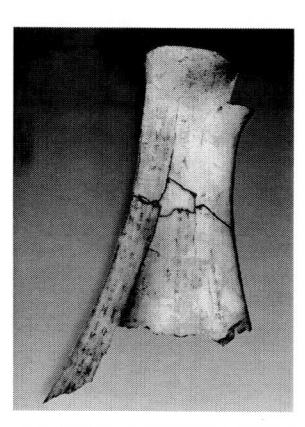

圖 2-14 殷墟出土的刻有卜辭的甲骨 　　圖 2-15 殷墟出土的刻有卜辭的甲骨

1936 年,繼考古學家郭寶鈞主持的第十三次發掘之後,梁思永主持的第十四次發掘,在尋求甲骨方面又取得了突破性進展。在著名的編號為 127 號商代灰坑中,共發現帶字甲骨 17,096 片,其中有 300 多塊是未

破損的整版甲骨。這一重大發現令學者們欣喜若狂，不僅因為發現帶字甲骨數量驚人，更重要的在於整版甲骨往往刻有多組卜辭，這對於研究各組卜辭之間的區別與關聯性具有十分重要的價值。更重要的是，這些甲骨出於同一坑中，說明相互之間有某種內在關聯，比起零星出土的傳世甲骨殘片，在學術價值上顯然更高一籌。

1937 年春天，考古學家石璋如主持了殷墟的第十五次發掘。到夏季，抗日戰爭全面爆發，殷墟發掘至此停止。

圖 2-16 中央研究院史語所於抗戰前
發掘安陽殷墟王陵區 M1002 大墓形制

自 1928 年起至 1937 年終，中央研究院歷史語言研究所考古人員於 10 年間在河南安陽殷墟陸續進行了 15 次發掘，共獲得甲骨 24,794 片，雖然數量仍然和殷墟發掘前期流散於世者不能匹敵，但由於是科學發掘所獲，與前者相比具有大不相同的價值。

安陽殷墟所經歷這 10 個年頭的發掘，完全是由考古學家按照科學的方法進行的。在當時社會環境極不安定、土匪肆虐橫行、發掘工作時常需要武裝士兵保衛的惡劣政治環境中，殷墟發掘仍然取得了極為輝煌的成果，商代文明由此顯耀於世，並為全世界人類所廣泛矚目。

殷墟 15 次發掘的大部分文物、資料，於 1948 年年底隨史語所人員

第二章　文明的曙光

運到了臺灣，存放於臺北南港「中研院」史語所文物陳列室。從此，殷墟的資料和研究人員天各一方，難以團聚。後來，在臺灣的殷墟發掘資料由李濟、董作賓、石璋如、高去尋等主持整理，先後出版了《小屯》、《侯家莊》等多卷本考古報告集。

1950年始，殷墟重新恢復了系統性的科學發掘，著名考古學家郭寶鈞主持發掘了王陵區內著名的武官村大墓。隨後，新建立的中國科學院考古研究所（後劃歸中國社會科學院）在安陽建立了考古工作站。在30平方公里的殷墟保護區範圍內，田野考古勘探和發掘工作一直有計畫、有重點地進行，每隔幾年，就會有新的成果出現，並最終在洹河北岸發現了一座商代早期的都城，殷墟發掘又一次有了重大突破。

殷墟從發掘之初，就以無可辯駁的事實，證明了商代社會的存在和文化的高度繁盛。誠如李濟所言：「隨著安陽發現的公開，那些疑古派也就不再發表某些激烈的胡說八道了⋯⋯安陽發掘的結果，使這一代的歷史學家對大量的早期文獻，特別是對司馬遷《史記》中資料的高度可靠性恢復了信心。在滿懷熱情和堅毅勇敢地從事任何一種研究工作之前，恢復這種對歷史古籍的信心是必需的。」

或許，正是懷有這樣一種信心，商代前期的都城又一次浮出地面。

商朝第一都的發現

1950年，剛剛從戰爭的硝煙和炮火中擺脫出來的鄭州人民，開始在廢墟上建造新的家園。此時，在鄭州南小街小學任教的韓維周老師，於教課之餘，經常到舊城四周新開挖的工地，尋找地下出土的古物。當然，他尋找古物不是要當古董商，而是為了收藏和研究。

韓維周原為河南鞏縣馬峪溝村人，早年就讀於開封河南國學專修

館。畢業後，進入當時在開封的河南古蹟研究會。這個研究會由中央研究院史語所與河南地方機關共同建立，由河南省通志館館長張嘉謀擔任委員長，主任為李濟，祕書長郭寶鈞主持日常工作。成員有董作賓、關百益、劉燿（尹達）、石璋如、趙青芳等人，負責河南地區的田野考古與文物保護工作。韓維周進入古蹟研究會後，以技工身分多次參加安陽殷墟和豫北浚縣大賚店、浚縣辛村衛國墓地的發掘，同時學到了一些考古和文物保護知識。抗戰全面爆發後，韓離開研究會，到一所鄉村小學任教。抗戰勝利後至縣政府任參議，後到鄭州南小街小學任教，一度出任過鄭州文物保護委員會委員等。

基於這樣的背景和職業習慣，他在課餘時間，經常到離學校不遠的舊城施工工地，看看有沒有文物出土。就在這段時間裡，他發現了許多以前未曾見過的陶片，尤其在鄭州菸廠工地，發現了大量成堆的陶片和器物。韓維周將這些陶片和器物收集起來，按照自己所學知識分析研究，認為器物和陶片的出土點可能是一個商代遺存。如果真的是商代遺存，那就非同一般，說不定會產生第二個安陽殷墟——他知道，安陽殷墟是商代晚期的都城，大約為盤庚遷殷後的都城，商代早期都城或主要活動地點還沒有發現。想到這裡，韓維周不敢怠慢，便迅速向剛剛成立的河南省文管會書面彙報。

河南省文管會接到韓維周的報告，迅速派出安金槐、趙金嘏、裴明相三位專職文物人員赴鄭州調查。當三人來到韓維周住所時，只見滿屋擺著各式各樣的陶片，簡直像是陶片博物館。韓維周的見識和對文物保護的責任感，令三人大為感動。

調查結果表明，鄭州二里崗與南關外一帶確實是一處商代遺址。河南省文管會得到此消息，高興之餘又多了一份謹慎，為做到更有把握，分別把調查情況報知中央文化部文物局與中科院考古研究所，並請派專

第二章　文明的曙光

業人員前來複查。中央文物局和考古所接到報告，先後派專家到鄭州實地考察，進一步證明二里崗一帶是一處很重要的商代遺址，並認為這是河南、甚至是整個中原地區繼安陽殷墟之後，發現的又一處商代遺址，而且可能是比安陽殷墟更早的商代前期遺址。這一發現，很快引起了國內文物考古界的高度重視。

隨著深入發掘，相繼發現了商代二里崗時期鑄造青銅器、燒製陶器和製作骨器的各種作坊遺址。此外，還出土了一片類似安陽殷墟甲骨文的所謂「習刻文字」。這些商代二里崗時期遺跡與遺物的發現，對研究鄭州商代遺址提供了重要的實物資料。

1955 年秋天，鄭州市城市建設局在鄭州商代遺址東北部白家莊一帶挖掘壕溝、鋪設地下排水管道工程，發現一片堅硬的夯土層和許多陶片。河南省文物工作隊派安金槐前往調查，想不到這一查，又發現了一條重要線索。

在人類還未發明燒製磚瓦之前，中國建築的基本方法是夯土，亦稱「版築」。墓葬的回填土，也以夯砸實。所以，有經驗的考古人員凡是一見到夯土，就知道若不是夯土牆或夯土臺基，就是墓葬了。至於陶片，則是歷史的腳印，有了它們，考古學家們就可以依據其器型、紋飾等種種工藝特點，區分出大約一萬年以來的人類歷史的各個階段，並確認某一文化層屬於哪一歷史時期。因而，當安金槐看到夯土、陶片後，認為是一座大墓，遂率領考古人員就地開挖 10 平方公尺探溝，以考察遺址布局。出乎意料的是，只見層層堅硬的夯土、清晰的夯窩，卻未見夯土邊緣。

為了釐清地下情況，考古人員開始改為探鏟鑽探。至 1955 年冬天，已鑽探出商代夯土東、西長 100 多公尺，其東、西兩端仍繼續在延伸著。這時，安金槐與他的同事才意識到，延續如此之長的商代夯土，已不可能是商代大墓中回填的夯土了。

圖 2-17 殷墟洹北商城出土的宮殿夯土臺基

1956 年春，安金槐等人在二里崗一帶繼續進行地下考古鑽探調查。透過將近半年的追蹤鑽探，驚奇地發現夯土層構成的南、北長約 2,000 公尺、東、西寬約 1,700 公尺，略呈南北縱長方形的遺址，原來是一座古老的城垣。且這個城垣遺址圍繞鄭州一圈，全長 6,960 公尺，包含範圍比鄭州舊城還大三分之一。這是當時中國田野考古所發現的最早的一座商代城垣遺址。

1973 年起，以安金槐為首的考古人員重新在鄭州商城內進行全面考古鑽探與試掘，以尋找商代宮殿建築基址。透過兩年多的努力，在面積約 40 萬平方公尺範圍內，普遍地發現了範圍大小各不同的商代夯土建築基址遺存。稍後，又在二里崗一帶發掘出數十座商代大型宮殿夯土基址，並在宮殿區周圍發現宮城夯土基址和水管道設施。稍後，在鄭州商城內外發掘出一部分商代祭祀場地和祭祀後的窖藏禮器坑，並在窖藏坑內出土了大量珍貴的青銅禮器。

早於安陽殷墟的鄭州商城就這樣神奇地被發現了，以北京大學教授鄒衡為代表的考古學家認為鄭州商城就是湮沒於歷史風塵中 3,000 年之久 —— 商朝第一個王 —— 「商湯建都於亳」的亳都。

第二章　文明的曙光

▍亞細亞的黎明

　　1955年，為了配合黃河三門峽大壩建設，由政府組織的黃河水庫考古工作隊陝西分隊華縣隊，沿著黃河三門峽段上游和渭河流域展開文物普查。當工作人員行至華縣城西南、渭河支流西沙河東岸時，一個名叫老官臺的遺址引起大家的興趣，透過其表面呈現的文化現象，推測此處應為一處遠古時代的遺址。1959年，工作隊於老官臺遺址進行田野考古試掘。清理的兩個灰坑中，出土了大量飾有劃紋、繩紋、錐刺紋的夾砂粗紅陶、細泥紅陶、細泥黑陶和白陶等殘破陶片。

　　經過對出土器物以及地層疊壓關係的研究，判斷為新石器時代早期，時間早於仰韶文化。對此，考古工作者將渭河流域同一類型文化遺存命名為「老官臺文化」。

　　1958年，甘肅省文管會成立的涇渭流域文物普查小組，來到天水市秦安縣東北45公里處的五營鄉邵店村外，在一個河道山坡上發現了部分屬於仰韶文化晚期的遺跡遺物，認定此處「屬於需要保護的文化遺存」。

　　1978年，甘肅省博物館欲舉辦一次全省出土文物展覽，缺少仰韶時期和更早的魚紋彩陶。甘肅號稱彩陶之鄉，彩陶展覽是要大事，必須透過實際發掘找出一部分仰韶或更早的彩陶展出，才能服眾。於是，經過省文管會研究，派出一支由岳邦湖為首的省文物工作隊赴涇渭流域進行調查、發掘。

　　岳邦湖等考古人員輾轉來到天水秦安縣文化館，在倉庫裡看到了一組陌生的陶器，有黑寬頻紋紅陶缽、黑彩魚紋紅陶盆、光滑如新的彩陶罐等。經詢問，幾年前邵店村小學整修操場、建築圍牆，挖出了一座古墓，墓中出土了一些陶器，有的被當地村民取回家養花種草，有的拿來餵雞飼狗，剩下的少部分被縣文化館專員韓永錄收回儲存。

岳邦湖當即意識到，這是尋找仰韶彩陶文化遺址的極其重要的線索。於是，經由韓永錄帶領，來到五營鄉邵店村外，收集到若干類似的殘破陶片。經調查得知，這個地點就是1958年省文管會涇渭流域文物普查小組認定的「需要保護的文化遺存」所在地。

　　1978年8月，考古人員進駐秦安縣五營鄉邵店村外大地灣古河道兩岸進行發掘。隨著各種彩陶器物的出土，考古學研究認定，此處是中國新石器時代已發現的最早的文化遺址，與老官臺文化年代相近，比廣為世人所知的河南澠池仰韶村和陝西西安的半坡村遺址都要早。也就是說，這個遺址出土的陶器就是仰韶文化的祖先。隨後，考古學家將這一支最為古老的彩陶文化命名為大地灣文化。

　　老官臺、大地灣文化、仰韶文化、龍山文化、二里頭遺址、鄭州商城遺址、安陽殷墟商代晚期的王都、王陵，這些遺址、王陵與王都的發現，以及與之相關、數以千萬計的甲骨文字、青銅、玉製禮器、陶器，無不證明著中國文化源遠流長而又獨立存在的事實。

駁斥中國文化西來說

　　安特生及其同道對於考古發掘成果視而不見，仍在鼓吹彩陶製作技術是先在西方成熟後才傳入中國的「中國文化西來說」。由美國伊利諾伊大學斯塔爾等人編著、於1964年出版的《世界史》宣稱：中國古代文明的起源晚於美索不達米亞，且是受後者影響而發展起來的，中國的青銅器出現在西元前1500年左右，煉鐵技術是西元前1000年後從西方傳入的。中國古代文明在商之後才迅速發展起來，商朝的年代為西元前1523年至西元前1027年，安陽地區出土的文物是唯一的物證。

　　對於西方人的這些觀點，大多數中華兒女，尤其是歷史學、考古學

第二章　文明的曙光

家自然無法認同。1930 年代和 1950 年代中期，曾參加過安陽殷墟發掘的考古學家梁思永、尹達等學者，特別著文批駁安特生所鼓吹的「中國文化西來說」，但仍未消弭部分西方學者對中國文明起源、發展脈絡的偏見。

另一位考古學大師李濟，對西方學者的種族偏見、價值偏見更是給予嚴厲批判。他曾在演講中指出，譬如講到（中國的）年代，西洋人在選擇兩個可能的年代時，總要偏向較晚的一個。例如武王伐紂的年代，考古學家董作賓定在西元前 1111 年，而西洋人（以及少數中國人）偏要定在西元前 1027 年，一筆抹殺了較早的西元前 1111 年。在周口店北京人的年代問題上也是這樣，以便在討論文化、人種和活動方向時，他們可以隨意安排。在安陽出土的青銅刀問題上，一些美國的漢學家認為中國的銅刀子與北方的青銅器有關係，而在時代上，中國的比西伯利亞的晚。這是他們把武王伐紂年代定在西元前 1027 年的主要依據。把中國拉下幾十年，再把西伯利亞提早幾十年，於是就可以證明中國文化是從他們那裡來的了。

然而，隨著中華大地考古遺跡與各類遺物的發現發掘，特別是 ^{14}C 測年技術的發明與應用，徹底了斷了中華文明是原生文明還是外來文明的爭論。

^{14}C 測年技術是放射性碳素斷代技術的簡稱。自 1949 年這項技術發明以來，已成為現代考古學應用最為廣泛的一種測定年代的方法。簡言之，一切死亡的生物殘體中的有機物，以及未經風化的樹木、骨片、貝殼等，都可以用 ^{14}C 儀器測定出具體年代。學術界將這一技術的發明和應用稱為「放射性碳素的革命」。為此，它的創始人利比（Willard Libby）榮獲了 1960 年諾貝爾化學獎。

隨著 ^{14}C 測年技術在考古學界和地質學界廣泛應用，一系列令人矚目的成果得以問世，它使全世界幾萬年來的歷史事件和地質事件，有了統一的時間尺度。如北美洲的威斯康辛冰期的曼卡托分期年代，考古學家、地質學家原認為發生在 25,000 年以前，後來透過對冰期堆積層中提取的 5 種樹木標本的 ^{14}C 測定，其年代只有 11,000 年左右。於是有科學家以此推斷，「美洲的最初殖民，是在冰河北退後由亞洲經白令海峽遷移過去的，因為北美洲的最後一次冰河的最後一個分期和歐洲北部屬於同一個時代，後者的年代曾被 ^{14}C 測年所證實。這個問題的解決，無論是對史前考古學還是地質學而言，都是一件極其重要的大事」。

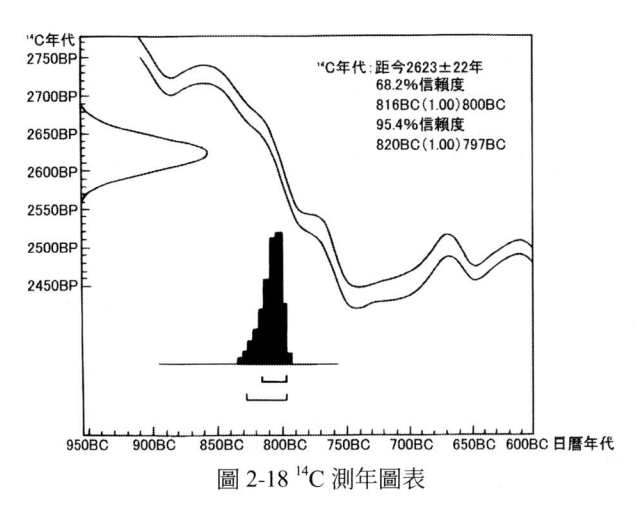

圖 2-18 ^{14}C 測年圖表

日本新石器文化的開始問題，有學者認為可以早到西元前 3000 年以前，但經過 ^{14}C 測年之後，發現要短得多。20 世紀上半葉，日本學者大賀一郎在遼寧省大連市普蘭店河畔一個古代沼澤泥炭層中發現了幾十粒蓮子，當時認為這個泥炭層可能屬於第四紀更新世時代，在 10,000 年之前。後來大賀一郎曾設法使他得到的蓮子發芽，整個學術界為之轟動。歷史如此久遠的蓮子居然在泥炭中埋藏萬年之後還能發芽，不能不說是

第二章　文明的曙光

個奇蹟。但後來經過 ^{14}C 的測定，大賀一郎發現的蓮子不過距今 1,040 年左右。在這個時間段之內，蓮子發芽當然讓人驚喜，但和以前認為的萬年比起來，就不免讓人感到有些失落的滋味。

1979 年之後，仇士華主持的 ^{14}C 實驗室開始大規模測驗，幾千個考古、地質年代資料被相繼測出。如舊石器晚期文化問題，過去對北京周口店山頂洞人的年代說法不一，大多數學者推測「距今十萬年左右」，但經過 ^{14}C 測年，發現只有 19,000 年左右。對於爭論不休的老官臺、大地灣文化、仰韶、龍山、夏、商、周，以及之後的各代歷史遺址中的含碳標本，皆進行了大量的測定，建立起一個較詳細的歷史年代框架。而最令人矚目的古代遺址測年如下：

老官台大地灣文化：西元前 6000 年至西元前 2800 年左右

仰韶文化：西元前 5000 年至西元前 3000 年左右

龍山文化：西元前 2500 年至西元前 2000 年左右

二里頭夏文化：西元前 1880 年至西元前 1521 年左右

鄭州商城早商文化：西元前 1600 年至西元前 1415 年左右

安陽殷墟商文化：西元前 1370 年至西元前 1036 年左右

由於這些令人矚目的成果，使中國不同地區的各種新石器與青銅文化，建立起一個時間關係的框架，同時也使中國的考古學，因為有了確切的年代序列而進入一個新的研究時期。

與此相關的是，經過世界不同 ^{14}C 實驗室測驗，當年安特生提及的土耳其斯坦安諾文化，時間為西元前 4000 年至西元前 3000 年，比之仰韶與一脈相承的老官臺至大地灣文化晚了 1000 年至 2000 年。而所謂的美索不達米亞幼發拉底河、底格里斯河兩河文明，最早的創造者是西元前 4000 年左右來自東部山區的蘇美人。到了西元前 3000 年，蘇美人在

兩河流域建立了眾多城邦。所出土的眾多遺物，^{14}C 測年也大致在這個年代——這一項新的科學技術應用，以無可辯駁的事實，讓那些故意貶低中華文明的不懷好意者不得不閉上嘴巴，並放下傲慢的架子，承認自己以前的錯誤，還給華夏文明一個公道。

時代	黃河上游	黃河中游	長江中游	黃河下游	長江下游	西元前
青銅器時代	四壩文化	商	商	商	商	1000
新石器時代	齊家文化	龍山文化	龍山文化 屈家嶺文化	龍山文化	良渚文化	2000
	馬家窯文化		大溪文化	大汶口文化	崧澤文化 馬家濱文化	3000
		仰韶文化	商 皂市文化	北辛文化	河姆渡文化	4000
	大地灣文化	裴李崗文化	磁山文化			5000
				後李文化		5000
			彭頭山文化			6000
						7000
		南莊頭文化				8000
						9000

圖 2-19 常規 ^{14}C 技術測定的黃河流域和長江中下游新石器文化的序列與年代。引自安志敏《碳-14 斷代和中國史前考古學》

亞細亞——太陽升起的地方，人類文明的發源地。

1995 年，^{14}C 實驗室首席專家仇士華，發表《解決夏商周年代的一線希望》論文。這篇文章針對如何利用 ^{14}C 測年技術，結合其他科學研究，對中國歷史上最令人疑惑的夏商周三代紀年的年代推算問題，大膽提出了所具備的研究條件和成功的希望所在。一年之後，「夏商周斷代工程」正式開始了。

第二章　文明的曙光

第三章
解密夏商周：追尋歷史年代之謎

▍堯舜禹真有其人嗎？

史學家司馬遷所寫的《史記》，被譽為「史家之絕唱，無韻之離騷」。這部千秋名著，以「究天人之際，通古今之變，成一家之言」為主旨，以四項史源取材，五種體裁編纂，記載了自黃帝到漢武帝時期3,000年的歷史文化和民族風情，為後世留下了一筆豐厚的文化遺產，開創了中國史學嶄新的時代，堪稱中國史學史上一座無法踰越的豐碑。由此，司馬遷獲得了「史聖」甚至「史學老祖」的稱譽。

然而，司馬遷也為後人留下了一個難解之謎，或者說一個學術懸案。

司馬遷《史記‧十二諸侯年表》記載，中國有史以來的確切紀年為西周共和元年，也就是西元前841年。再往前，只記人和事，具體年代就只有大略推論。

這個遺憾和迷惑是如何造成的？

自東周以後，諸侯相兼，史記放絕，文獻、典籍散失、毀壞嚴重。秦始皇統一六國，坑殺儒生，焚燒詩書，釀成了空前的文化劫難。

原本許多上古之人的傳說和上古之事，到孔子的時代已模糊不清。從孔子到司馬遷時代，歷史的河流又流淌了400多年，遠古之事自然就更難以考證確鑿了。

第三章　解密夏商周：追尋歷史年代之謎

在這種「並時異世，年差不明」的學術困境中，司馬遷憑著史家的良知，在歷史年代上，只能斷到西周共和元年，即西元前841年，之前的史事只記載了一個模糊的框架而無確切紀年。如果依照共和元年算下來，中國有確切紀年考證的歷史，到今天也才只有2,800多年，與號稱5,000年文明史相差近一半。這不能不說是中國歷史的重大缺憾。

繼司馬遷之後的2,000多年來，無數歷史學家、自然科學家如班固、劉歆、皇甫謐、僧一行、邵雍、金履祥、顧炎武、閻若璩、梁啟超、章鴻釗、劉朝陽、董作賓、唐蘭、陳夢家、張鈺哲等鴻儒賢哲，從古代流傳下來和不斷發現的文獻、甲骨文、金文、天文紀錄等留下的蛛絲馬跡中，對東周之前的史實做了無數論證與推斷。終因歷史本身的紛繁複雜以及研究條件所限，總是難以如願。

司馬遷當年所推定的共和元年以前的歷史紀年，依然是迷霧重重，難以廓清。5,000年文明史，尤其是自黃帝以來至堯、舜、禹，到湯建立的商朝、武王建立的周朝等三代歷史的確切紀年問題，便成為最撩人心弦、催人遐想的千古學術懸案。

1929年，被魯迅稱為「流氓＋才子」的創造社成員之一郭沫若，曾大言不慚地說道：「《尚書》是開始於唐虞，《史記》是開始於黃帝，但這些都是靠不住的，商代才是中國歷史真正的起頭。」與郭沫若論調相似的史學家范文瀾，在其主編的《中國通史》中，將五帝、夏朝全部視為傳說。在夏朝、商朝的年代之後用「？」表示懷疑，將夏代遺跡一概視為假設。《辭海》附錄的「中國歷史紀年表」，將中國古代確切紀年的起始年，定為與《史記》記載一樣的西周共和元年。而1981年由人民出版社出版的大學教科書《世界史・古代史》，所列「世界古代史比較表」，在西元前21世紀欄內，只有「禹傳子啟，夏朝建立」八個字。在西元前17世紀欄內，標注「商湯滅夏，商朝建立」八字。當年司馬遷在《史記》中所列

「五帝本紀」中的「五帝」，直接被棄之不用。

正是中國學術界自身對本民族古代歷史紀年的疑惑和紛亂，才導致了日本人發表「堯舜禹抹殺論」，才有了西方人所認為的「中國文化西來說」。英國人羅伯茲在 1993 年出版的《世界史》中稱：商代是美索不達米亞古文明以東有證據的唯一文明，可能於西元前 1027 年為周朝所滅。「（西方學術界）一致公認，中國的文明史從商開始，長期以來這是研究中國歷史的基礎。因為中國只有西元前 8 世紀以後的紀年，沒有像埃及那樣更早的紀年表。」

誠如著名考古學家李濟所言：「在 1920 年代初，知識界有很重要的一群人自稱是疑古派。這些不可知論者懷疑整個中國古代傳統，聲稱所謂的殷代不管包括著什麼內涵，仍然處在石器時代……隨著安陽發現的公開，那些疑古派也就不再發表某些最激烈的胡說八道了……事實上，司馬遷《史記》中〈殷本紀〉記載的帝系上的名字，幾乎全都能在新發現的考古標本——卜辭上找到」，由此「重新肯定了 2,000 多年前司馬遷在《史記》中所載原始資料的高度真實性……」

早已覺醒、並重新建立文化信心的中國人，急起直追，於 20 世紀的盛世之年開始行動。

2000 年 11 月，新華通訊社向世界發布了一則消息：《夏商周年表》正式公布。

消息指出：自司馬遷作《史記》以來的 2,000 多年間，始終困擾中華文明史的一個千古謎團，終於在現代科學研究面前有了較為清晰的答案。今天正式公布的《夏商周年表》，把中國歷史紀年由西元前 841 年向前延伸了 1,200 多年，使中華文明發展的重要時期——夏商周三代有了年代學尺規。而在世紀之交得以完成這項任務，是中國科學界集 200 多名相關領域的科學家，經過 6 年的而努力完成。這一成果終於鑿破鴻

第三章　解密夏商周：追尋歷史年代之謎

蒙，為中國早期的歷史建起了清晰的年代框架。

這份年表提供的數字是：

夏代始年約為西元前2070年；

夏商分界約為西元前1600年；

盤庚遷殷約為西元前1300年；

商周分界為西元前1046年。

年表還排出了西周10王具體在位年，排出了商代後期從盤庚到帝辛（紂）12王大致在位年。這一成果，不僅解決了中國歷史紀年中長期未定的疑難，更為探索中華文明起源、揭示中華5,000年文明史起承轉合的發展脈絡，打下了良好的基礎。

中國最早的王朝

夏朝是中國歷史上有記載的第一個王朝。夏代之前的歷史，不僅社會生活狀況極其模糊，連時間、地點、人物及世系等諸要素，也是雲遮霧罩，難窺真顏。司馬遷收羅各家逸聞傳說，把遠古的事蹟加以梳理編排，歸入《史記》的卷首開篇〈五帝本紀〉。接下來就是對夏、商、周三代及其以後歷史的描述。

按照《史記》的說法，夏的第一位帝叫禹，他的前面是舜和堯兩帝，他們都是五位古帝的後代。根據歷史留下的文獻資料，堯號陶唐氏，都平陽，居地在西方；舜號有虞氏，生於諸馮，卒於鳴條，從地理位置看應屬於東方。禹的父親鯀，居地在崇，崇即嵩，應為河南嵩山一帶。

禹原住在陽城，後都陽翟，這兩個地方後世學者大都認為應在河南偏西地區。如果從五帝到堯、舜、禹這幾位古帝對後世留下的影響來

看，禹的名聲最大。如同許多古老民族都說，遠古曾有一次不可抗拒的天災──洪水，據說在帝堯之時，也遇到了波浪滔天的洪水，令天下人民苦不堪言。為了治理洪水、讓百姓安寧，帝堯請鯀來治理，結果9年而無功，洪水依然氾濫成災。到了舜為帝時，改用鯀的兒子禹來治理，禹吸取了父親失敗的教訓，將堵法改為疏導、疏通之術，在外奔波13年，三過家門而不入，勞身焦思，終於前所未有地成功治理洪水。於是天下太平，禹也就成為備受後世崇拜和讚頌的一位神人。

當時還有一位叫伯益的非凡人物與禹同時治水，傳說伯益最早發明了鑿井之術，有了井，人們便可以離開經常氾濫的河流，到不受洪水所害的地方居住、生產，人身安全和農業的發展都有了保障。大約也在這個時期，有一個叫奚仲的人發明了車，車的發明是古代社會生活中的一項革命性成果，無疑大幅度地促進生產力的發展。

按照一般的說法，黃帝以下諸帝，部落聯盟逐漸擴大，戰爭也變得頻繁。到堯、舜、禹時期，存在著以黃帝族為主，炎帝族、夷族為輔的部落大聯盟，當禹擔任大酋長時，對苗族的戰爭獲得了勝利，使當時勢力最大、戰鬥力最強的苗族和黎族被迫退到長江流域，黃、炎族開始占有黃河中游兩岸的中原地區。從流傳下來的史料中可知，神農氏用石頭做兵器，黃帝「以玉為兵」，到了禹的時候則用銅做兵器。如此迅速發展的生產力，奠定了偉大燦爛的華夏文明的基礎。

在流傳下來的中國最早的史書《尚書》中，堯、舜、禹的帝位傳承是採取「禪讓」制度。當堯在位的時候，諮詢四岳（姜姓，炎帝族），四嶽推舉虞舜作繼承人。舜受到各種考驗後，攝位行政。堯死，舜得以正式即位，而即位後的舜像先帝堯一樣，也照舊諮詢眾人，選禹為繼承人。舜死，禹繼位。繼位後的禹仍按過去的制度，將皋陶（偃姓，夷族）作為自己的繼承人。皋陶未即位便撒手人寰，眾人又推舉皋陶的兒子、曾發

第三章 解密夏商周：追尋歷史年代之謎

明鑿井術的伯益為繼承人。禹死後，應該繼為帝的伯益未能即位，禹的兒子啟篡位自稱為帝。從這次政變開始，原來的「禪讓」制度被廢棄，「公天下」從此變為「家天下」，這個歷史性的重大轉折，影響了以後幾千年中國歷史的政治制度。

自啟篡位後，隨著生產力的發展和私有財產的不斷累積，啟之後的政治集團和所屬部落漸漸強盛於眾小邦之上，而隨著各種制度的日趨完善和鞏固，原來的部落聯盟漸漸向國家過渡，因而，中國歷史上第一個國家──夏王朝形成了。

啟的篡位稱帝，使原有的「禪讓」制度變為「世襲」制度。從歷史記載看，夏代從禹開始至最後一位帝桀終結，共為17世，總年數為471年或431年，其世系表為：

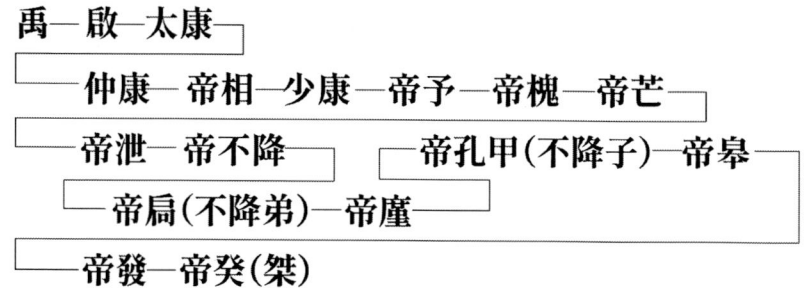

禹─啟─太康─
└─仲康─帝相─少康─帝予─帝槐─帝芒─
└─帝泄─帝不降─┐　┌─帝孔甲(不降子)─帝皋
　　　　　　└─帝扃(不降弟)─帝廑
└─帝發─帝癸(桀)

夏王朝對中國歷史的發展產生了極大的影響，是國家建立和文明產生發展的根基，後世人們對這一時期曾傾注了極大的仰慕之情。如最早起源、活動於西方的周族人，當他們奪得並占領中原之後，便稱自己的國土為「時夏」，稱自己的民族為「諸夏」。後來在「夏」字前加「華」字，這便是「華夏民族」名稱的來源。

二里頭遺址透露的祕密

歷史上的夏朝共有多少年？司馬遷乾脆不說。此後，歷代學者的論述各不相同。「夏商周斷代工程」開始後，解決的第一個問題，就是夏朝的起始之年。

專家們透過對近400種古籍進行普查和檢索，發現夏代積年主要有兩種說法：一是471年說，二是431年說。

綜觀471年和431年兩種說法，發現中間相差了整整40年。對於這個不算太小的差距，歷史上無數學者進行過研究與考證，大致上分為兩種解釋：一是471年包括羿、浞代夏的「無王」階段，而431年不包括「無王」階段。二是471年自禹代他的前輩舜事開始起算，431年則起自禹執政的第一年，也就是禹元年開始起算，故有40年之差。

根據文獻記載，當夏王朝的歷史進展到禹的孫子太康帝的時候，發生了著名的太康失國事件。太康相當荒淫，經常帶著家眷到洛水北岸打獵，有時一連幾個月不回朝聽政。有一位叫后羿的夷族酋長，利用夏民對太康的怨恨，出兵奪取了太康的帝位，號稱有窮氏。后羿是當時最著名的射手，特別喜歡打獵。後來他的親信寒浞收買了羿的家奴，將羿殺死，霸占了羿的妻妾和全部家業。再後來，太康的後輩少康糾集人馬，攻滅寒浞，又奪回了太康失去的帝位，史稱「少康中興」。關於太康失國、后羿代夏、寒浞篡位、有窮覆亡、少康中興的故事，《楚辭》中亦有記述。而且，在殘存的《竹書紀年》中也可找到「羿居斟鄩」之類的印證。可見后羿、少康故事真實地反映了夏王朝發展過程中部族之間鬥爭的情形，遠非後代人的觀念所能偽造。有鑒於此，關於夏代積年的最終取捨，專家組學者們在反覆論證後，決定採取471年說，即整個夏代積年自禹起，終於桀，其間包括羿、浞代夏的「無王」階段。

第三章　解密夏商周：追尋歷史年代之謎

針對中華歷史紀年測算的夏商周斷代工程（以下簡稱工程）啟動後，對夏朝年代的推算，分設四個小專題，即：

早期夏文化研究

二里頭文化分期與夏商文化分界

《尚書》仲康日食再研究

《夏小正》星象和年代

推算方法主要遵循下列三條途徑：

一是文獻中對於夏代紀年的記載。

二是夏文化探討的主要對象，即河南龍山文化晚期和二里頭文化的 ^{14}C 測年。

三是參照文獻中有關天象紀錄推算。

最後，將這三項研究成果彙總起來，再把相關資料加以對比、交叉、考證，夏代紀年的框架，就相應地建立起來了。

二里頭遺址

二里頭文化遺址，由著名考古學家徐旭生於 1959 年發現。關於夏王朝是否存在的問題，在 1920 年代，史學界爭論十分激烈。「疑古派」學者代表如顧頡剛等人，公開宣稱所謂的「夏朝」根本不存在，而被吹捧得神乎其神、「三過家門而不入」的治水官員兼專家大禹，其實「是一條蟲蟲」，整個夏朝、商朝甚至西周早期，都不過是「史影裡的傳說」，根本不能相信。

就在「疑古派」興風作浪、製造的「傳說」理論「幾乎籠罩了全中國的歷史界」的關鍵時刻，以徐旭生為代表的碩學鴻儒，處亂不驚，起而

反擊，並明確指出：世界上任何一個民族最初的歷史，總是用「口耳相傳」的方法流傳下來。在古文獻中保存的古代傳說，在當時尚未能用文字直接記錄下來的史料，其所記述的時代，就叫做「傳說時代」。中國的傳說時代，上限尚不可定，或自炎黃時期，下限暫定在商代盤庚王遷殷以前。對「傳說時代」史料的研究，首先應當對神話與傳說理解清楚並加以區分——儘管兩者之間相近，頗難截然分離，但絕不能混為一談。

為此，徐旭生首次提出考古界應勇於探索夏文化，拿出確實的證據，並提出建議：首先要釐清「夏文化」一詞包括兩個含義，即夏族文化與夏代文化。兩者既有區別，又有十分密切的關聯。如果指前者，它的地域範圍很有限，年代則包括禹以前、桀之後；如果指後者，它的地域範圍較廣，年代則始於禹，終於桀。文獻中關於夏人活動區域的傳說，是探索夏文化的重要資料。

徐旭生胸懷打破「疑古派」、重建中華文明自信的學術理想，不顧72歲高齡，開始了豫西之行，最終發現了舉世聞名的二里頭夏代帝王之都遺址。

很快地，國家指派考古人員進行發掘，現在仍在發掘中。遺址出土了數以萬計的青銅器、玉器、陶器等器物，以及幾處宏大的建築遺跡。部分學者認為，二里頭遺址就是夏都斟鄩。

經由工程組使用 ^{14}C 測年，二里頭遺址的年代範圍是西元前 1880 年至西元前 1521 年，從興到廢，時間跨度為 359 年。

二里頭遺址由興到廢的歷史長度，與文獻記載的、已被夏商周斷代工程專家組採用的夏代積年 471 年之說，尚有 110 多年的差距。有學者認為，二里頭遺址揭示的文化，只是「后羿代夏」這一事件引起的夏代中晚期的夏文化，而非早期的夏文化，早期文化只能到河南龍山文化晚期

中去尋找，才可能見到曙光。

根據文獻記載，河南嵩山南北地區是夏人立國前後的主要活動區域，傳說中的禹之居陽城、啟之都陽翟、太康之都斟鄩，就在嵩山南北的登封、禹州、鞏義境內。因此，嵩山南北地區的河南龍山文化和二里頭文化，是探索夏文化上限的主要對象。工程專家組對二里頭遺址的測年結果似乎早有預料，並決定對河南龍山文化晚期遺址，進行考古發掘和 ^{14}C 檢測。

透過對豫西地區禹縣瓦店、登封王城崗、新砦等遺址的田野發掘，證明新砦文化二期上接龍山文化晚期（新砦一期），下連二里頭文化一期，正填補龍山與二里頭文化中間段的空白。經 ^{14}C 測年，整個龍山文化晚期到二里頭文化的年代跨度上、下限，為西元前 2190 年至西元前 1521 年，總積年為 669 年。

有了這兩組數字做參照，接下來是最後一項——有關夏代天文紀錄的推算。

天文學家的測算

早在史前時代，先民們對寒來暑往、月圓月缺，植物的生長、成熟和動物的活動規律，便已累積了一定的知識。最遲在新石器時代早期，先民就開始觀測日、月等天象。

1972 年，在河南鄭州市大河村仰韶文化遺址出土的彩陶片上，曾發現繪有天文圖案，這些圖案有光芒四射的太陽紋和肉眼極難看見的日暈圖，有滿月和蛾眉月彩繪，還有殘存的北斗星象圖等，這些圖反映出先民們已累積了相當多的天文知識，並把它們繪製在陶器上。據專家考證，其圖案繪於 5,000 年以前。

天文學家的測算

　　1963 年在山東莒縣凌陽河大汶口文化遺址出土的灰色陶尊上，刻劃著太陽與雲氣的形象圖案，陶尊的年代距今大約有 4,500 年，或許在這個時候，人們就根據日的升降、月之圓缺及某星在天空的位置來定方位、定時間、定季節了。當時，除了日、月之外，人們對紅色亮星「大火」相當重視。「大火」，現代天文學稱為「天蠍座 α 星」。傳說在古帝顓頊時代，就設定「火正」之官，觀察「大火」運行，用以幫助農業生產。可以說，天文學在各門自然科學中是產生最早的一門學科。誠如恩格斯所說：「研究自然科學各個部門的順序的發展，首先是天文學——游牧民族和農業民族為了確定季節，就絕對需要天文學。」

　　中國早期天文學在「定季節」的同時，還伴有鮮明的占星術特色和強烈的政治色彩。《周易・象傳》說：「觀乎天文，以察時變。」《周易・繫辭上》也說：「天垂象，見吉凶。」這裡說的天文就是天象，按照中國古代占星家的理論和學說，宇宙天體與人間社會能相互感應，天象的變化乃是上天對人間禍福的示警。這種獨特的文化不僅促使統治者壟斷一切天文占驗，而且使他們不得不辛勤地觀測天象，以便尋找天象與人事之間的某種關聯。

　　從傳說中的黃帝開始，歷朝歷代都有占星家，這些人以他們各自的占星術對當時的政治產生不同程度的影響。

　　歷史上的占星家關注的天象主要有兩類，一類屬於奇異天象，另一類則是五星運動。

　　關於奇異天象的占驗比較簡單，因為某一顆星主掌某事都已形成一套固定的模式，於是占星家根據它們的變化特點，便可預測吉凶。

　　相對而言，五星的占驗就複雜得多，不僅各星所具有的吉凶性質不同，而且它們的動態所反映的吉凶情況也不同，占星家們將已經掌握的

第三章 解密夏商周：追尋歷史年代之謎

五星在運動週期內的運動情況作為五星的常態，如果它們的運動與常態相違背，就可以依據不同的變化來確定吉凶。

正是古人留下的這筆珍貴而豐富的文化遺產，才為夏商周斷代工程提供了一條重要的研究途徑。

不難理解的是，由於天象自身所具有的週期性，根據其執行規律，利用現代先進的科學手段，可以回推文獻記載中早已逝去的天象，這種推算方法在科學高度發達的今天，已達到了相當精密的程度，能推算出這些天象發生的準確時間，從而幫助研究者解決歷史年代學中，尤其是夏商周三代年代學的某些難題。

夏商周斷代工程啟動之初，李學勤、席澤宗等專家就注意到天象的研究將在工程中發揮重大作用，因而參考國外的天象研究方法，特別列出了「仲康日食」、「武王伐紂天象」、「懿王元年天再旦」等研究專題，並由工程首席科學家、科學史界的翹楚席澤宗負責選擇有關學者，分配各個項目並分頭研究。

奇異的夏代天象

從文獻記載來看，夏代有「五星聚合」、「仲康日食」兩項天象紀錄，這兩則紀錄可以透過科學的推算來考察夏代紀年。

據《太平御覽》卷七引《孝經鉤命訣》載：「禹時五星纍纍如貫珠，炳炳若連璧。」另據《古微書》載：「帝王起，緯合宿，嘉瑞貞祥。」

五星聚合是指五大行星在夜空中匯聚於很近的距離內，或如連珠，或如拱璧，異常壯觀。這種特殊的天象，自然引起特別的關注與詮釋。古人多認為，五星為五德之主，它的行度、動態與政治、災祥有密切關係。「五星循度，為得其行，則天下太平，政和民安；亂行則有亡國革

政兵飢喪亂之禍。」

由於五星聚合關係到天下興亡，因此受到歷代帝王的重視，並對社會文化產生了深刻的影響。在這種政治、文化背景下，許多五星聚合的現象被記錄下來，並得以留傳後世。

利用五星聚合的歷史天象紀錄，討論、解決古史年代學問題，古今中外許多學者曾做過嘗試。隨著電腦和天文力學理論的快速發展，計算行星在天體上的準確位置已不困難。因此，自 1980 年代之後，天文學家對五星聚合的議題重新進行系統的研究。如清華大學歷史研究所黃一農等學者透過具體的天文計算，系統性地討論了中國古籍中記載的 8 次五星聚合紀錄，尤其是夏、商、周三代的紀錄，從而對西周共和以前的古史年代提出了許多具有參考意義的新見解。

夏商周斷代工程啟動之後，關於「禹時五星聚」的天文紀錄推算，由中國科學院紫金山天文臺徐振韜和南京大學天文系蔣窈窕兩位天文學家負責。

夏朝建國的年代，按一般年代估算，在西元前 2100 年左右，兩位學者應用美國 ARC 軟體公司開發的先進軟體，在這個年代前後相差一、二百年的範圍內搜尋，結果發現有一次非常理想的五星聚合。這次特殊的天象，就發生在西元前 1953 年 2 月。

電腦資料顯示，從 2 月中旬起，在黎明的東方地平線上，土星、木星、水星、火星和金星自下而上排成一列，非常醒目壯觀。這種天象奇景一直延續到 3 月初。特別值得指出的是，在西元前 1953 年 2 月 26 日夜，五大行星幾乎團聚在一起，相互之間的角距離小於 4 度，更增加了「五星連珠」的神祕色彩。據此，兩位天文學家斷言：「這個天象可能是人類文明史上發生的最難得的『緯合宿』，即五大行星團聚現象。它可能被認為是一種『嘉瑞貞祥』，暗示『帝王起』，要建立新的王朝。如是，則

第三章　解密夏商周：追尋歷史年代之謎

上列兩條紀錄反映出夏朝建立時發生的天象，其絕對年代應該是西元前1953年。」

當然，這個推算是以文獻紀錄絕對可靠、日曆換算也絕對準確為前提。現代研究證明，古代關於天文現象的紀錄，大多數是出自實際觀測，應該是可靠的。就五星聚天象而言，也應是準確和可靠的，不存在後人偽造的情況。但也不能排除的是，由於政治上的原因，記錄者出於對時局、災祥的附會，或許會將天文現象發生的年月做些改動。再加上紀錄中出現的缺失和傳抄過程中存在的錯誤，其絕對值也是難以保證的。因此，「禹時五星聚」天象紀錄推算出的西元前1953年，只能作為估定夏代年代的一個參考基礎，而不能作為定論。

如同上文所言，中國自古代就將天象觀測視為極其重要的國家政事，每一朝代都設置地位很高的官職，專門從事天象觀測。朝廷對於天官的期望也往往很高，督促極為嚴格，若不認真觀測，很容易發生禍事，天官本人也可能遭遇被誅戮的命運。例如在中國最古老的典籍之一《書經》中，有一篇叫〈胤征〉的文章，講述一位司天的天官，因怠忽職守遭到殺頭的悲劇故事。由於這個故事發生的年代之早並且具有典型意義，令後人留下深刻的印象。

夏代經過禹、啟到太康時代，國勢開始有些不妙，而這位太康掌管朝政後，放情縱欲、不理朝政，既不關心曆法，也不過問天官的工作，使國家政務和農事陷入混亂不堪的局面。這種局面，終於遭到以后羿為代表的武裝集團的反對，並起兵奪取了國家政權。太康等兄弟五人在后羿軍隊的凌厲攻勢之下，不得不放棄京都而出逃。

太康死後，其弟仲康繼位。為了汲取太康一朝的教訓，仲康整頓朝廷內外，不僅新設立了司天的職官義和，還任命胤侯執掌兵權，頗具中興的架勢。正在這個時期的某一個朔日，突然發生了一件驚天動地的大事。

奇異的夏代天象

只見原本高懸天空、光芒四射的太陽,一點一點地消失,頓時天色由灰變暗,由暗變黑,幾步之內難辨人影。在野外遊蕩的雞、狗、鵝、鴨,甚至微小的螞蟻,都因急於尋找歸宿,在黑暗中團團亂轉,路上的行人面對這突如其來的天象變化,個個驚恐萬狀,爭相奪路而逃。

按照當時的認知和天命的宇宙思想,凡是日食出現,預示著國家將有災難發生,這個災難可能會危及帝王的地位或者性命。唯有帝王親率眾臣到殿前設壇、焚香、捨錢,才能將太陽重新召回,災難也可以避免。這個過程稱為「救日」。

此時,宮中樂官眼看太陽逐漸沉沒,黑暗就要籠罩大地,焦急與驚恐之中,迅速敲響了救日的鐘聲。洪亮急促的鐘聲穿過富麗豪華的大殿,驚動了夏帝仲康和文武百官,掌管錢幣的財官嗇夫慌忙地去庫中取錢禮天,帝仲康也匆匆出後宮上朝,率百官舉行救日之禮。

就在朝廷上下一片驚恐與混亂、忙得不可開交之時,唯獨不見負責司天的關鍵人物羲和。帝仲康正為了羲和沒有提前報告日食之事而大為惱火,又不見其前來行救日之禮,感到憤恨不已,情急中急忙派人找尋。意想不到的是,羲和正醉臥屋中,發著鼾聲、做著美夢,外面發生了驚天動地的大事似乎與他毫無關係。

仲康聞知,氣得臉色鐵青,根據夏朝政典規定,凡是不即時上報日食的天官「殺無赦」。於是,他咬牙切齒地高聲喊道:「快把這個擅離職守、違背朝綱的昏官砍頭!」

一聲命令,將正沉湎於酒色美夢之中的羲和推上了斷頭臺。

以上的故事,明確表述了夏朝仲康時代的一次日食紀錄。《古文尚書·胤征》中曾經詳細記載當時胤侯奉命征伐羲和的情形和理由:

嗟!唯中康肇位四海,胤侯命掌六師。羲和廢厥職,酒荒於厥色。

第三章　解密夏商周：追尋歷史年代之謎

胤侯承王命徂徵，告於眾曰：嗟！予有眾，聖有謨訓，明徵定保，先王克謹天戒，臣人克有常憲，百官修補厥後，唯明明。每歲孟春，遒人以木鐸徇於路，官師相規，工執藝事以諫，其或不恭，邦有常刑。唯時羲和，顛覆厥德，沉湎於酒，畔官離次，俶擾天紀，遐棄厥司。乃季秋月朔，辰弗集於房，瞽奏鼓，嗇夫馳，庶人走。羲和尸厥官，罔聞知。昏迷於天象，以干先王之誅。《政典》曰，先時者殺無赦，不及時者殺無赦。

與《古文尚書》相呼應的是，司馬遷在《史記‧夏本紀》中對這一事件的記載：「帝仲康時，羲和湎淫，廢時亂日，胤往徵之，作〈胤征〉。」

若將兩文比較可以發現，後者對前文的「乃季秋月朔，辰弗集於房」等時間和日食現象沒有記載。按常理推論，《史記》的可靠性很大，而《古文尚書》不足以完全置信。但《左傳》「昭公十七年」條目，曾討論若日食發生，應舉行的典禮等問題，其中引用到這一段記載。由此可見，這次日食紀錄應是可靠的。依據《左傳》所載「明之會是謂辰」，故「辰弗集於房」就應表明那一天確實發生過日食。

自梁代天文學家虞鄺認為這次日食發生在仲康元年以來，歷代天文學家如僧一行、郭守敬、湯若望、李天經等，皆曾利用不同的方法推算，至1980年代已有13種不同的結果。夏商周斷代工程，同樣注意到了這次日食紀錄，並委託中國科學院陝西天文臺、南京師範大學物理系、南京大學天文系等單位的吳守賢、周洪楠、李勇、劉次沅等學者，推算此日食時間，以考察夏年。

經過研究分析，吳守賢等學者發現，在仲康日食的研究中，前賢們分別採用兩類完全不同的方法，一種是採用中國古代曆數推步法，另一種是採用基於牛頓天體力學理論設計的現代日食計算方法。但不管採用哪一種方法，他們都或多或少地採用了中國歷史編年史料的記載，而這

些記載是否真實，往往具有重大爭議。根據日食出現的規律，在同一地點發生兩次日食的間隔時間平均約300年。由於仲康日食的天文條件記錄不全，天文學家在推算時，難免要使用歷史編年資料，在這樣的背景和條件下，推算出的結果很難一致和準確。

吳守賢等專家利用現代方法，並使用最新的太陽和月亮曆表，核算歷代天文學家的13種說法，發現每一種說法都有問題。現代計算的結果是，如果文獻記載中所謂的「季秋」與「房宿」相對應，那麼這個時代，應該是西元前14世紀至前6世紀，根本不在人們公認的西元前21世紀至前16世紀的夏代年間。夏代季秋之月，太陽不在房宿，「季秋」與「房宿」這兩個條件，只能有一項符合仲康日食。當然，日在何宿是看不到的，古人如杜預作《左傳注》也不認為「房」就是房宿。因此，在兩個條件之中，非要選擇其一的話，「季秋」的可能性大於「房宿」。

於是，專題組將「季秋」設定在10月1日至12月18日之間，普查性地計算洛陽地區西元前2250年至前1850年共400年間的可見日食，得出符合季秋的大食分日食共有11次，其中發生在西元前2043年10月3日、西元前2019年12月6日、西元前1970年11月5日和西元前1961年10月26日的4次，可以作為夏初年代的參考。

至此，關於夏代年代學研究的三條主要途徑：文獻記載中的夏代積年、河南龍山文化晚期以及二里頭文化的分期與^{14}C測年、文獻中有關天象紀錄的推算等，已全部完成。

那麼，夏代到底起始於何年，又終止於何年？

由於夏代總積年已被工程專家組根據文獻記載，選定為471年。只要找出夏朝滅亡的那一年，再由這一年上推471年，便是夏朝的始年。

根據商代年代學專家們的研究結果，選定夏朝滅亡、商朝建立之年

第三章　解密夏商周：追尋歷史年代之謎

為西元前 1600 年。那麼，以西元前 1600 年上推 471 年，則夏代始年應為西元前 2071 年。這個年代從考古學的角度看，大致落在河南龍山文化晚期二段（西元前 2132 年至前 2030 年）範圍之內。因此，工程專家組取其整數，定西元前 2070 年為夏的始年。

至於這個夏商分界之年，也就是西元前 1600 年是如何推算出來的？將在下文回答。

商王朝的興衰

就在夏王朝建立並走向鼎盛之時，在東方一個稱為商的小國也在崛起。據司馬遷《史記》載，商的始祖名叫契，母親簡狄是帝嚳的次妃，簡狄在沐浴時遇到一隻玄鳥下了一個蛋，簡狄撿起蛋並吃掉了，此後她懷孕生下了契。堯舜時，契因幫助大禹治水有功，被封為司徒之職，其封地在一個叫商的地方，因而稱為商族。

契死後，他的兒子昭明繼位，昭明死，其子相土繼承其位，相土是一位武功烈烈的國王，還發明了馬車，其勢力曾一度達到「海外」。〈商頌‧長發〉中的「相土烈烈，海外有截」，指的就是契的孫子相土開創的輝煌業績。烈烈者，威武勇猛、轟轟烈烈。海外者，疆土拓展到渤海、黃海之外。有截者，四海之外皆為之臣服也。

當商族邁入文明的門檻時，產生了一位重要商王叫王亥，相傳，王亥發明了牛車，大大提高了車的功能，為人們的生產運輸以及交通帶來了極大的方便。根據記載，王亥曾駕著牛車，用帛和牛當作貨幣，在部落之間買賣，當他到了一個叫做有易的部落時，曾受到盛情款待。然而由於他淫有易之女，而被嫉憤的有易人所殺。再後來，王亥的弟弟王恆率人打敗了有易族人，奪回牛車，占據有易族的土地和財物。從這個故

事可以看出，商在滅夏之前已是一個興旺發達的小國，隨著農業、手工業及商業貿易的發展，國勢漸漸強盛，因而形成了以商代夏的趨勢。

王亥之後，又過了好幾代，商國又出了一位頗具雄才大略的人物，名叫湯。湯王在自己的統治區域內廣施仁政，國勢再度加強。湯王把自己的都城，從叫商的地方遷到一個叫亳的地方，然後開始做滅夏的準備。期間湯王得到兩位極有才幹的人物——伊尹和仲虺的輔助，許多部落被征服，商的國力更加強大，滅夏的條件漸已成熟。

夏的最後一個帝，名叫桀，是一名暴君，當時居住在今日河南西部一個叫斟鄩的地方。湯滅夏之前，首先滅掉了夏在東方的韋、顧、昆吾等三個附屬國，然後傾全力發動了對夏桀的進攻。桀、湯之間經過 11 次激戰，桀終於力不能敵，全線潰敗。夏桀率領殘兵敗將逃到了一個叫南巢的地方，從此宣告了夏王朝的滅亡。

這一年是西元前 1600 年。

偃師商城的發現

殷商滅夏之年的推斷，一是靠文獻記載，二是靠田野考古發掘成果。在數十座考古發掘的商代遺址中，「斷代工程」專家組把鄭州商城和偃師商城作為主要研究、探尋的對象，這兩座地下古城已發掘了幾十年，發現了宮殿式建築遺址，並出土了數以萬計的商代文物。專家透過考察出土遺物，並與其他發現、發掘的遺址比較，認為最早的商文化遺址、遺存，就是鄭州商城和偃師商城。

1950 年，小學老師韓維周發現了鄭州商城，經考古學家研究，多數認為屬於商代第一個王都「亳」。意想不到的是，30 年後，又在偃師地界發現了一個商代王都。

第三章　解密夏商周：追尋歷史年代之謎

　　1983年春天，中國社會科學院考古研究所漢魏故城工作隊段鵬琦等人，在配合河南首陽山火力發電廠基建選址中，於偃師縣城（今偃師區）西部、距離二里頭遺址6公里的地方，發現一段夯土城牆，隨即進行大規模鑽探和局部解剖發掘。經過幾個月努力，確認西、北、東三面城牆位置、走向、長度、夯築結構，由此判定城的形狀為長方形，其中南北最長達1,700公尺、東西寬約1,215公尺，總面積200萬平方公尺。城牆寬度一般為17公尺至21公尺，最寬處竟達28公尺，但未發現南城牆。據段鵬琦等考古專家推測，此段城牆已被洛河水沖毀。

　　與此同時，考古人員在北城牆中部發現一座「城門」，以及由此「城門」向南的大道，並在城內發現數處大型建築夯土基址群，應是宮殿區。經過對城牆及附近試掘，發現大量具有商代鄭州二里崗時期文化特徵的遺物，由此初步推斷該城的年代與鄭州商城早期相當。

　　令發掘者為之激動和振奮的是，有一條低窪地貫穿城址，顯然是早年一條乾涸的河道，當地土著世代相傳喚作「屍鄉溝」。《漢書‧地理志》河南郡偃師縣條下明確記載：「屍鄉，殷湯所都。」這個「屍鄉」，就在偃師商城所在地域，而偃師商城很可能就是商代前期商王湯率眾攻滅夏朝之後所營建的都城「西亳」。

　　既然此處是真正的第一個叫「亳」的王都，那麼鄭州商城就不是第一個、或根本就不是稱作「亳」的王都了。

　　偃師商城的發現，如同一聲震耳的春雷炸響學術界，國內外許多報紙發布消息，其中《參考消息》報導，中國的克里特島被發現了。日本《讀賣新聞》頭版頭條特字號刊登，成湯西亳就是偃師商城。一時之間，學術界不得不重新檢索、思考自己的觀點。北大教授鄒衡提出了偃師商城並非湯都「西亳」，而是太甲流放的「桐宮」，即「早商離宮」之說。而

直到「斷代工程」開始之後，關於這座商城是殷湯之「西亳」還是「早商離宮」的爭論尚未結束。

在雙方爭論不休之際，「斷代工程」專家組決定以 ^{14}C 測年見分曉。有些出乎意料地，鄭州商城和偃師商城的始建年代大致相同，都在西元前 1600 年左右。既然如此，工程專家組決定不再追究偃師商城是「西亳」或「離宮」，將二者視為已發現的最早商城或商文化來斷代即可。

學者們蒐集、整理傳世文獻資料，發現先秦及漢代文獻中，關於商代積年的記載有十幾種之多。但過濾之後，只有三說較可信。

一為《鬻子》的 576 年說；

二為古本《竹書紀年》記載陳夢家解釋的 552 年說；

三為另一種解釋的 526 年說。

由於工程專家已從「武王克商研究」的成果之中，選定周武王滅商之年為西元前 1046 年。以這個數字為定點，分別上推三說的商代紀年，可得到西元前 1622 年、西元前 1598 年、西元前 1572 年三組數字。

這三組數字，大致吻合之前對鄭州商城和偃師商城始建年代的 ^{14}C 測年時間段，即西元前 1600 年左右。

工程首席科學家研究決定，商的始年就在這個範圍中取捨，並首選與鄭州、偃師兩座商城最靠近的西元前 1598 年。為取便於記憶的整數，定為西元前 1600 年。

西元前 1600 年，是為商滅夏的分界之年。這也就是為什麼夏代始年定為西元前 2070 年（1600 年加夏代積年 471 年，取整數為 2070 年）的原因。

第三章　解密夏商周：追尋歷史年代之謎

▌不斷遷都的殷商王朝

夏朝滅亡後，湯率部回到了亳都，自稱武王，以商代夏的新時代開始了。

許多歷史記載提及商經常遷都，湯打敗夏之前就先後遷都 8 次。滅夏後遷過 5 次，直到盤庚遷到殷（今河南安陽）才不再遷都。

商後期又稱殷，或殷商並稱。根據記載，商王朝的領土大約與夏統治的區域相似，介於今日山東、山西、河南、河北之間，而權力所及的地區可能到達今日陝西、遼寧甚至朝鮮半島，這些地方可能是夏朝權力覆蓋不到的。

至於商為什麼前後十餘次不停地遷都，是由於本民族的習慣，還是遇到了不可抗拒的天災人禍，或者是出於商業貿易交流方面的考慮？史書少有記載，後世也多靠猜測推斷，未有定論。當然，司馬遷也沒有說清楚。

漢代張衡曾概括道：「殷人屢遷，前八而後五。」這裡說的「前八」是指成湯建國前之八遷，「後五」則為成湯建國後之五次遷徙。關於成湯之前八遷的具體去處，已無明確的文獻記載，現代史學巨擘王國維曾對此做過考證，指出了「八遷」的具體方位，但沒有得到學術界的共識和考古學上的證實，自然難成定論。成湯之後的「五遷」，雖有文獻記載，但又不盡相同，如可信度較高的三種文獻《尚書·序》、古本《竹書紀年》和《史記·殷本紀》，其記載就有差異，參見下表：

商王	《尚書·序》	古本《竹書紀年》	《史記·殷本紀》
商湯	亳	亳	亳
中丁	囂	囂	隞
河亶甲	相	相	相

商王	《尚書·序》	古本《竹書紀年》	《史記·殷本紀》
祖乙	耿	庇	邢
南庚	（無說）	奄	（無說）
盤庚	殷	殷	先都河北，後渡河南，居湯之故居

由於文獻的說法不同，自漢代之後的研究者亦眾說紛紜，難有一致的結論。這個爭論主要是針對各王遷徙的具體方位而言，對整體上的「後五」並無非議，還是給予肯定。不過後來的五次遷徙與前八次相比，性質上並不同。前八遷是商族建立王朝前氏族部落之流動遷移，後五遷則為殷商王都的遷徙。按照《竹書紀年》的說法：「自盤庚徙殷至紂之滅，七百七十三年，更不徙都。」雖然學術界對這個七百七十三年之數是否真實表示懷疑，但都大致相信，商代自盤庚遷到殷之後，直到商王朝滅亡，再也沒有遷過都城。

對於盤庚遷殷之事，司馬遷在《史記·殷本紀》中描述：「帝盤庚之時，殷已都河北，盤庚渡河南，復居成湯之故居，乃五遷，無定處。殷民咨胥皆怨，不欲徙。盤庚乃告諭諸侯大臣曰：『昔高后成湯與爾之先祖俱定天下，法則可修。舍而弗勉，何以成德！』乃遂涉河南，治亳，行湯之政。然後百姓由寧，殷道復興，諸侯來朝。以其遵成湯之德也。」

「帝盤庚崩，弟小辛立，是為帝小辛。帝小辛立，殷復衰。百姓思盤庚，乃作〈盤庚〉三篇。」

頗有歷史研究價值的〈盤庚〉三篇，司馬遷沒有轉載，卻在《尚書》中保存了下來，並成為研究殷人——尤其是盤庚遷都的重要依據。

根據工程文獻專題組學者們的研究，現在看到的〈盤庚〉三篇，雖然其中加入了某些後代的言論，但其內容大致為殷代史實似無疑義，其史料價值之高，也是學術界所公認。三篇均為盤庚誥諭臣民之辭，共計

第三章　解密夏商周：追尋歷史年代之謎

1,200餘言，其篇幅之長，為商代遺文之最，文章詳細記錄了盤庚遷殷前的準備工作以及遷殷後的政策措施。從三篇的記載可以看出，盤庚的這次遷殷遭到了舉國上下、王公大臣和普通百姓的強烈反對，在強大的阻力面前，盤庚顯示了他不達目的絕不罷休的帝王氣概。對於貴族大臣的「傲上」和「離心」，盤庚在遷殷前提出了嚴厲的指責：「荒失朕命」、「汝不憂朕心之攸困」、「乃不生生，暨予一人猷同心」、「不暨朕幼孫有比，故有喪德」、「汝有戕則（賊）在乃心」（《盤庚》中篇）……一連串的指責，可見當時商王朝面臨的處境十分危險，如果不依盤庚的命令，後果極其嚴重。於是，經過盤庚向貴族大臣們三番五次地「敷心腹腎腸」的勸說、威逼、利誘之下，臣民們才不得不追隨他，從河北渡河南，來到洹水南的北蒙，名為殷的地方定居下來。

盤庚一意孤行，強迫臣民遷徙的原因，自漢之後產生了許多不同的推測和說法。有的認為是為了「去奢行儉」，阻止貴族的腐化墮落；有的認為是為了躲避水災水患；有的認為是出於「游耕」、「游農」的考量，即當一個地方的地力耗盡之後，為了改換耕地，不得不常常遷徙。也有的根據《盤庚》三篇的誥辭，得出《史記》記載的「九世之亂」是促使這次遷徙的根本原因。由於當時王權與貴族之間的矛盾已無法調和，面臨著篡位、奪權等危險，為避免更激烈的王位紛爭和政治動亂，盤庚才不得不做出遷徙的抉擇。當然還有人說是為了更有效地統治華北平原和伊洛盆地的王畿地區，並透過王畿地區，駕馭整個中原地區和四土方國，安陽殷地正是理想的城址。

無論盤庚遷殷的真正原因是什麼，這個舉動本身卻成為整個殷商乃至中國歷史上的重大事件。這個事件代表著「商人屢遷」的動盪生活的終結，同時也使長期處於低迷衰退中的商王朝重新出現了「殷道復興」的

局面。或許，正是由於這個局面的出現，才有了後來包括盤庚在內的 8 世、12 王，歷經 270 餘年才滅亡。

在這 270 多年的時間裡，社會經濟和鑄冶工藝迅速發展。但到了最後，紂王統治之時，商的國勢已江河日下。

這位名叫紂的昏王，本來是文武兼備之人，憑著他的能力可以使商王朝再度中興，但他沒有那樣做，反而極度殘暴、驕奢、淫亂，築起酒池肉林，與后妃放蕩逍遙，惹得天怒人怨。「弗唯德馨香祀，登聞於天；誕唯民怨，庶群自酒，腥聞在上。故天降喪於殷。」延續了幾百年的殷商再也未能承遞下去，歷史上著名的牧野之戰，終於使商王朝徹底覆滅。

縱觀商的歷史，自契到湯，共 14 代，從湯滅夏到紂，共 17 代、30 王（湯子太丁早死，不計在內）。總積年有 496 年、629 年等不同的說法。其世系表為：

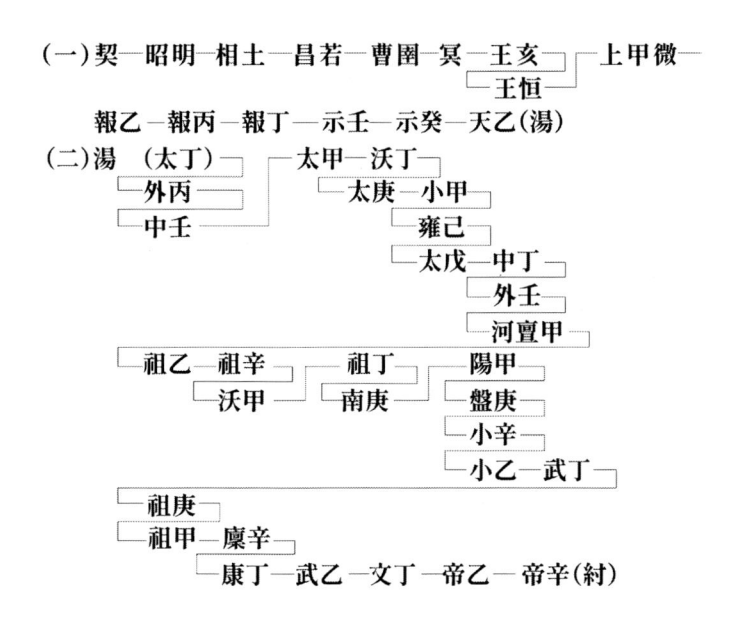

（一）契―昭明―相土―昌若―曹圉―冥―王亥―上甲微―
　　　　　　　　　　　　　　　　　王恒
　　報乙―報丙―報丁―示壬―示癸―天乙（湯）
（二）湯（太丁）―太甲―沃丁
　　　　　外丙　　　太庚―小甲
　　　　　中壬　　　　　　雍己
　　　　　　　　　　　　　太戊―中丁
　　　　　　　　　　　　　　　　外壬
　　　　　　　　　　　　　　　　河亶甲
　　祖乙―祖辛―祖丁―陽甲
　　　　　沃甲　　南庚　盤庚
　　　　　　　　　　　　小辛
　　　　　　　　　　　　小乙―武丁―
　　　　　　　　祖庚
　　　　　　　　祖甲―廩辛
　　　　　　　　　　　康丁―武乙―文丁―帝乙―帝辛（紂）

第三章　解密夏商周：追尋歷史年代之謎

盤庚遷殷的年代

商朝的盤庚王遷殷，是歷史上的重大事件，也是「斷代工程」解開的又一個歷史之謎。盤庚遷殷到底發生於何年？司馬遷只說了個大概，沒有指出具體年月。這個缺憾如上所述，非太史公不為也，是不能也。

盤庚王遷殷到商朝滅亡的總年數，見於司馬遷的《史記‧殷本紀》、正義引《竹書紀年》。《竹書紀年》云：「自盤庚徙殷至紂之滅，七百七十三年，更不徙都。」這個「七百七十三年」的記載，不同版本有所不同。明嘉靖四年汪諒刻本、群碧樓藏明嘉靖王延喆刊本，以及清乾隆武英殿刻本作「七百七十三年」。武昌書局翻王延喆刻本，以及日本瀧川本皆作「二百七十五年」。金陵書局本作「二百五十三年」。

由此看來，這個「七百七十三年」的記載顯然有誤，大多數學者改作「二百七十三年」。但這樣改動，如香港中文大學著名歷史學家饒宗頤教授所論，「亦乏依據，蓋其確數靡得為詳」。這就是說，單從文獻上難以判定 275 年、253 年、273 年三說之正誤。

此時，斷代工程專題研究人員已透過考古遺跡和天文曆法、甲骨、金文等交叉考證研究，推算出周武王克商之年為西元前 1046 年。如採用 275 年說，則盤庚遷殷應該在西元前 1320 年；如採用 273 年說，則盤庚遷殷在西元前 1318 年；如採用 253 年說，則盤庚遷殷在西元前 1298 年。

自 1928 年以來，有數十座宮殿遺址、十餘座陵墓和十多萬片甲骨以及數以千萬計的銅、石、玉、陶、骨、角、蚌、牙等器皿，在 30 平方公里的殷墟範圍內被發掘出來，其數目之多、種類之齊全，其他任何遺址都無法匹敵。殷墟的發掘，不僅對中國新史學和中國考古學的興起產生了直接的重大影響，而且對歷史的斷代研究發揮不可替代的奠基性作用。為此，夏商周斷代工程開始後，特別針對殷墟文化設定了「商代後

期年代學研究」的專題。

事實上，1950 年代中期，北京大學考古系教授鄒衡根據殷墟遺址的地層及其出土的陶器，將小屯殷商文化分成了早、中、晚三期，並把它與鄭州二里崗商文化連結了起來。1959 年，中國科學院考古研究所安陽工作隊根據大司空村和苗圃北地出土的材料，將殷墟文化分為早、晚兩期，即大司空村一期和二期。到了 1960 年代，鄒衡又根據殷墟遺址、墓葬出土的陶器和銅器，重新把殷墟文化分為四期七組，並參考各期所包含的甲骨文和銅器銘文，初步推測出各期的絕對年代。即：

殷墟文化一期，約相當於甲骨第一期以前，或屬盤庚、小辛、小乙時代。

殷墟文化二期，約相當於甲骨第一、二期，即武丁、祖庚、祖甲時代。

殷墟文化三期，約相當於甲骨第三、四期，即廩辛、康丁、武乙、文丁時代。

殷墟文化四期，約相當於甲骨第五期，即帝乙、帝辛時代。

由於殷墟中發現了大量甲骨文，且這些甲骨文又可以根據商王來區分時期，因此，也就可以依據陶器與甲骨文的共生關係來確定殷墟各期的文化。

經工程專家組 ^{14}C 測年得出殷墟文化四期年代跨度，最早為西元前 1370 年，最晚為西元前 1036 年。工程專家組人員對武丁王元年已研究出結果，確定為西元前 1250 年。考慮到盤庚、小辛、小乙一代三王總年數的合理性，工程專家組認為以 253 年之說較合適。

由周武王克商（伐紂）的 1046 年上推 253 年，則盤庚遷殷應當在西元前 1298 年。為取便於記憶和計算的整數，定為西元前 1300 年。

第三章　解密夏商周：追尋歷史年代之謎

接下來要敘述在工程中至關重要的武王克商（伐紂）之年是如何推算出來的。

西周王國的崛起

殷商作為中國青銅文明的巔峰時期，奴隸制已高度成熟，成千上萬片刻字甲骨和雄尊巨鼎，撩撥著後世人類的縷縷思緒；恢宏如林的王陵和殉葬坑中的纍纍白骨，更促使人們追溯3,000多年前這個強大王朝的軌跡。這曾是一個光被四表、協和萬邦，具有光榮與夢想的鼎盛王朝。這是一個天地互為經緯、人鬼交相感應，智者明君賢相和莽夫昏君奸佞共存、腥風飄灑、血淚飛濺的東方大國。如同世間的萬事萬物都有生老病死，作為在歷史長河中顯赫了5個多世紀的輝煌王朝，傳到紂王的時候，已是日薄西山、氣數將盡，只待某日某時，震天撼地的崩潰之音轟然響起。

殷紂王，這個中國歷史上幾乎家喻戶曉、臭名昭彰的一代「名」王，原本是一位多才多藝、英武強健的帝王，但同時也是一個極端自負、目空一切的莽夫。他執掌國政後，尚武輕文、好勇鬥狠、酷愛美女、寵信奸佞、剛愎自用、嗜殺成性。朝歌城臺上，歌舞昇平和血雨腥風相互交織的迷霧與玄機之中，殷紂王最終領略了近600年殷商社稷的絕唱。

根據相關史料和傳說，紂作為商朝最後一個帝王，執掌權柄後，恣意妄為、腐化墮落、惡貫滿盈。他大造離宮別館，在殷墟都城外的朝歌勞民傷財地建造了一個專門貯藏金銀珠寶的高大「鹿臺」，又在矩橋興建了一個專門貯存糧食的倉庫。為了滿足自己尋歡作樂的欲望，他派人搜尋天下美女，貯存於自己的床前帳下，可謂妻妾成群、歌伎盈門，同時命樂師製作靡靡之音，日夜歌舞不休。更為甚者，他以酒為池，懸肉為林，命宮女歌伎們赤身裸體追逐其間，供自己和寵妾妲己開心取樂。他

甚至荒誕到剖開孕婦的肚子，看胎兒在腹中如何養育。當他聽說一位老人不畏水寒，在天寒地凍之日敢在水中行走的趣聞，便命手下酷吏把老人抓來，砍斷其腿骨，看他與一般人有何不同……百姓怨聲載道，諸侯眾叛親離。對此，商紂王非但不醒悟，反而變本加厲，制定了許多殘酷的刑法，如「肉脯」，即把人殺了切成肉片、晒成肉乾；「肉醢」，即把人殺了剁成肉醬。還有「蛇坑」等酷刑，專門對付勇於指責他的臣子。最為殘酷的是，他別出心裁地發明了一種「炮烙」之刑，即把一個空心銅柱子燒得通紅，然後將受刑人綁到銅柱之上，使受刑人被烙焦而死，其狀慘不忍睹。史載一位叫梅伯的大臣，生性耿直，對紂王淫亂和殘酷的行為極為不滿，曾冒死進言，結果紂王大怒，命一旁的衛兵把梅伯押上銅柱，準備施以「炮烙」之刑。朝廷大臣在驚恐之中，一齊跪下替梅伯求情，在群臣哀憐聲中，紂王才收斂了一點怒氣。為了不再讓大臣們輕易誹謗自己，也為了殺一儆百，紂王又命人把梅伯推出去砍掉腦袋，剁成肉醬，包成包子，用盤子盛上，分給每個大臣食用。從此，對於紂王的所作所為，滿朝文武無人敢輕易進言，只有重臣比干仍痴心不改，一連進諫三天。最後，紂王勃然大怒，厲聲喝斥道：「你憑什麼敢在我面前指手畫腳？都說你的心有七竅，我倒要看看你的心是什麼樣子。」於是，紂王慘無人道地命人剖開比干的胸膛，掏出他的心，用盤子托著讓大臣們觀看。

　　鬼侯、鄂侯、西伯侯（姬昌）是紂王所封的著名三公。鬼侯有一位端莊美麗的女兒，為了討好紂王，便將女兒進獻入宮。想不到此女不喜淫蕩，而且對紂王的所作所為流露出極大的厭惡，因而引來殺身之禍。有一天，紂王想要與她尋歡作樂，她予以拒絕，紂王大怒，不但將其殺死，還殺了她的父親鬼侯，並剁成肉醬。鄂侯見紂王濫殺無辜，出面極力為鬼侯的冤情爭辯，紂王更為惱火，索性將鄂侯也一殺了之，並砍碎其屍體，晒成肉乾用來示眾。

第三章 解密夏商周：追尋歷史年代之謎

姬昌得知，不寒而慄，暗自嘆息。不料走漏了風聲，紂王得知，便把他抓起來囚禁在羑里監獄，欲令其死。姬昌的兒子伯邑考為了搭救父親，帶著珍寶求見紂王，紂王不但沒有赦免姬昌，還把伯邑考一併抓起來問罪。後來，由於紂王的寵妾妲己調戲伯邑考不成，惱羞成怒，便對其讒言陷害。紂王大怒，命人殺掉伯邑考，剁成肉餡，做成人肉包子，派人送給姬昌，令其吃掉。為保住性命，萬般無奈的姬昌不得不裝聾作啞，吃掉包子。紂王見姬昌吃了用自己兒子的肉做成的包子卻不知曉，認為姬昌並非聖賢。不久，姬昌的大臣為了營救姬昌出獄，四處搜求美女、奇物、寶馬良駒，以獻紂王。紂王見此，高興之餘，順勢赦免了姬昌，放其回到周原故地。

紂王濫施酷刑、誅殺無辜、堵塞言路，廟堂之上，人人自危，君臣之間離心離德。面對大廈將傾的危局，紂王不但不思悔改，反而窮兵黷武，不斷用兵向外擴張。商王朝已是日暮途窮，面臨著滅頂之災。

與此同時，在沃野千里的黃土高原上卻吹拂著和煦的春風——一個歷史幾乎與殷商民族同樣古老的民族正在崛起。從先王棄開始的周族歷經坎坷磨難，慘淡經營。在「重農慎獄，敬天保民」的號令下，周族全體上下患難與共，休戚相關。同時，扶弱濟困、主持公道，使周族贏得了眾多方國的尊敬。周族的見賢思齊、求才若渴，又使四方人才趨之若鶩，紛紛來附。

被紂王囚禁了7年的姬昌大難不死，僥倖脫離虎口，回到自己的國家後，勵精圖治，開始了滅商的大計。他請來大智大勇之才——呂尚擔任助手，並尊稱呂尚為太公望。姬昌於生前的最後7年，在呂尚的幫助下，第一年調解了虞（今山西平陸縣東北）、芮（今陝西潼關西北）兩國的糾紛，從而提高了姬昌在諸侯心目中的威望，自動前來依附者有40餘國，使周族在政治、外交上取得了極大的優勢。第二年，周出兵討伐

犬戎。第三年攻打密須。犬戎在周的北邊，密須在周的西邊。姬昌用武力征服了這兩個商的屬國，解除了後顧之憂，於是便放心大膽地開始向東方推進。第四年伐耆（今山西長治西南），第五年伐邘（今河南沁陽西北）。當周的東部小國相繼被消滅之後，他第六年伐崇，推進到殷的心腹地帶。經過一個多月的艱苦奮戰，崇國被滅，最終使周族形成「三分天下有其二」的局勢，並逐漸包圍了殷都離宮朝歌。在這種情況下，姬昌審時度勢，毅然決定把都城由岐遷至豐，為滅商做了最後的準備。遺憾的是，就在大功垂成之際，周文王不幸死去。繼位的武王姬發繼承父親的遺願，決心完成姬昌的未竟之業。

此時商紂王的荒淫殘暴日甚一日，域內、域外烽煙四起，諸侯紛紛叛離，東、南兩處，刻無寧宇，殷商王朝已是風雨飄搖，幾欲沉墜。

眼看伐紂的條件業已成熟，武王仍未輕舉妄動，商王朝畢竟經營了數百年，可謂「百足之蟲，死而不僵」。武王和群臣冷靜、客觀地分析面臨的形勢之後，制定出正確的策略，首先把都城由豐遷到鎬，積極準備滅商，然後率大隊人馬，東觀兵於孟津，進行一次軍事演習和檢閱。此時有800多個諸侯小國前來參加會盟，周武王贏得如此眾多的盟國，深知人心所向、大勢所趨，殷商的滅亡已為期不遠了。

又過了兩年，武王得知紂王更加昏庸暴虐，殺比干，囚禁箕子、太師疵，朝野上下，人人自危，最後連少師彊也抱著樂器連夜出逃。賢臣良將相繼離去，紂王成了名副其實的孤家寡人。周武王認為時機已到，於是親自率兵車300輛、勇士3,000人、甲士45,000人，大舉伐紂。周師從鎬京出發，一路浩浩蕩蕩向東推進，在殷商離宮朝歌郊外的牧野與前來援助的方國聯軍會合，並召開誓師大會。在這次大會上，武王以激昂凌厲的語氣，憤怒聲討殷紂王的主要罪惡，藉此激發士氣、鼓舞鬥志，同時表達奮勇殲敵、志在必得的信心和勇氣。當殷紂王聽到周軍會

第三章　解密夏商周：追尋歷史年代之謎

師牧野、兵臨朝歌的消息後，驚恐之中不得不從愛妾妲己的懷裡踉蹌走出，匆忙拼湊出17萬人馬，號稱大軍70萬，親自指揮，到牧野迎戰。

歷史上規模空前的牧野之戰開始了，周武王命令呂尚率勇士數人前去挑戰。只見呂尚如老鷹奮擊長空，彷彿具備一口將紂王吞入腹中之勢。隨後，武王以精銳部隊「虎賁（勇士）三千人，戎車（兵車）三百輛」為先導，如疾風暴雨般向商軍衝殺過去。商紂王的軍隊主要以奴隸拼湊而成，平時受盡壓迫和虐待，對殷紂王朝早已恨之入骨。在這種情形下，面對周軍的凌厲攻勢，商軍不堪一擊，隨之在陣前譁變，紛紛掉轉戈頭，與押送他們的商兵領袖廝殺起來。號稱擁有70萬之眾的商軍，頃刻間土崩瓦解。商紂王見大勢已去，轉身逃回城中，登上鹿臺，眼望從四面潮水般湧來的周軍，知道自己已無逃脫的可能，在彌留之際，對封宮官朱升說出了自己的後悔之言：「朕悔不聽群臣之言，被讒奸所惑，今兵連禍結，莫可救解。朕思身為天子之尊，萬一城破，為群小所獲，辱莫甚焉。欲尋自盡，此身尚遺人間，猶為他人作念，不如自焚，反為乾淨。你取柴薪堆積樓下，朕當與此樓同焚。」朱升聽畢，滿臉披淚，不忍行動。紂王雙目含淚，進一步說道：「此天亡我也，非干你罪。你不聽朕命，反有忤逆之罪。當聽朕言！」朱升只好找了一些乾柴置於樓下，舉火點燃。片刻，只見濃煙沖天，風狂火猛，作惡多端的商紂王於鹿臺宮中自焚身亡。

周人及其友軍贏得了戰爭的勝利，商都朝歌內的百姓滿懷喜悅地迎接周武王的到來。滅商的第二天，周武王命人清掃道路，重整河山，舉行即位儀式，並隆重宣布：按上天旨意，周革殷命，政權更迭，當今是周家天下。自此之後，周為天下共主，一個新興的王朝在華夏大地誕生了。

戰鼓何時敲響？

　　武王克商無疑是中國古代歷史上一次重大事件，這個事件代表著商王朝的滅亡和周王朝的建立，是無可爭議的商周兩朝分界線，事件本身也是極具典型意義的歷史年代學議題。從年代學研究的角度，這一分界線的推定，對其前的夏、商而言，是其總紀年的終點，對其後的西周來說，可直接影響到列王年數的估算。因而這個定點的確立，被譽為整個夏商周斷代工程中最為重要和關鍵的一環。

　　由於武王克商具有重大而非凡的影響力，傳世文獻對此事件的敘述比較豐富，同時史料中還含有若干曆日和天象的紀錄，為古今中外學者利用文獻和天文曆法知識推定武王克商之年，提供了理論上的依據和可能。但是，武王的軍隊何時出征，決戰的鼓聲何時敲響，鹿臺的大火何時點燃……這一切，學者們的推算僅僅「從理論上說」是可行的，而實際問題的解決要比單純的理論推算更複雜、困難得多。因為傳世文獻對武王克商事件的記載雖豐富但不完整，而且真偽難辨，甚至相互抵觸和歧異，從而造成歷代學者對資料的理解各不相同，推算時所採用的方法、角度也大相逕庭，所推出的結果因而十分懸殊。

　　關於武王克商之年問題，現代著名學者、甲骨文研究先驅董作賓認為，早在戰國時期就已有人嘗試解決，但學術界一般認為，最早從事此問題研究的當推西漢末年的劉歆。西元前7年，劉歆制定了著名的《三統曆》，並根據《三統曆》推算出武王克商之年相當於西元前1122年。這一結論在此後兩千年間影響至深，幾乎成為正統。如宋代邵雍《皇極經世》、劉恕《通鑑外記》、鄭樵《通志》、元代金履祥《通鑑前編》等皆從其說。儘管劉歆的推算並不可靠，但學術界還是公認他制定的曆術開啟推算武王克商年代之先河，給予後世學者很大的啟示。正如現代史家范

第三章　解密夏商周：追尋歷史年代之謎

文瀾在《中國通史》中的評論：「劉歆造出一整套的曆學理論，又造《世經》，凡經傳古史所記大事的年、月、日都用《三統曆》推算得到說明。這對古史年代的探求是一種貢獻，雖然準確性並不很大。」

繼劉歆之後，關於武王克商之年的研究，一直是言人人殊，難有一致的結論。在北京師範大學國學研究所彭林教授的主持下，學者們將蒐集到的各種文獻，編輯成《武王克商之年研究》一書出版。書中總結出44種說法，年代最早的為西元前1130年，最晚的為西元前1018年，前後相差112年。顯然，歷史上真實的克商年只有一種結論。那麼真正的克商之年該怎樣推定呢？

為此，夏商周斷代工程首席科學家經過縝密的考慮和籌劃，確定了兩條途徑。一是透過關鍵性考古遺址的分期與 ^{14}C 測年、甲骨文日月食以及文獻記載的綜合研究，縮小武王克商之年的範圍；二是在以上範圍內，透過金文曆譜和對武王克商的天文學推算，尋找克商的可能年代，最後加以整合，選出一個最佳年代。

武王伐紂天象與歷史事件一覽表

公曆日期（西元前）	干支	天象	天象記載之出處	事件	事件記載之出處
1047		歲在鶉火（持續了約半年）	《國語》	孟津之會，發紂之始	《史記‧周本紀》
1045.12.3	丁亥	月在天駟日在析木之津	《國語》		
1045.12.4	戊子	東面而迎歲（此後多日皆如此）	《淮南子》	周師出發	《三統曆》《世經》

公曆日期 （西元前）	干支	天象	天象記載之出處	事件	事件記載之出處
1045.12.7	辛卯	朔	〈武成〉		〈武成〉
1045.12.9	癸巳			武王乃朝步自周	
1045.12.21	乙巳	星在天黿（此後可見5日）	《國語》		
1045.12.22	丙午	望（旁生魄）	〈世俘〉		
1044.1.3	戊午			師渡孟津	《史記‧周本紀》
1044.1.6	辛酉	朔（既死霸）	〈武成〉		
1044.1.9	甲子	歲鼎	利簋銘文	牧野之戰，克商	利簋銘文 〈武成〉 〈世俘〉
1044.2.4	庚寅	朔 星在天黿（此後可見20日）	《國語》		
1044.2.19	乙巳	望（既旁生霸）	〈武成〉		
1044.2.24	庚戌			武王燎於周廟	〈武成〉
1044.3.1	乙卯			乃以庶國祀馘於周廟	〈武成〉

　　於是，工程各專題組的考古學家與天文學家、曆法學家、甲骨學家等集體行動起來。

　　透過對灃西遺址、琉璃河燕國墓葬、早期晉國都邑，特別是天

第三章 解密夏商周：追尋歷史年代之謎

馬——曲村晉侯墓地等周代遺址、墓葬考古發掘、分期與 ^{14}C 年代檢測，結合在陝西臨潼發現的「武王征商簋」青銅器和存世的數百件銅器，以及器上鐫刻的金文，連同史籍所載周代發生的天文星象，尤其是「懿王元年天再旦」天象，進行推算並交叉驗證。結果落在西元前 1050 年至西元前 1020 年範圍之內。

最後，根據《國語‧周語》伶州鳩對周景王所說的伐紂天象「歲在鶉火」「月在天駟」、「日在析木之津」、「星在天黿」等四則相關的資訊，使用最先進的天文電子軟體回推計算，得出了西元前 1044 年與西元前 1046 年兩個年份。工程專家組經過反覆權衡，根據兩個年分與各方研究符合的條件多寡，終將西元前 1046 年確定為武王克商之年。

正是因為商周牧野之戰這個至關重要的定點確立，才能陸續往前推算出盤庚遷殷為西元前 1300 年、殷商開國為西元前 1600 年，以及夏王朝始年為西元前 2070 年。

晉國風雲

周武王之後，繼位的分別是成王和康王，在這兩個王執政的 40 多年間，人民休養生息，社會安寧，天下太平。

史載，成康之世，刑錯 40 年不用，其國勢達到了整個周王朝的全盛時期。可惜好景不長，繼短暫的成康盛世之後，周王朝日漸衰落。又經過幾代，到周厲王時，各種矛盾更加嚴重，國家到了崩潰的邊緣，而當政的周厲王又偏偏是一位極度專制的君主，暴虐、驕橫之外，還重用奸佞小人掌管朝政，朝野內外烏煙瘴氣，天下民眾痛苦不堪。忍無可忍的情況下，民眾只好集合起來，舉行武裝暴動，這個行動堪稱是古代史上第一次大規模的革命行動。周厲王心知頹局難挽，索性渡黃河逃走。

晉國風雲

周厲王出逃後，一去不復返，最後死於一個叫「彘」的地方。那麼厲王在位多少年？或者說厲王元年是歷史上的哪一年？要破這一懸案，工程專家組認為，除了其他的輔助資料和證據，必須從古老的晉國首都尋找答案。

西元前1046年早春，周武王率師伐紂，取得勝利。隨著周王朝建立，在安撫殷商遺民的同時，採取「選建明德，以藩屏周」的政策，即分封周武王的同宗、親戚和功臣，讓他們建立諸侯國，形成拱衛周王室的屏障。最早得到分封的諸侯有周公家族的魯、召公家族的燕和姜太公家族的齊等。

據《史記・晉世家》等文獻記載，武王與其后邑姜（姜太公尚的女兒）歡會之時，夢見天帝對自己說，我命你生個兒子，名虞，將來把唐國封給他。那裡是參宿的分野，叫他在那裡繁育自己的子孫。不久，邑姜果然懷有身孕，當胎兒出生後，手上竟有一個虞字，故起名為虞。因為這孩子是武王的第三個兒子，按照伯、仲、叔的排法，又稱為叔虞。

武王在位約4年死去，成王即位，由周公（姬旦）攝理政事，不久即發生了管叔、蔡叔之亂。周公奉成王之命，出兵征伐，歷經3年，終於平息了這場戰亂，之後出現了晉國始封地。有一天，年幼的成王與叔虞戲耍玩鬧，成王削一片桐葉為珪，贈予叔虞說：「以此封若。」身旁的史佚聽了，立即請求成王擇吉日封立叔虞。成王不以為意地說：「吾與之戲耳。」史佚反駁說：「天子無戲言。言則史書之，禮成之，樂歌之。」

於是成王遂封叔虞於唐。因唐國在河、汾之東，方百里，故曰唐叔虞。姓姬氏，字子於。以上這個頗為離奇的說法，在《呂氏春秋》、《說苑》中也有類似記載，只是《說苑》將史佚換成周公罷了。削桐葉為珪的故事或許是附會，但成王封唐是事實，年幼的成王也許不會想到，他的一句戲言竟然成就了周朝境內最為強大的北方雄邦——晉國600年偉業。

叔虞死後，他的兒子燮父繼位，改稱晉侯，同時把唐國也改稱晉

第三章　解密夏商周：追尋歷史年代之謎

國。這一國號一直延續到西元前 5 世紀，三家分晉，由韓、趙、魏取而代之。

當然，唐作為晉國政治中心的時間並沒有 600 年。根據文獻記載，晉國早期因戰亂災禍曾幾度遷都，西元前 585 年，晉景公聽從了韓獻子的建議，把國都從故絳遷到了新田（新絳），新田從此成為晉國最後 200 年的國都。關於晉國搬遷的次數和諸都的地理位置，自漢以來，異說頗多，雜亂渺茫，世人已無法確切地得知了。直到 1950 年代，隨著田野考古學興起，這個困惑世人兩千多年的謎團才逐漸解開。

晉國都城洩其密

1952 年秋天，山西省文教廳副廳長崔斗辰率領隨員，騎著毛驢在晉南山區考察，當路過曲沃縣侯馬古鎮西郊白店村時，在路邊的斷崖上發現許多散亂的陶器瓦片。崔斗辰具有儒學素養，年輕時曾當過中學老師，抗戰初期曾一度出任浮山縣縣長，嗜好古物並有一定鑑別能力，見此情形，便下驢撿起地上的陶片，仔細檢視，認為年代甚古，並隱含著極其重要的文化資訊，或許與古晉國遺址有關。想到這裡，崔斗辰將幾塊典型陶片攜回太原，交給山西省文物管理委員會，並提出自己的假設。未久，山西文管會根據崔斗辰的指示，派員來到侯馬白店村勘察，果然發現此處是一處重要的古代遺跡，但是否屬於晉國遺址，有待進一步調查認定。1955 年，侯馬鎮獨立建市，山西文管會考古人員楊富斗等人受命參加中央城市設計院對侯馬自然環境、歷史地理等的綜合考察。就在這次考察中，在白店、西侯馬、宋郭、牛村等地的斷崖上，發現了東周時期的文化層，並引起文物考古界高層的注意，侯馬晉國遺址調查、發掘、研究的序幕由此拉開。

1956年春夏,中國文化部文物局派出文物專家顧鐵符,率領一支由10家文物單位組成的考古隊,與山西文管會前往晉南進行文物調查。經過勘察、鑽探,確認侯馬是「一個遺存相當複雜,十分重要的古代遺址」。中國文化部文物局對此高度重視,與中國科學院考古研究所一同商請北京的歷史學家及考古學家赴現場了解情況。根據發現的遺跡、遺物,結合地形、地理位置,顧鐵符等專家認為這裡極有可能就是史書上記載的晉景公由故絳遷往新絳的都城——新田。

《左傳·成公六年》載:「晉人謀去故絳。諸大夫皆曰:『必居郇、瑕氏之地,……』韓獻子……對曰:『不可,……不如新田,土厚水深,居之不疾,有汾澮以流其惡,……』公說,從之。夏四月丁丑,晉遷於新田。」

此為西元前585年4月13日之事,新田成為晉國最後的首都。

晉國首都遷往新田之後,晉公室勵精圖治,積極開疆拓土,國勢日盛,由最初「方百里」的蕞爾小國,逐漸拓展至包括今山西全境,外連河南、陝西、河北、山東四省部分地區的廣闊地域,一躍成為春秋時期最強勢的諸侯國,作為「春秋五霸」之一,持續時間最長,達一個半世紀。正是在這個新興都城宮殿連宇的舞臺上,上演了趙氏孤兒、魏絳和戎、悼平復霸、六卿傾軋、三家分晉等一系列血雨腥風、波瀾壯闊的悲壯話劇。

自景公遷都至西元前376年,晉國在新田共歷經13代國君,共計209年。趙、韓、魏三家卿大夫分晉之後,苟延殘喘的晉國最後一個國君被驅逐出宮,此地屬魏,其政治、軍事、經濟地位一落千丈,終致衰落頹敗,整個都城湮沒於戰國爭雄、秦漢興替的硝煙風塵之中,不復與聞。

山川有靈,大地有性,迷失了兩千餘年的晉國都城再度向世人洩露祕密。為了搶救這份珍貴的文化遺產,當年10月,山西省文管會設立了侯馬工作站,正式編制人員發掘遺址——這是全中國第一個地方專業工

■ 第三章　解密夏商周：追尋歷史年代之謎

作站。鑒於侯馬遺址的重要性，1960 年，中國國務院發布「關於加強侯馬地區古城遺址的勘探與發掘工作的通知」，中國文化部將侯馬地區的考古工作列為重要項目，調派中科院考古所、中國歷史博物館、文博研究所、中國文化部文化學院以及河南、山東、江西等文物部門的考古人員前往援助，山西文物部門同時調派各縣文化館共 20 餘名專員前往參加。精良的隊伍、強大的陣容，為歷次考古發掘所罕見，中國國務院針對一個地區性的考古工作發布通知，於 20 世紀中國考古發掘史上空前絕後，足見侯馬遺址重大的歷史文化價值。

　　此次發掘共有上百人參加，場面蔚為壯觀，號稱中國首次「考古大會戰」，發掘面積近 20 萬平方公尺。這是中國境內發現規模最大、遺存最豐富的青銅時代鑄銅遺址。發掘出土的鑄銅陶範 5 萬餘件，其中 1,000 多件上有精美花紋。陶範從大到小，大到有一人多高的編鐘，小到空首布、車馬器等，門類極多，各具風情。在各類器物中，又以銅鼎、銅編鐘聞名於世。整個遺址的生產規模、工藝技術和藝術風格，具有鮮明的時代和地方特色，反映著當時晉國青銅工業和物質文化的卓越成就，並彰顯出晉國雄厚的經濟實力和技術創造能力。而作為一個古代都城不可或缺的組成部分，鑄銅遺址的發現、發掘，側面證實了晉國後期都城——新田，就在今日的侯馬。

▎侯馬盟書透露的資訊

　　當考古界沉浸在侯馬鑄銅遺址「考古大會戰」喜悅之中時，想不到一年之後，侯馬盟書出現，海內外專家學者的目光驟然投向晉南這塊古老神祕的土地。

　　1965 年 12 月中旬，距離侯馬呈王古城 2.5 公里處的秦村，侯馬電廠

侯馬盟書透露的資訊

正在施工，山西省考古所侯馬工作站派出陶正剛、張守中等專業人員配合工程勘探，而曲沃中學的一批學生也在施工現場工讀實習。整個工地機器聲隆隆，人聲鼎沸，學生們在一個角落取土時，發現土中埋壓著一些薄薄的、大小不等、形狀不一的石片，上面隱約有一些細小的符號。出於好奇，學生們你一片、我一片地裝進口袋，準備回學校後仔細把玩。此時學生們並不知道，這些石片的出土意味著什麼。

中午收工的時候，一位老師遇到從另一邊走來的陶正剛，順便提了一句學生們在土坑中發現小石片之事。陶正剛聽聞，大驚，急忙請這位老師叫來一位撿到石片的學生。只見石片有手指一般長，像一把小刀，上面密密麻麻地寫滿了硃色文字，很像一篇文章。儘管陶正剛一時無法辨識字意，但上面所寫無疑是古代文字，他認為此事非同小可，於是透過老師召集同學，說明出土石片是極其重要的文物，必須得到保護，不得私藏和損壞云云。學生們一聽這些東西竟然是極其重要的文物，震驚之餘，全部將口袋中的石片交到陶正剛手中。石片長短不一，有的像小刀，有的呈圓形。陶正剛數了數，正好60件──這就是後來被編為第16號坑的第一批盟書，其中包括被編為三號、後來被郭沫若認為是整個侯馬盟書總序的一件國寶級標本。

圖 3-1 侯馬盟書 　　圖 3-2 侯馬盟書 　　圖 3-3 侯馬盟書摹本

131

第三章　解密夏商周：追尋歷史年代之謎

　　學生們走了，陶正剛帶著60件帶字石片獨自來到發現石片的土坑旁，仔細觀察坑的形狀和土層，不時拿出石片辨識字跡，越來越感到此事的重要。自西元前6世紀以降，銅器銘文、尤其是長篇文字已極少見，簡冊文字在南方易於保存，時有發現，而中原自西晉河南汲縣魏襄王墓中出土過一批竹簡，整理出《竹書紀年》和《穆天子傳》等湮沒日久的佚書外，時間的長河又流淌了千餘年，見諸文字的先秦資料仍少得可憐。晉國作為東周時期的泱泱大國，銅器銘文或文物上的文字資料竟出奇地少見，已發掘的侯馬晉國晚期遺址，尤其是鑄銅遺址，揭露面積之大，出土文物之多，世之罕有其匹，但很少見到文字資料出土，這種現象令發掘者心中鬱悶又徒嘆奈何。想不到一年之後，考古人員夢寐以求的文字終於現身，且樣式之特殊，數量之多，篇幅之大，世之罕見。當前來換班的張守中來到工地土坑旁時，陶正剛手捧布滿文字的石片，仍沉浸在亢奮與激動之中，尚未開口述說出土經過，卻猛然流下熱淚。

　　侯馬出土朱書文字的消息很快地傳到了太原與北京，文物專家謝辰生、山西省文管會主任張頷共赴侯馬檢視標本。由張守中摹寫部分出土文字，張頷負責簡單考釋，謝辰生攜帶部分標本、摹本和釋稿返回北京彙報。文物局局長王冶秋見了又驚又喜，立即轉呈中科院院長郭沫若鑑定。郭沫若經過一番研究，很快地做出結論，認為朱書文字就是古籍《左傳》、《國語》、《史記》中經常提及，而後人難得一窺真顏的盟書。

　　侯馬盟書的發現迅速傳遍文物考古界，並引起大轟動，陶正剛等人受命對秦村電廠工地展開大規模勘探與發掘。至1966年初秋，發掘工作全部結束，共發現祭祀坑401個，清理326個，其中3坑埋有卜筮文字，40個坑出土盟書，總數在5,000件以上，有文字可以辨識者650餘件，每件字數少者僅10餘字，多者達220餘字，一般皆在30字至50字之間。大多數為朱書，少部分為墨書，皆用毛筆寫在石片上，字形屬小篆，一

字多形，異體字多，繁簡體並行，假借、古體字時常出現，富有獨到的藝術風格。據考古人員推測，書寫者很可能出自晉國祝、史一類的刀筆吏之手，亦可見當時使用毛筆書寫已很普遍，徹底否定了流傳甚廣的所謂秦代大將「蒙恬造筆」之說。

　　盟書出土後，著名古文字學家張頷對其研究了數年，將其內容分為 6 類 12 種，後來考古學家謝堯亭參考各家分類意見分為 6 類，即宗盟類、主盟人誓辭、委質類、納室類、詛咒類、其他類。盟書主要記載晉定公十五年（西元前 497 年）到晉定公二十三年（西元前 489 年），晉公與趙、韓、魏、智氏等卿大夫聯手，以趙簡子為首，共同誅滅另兩家卿大夫范氏、中行氏之事。《周禮‧秋官‧司盟》有「掌盟載之法」，鄭玄《注》：「載，盟誓也，盟者書其辭於策，殺牲取血，坎其牲，加書於上而埋之，謂之載書。」春秋戰國之時，諸侯和卿大夫為了鞏固內部團結，打擊敵對勢力，經常舉行這種盟誓。盟書一式二份，活動結束後，一份藏在盟府，一份埋於地下或沉在河裡，以取信於神鬼。從張頷等人的研究成果來看，侯馬盟書誓辭中無不展現出主盟人趙簡子為打擊敵人、聯繫本宗、招降納叛，多次召集同宗與投靠他的異姓反覆「尋盟」，且盟誓次數頻繁，持續時間較長，埋藏盟書的土坑有先有後，並打破疊壓關係，此點明顯展現在考古發掘中。根據史書記載，以趙簡子為首的集團與對手的博弈時間長達 8 年之久，所涉地域除今山西大部，還波及河南、河北西部地區，雙方經過數次血戰，范、中行二氏終被誅滅。

　　盟書還帶給研究者一個極重要的關鍵性提示，即趙簡子主盟的地點就在「晉邦之地」、「晉邦之中」。這個記載以確鑿的證據訴諸世人，侯馬盟書不但是晉國由故絳遷都到新田以後的產物，且埋藏之地就是晉國最後一個都城 —— 新田。

第三章　解密夏商周：追尋歷史年代之謎

尋找晉國早期都城

　　就在鑄銅遺址發掘之時，考古人員全面地複查勘探已發現的侯馬古城遺址，並詳細測繪了牛村、平望、臺神與馬莊等幾座古城平面圖，並有小規模發掘。經過吳振祿、楊富斗、陶正剛、梁子明、田建文、謝堯亭、王金平等幾代考古學家數十年的努力，在以侯馬為中心的汾、澮兩河之間，揭示晉國晚期遺址面積達 45 平方公里，探明和發掘的遺跡共有 40 餘處，發現、發掘 10 座西周到春秋時期古城遺址。從城址規模、地理位置以及出土器物的文化內涵等方面推斷，除了白店古城為晉景公遷都之前的營聚點或居邑之外，其他 9 處都應是晉都新田宮署及其附屬遺址。其中最著名的為侯馬西北郊的平望、臺神、牛村等三座古城，三城呈「品」字形，邊角有疊壓關係。平望古城夯土臺基可分為三級，屬於超大型宮殿格局，根據發掘者推斷，應為晉國的公宮。公宮乃晉國君臣商議國事、頒布政令之處，《左傳》多次言及晉公與諸大夫「盟於公宮」，這個「公宮」應指此處。與平望古城相鄰且略有疊壓的牛村古城，東城牆全長 1,390 公尺，南城牆寬 1,070 公尺，一般牆基厚 8 公尺至 9 公尺，中間至今雄立於表土之上的夯土臺基，有可能為史上記載的「固宮」。正是這 3 座「品」字形城址，構成了晉國後期 200 餘年經國之業的政治中心。依築城的先後順序而言，平望古城是最早的宮城，另二城則是在此基礎上擴建而成。此一歷程恰好見證了晉國霸業從發軔、鼎盛直至最後衰亡的歷史進程。

　　稍後發現、發掘的呈王、北塢、馬莊 3 座較小的古城，或為國之宗廟，或為卿大夫私家勢力盤踞的地盤，而其他 3 座更小的城址，應為士大夫所居之所。遙想當年（西元前 497 年），晉國六卿關係緊張，不可一世的范氏家族，聯合中行氏，發動私人武裝圍攻趙氏家族之宮，迫使趙

氏家族首領趙簡子棄宮北走晉陽。根據考古人員推測，呈王、北塢、馬莊3城，分別為趙氏、范氏、中行氏3家所擁有的可能性極大，那驚心動魄的搏擊拚殺，這3座城池是最直接的見證者。只是兩千多年歲月飄零，風雨剝蝕，無論是古老的大城還是小城，皆化為殘垣斷壁，於曠野中形影相弔。往昔的繁華，鐘鳴鼎食的盛景，連同宮闈帳下那關係著天下風雲的燭影細語，血雨腥風已成為歷史的煙塵，渺不可及，只有一堆黃土頂著四散飄零的荒草，無聲地提示著那個已經逝去的諸侯大國曾經的輝煌。

晉侯墓地的發現

夏商周斷代工程啟動後，在「西周列王的年代學研究」這個命題中，特別設定了「天馬──曲村遺址分期與年代測定」專題，由北大考古系教授、天馬──曲村遺址發掘者之一劉緒負責研究。

按照劉緒的解釋：夏商周斷代工程之所以設定這一專題，除了天馬──曲村遺址像琉璃河、豐鎬等西周遺址那般，有比較完整、全面的可供 ^{14}C 測年的系統樣品外，它本身的文化從西周早期連續發展至春秋初年，尤其是發掘的幾百座中小型墓葬，含碳標本極其豐富，西周早、中、晚各期一應俱全，為 ^{14}C 測年提供了可靠的依據。另外一個顯著的特點是，包括天馬──曲村遺址在內的晉西南，經過幾十年的考古調查與發掘，至今未發現商代──尤其是商代晚期的遺存，而西周早期的文化卻突然冒了出來。由於沒有商代晚期的文化，就更容易確定西周的文化遺存，同時也減少了一個大麻煩，避免一件器物或一個文化現象出現時，有人說是商代晚期，有人說是周代早期的爭論。從考古發掘來看，不容易分辨商代晚期和周代早期的文化遺存，而事實上當西周建立王朝

第三章　解密夏商周：追尋歷史年代之謎

之後，不可能將商人全部殺光，只要人活著，原有的文化就不可能馬上消失，必然沿著慣性延續一段時間。在新舊交替的階段，要準確地劃分哪些是商代晚期、哪些是周代早期，是相當困難的。天馬──曲村遺址的特殊性就在於，只要出現器物，一看便知是夏代還是周代的，同時也不存在先周文化的混亂情況。至於出現的文化面貌是周代哪一個時期的，可以參照出土的各種器物和現象進行研究、討論、印證，但必須首先排除商末和先周的干擾，這便是天馬──曲村遺址發現、發掘在歷史年代學上的獨特之處和重要意義。

既然天馬──曲村遺址最早的西周文化很容易辨別，那麼這種文化就應該接近晉國、也就是唐的始封年代。如果接近了唐的始封年代，距離武王克商這一重大歷史事件就應該相距不遠了。又因天馬──曲村遺址是離周朝的首都豐、鎬最近的一個封國都邑，它的文化面貌跟豐、鎬遺址就更接近。事實上，從兩地的考古發掘來看，所出器物等文化遺存也是相同的。於是就有了更進一步的意義，即天馬──曲村遺址的文化可能牽涉和限制武王克商事件的定年。也就是說，天馬──曲村遺址中最早的西周文化，用 ^{14}C 測年所得的資料，不能早於武王克商之年，如果早於這個時間段，就證明原來學者們推算的武王克商之年的推算是錯誤的，因為晉（唐）國是在武王克商、周朝建立之後才就封的。同理，該遺址最早的西周文化也不能晚於武王克商許多年，至少不能晚於成王在位的年數。由此，天馬──曲村遺址在考古學上就將武王克商之年限定在一個時間範圍之內了。

技術測年專家對天馬──曲村遺址出土的獸骨、人骨等遺物進行 ^{14}C 測年，早期一段的中值在西元前 1020 年至西元前 970 年左右。而商王朝最後一座都城殷墟最後一個文化分期──第四期，^{14}C 測年為西元前 1080 年至西元前 1040 年左右；武王克商後召公的始封地──北京琉

璃河遺址第一期一段的墓葬遺物 ^{14}C 測年為西元前 1040 年至西元前 1006 年左右。此前發現的灃西遺址分期與 ^{14}C 測年和由殷墟甲骨月食推斷的武王克商年範圍，大都集中在西元前 1050 年至西元前 1020 年之間。有了這兩個條件，再結合先秦文獻，可使這個論據更加充分。也就是說，真正的武王克商之年就在西元前 1050 年至西元前 1020 年這 30 年之間的某一年。

最終，夏商周斷代工程專家組結合天象、出土金文等研究，得出武王克商之年為西元前 1046 年。

這個商周分界之年座標的建立，如大海中夜航的燈塔，映照身後的彼岸和前方的航程。天馬──曲村遺址的發現與研究，為這座燈塔的樹立打下了堅強的基石。

晉國列侯排序

作為早期晉都的天馬──曲村遺址，由於自漢以來歷史學家已不知其具體地理位置，致使這座曾顯赫一時的古代都邑在地下埋沒長達兩千餘年而無人知曉。因此，在 1986 年考古人員正式發掘之前，該遺址從未被盜掘，成為已發現的西周、春秋國都遺址中唯一完整的倖存者。如此罕見的典型遺址，無論是對晉文化還是對整個華夏文明的研究，都具有極重要的意義。但自 1986 年之後，遺址被盜墓賊貪婪的目光所注意，在盜墓猖獗的情況下，由文物局批准的考古隊多次大規模地搶救性發掘天馬──曲村遺址墓地。

這些大型墓葬的發掘，讓世人看到了一批又一批湮沒兩千多年的珍貴文物的同時，也使人們透過迷濛的煙塵，真切地感悟和洞悉西周時代晉國的歷史風雲──

第三章　解密夏商周：追尋歷史年代之謎

姬叔虞封唐後，在位年限大致與周成王相始終。叔虞死後，兒子燮父繼位，改稱晉侯，同時把唐國改稱晉國。據《史記・晉世家》載，西周至春秋初年晉侯世系為：

1唐叔虞—2晉侯燮—3武侯寧族—4成侯服人—5厲侯福—
6靖侯宜臼—7釐侯司徒—8獻侯籍（蘇）—9穆侯費王—11文侯仇
　　　　　　　　　　　　　　　　　　　｜
　　　　　　　　　　　　　　　　　10殤叔

從文獻記載看，晉國的歷史在穆侯之前，似無大事發生，自穆侯之世，一個潛在的政治危機已悄悄深入晉國的權力中心。

晉穆侯在位的第四年（西元前 808 年），娶姜氏為夫人。穆侯七年（西元前 805 年）他率兵從周王室之師共討條戎、奔戎，這是晉國歷史上可考的第一次對外用兵的記載。古本《竹書紀年》說：「王師及晉穆侯伐條戎、奔戎，王師敗逋。」既然王師敗逃，晉師必不能獨勝。就在這次戰役不久，穆侯夫人生下長子，因穆侯戰敗不悅，故取名曰仇。穆侯十年（西元前 802 年），又出師與戎狄戰於千畝，並取得了勝利。恰巧這年穆侯夫人又生下了次子，穆侯因該戰成功，遂藉著勝利的喜悅，為次子取名為成師，也就是能成其眾之意。面對長子和次子寓意完全不同的名字，晉大夫師服憂慮地說：「國君為兒子命名，太稀奇了！因為命名是用來制定義法，以義法來產生禮節，用禮節來完成政治，用政治來匡正人民，政治上取得了成效才會使人民服從。反之，如果變更了禮節和義法，那麼國家將會發生禍亂。相愛的配偶叫『妃』，相怨的配偶叫『仇』，這是古人命名的方法。如今將太子取名為『仇』，而把少子取名為『成師』，這是禍亂的預兆。太子將來一定會被廢黜的啊！」師服接著說：「太子叫仇，仇的意思就是讎；少子叫成師，這個大號就是成就事業之意。

名，是自己取的；世界萬物，是自己定的。現在長幼之名相反相逆，此後晉國能不發生內亂嗎？」師服的不祥之語不幸應驗，穆侯在二十七年（西元前785年）寂然死去後，晉國便出現了內亂。晉國的嫡長繼承制首次被打破了，不過這次內亂不是發生在太子仇和少子成師之間，而是在穆侯之弟殤叔和太子仇之間爆發。

穆侯死後，太子仇（晉文侯）未能繼位國君，而穆侯之弟殤叔以弟繼兄，成為晉國的統治者，這表明了殤叔在穆侯生前已經掌握了相當的實權，具有相當大的勢力。

太子仇不得繼位，避難出奔他國。過了4年，於西元前781年率領家徒私屬捲土重來，成功地殺了叔父殤叔，奪回政權，是為晉文侯。這次內亂從表面上看，對當時晉國社會各方面影響並不算太大。但是，在政治變革的層面上，晉國敲響了宗法制度的第一聲喪鐘，開啟後來長期內戰的先河。

晉文侯在位35年（西元前781年至西元前746年），他在晉國歷史上是一位傑出的君主，其統治晉國時，西周王朝已瀕臨崩潰。西元前771年，周幽王荒淫無道，廢掉了太子宜臼，欲立庶子伯服，宜臼奔逃至申，申侯一氣之下聯合鄫國、犬戎等攻下鎬京，殺死幽王和伯服，擁立太子宜臼為平王。此時犬戎進駐涇渭，侵擾京師。戰火後的鎬京殘破不堪，周王室難以在關中立國，決定東徙成周。這時晉文侯率晉軍入陝，與鄭武公、秦襄公合力勤王，穩定了東周初年的局勢。

周平王嘉許文侯之功，作〈文侯之命〉，這篇文誥至今被保存在《尚書》之中。

平王在文誥中盛讚自己的開國先祖文王和武王之功德光明偉大，並認為他們的成功是因為當時的公卿大夫能夠輔佐、指導和服侍自己的君

第三章　解密夏商周：追尋歷史年代之謎

主。同時讚揚晉文侯是促成他安於王位之人。勉勵文侯能像文、武時代的賢哲一般勤事王室，繼承其列祖列宗之餘烈，治理好自己的國家。為表達自己的感激之情，平王還賜予晉文侯「秬鬯一卣，彤弓一，彤矢百，盧弓一，盧矢百，馬四匹」。這些弓矢車馬是征伐不廷之臣的象徵，晉文侯不負所望，在西元前 760 年又誅殺了非正統的攜王，結束了周王室達 10 年之久的二王並立局面，此時的晉文侯儼然周初的周公旦，成為再造周命的功臣。

晉文侯仇執掌國政時，相當於周幽王與周平王時期，晉文侯晚年時間已進入東周。文侯死後，晉國內戰迭起。之後繼位的昭侯、哀侯、小子侯、侯湣等，或被殺，或被虜，幾乎不可能建造陵墓。再之後的晉武公及其以後諸公，死後或葬曲沃，或葬別處，故天馬——曲村墓地能夠入葬的只有文侯仇之前的諸位侯王。從已發掘的情況來看，整個天馬——曲村墓地東西約 150 公尺，南北約 130 公尺，共發現 8 組 17 座晉侯及夫人墓。參加晉侯墓地發掘的劉緒、徐天進、雷興山、羅新等考古人員，根據出土器物特徵以及青銅器銘文中所見部分晉侯名字的考釋，結合各地已知周代墓葬資料，總結出若干從早到晚演變的規律，並以晉侯墓地各組墓葬與之比較，發表了對晉侯墓各組序列的排比意見。可推定出 8 組晉侯墓的墓主，依次是：

第一組 M9、M13 晉武侯寧族及其夫人。

第二組 M6、M7 晉成侯服人及其夫人。

第三組 M33、M32 晉厲侯福及其夫人。

第四組 M91、M92 晉靖侯宜臼及其夫人。

第五組 M1、M2 晉釐侯司徒及其夫人。

第六組 M8、M31 晉獻侯籍（蘇）及其夫人。

第七組 M64、M62、M63 晉穆侯費王及其夫人。

第八組 M93、M102 晉文侯仇及其夫人。

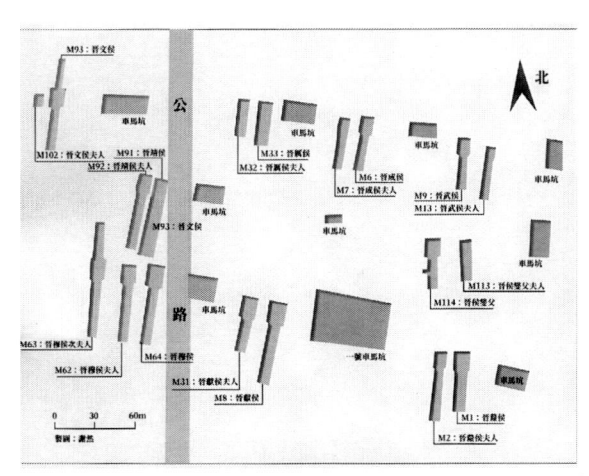

圖 3-4 晉侯墓地平面示意圖

以上所見 8 組 17 座墓，分屬於 8 代晉侯及其夫人，其中包括 1 位晉侯有兩位夫人的墓葬。與西周晉國所存在的 11 位侯相比，又缺少 3 位侯的墓葬。故此，自從晉侯墓地發掘資料公布之後，有關晉侯墓地的墓位安排以及墓主到底是誰的推定問題，學術界展開了長期爭論。比較公認的結論是，早期兩位晉侯沒有葬在天馬──曲村家族墓葬區，而是葬於別處，具體位置尚待未來的考古發掘。被文侯仇誅殺的殤叔自然不能進入這個墓地，很可能被草草埋入城外的荒野草叢之中了。

神祕的晉侯穌鐘

1992 年秋天，才剛平靜一點的天馬──曲村遺址又進入一群盜賊，並順利潛入晉侯墓葬區 M8 號大墓中。狡猾的盜墓賊利用地形地物，先用炸藥將墓室東南角爆破成一個豎井狀坑道，然後順坑道下挖至槨室東南角的底部，緊接著再向西橫穿一個圓洞，直接到了棺槨的足端。正當

第三章　解密夏商周：追尋歷史年代之謎

盜墓賊順洞而入、並在墓中瘋狂劫掠器物時，被當地村民發現，進而制止並報警，於是盜墓賊攜帶著部分珍貴文物倉皇逃離。

有鑒於該墓慘遭洗劫和破壞，經中國國家文物局批准，北京大學考古系與山西省考古研究所共同組成考古隊，對此墓進行搶救性發掘、清理。就在這次清理中，自槨室的東南角出土了兩件青銅編鐘。編鐘呈灰褐泛黃綠色，大致無鏽蝕，形式為甬鐘。兩件甬鐘的正面鉦部分別鐫刻銘文，其中一件有銘文 7 字，為「年無疆，子子孫孫」；另一件有銘文 4 字，為「永寶茲鐘」。從出土的情形來看，這兩件甬鐘顯然有它的同伴，並和它的同伴組成一套完整的編鐘系列，而這套編鐘的其他幾件已被盜墓賊席捲而去了。正當考古人員為編鐘的流失悲憤不已、扼腕嘆息之時，中國文物史上一個罕見的奇蹟出現了。1993 年 12 月，上海博物館從香港古玩市場將天馬──曲村遺址 M8 號大墓中被劫走的編鐘全部搶救回來，這個行動的主要發起者就是馬承源。

自 1980 年代開始，一些不法分子勾結海外走私集團，大肆走私盜賣出土文物，致使大批國寶流失海外。1992 年，上海博物館館長馬承源因公務去香港，出於職業習慣，經常趁工作空檔到香港古玩市場逛逛。在看似輕鬆的瀏覽中，他發現許多中國出土的珍貴文物被標價出售，其中有不少屬於國寶級文物，這種狀況讓他感到極其痛心和內疚。自此，他暗下決心，如果條件允許，一定要想辦法搶救這些流失的國寶。在回上海之前，他將此想法告訴了在香港的許多朋友，並請他們留意古玩市場的動向。

1993 年，香港中文大學張光裕教授致電馬承源，告知香港古玩市場有人正在出售一批刻有文字的青銅編鐘，共 14 件，但一時還不確定是真品還是贗品。馬承源聞訊，請張光裕設法取得編鐘照片和編鐘銘文拓片，請他傳真過來檢視。張光裕不負所望，想盡辦法取得所需一切並

傳往上海博物館。香港的古玩市場屬於遠東地區最大的市場，多年的運作形成了一個不成文的規矩，即商店老闆把東西給第一個客人看過以後，如果對方明確表示不要，才可以給第二個客人看。第二個人表示不要，再給第三人看，以此類推，絕不能同時給幾個人看。張光裕在電話中對馬承源說，據這家古玩鋪一位店員透露，此前臺北故宮博物院有人來看過這批東西，日本人也來看過，但都無法確定是真是假，不敢買，尤其是鐘上的文字更讓他們覺得可疑。按照一般規律，凡是公開展覽和公布過的西周青銅器銘文，都是和器物本身一起鑄造出來的，而非器物造好後再在上面鑿字。而這套編鐘300多個字明顯是後來用銳器刻鑿而成，因而讓臺北故宮博物院與日本方面的收購人員產生疑寶，最終放棄收購。

馬承源看了從香港傳來的照片和銘文拓片，憑藉著幾十年文物工作經驗，感覺到這批編鐘非同小可，有可能是貨真價實的國寶級文物。為慎重起見，詳細地觀察研究文字結構、布局、筆體等方面，發現上面的文字的確是後來刻鑿上去的，只是他認為後來鑴刻的文字，不足以證明器物與銘文是贗品。上海博物館是中國數一數二的大館，內藏豐富，館內藏有一件外人不知的西周青銅器盨，上面的銘文就是刻劃而成，且刻劃的痕跡與鑄造的痕跡完全是不同的兩種風格。除了這件青銅盨，館內還藏有一件秦孝公時代的商鞅方升，俗稱商鞅量。著名的秦國「商鞅變法」統一量制時，商鞅發布的一篇命令就刻鑿在量器上。這些刻鑿的文字有一個難以察覺的祕密，筆畫拐彎的地方，由若干直刻連成，而不是一刀刻到底，顯得有些笨拙，這是一種古老、獨特的刻法。這種刻法自漢代以後就消失了，原因是工匠使用的工具更加鋒利，一個筆畫可以從頭到尾一筆刻出。馬承源認為，香港這套編鐘的文字刻鑿風格與上述兩件器物相同，是一道一道、斷斷續續地刻鑿而成，若不熟悉這種古老刻

■ 第三章　解密夏商周：追尋歷史年代之謎

法的人，就會以為器物與文字是後人假造的。

有了這樣的初步推斷，馬承源又將編鐘的照片和銘文拓片拿給上海文物部門的幾位鑑定專家，反覆檢視比較，大家認為這套器物屬於真品的可能性極大。其理由是，除了文字的刻鑿風格，還有一個現實常識考量，造假者是以追求金錢利益為目的，很難有如此大的膽量，完全違反以前西周青銅器的鑄造習慣，偽造一篇幾百字的銘文用刀刻鑿上去。於是，幾名鑑定專家認為這套編鐘應當是真品無疑，且是中國青銅器史上罕見的重要寶物。馬承源決定立即請示上海市政府，以上海博物館的名義出資，迅速購回編鐘。這一項請求很快得到批准。因 1993 年的香港仍為英國屬地，辦理去香港的簽證需要幾個月、甚至更長的時間，為了避免節外生枝，馬承源致電張光裕教授，請他代表上海博物館和賣方談判價格。

由於香港古董商被臺灣、日本等地的客人相繼冷落，對這套編鐘的真實身分起了疑心，急於出手，雙方談判因此較為順利，最後以 100 萬元港幣成交。根據行家推測，如果賣方當時釐清了銘文的內容和編鐘的真實身分，這個價格只能購買到其中最小的一件，甚至連一件也買不到。由此可見馬承源的眼光和處理此事中的精明果斷。

編鐘到手後，張光裕教授將其一件件包裹好，搭乘飛機直接送到上海博物館，流失的國寶終於回歸。

圖 3-5 從香港購回的 14 件晉侯穌鐘

14件編鐘在上海博物館密室被開啟時，仍保持著出土時的原貌，銘文絕大部分掩蓋著厚厚的土鏽。經過上海博物館文物保護和科學考古實驗室清理剔除，銘文全部顯露。這14件編鐘明顯分成兩種類型，第一類為大鐘，第二類為中小型鐘，兩類鐘的紋飾和特有的旋、幹等皆不相同。由於有以上的差別，而且不了解原有的排列順序，因而馬承源等研究者對銘文產生了種種推測，或以為銘文不全，所缺尚多；或以為銘文並不按鐘的大小次序鐫刻；也有的認為全銘為一篇銘辭等。馬承源等研究人員反覆研究、釋讀各編鐘文字後，按照文辭先後，排出編鐘序列，而後檢驗各鐘的音階是否和諧。檢驗結果發現，第一組8件鐘，大小成編，五聲音階，具有兩列八度音。第二組6件鐘，也大小成編，五聲音階，只是最後缺少相協的尾音。顯然，與第一組相比，第二組缺少最後2件編鐘。兩組編鐘何時何地出土？最後2件編鐘藏匿何處？成為令人思索而不解之謎。

正當馬承源等人困惑之時，一個新的巧合出現了。北大考古系教授鄒衡至上海開會，並應邀到上海博物館參觀從香港購回的編鐘。鄒衡一見，即被眼前的編鐘震懾住了，這與晉侯墓中發掘出土的2件編鐘何其相似，難道二者有內在的關聯？經過觀察並與馬承源等人討論，鄒衡認為天馬——曲村M8號大墓中所殘存的2件編鐘，與眼前這套編鐘很可能是一個整體。這個意外插曲，令在場的專家學者興奮不已。鑒於此情，馬承源迅速聯繫北京大學考古系和山西省考古研究所，很快地得到了相關發掘資料和照片，從中可以看出，2件小編鐘的銘文也是刻鑿而成，由此可證與上海博物館所購編鐘為同一個系列，且編鐘的大小、銘文，完全可以排列連綴起來。若將晉侯墓出土的2件編鐘與購回的第二組編鐘連在一起，正好也是8件一組。上海博物館請音樂專家對2件小鐘進行測音試驗，其音階與同組的另6件鐘相協，更加證明兩組16件編

第三章 解密夏商周：追尋歷史年代之謎

鐘共同出自天馬——曲村遺址 M8 號大墓。按鄭玄注《周禮·春官·小胥》載：「半為堵，全為肆。」一肆為兩列八度音，是基本單位，二肆 16 件為一虡，這是西周晚期的禮儀用器制度，可見天馬——曲村遺址 M8 號大墓出土的編鐘為一虡之數。

由於馬承源、張光裕等人的共同努力，使這批極其珍貴的文物不致失散和流入境外，且兩組編鐘終成完璧。編鐘的回歸，創造了文物收藏史上的一個奇蹟，也為後來夏商周斷代工程在西周王年的研究中提供重要依據。

根據天馬——曲村遺址 M8 號大墓出土的材料推斷，這座墓的墓主是晉侯穌，而此墓所出編鐘的銘文中也有「晉侯穌」的記載，但《史記》所載晉國歷代王侯中，沒有一位叫「穌」的人。《世本》及三國時代的歷史學家譙周皆稱晉獻侯籍為「穌」。據李學勤、李伯謙等專家考證，「籍」和「穌」相通，因而司馬遷所載的晉獻侯籍就是編鐘銘文中的晉獻侯穌，編鐘也被學術界稱為晉侯穌鐘。

兩組 16 件編鐘共刻銘文 355 字，而銘文中所記的 7 個曆日和 5 個紀時詞語，在已著錄的西周青銅器銘文中前所未見，更彰顯了器物的價值。14 件編鐘材料和馬承源的釋讀甫一公布，立即引起轟動，學術界爭論日久的西周月相和西周王年的研究隨之有了突破性進展。

穌鐘揭開厲王祕辛

晉侯穌編鐘銘文中有「唯王卅又三年」字樣，這個「王」指的是西周晚期的周天子，晉侯穌就生活在這一時期。根據司馬遷《史記·晉世家》記載：

靖侯十七年，周厲王迷惑暴虐，國人作亂，厲王出奔於彘，大臣行政，故曰「共和」。

十八年，靖侯卒，子釐侯司徒立。釐侯十四年，周宣王初立。

十八年，釐侯卒，子獻侯籍立。獻侯十一年卒，子穆侯費王立。穆侯四年，取齊女姜氏為夫人。七年，伐條。生太子仇……

通觀整個西周晚期在位超過33年的「天子」，只有周厲王和周宣王，而當周宣王十六年的時候，晉獻侯穌已死亡，由此可見編鐘銘文所說33年，絕不在周宣王時代，只可能在周厲王時代。按照李學勤、李伯謙等專家的推斷，銘文中的晉侯穌是厲王即位後追稱，編鐘的一部分原是他隨厲王出征作戰的戰利品，後來將之配成了全套，作為紀念。因俘獲的編鐘不會有事先鑄好的文字，於是後來加以鐫刻，稱號也依刻字時的身分而改變了，這就是編鐘銘文為什麼不是與鐘體一次性鑄成，而是後來刻鑿的原因。晉侯穌鐘的「卅又三年」，應為周厲王時期的年數。為了檢驗這個推定的正確性，測年專家對天馬——曲村遺址 M8 墓中出土木炭樣品進行常規法 ^{14}C 年代測定，為西元前 816 年至西元前 800 年。《史記·晉世家》所載晉侯籍（穌）卒於周宣王十六年（西元前 812 年），其年代與測年結果吻合，因而可以推斷晉侯穌鐘的「卅又三年」應屬於周厲王時期。

既然編鐘銘文「卅又三年」已定為厲王時期，根據《史記》記載，由於周厲王「迷惑暴虐，國人作亂，厲王出奔於彘，大臣行政，故曰『共和』」。文獻記載中明確的歷史紀年始自共和元年，即西元前 841 年。那麼厲王在位之年又是多少呢？

據《史記·周本紀》的說法，周厲王在位共 37 年，而今本《竹書紀年》又說厲王在位不足 30 年。文獻的抵觸與矛盾，令後來的研究者無所適從，但依晉侯穌鐘銘文加以校正，可知厲王在位應超過 33 年，從而否定了今本《竹書紀年》厲王在位不足 30 年的說法。根據史書記載共和當年稱元之說，周厲王三十七年應為西元前 841 年，三十三年為西元前

第三章 解密夏商周：追尋歷史年代之謎

845 年。結合晉侯穌鍾「二月甲戌朔，既望辛卯十八日」等銘文日曆和紀時語，進一步佐證晉侯穌鍾「卅又三年」，就是西元前 845 年。

由於周厲王三十七年（西元前 841 年）奔彘，至此，可定厲王元年為西元前 877 年。

這是晉侯穌鍾為中國年代學所做出的又一重大貢獻，也是天馬——曲村遺址與晉侯墓地發現、發掘的一項具有重大意義的科學研究成果。這項成果的產生，為整個夏商周斷代工程三代年表的最終建立，做出了獨特的貢獻。

由於厲王的出逃，使得周人無君，天下無主，在諸侯的推舉下，由召公、周公二相共同代行王的職權，歷史上稱這個時期為共和政治，而召、周二公行政的始年稱為「共和元年」。也就是從這一年起，中國的歷史有了確切紀年。若以西元紀年計算，這一年為西元前 841 年。

厲王死後，太子靜繼位，是為宣王。

宣王自小就歷經艱苦磨難，即位之後，認真聽取召穆公虎和眾公卿的意見，努力治理政事，一時頗有中興氣象。遺憾的是，當周王朝的歷史到宣王一代，外患嚴重，西北有強勁的戎部族侵擾，東南有夷族劫掠，南面有楚部落的進逼，雖然在召公和宣王共同努力下，最終一一平定，但周王朝的國力也大大地衰弱了。

宣王之後，繼位的是臭名昭彰的幽王，民間久傳不衰的「烽火戲諸侯」故事，便是他的「傑作」。

幽王即位之時，周王室已是危機四伏，內憂外患、天災人禍不斷襲來，周王室即將傾塌。然而幽王似乎並不把凶兆險境放在心上，專門從事尋歡作樂，尤其他得到了一名叫褒姒的女人，此後更是驕淫無恥、荒誕暴戾。他一意孤行地廢去申后和太子宜臼，另立褒姒的兒子伯服為太

子，激怒了申后的父親申侯，申侯一氣之下約集曾國和犬戎，聯合發兵攻周。氣數已盡的周王室力不能敵，鎬京被破，幽王在敗逃中被殺死，西周王朝宣告滅亡。

幽王死後，鑒於鎬京在戰火中化為瓦礫灰燼，無法再作為都城，申侯便在自己的國土上立太子宜臼為王，是為周平王。

21年後，周平王在晉文侯幫助下取得了天下共主的地位，並以周公早年所建的東都雒邑為京畿之地，號令天下，後人始稱東周。平王四十九年（西元前722年），是魯隱公元年，相傳這一年孔子始作魯國史《春秋》。周平王元年，歷史進入了春秋時代。

在這個時代中，周王室雖然還有天下共主的名分，但政治重心漸漸轉移到列國霸主的身上。中國歷史進入了一個急遽動盪、頻繁變革的新時代。

周朝歷代君王表

諡名	姓號	在位時間
周武王	姬發	西元前1046年至前1043年
周成王	姬誦	西元前1042年至前1021年
周康王	姬釗	西元前1020年至前996年
周昭王	姬瑕	西元前995年至前977年
周穆王	姬滿	西元前976年至前922年

第三章　解密夏商周：追尋歷史年代之謎

諡名	姓號	在位時間
周共王	姬繄扈	西元前 922 年至前 900 年
周懿王	姬囏	西元前 899 年至前 892 年
周孝王	姬辟方	西元前 891 年至前 886 年
周夷王	姬燮	西元前 885 年至前 878 年
周厲王	姬胡	西元前 877 年至前 841 年
共和		西元前 841 年至前 828 年
周宣王	姬靜	西元前 827 年至前 782 年
周幽王	姬宮湦	西元前 781 年至前 771 年

第四章
三星堆：失落文明的傳奇

▌「龍窩」發現寶器

　　民國十八年（1929年）農曆二月，位於四川腹地的川西壩子迎來了明媚的春天。平日靠天吃飯，從土裡取得糧食的農民們，抓住這大好時機，開始積極地修築田埂、挖渠引水，準備春耕春播、插秧栽苗。成都市以北90里的廣漢縣太平場（後改為中興鄉）真武村的燕道誠一家人，與鄰居們一樣，開始投身於繁忙的春季農事之中。

　　農曆二月初八，燕道誠老先生一大早起床，盥洗完畢，將身上的長衫和頭上的禮帽對著鏡子整理一下，拿起早已備好的禮物，走出房門。當他來到兒子燕青保房前時，大聲往屋內喊了句：「青保，起床了沒？今天別忘了去田裡灌溉啊！」今天，燕道誠一大早起床，是一位老朋友的小兒子要舉行婚禮，特地邀請他出席婚宴。燕道誠二話不說，準備了禮物前去賀喜。燕道誠坐著公車，精神抖擻地向縣城奔去。已屆40歲的燕青保吃過早餐，叫來14歲的兒子，牽著牛，扛著鋤頭，向牆外十幾公尺的一條堰溝走去，準備灌溉。

　　自從燕家搬到這塊美麗富饒的臺地上定居，為了灌溉方便，就在水溝旁安裝了一部龍骨水車，車與溝之間有一條大約兩公尺長的小水渠相連，車下是一個被當地百姓稱作「龍窩」的水坑。此坑每到冬天閒置時便遭淤泥堵塞，待春天灌溉時必先予以清除，龍骨水車才能正常運轉，讓

第四章　三星堆：失落文明的傳奇

水「嘩嘩啦啦」地流向田地。

這一天，燕青保與他的小兒子來到水渠邊，花了半個時辰多一點的時間，就將「龍窩」清理完畢。龍骨水車在人力踩踏下慢慢地運轉起來，水流順著鋪好的管道「嘩嘩」地流向了肥沃的稻田。

日頭偏西的時候，老秀才燕道誠從城裡回來了，看到水渠流淌的水有些混濁，又低頭看了看「龍窩」，便對孫子道：「這『龍窩』太淺，水出不來嘛！都刮到泥底了，怎麼搞的，快去叫你爸把這個窩再往下挖一挖。」說著從口袋裡掏出幾塊婚禮上的喜糖給了孫子。孫子興沖沖地向家中跑去。不久，燕青保扛著鋤頭來到了「龍窩」前重新操作起來。

老秀才燕道誠站在溝邊一棵歪脖子柳樹下，慢悠悠地抽著菸捲觀望。只見燕青保彎腰弓背，揮動鋤頭，連續挖出了十幾個畚箕的爛泥，「龍窩」明顯加深加大。待他舉起鋤頭，想加把勁、再挖深時，鋤頭剛一落地，就傳出「砰」的一聲悶響，兩手虎口被震得發麻。青保心想，是不是遇到了一塊頑石，便換了個角度，再次揚起鋤頭，劈了下去，而這次又是「砰」的一聲響，兩手再度被震得發麻之外，翻起的汙泥還濺了自己一身。將鋤頭抬起來檢視，只見刃鋒掉了一塊。

「這是怎麼回事，難道是遇到地鬼了？」青保有點惱怒地小聲罵著，不再用力刨掘，而是變換戰術，在周邊慢慢清理起來。大約過了半個時辰，一塊長約5尺、寬3尺，比普通桌子面積大得多的石板顯露了出來。

燕青保望著巨石，轉身對樹下的兒子說道：「小子，這裡有塊光滑石板，可以拿回家用，趕緊過來幫我撬。」

兒子連忙跑過去，按住鋤柄，青保雙手握住大石板的邊緣，嘴裡喊聲「給我起來吧」，兩臂一用力，大石板帶著泥水「譁」地一下被掀起，直愣愣地豎立在「龍窩」邊。

「龍窩」發現寶器

燕氏老少三代目光移到石板下方時，不禁大驚失色，瞪大了眼睛、張著嘴，半天無法回過神來。只見石板之下，是一個長方形的深坑，坑中堆滿了一件件大小不一、形態各異、色彩斑斕的玉石寶器。

圖 4-1 燕家挖出的玉瑗

「寶……下面是寶貝啊！」燕道誠過了半天才於驚愕之中喊了一聲，隨後情不自禁地彎下腰去，伸手抓起了一件玉瑗和一件玉琮。兩件器物在夕陽餘暉照耀下，放射出青幽幽的光，讓人覺得眼前異彩紛呈，霧氣迷濛又暈眩撩亂。

燕道誠手持寶器，警覺地向四周瞥了一眼，只見不遠處有幾個農民正扛著工具走了過來。為了以防暴露祕密，他將手中的兩件玉器重新扔入坑中，急忙壓低了聲音說道：「快，快，趕快蓋上。」

燕青保與兒子頓時心領神會，鬆開扶著石板的手，同時輕輕地向身前用力，碩大的石板又「撲通」一聲回歸原位。隨著一片泥漿「譁」地濺出，滿藏奇珍異寶的神祕土坑被重新遮蓋了起來。土坑剛被蓋上，遠處的幾個村民就走到了近前。

燕氏三代心中緊張，卻故意低頭裝作忙著什麼，想以此避開可能遭遇的糾纏。對方個個含著長長的菸袋，順著田埂慢慢地走過來，一邊和燕道誠打招呼，一邊問道：「水怎麼停了，是龍骨車壞掉了？」

燕道誠表面上裝出幾分熱情地應道：「呵，呵，是有點小毛病，有點小毛病……」

153

第四章　三星堆：失落文明的傳奇

　　說著，又低頭摸起鋤頭，做出一副忙碌的樣子，挖起溝槽來。這時有一人突然看到「龍窩」裡那塊裸露著一半的石板，略作吃驚地說道：「怎麼有這麼大的石板，埋在地裡多可惜啊，撬出來帶回家磨刀用，趁大家都在，我們幾個幫忙把它弄出來好了。」說完，摩拳擦掌地就要動手。

▎深夜挖寶

　　眼看對方拉開架勢，燕道誠的頭「嗡」的一聲，心臟簡直要跳出來，脈管的血液在呼呼地流竄奔騰。他結結巴巴地應對道：「呵，呵，放在這裡有用，現在不拿，灌完田再說，灌完田再說……青保啊，快收拾一下，收工回家了。」他邊說邊做出一番不耐煩和準備收工的樣子。

　　旁邊的幾人見燕氏三代不再和自己搭腔，頓覺無趣，無精打采地離去了。眼看幾個人漸漸遠去，燕道誠才長長噓了一口氣。他脫掉禮帽，用手理了理稀疏的頭髮，發現額頭已沁出了溼漉漉的汗水。「好險哪，差點被他們看破了機關。」

　　燕道誠小聲說著，從長衫的口袋裡摸索出一支香菸，點起火吸起來，由於剛才的緊張和驚慌，夾菸的手指不停地顫抖。此時他沒有想到，一扇封閉了三千多年的古蜀王國的大門，向這個世界悄然洞開了。

　　過了一段時間，燕道誠怦怦亂跳的心逐漸平靜下來。他伸手撫摸著孫子的頭，壓低聲音神祕地說道：「爺爺告訴你，下面坑裡埋的是玉器，這些東西肯定是稀有的古物，很貴重，說不定地下是一處古墓，坑中的東西就是為這墳墓陪葬的。我猜在這堆玉器下面還會有更貴重的金銀財寶……」接著他又對燕青保吩咐道：「把石板埋好，收拾東西趕緊回家，免得在這裡招人耳目，待天黑之後再來挖掘。」說完，他收起幾件工具，與孫子先行回到家中。

深夜挖寶

夜裡，燕氏一家在一炷燃起的香火前，激動興奮地一邊對這坑神祕的珍寶做著種種猜測，一邊壓低了聲音，焦躁不安地商討著，在什麼時間行動和如何行動。待全家人大眼瞪小眼地總算熬到了二更時分。只見窗外北風颼颼，天空陰雲密布，看似要下雨的徵兆。昏暗的燈光下，燕道誠將含在嘴裡的菸頭用兩根蠟黃色手指捏下來，輕輕放在腳下踩滅，小聲地說了句：「時候不早了，青保，再去探探動靜。」

青保一聲不吭地站起身向外走去。沒多久，便又回到了家裡，壓低聲音說：「外頭很安靜，沒有人走動，動手吧。」

燕道誠轉頭望了望窗外，略作沉思，終於下定了決心。香火繚繞、燈光搖曳中，只見他兩眼噴著欲望之火，手臂往空中用力一揮，聲音低沉略帶沙啞地說了個重重的「走」字。屋內早已整裝待發的男女老少如同聽到了出征的號令，一個個神色莊嚴，面目凝重地「唰唰」站起，各自抓了工具向外走去。

夜色籠罩下的月亮灣田野，四周分外空曠寂靜，一盞馬燈如同跳躍的鬼火，忽明忽暗地照著那塊已重新裸露在外的大石板。很快地，大石板被青保父子合力掀開，移到了一旁，土坑和坑中的珍寶顯露出來。燕道誠提著馬燈，負責照明和指揮，青保父子蹲在坑邊，將掏出的玉石器一件件小心謹慎地放於籮筐中。面對燕氏祖孫三代暗夜中這番行動，兩位把風的女將按捺不住心中好奇，不再顧及自己的職責，悄悄地湊上前來，瞪大了眼睛看個清楚。慘淡的燈光下，整整一坑形態各異、並散發著幽暗光澤的器物，燕道誠的妻子禁不住失聲叫道：「哎呀我的老天，真的有這麼多寶貝哎！」燕道誠低聲喝斥了幾句，老太太自知失言，趕緊溜到一邊，不再吭聲，盡職盡責地看守著。

大約到了三更時分，坑裡的器物已全部拿光了。儘管燈光黯淡，看不太清楚，但大致可以看出幾乎全部為玉石器，燕道誠所期望的金銀器

第四章　三星堆：失落文明的傳奇

始終沒有露面。心有不甘的他，叫青保拿了鋤頭，將坑中邊邊角角又仔細搜尋了一遍，仍未發現更加貴重的金銀寶物。對於這個結局，燕道誠多少有些遺憾，但事已至此，不便繼續耽誤時間，便和家人匆匆忙忙地將挖出的器物陸續扛回家中。

關上沉重的家中大門，一家人顧不上飢寒交迫與身心疲憊，於驚喜中聚在燈下檢視剛才的收穫，計有璧、璋、圭、圈、釧、珠、斧、刀及玉石器半成品共400餘件，擺放在一起差不多占了半個房間。出土器物中最小的只有指頭一般細，最大的一副石璧直徑將近80公分。擦掉上面附著的泥土後，各種器物鮮亮如新，光彩奪目，精美誘人。

為了預防不測，避免事情洩漏而引起政府、村民以及土匪強盜的窺視，從而惹來殺身之禍，精明的燕道誠當即決定，將這批器物在家中院內四個地點和豬圈內分別挖坑埋藏。於是，燕氏祖孫於家中幾個角落悄然行動起來。一口氣挖好幾個深坑、並把所有的器物掩埋妥當之後，家中的公雞已叫了三遍，東方已翻出魚肚白，天就要大亮了。

燕道誠滿臉嚴肅和神祕地向全家人宣告：從今以後，無論遇到什麼人、什麼事，都不准將燕家挖寶、藏寶的祕密洩露出去，平時一定要小心防範，千萬不可麻痺大意，否則家法伺候。鑒於「隔牆有耳」的古訓，即使是家人在一起也不要輕易談及此事，最好是當作什麼事也不曾發生，從心中忘掉它，從腦袋裡洗掉它，從意識裡剷除它。至於這批器物要在燕家院子埋藏多久，最終如何處理，其他人閒事少管，休得過問，待自己考慮成熟後再作打算。這個鐵定的旨意下達後，整個燕家老老少少都閉上了嘴巴，一如既往地工作和生活，不但對外守口如瓶，即使家人在一起閒談也沒有人主動觸及這個敏感話題，此事似乎真的從燕氏家族的記憶中抹去了。

大半年時光過去了，經過仔細觀察，燕道誠發現周圍的鄉民依舊像

平時一樣安詳平靜，與自己或整個燕家交往中，也依然保持著舊有的腔調和習慣，毫無異常的表現。在確信沒有引起外人注意和警覺的情況下，他便放下心來，開始著手第二步行動。

按照燕道誠對家鄉這塊土地的了解，此地挖出藏寶坑絕非偶然。早在清代的時候，這一帶就不斷有古物出現，出土的器物以玉石器居多，但偶爾也有小件的青銅器出土，只是沒有引起外界廣泛的注意。據老人們代代流傳的說法，此處在遙遠的古代，是蜀國國王鱉靈的都城，後來一場嚴重的洪水災害將都城沖毀掩埋，從此這裡變成了廢墟。再之後成為人們耕種的土地，並一直延續至今。

不管這個傳說是真是假，燕道誠有一種預感，他於「龍窩」發現的這個器物坑既不是孤立的，也不是偶然的，一定還有其他的器物坑祕藏於這塊土地的某個角落，並且一定埋藏著令世人為之怦然心動、夢寐以求、價值連城的金銀翡翠，或更神祕、更值錢的奇珍異寶。在這個念頭的驅使下，他決定將「龍窩」中發現的那個坑再好好地翻一遍，看看到底有沒有金子、銀子暗藏在其中。於是，在一個夜深人靜的時刻，於燕道誠的指揮下，兒子燕青保再次來到院外，繼續掏挖「龍窩」中的那個土坑。

一個夜晚下來，「龍窩」土坑被掘開之後，他又向四周挖了幾個大窟窿，依然沒有找到心中渴望的寶物。

面對這樣的結果，燕道誠並未灰心，根據自己的設想和推理，又在院外的稻田選擇了幾個地點，像在賭桌上押寶似地，指揮自己的兒子暗中挖掘。為了做到神不知、鬼不覺，燕青保白天躲在家中蒙頭大睡，每到夜晚二更時分，便悄悄帶著工具溜出家門。但幾個月下來，仍是一場空。

此一番折騰，令燕道誠心灰意冷、信心頓消，燕青保為此還得了一場大病，全家驚恐不已。於是，他便斷了繼續尋珍挖寶的念頭，轉而開

第四章 三星堆：失落文明的傳奇

始思索將家中埋藏的玉器儘快脫手。

一個月之後，燕道誠獨自走出家門，來到成都少城路古董市場（今人民公園一帶）悄悄潛伏起來，暗中觀察，探聽各路古董的行情。

此時的少城路古董市場，乃西南部最大的舊貨集散地，除了四川本省外，相鄰的雲南、貴州、西藏、青海、陝西甚至甘肅等地的古董商，都攜帶大批在當地收購的真古董與假冒偽劣產品來此交易，各種瓷器、木器、玉石器、銅器、金銀器等琳瑯滿目，應有盡有。燕道誠來回走逛了幾次，漸漸看出了些端倪，認為時機已經成熟，便藉著夜幕回到月亮灣，掘開家中埋藏的土坑，選了幾件上等玉器，神不知鬼不覺地來到成都少城路兜售。

古董商碰了釘子

儘管燕道誠是讀書人出身，且當過師爺和未上任的縣知事，見多識廣，但畢竟隔行如隔山，不了解古董市場以及商人們之間的爾虞我詐，難免上當。

當他拿出手上的幾件玉器，眼前那個信口開河古董商當即兩眼放光，激動起來。當他發現燕道誠並非商場行家，一邊不失時機地攀關係，一邊拚命壓低價格。燕道誠經不住對方的花言巧語，迷迷糊糊地將所帶玉器以極其低廉的價格拋售。

古董商得到這批玉器，迅速地以天價轉賣，眾多的業內行家突然看到這批玉器，驚嘆不已，連呼稀世之寶，紛紛追索探尋它的來源。當最後得知這批寶物來自四川廣漢縣時，唯利是圖的古董商懷著一夜暴富的妄念，蜂擁而至，四處打聽玉器的擁有者和知情人士。

燕道誠以讀書人特有的狡黠，在古董市場上只透露了廣漢縣地名，

未進一步說出中興場或更具體的月亮灣，更遑論自己的家庭住址與姓名。這一手讓古董商們在廣漢縣城和四周費盡心機、吃盡苦頭，卻得不到確切情報。在屢次探索無果的情形下，古董商施展邪招歪術，開始大規模製作贗品，號稱廣漢最新出土的玉器，投入市場，魚目混珠以矇騙錢財。一時之間，廣漢玉器在古董商和古玩家之間被炒得沸沸揚揚，無論真假，都成為市場內外關注的焦點、追逐的目標和獵獲的對象。在這股真假難辨的強勁旋風中，不知有多少人為此一夜暴富，又不知有多少人受騙上當、錢財頓空。

在鉅額利潤誘惑下，古董商們並未放棄對真正貨主的搜索追尋，隨著不斷打探各種管道和消息，終於有人打聽到燕道誠一家挖寶、藏寶的祕密，並親自登門收購。燕氏一家一開始尚能守口如瓶，故作糊塗，推託躲避，最後經不住利益的誘惑，終於吐出實情，將上百件精美玉器從家中豬圈裡挖出，以低價大肆拋售。

一時之間，來燕家收購玉器者絡繹不絕。儘管當時買賣雙方都是在暗夜裡祕密交易，但這批價值連城的寶物還是很快流散出去，或落入古董商之手；或經古董商轉賣外國人；或被騙子騙走流散於社會而下落不明。

聰明狡猾的燕道誠，面對古董商如餓狗撲食似地狂奔而來，突然有些不安和警覺。他深知這批東西的來路不是光明正大，擔心樹大招風、引來災禍，便不敢再明目張膽地向外拋售。每當有古董商登門，他便矢口不承認自己賣過玉器，在擺脫不掉對方糾纏的情況下，便謊稱自家的確有過幾件與眾不同的石頭，但那是自己的爺爺早年到外地謀生，於岷山附近的峽谷中，一場大水過後，偶爾揀了幾件特殊、好看一點的帶回家中。多年來，這幾件石頭一直扔在家中，並沒有引起重視，直到前些日子有一位古董商收購古物，偶爾發現了此石，以微薄的價錢買走了，自此之後燕家再也沒有半塊玉石之器了……

第四章　三星堆：失落文明的傳奇

被迫獻寶

　　天下沒有不透風的牆，駐紮在廣漢縣文昌宮的川軍第二混成旅旅長陶凱得知了燕家的祕密。陶旅長親自帶領一隊官兵，以檢查防區軍務為名，順道來到了中興場月亮灣燕家。燕道誠一看廣漢地盤上的活閻王、威名顯赫的陶旅長突然大駕光臨，儘管彼此相識，但心中還是情不自禁地抖了一下。

　　燕老先生不愧是在官場上混跡多年的老手，表面上鎮靜自若，不露一絲破綻。待寒暄過後，略作交談，果然不出所料，陶旅長直言不諱地提到了玉器，並要「借」幾件把玩一番，以過好古之癮。同時還真誠地表示要找專家看看成色，如果真的是上等玉器，自己願意出高價買下；若是贗品，就如數歸還。

　　燕道誠聞聽陶旅長的一番話，心想，你這位混帳旅長也太會算計了，如果我給你真的，你非要說是假的，用調包計還給我一堆贗品，我豈不是啞巴吃黃連──有苦難言。

　　想到此處，燕道誠勉強打起精神，大著膽子想與打發古董商一樣，以老策略搪塞過去。想不到陶旅長是有備而來，看到燕道誠支支吾吾、東一句西一句，臉色立即大變，壓低了聲音，將脖子伸長了，頭輕輕湊上前來，柔中帶剛地說道：「燕師爺，你也算是在官場混過多年的老前輩了，按官場規矩，什麼時候、在什麼人面前裝傻，都是有個界限的。常言道，有來無往非禮也，今天我陶某撇開繁忙的公務專程登門拜訪，總不能讓我兩手空空地打道回營吧。」

　　陶旅長說著目露凶光，語氣咬鋼嚼鐵般生硬。燕道誠一看這陣勢，心中驀地打了個冷戰，知道躲不了，這位活閻王既然來了，就不會輕易放過小鬼，還是識時務者為俊傑，索性賣個人情吧。想到此處，他一咬

牙，強作笑顏道：「不瞞您說，孝敬您的部分，我都替您留著呢。剛才人多嘴雜，我不敢說出實情，您先喝口茶、潤潤嗓子，我這就去拿來。」說完轉身進了內室。

不久，燕道誠兩手捧著一個紅色的布包，滿臉堆笑地走了出來，他來到廳堂，將布包放到一張紅木茶桌上，故作慌張地用眼的餘光向四周望了望。陶旅長心領神會，令左右護衛人員避開，逕自慢慢打開布包，原本有些灰暗的屋子立即華光四射，通透明亮起來。陶旅長「啊」了一聲，情不自禁地起身，伸長了脖子、瞪大了雙眼。只見他面前擺放著玉璋、玉琮、玉刀等5件器物，件件玲瓏剔透，精美異常。

「不成敬意，請長官笑納，哈哈哈！」燕道誠一改剛才擔心受怕、沮喪晦氣的神情，穿著長衫的手臂向空中一揮，劃了個優美的弧線，頗具瀟灑意味地說著。

陶旅長故作驚訝狀，打著圓場道：「哎呀，您看燕知事，這說哪兒去了，都是一家人嘛！禮重了，禮重了，哈哈哈！」

陶旅長打著哈哈，將器物重新包好、放入腰間，遂立即告辭。待一行人走出燕家大院，賓主就要分手時，陶凱又突然想起了什麼，轉身拉著燕道誠的手，半低著頭，兩道透著寒氣的目光逼視著對方的臉，壓低了聲音說道：「燕知事，我們都是官道上的人，明人不做暗事，你實話對我說，這些東西到底是從哪裡弄出來的？」

燕道誠聽了，頓感愕然，嘴裡哼哼哈哈地說著「這個……這個嘛……」很快又將心一橫，牙一咬，鐵青著臉冷冷地說：「陶旅長，看來您真是一個不到黃河心不死，不見棺材不落淚的人啊！明人不做暗事，事到如今，對您我也就不隱瞞了，就在那塊稻田的下面，家人種地時挖出來的。」說著，抬起下巴，朝遠處輕輕點了一下。

第四章　三星堆：失落文明的傳奇

「呵，呵。」陶凱聽了，點了點頭，表示心領神會，隨後提高了聲音道，「不要勞煩燕知事再送了，請回府，請回府吧……」說話間，轉身躍上副官早已備好的高頭大馬，抖動韁繩，率領手下官兵，趾高氣揚地沿江岸絕塵而去。

經由華西協和大學美籍教授、地質學家戴謙和（D.S. Dye）鑑定，陶凱得到的是古蜀遺物，具體年代應在三、四千年前的商、周之間。陶旅長一聽，這幾件器物竟是三、四千年前的老傢伙，大喜過望，和手下商議，要打著剿匪的名號，繼續挖寶。陶旅長先後派出一個工兵營和一個加強連隊，共約450人的隊伍進駐月亮灣，對外宣稱要在雁江一帶圍堵悍匪朱小豬等作惡分子，為民除害。在加強連隊架起的機槍與刺刀包圍圈中，工兵營官兵以燕家大院為中心，在方圓幾公里的範圍內，老鼠打洞似地偷偷挖掘起來。

陶凱沒想到的是，部隊進入月亮灣的第三天，就有消息傳到了廣漢與成都，稱陶旅長在月亮灣與雁江兩岸掘了蜀王鱉靈的墳，得了兩口袋金珠玉貝，還有十幾棵搖錢樹，等等。廣漢駐軍第二混成旅刨墳掘墓、劫財盜寶之事，很快成為社會各界議論的焦點。這個頗具刺激性的盜寶話題，在大街小巷流動了一陣子之後，很快傳入了陶凱的上司、川軍第二十八軍軍長鄧錫侯，又稱鄧湯元，外號「水晶猴子」的耳中。

這位「猴子」剛剛聽到風聲，就立即叫師長陳離招來陶凱詢問實情，準備教訓一番，以殺其威。陶凱一看上司的表情，知道事已洩漏，本想硬撐抵賴，死不承認，又深知這位「水晶猴子」的聰明與厲害，便支支吾吾，不知如何是好。鄧錫侯板著臉，將這位畢恭畢敬的下屬臭罵一頓，令其立即撤兵，做好善後事宜，同時要盡可能地消除不良影響。陶凱當然答應照辦。返回廣漢駐地後，迅速下令月亮灣的部隊，將所挖洞穴全部原樣回填，人員立即撤回駐地，草草了結挖寶事件。

當陶旅長率部於月亮灣挖寶的傳言，在廣漢、成都鬧得沸沸揚揚之時，戴謙和也得到了消息。這位外國教授聽了極為震驚，心想埋藏重要文物的地方，理當採取科學方法進行發掘，怎能任憑一幫軍閥胡鬧？為了釐清真偽，他決定親自到廣漢月亮灣看個究竟。如果事情果如傳言所說，自己將做些勸說工作，或在勸說無效的情況下盡可能地蒐集情報，以便向有關單位反映並予以阻止。

戴謙和等三人在陶旅長及一大批官兵陪同護衛下，或乘車、或騎馬、或步行，浩浩蕩蕩來到了月亮灣。在陶凱安排工兵營翻騰出的土中，撿到了若干頗有研究價值的陶片和零碎的小件玉石器。待檢視完畢並實地拍攝，而後又在陶旅長陪同下訪問燕家。

當燕道誠聽說他此前送給陶旅長的5件玉器，轉送戴謙和教授鑑定是距今3,000多年的商周遺物，而這些遺物對研究古代歷史、地理都極其重要時，燕道誠好像突然找到了失散多年的知己，從家中一個地窖裡，掏出了幾件玉刀、玉璧、石斧、石環等器物，嘴裡說著要請戴謙和鑑定，實則是想在外國人與陶旅長面前炫耀一番。戴謙和接過器物，細心檢視後，認為與前幾件屬於同一文化類型，並進一步推測為商周禮器。也就是說，這幾件東西不是普通人家所用的普通器物，而是古人祭祀天地鬼神時專用的、一種能溝通天地的特別寶器。

戴謙和一番考察之後，將獲得的寶物送到他的好朋友、華大博物館館長、美籍教授葛維漢（D.C. Graham）手中。葛氏是人類文化學教授，早年畢業於哈佛大學人類學系並留校任教多年，研究古物與古人類遺跡是他的本行，且造詣頗深，1920年代末期來華，在川南敘府（今宜賓）一帶傳教，同時做些田野科學考察工作。華西大學成立後，受他的好友、時任華大美方校長約瑟夫·畢啟博士的邀請來到該校任教，後來兼任華大博物館館長，自此更加注重對邊疆地理的考察與古器物收集。因戴、

第四章 三星堆：失落文明的傳奇

葛二人同在華西大學共事，幾次結伴外出到川西田野調查，遂成為要好的朋友。

葛維漢以華大博物館的名義，接收了戴謙和交來的玉石器，對此視若珍寶，愛不釋手，以極大的熱情和精力投入研究之中。在此之前，葛維漢見過並親手撫摸過許多玉石器，但從沒見過如此精美之器物，遂於震驚中產生了現場考古發掘的念頭。

拉開發掘序幕

葛維漢多次向戴謙和請教，以弄清廣漢玉器出土情況，並會同華大博物館副館長林名均詳細研究所拍照片，初步認為「月亮灣一帶很可能是一處重要的古代遺址」。同時他預感到在出土器物坑的附近，必有其他遺物埋於地下。如果找到並挖出，可作為這個器物坑和掩埋器物的旁證，加以考察研究。

為了更詳盡地了解這處遺址與出土器物的內在關聯以及文化性質，葛維漢向華西大學校本部發表〈廣漢遺物之富於考古價值〉報告，要求率領幾名教職員工親赴月亮灣玉器出土地點，做一次實際考察，透過對此地域的考察研究，盡可能地弄清緣由，得出合乎歷史真實的結論。

這個報告很快得到校方批准，葛維漢決定籌集經費，做一次科學的考古發掘，盡快解開埋藏玉器之謎。民國二十三年（1934年）春天，葛維漢終於成功召集人員，開始發掘月亮灣。這一年的農曆三月初四、初五兩日，葛維漢、林名均等華大博物館的四位教授，攜帶測量器、繪圖板、水準器、捲尺、鐵鍬、鏟、鋤、粗製毛刷、竹篾等發掘器物，連同十幾名訓練有素的發掘工人，一起乘車來到了廣漢。

在此之前，燕氏父子對私自挖掘的情形莫衷一是，燕道誠說坑中玉

器的排列方式是「由小到大，分為三道，一列坑左，一列坑右，一列坑面，形如長方坑之裝飾」。而燕青保則說坑中玉器形狀及放置情況是「大小不等，迭置如筍，橫臥泥中」。這個說法顯然與葛維漢聽到的不合，到底孰是孰非，只有再請燕道誠出面回憶並決斷。

一行人來到燕家找到燕道誠，請求其回憶那天晚上挖玉器的具體情形，以及玉器在坑內的布置狀況，燕氏搖了搖頭，晃了晃腦袋，抬起手用袖子擦了擦有些昏花的眼睛說：「當晚由於天黑得伸手不見五指，還颳著寒風，下著小雨，馬燈的光亮既小且暗，加上當時怕被人看見，內心惶惶，只顧把東西向坑外掏出，沒顧得詳細觀察器物之間有什麼關聯。再說它們是否相關，與我們挖寶有什麼關係，我只要把寶掏出來就對了。不過隱隱約約地還是有些印象，這個坑肯定是長方形的，坑中的玉石器整體堆放情況，似是圓形的器物如玉璧、石璧等，都是從大到小重疊在一起的，在坑的周邊環放著一圈石璧，其他器物的堆放情形就模糊不清了。再說這件事都過去幾年了，我的身體也一天不如一天，人老了，頭昏了，也就懶得特別去記了。」

葛維漢等發掘人員聽了這個模稜兩可的描述，頗不甘心，又找來燕青保詢問，對方的回憶跟燕道誠不相上下，同樣地說不清楚。

事實上，由於當時的心境和燕氏父子缺乏考古學方面的訓練，以及從心底滋生了不願意記起那些事的情緒，對於坑中玉石器情形的回憶，只能供考古人員做參考，但不能當作結論。不過，按照燕氏父子的說法，此坑連同大批器物的出現，至少留給研究者三個未解之謎。

一、這個坑是誰挖的，在什麼時間挖的，為何不是其他形狀，而偏偏挖成長方形？

二、坑裡的玉石器為何要重疊堆放，橫臥泥中或環坑一周？

第四章 三星堆：失落文明的傳奇

三、這些大大小小的石璧，到底代表著什麼意思，做何種用途？

為了解開這一連串的謎團，葛維漢、林名均決定先將燕道誠挖出器物又回填的那個坑，重新掘開，看個究竟。

此時坑邊溪水暴漲，林名均只好指揮工人將欲發掘的一段用泥石斷塞，並將坑之兩邊掘開，使溪水改道，經由坑邊流過。再藉助燕氏田溪中所設龍骨車將水排乾，慢慢尋找到當初發現遺物的原址，並開始發掘。

經發掘後，發現其為一長約7英呎、寬3英呎、深1英呎多的土坑，坑中舊藏遺物已全部被燕氏取去。林名均等「僅得玉圭之殘塊兩片及殘缺小石璧數件而已」。因當年器物被取出之後，為尋找金銀珠寶，燕青保又在坑中向四周亂挖，使考古人員再看到這個坑時，就顯得有些雜亂和不倫不類。儘管如此，原坑的輪廓還是能辨別出來。由於坑中受到嚴重破壞，整個坑壁已難覓到器物擠壓停靠的痕跡，當年那些器物到底如何排列組合，也只有聽燕氏父子的一面之詞了。

面對這個已遭破壞的神祕的器物坑，葛維漢和林名均在此徘徊思考了很久，初步認定這個土坑是一座墓葬或者是一個祭祀坑。既然如此，像這樣高規格的墓葬或祭祀坑就不是孤立的，它一定有相關配套的其他設施與器物。據此，葛維漢決定在土坑四周布網發掘，盡量搜尋與之相關聯的遺跡遺物。

於是，若干年後被命名為三星堆遺址的首次科學發掘，於1934年這個陽光明媚、油菜花遍地的春天正式拉開了序幕。

根據考察的情況，葛維漢與燕道誠做了一番交涉，決定先在燕氏當年挖掘的坑邊開兩道探溝，視發掘情形再做下一步的打算，發掘事宜由林名均指揮。關於此次發掘的詳情，林名均在隨後發表的考古報告中做了這樣的敘述：

吾人預掘之工作地段，為小溪之左右兩岸，唯溪南即緊接燕氏私宅，其人迷信風水，不允於其宅外發掘，乃就溪北葫豆田壩及溪底二處作為目標。於是先沿溪開一長四十尺廣五尺之第一坑，經時四日，深達七尺。其地表面為近代之黑土層，平均深度約有三尺，其中所含陶片及破損陶器最為豐富，且有若干石器及其殘塊混入其間，吾人發掘所得，皆在此層之內。以其土層辨別為紅色，故葛氏疑其為古代之一陶窯。再次則為未曾翻動之黏土層，帶黃褐色，以探鋤擊洞視之，亦無遺物發現，知再掘無益於事，乃停止第一坑工作改掘溪底。

由於此時川西平原匪患嚴重，再加上一批古董商人眼看自己的財路隨著幾個洋人的到來被封堵，於心不甘又頗不服氣，便與地痞流氓勾結，四處散布流言，稱月亮灣埋有古蜀國的開國之王——鱉靈王開金堂峽口的寶劍和他的坐騎等寶物，而縣政府與二十八軍第二混成旅軍政要員挾洋人以自重，並與洋人勾搭，出賣祖宗，近千名駐軍赴月亮灣祕密挖寶。陶旅長的挖寶大軍挖開蜀王的墳，得了寶劍和一匹鎦金馬，挖出了兩口袋金珠玉器與十幾棵搖錢樹。而蜀王的墳一旦被挖開，月亮灣甚至整個中興場和廣漢的風水將遭到徹底的破壞，四方鄉鄰百姓即將大禍臨頭云云。

這一番蠱惑煽動，使原本教育程度低下、整日在巫術與魔法陰影中苦度時日的勞苦大眾，由最初的嫉妒變為眼前的恐懼，由恐懼演變為對縣政府與駐軍的憤怒，再由憤怒的火星迅速燃起了仇恨的烈火。在烈火的燃燒中，勞苦大眾懷著關乎自己生死存亡的恐懼，開始主動與各路地痞、流氓、土匪及大膽的刁民勾結，祕密成立了「廣漢民團鄉勇愛國護寶總指揮部」，開始與駐守的軍隊展開游擊戰。

在如此民怨沸騰、險象環生的境況下，發掘隊被迫於 3 月 26 日撤出工地，整個發掘過程只有短短的 10 天。關於這段有些出乎意料的發掘經

第四章　三星堆：失落文明的傳奇

過，林名均在他的報告中這樣說道：「三月六日發掘工作開始，然附近無知鄉民，竟妄造謠言，謂吾人掘有金馬，時鄰境匪風正熾，恐因此發生不測，且夜間必須步至八九里以外住宿，為避匪患，眾皆為苦，故甫十日即行結束。」

此次發掘，在溝底和溪岸，共開探方 108 平方公尺，出土、採集了 600 多件器物，全部移贈華西大學博物館保存。

揭開古蜀文明一角

1936 年，葛維漢於《華西邊疆研究學會會志》第六卷發表了歷史上第一份廣漢古蜀文化遺址的考古發掘報告——〈漢州發掘最初報告〉。報告將月亮灣發掘出土的器物、紋飾與河南安陽殷墟、河南澠池仰韶村、奉天沙鍋屯出土器物做比較，大膽而科學地提出了「廣漢文化」學說，並斷定這一文化的時代上限為新石器時代晚期，下限則為周代初期，也就是在西元前 1100 年左右。同時極富預見性地指出：

這次發現的器物，至少對研究古代東方文化的歷史學者們提供了三種情況。第一，隨葬器物可以幫助我們了解古代的葬俗、社會和宗教習俗。第二，玉、石器以及器物上的紋飾，頗能引起考古學家的興趣。第三，出土的大量陶片，為研究四川古代陶器提供了重要資料。

我們已經指出，那個令人矚目的發現是在一個挖掘七英呎長、三英呎深的墓坑內出土的，而且幾乎所有的墓葬大小大致如此。玉刀、玉鑿、玉劍、方玉以及玉璧等禮品，周代時均系死者的隨葬品，玉珠也為死者的隨葬物。如果我們假設它是古墓這個結論正確的話，我們認為在四川古墓中發現的器物，大約為西元前 1000 年的時期。

墓坑裡發現的器物有綠松石、綠石或粗糙的穿孔玉珠。從玉珠的兩端進行鑽孔，接近玉珠半心處的孔徑較小。另外還有 80 多件小青玉片，

因為考慮到它們一般作為裝飾品黏牢在木製或皮製品上，沒有串聯或縫入的孔洞。這些玉刀、玉劍、玉鑿等顯然是祭祀用的。周代實行祭祀天地大典時，方玉象徵「地」，玉璧代表「天」。

......目前的這些資料，也只能停留在暫時假設階段，待將來找到更多的考古證據，以及廣漢收藏品極為詳細的第一手材料與其他地區的早期收藏品比較後，再來改變或確定結論。我們考慮廣漢文化下限系周代初期，大約西元前 1100 年；但是更多的證據可以把它提前一個時期，其上限為金石並用時代。我們這次在四川廣漢縣遺址發現的玉器、隨葬物和陶器系年代很早的標本。

葛維漢的報告發表後，在中外學術界引起了廣泛的關注，這是歷史上首次將廣漢月亮灣作為一處古代文化遺址進行命名和剖析，並較詳細地論述了出土器物與這一遺址內在的文化關聯，揭示了掩埋者的意圖和祕密，將隱匿於歷史深處虛無縹緲的古蜀文明掀開了一角。

廣漢發掘的消息傳到日本，令在革命低潮時期流亡日本的郭沫若興奮不已。很快地，林名均和葛維漢收到郭沫若由東京發來的信函，要求贈予廣漢發掘的全部照片和器物圖形以利研究。郭當時正在做甲骨文研究，林、葛二人於此之前與郭有過幾面之緣，接信後一一照辦。郭收到後，於 1934 年 7 月 9 日回信向林名均、葛維漢表示謝忱，並暢談他對「漢州遺址」的看法，信曰：

林名均先生：

很高興接到你和葛維漢先生的信。謝謝你們的好意，送給我如此多的照片、圖片以及戴先生發表在《華西邊疆研究學會會志》上的文章，並且告訴我有關發掘的詳細情況。你們真是華西科學考古的先鋒隊。我希望將來你們能取得更大的成績，研究古代的遺跡和建築、雕刻、墳墓和洞穴。這一工作將產生豐碩的成果。與此同時，我也希望今後會有一系列的發掘以探索四川史前史，包括民族、風俗以及它們與其他區相接觸

第四章　三星堆：失落文明的傳奇

的歷史。這些都是十分重要的問題。我很遺憾，我不能歸國協助你們的發掘。

你們在漢州發現的器物，如玉璧、玉璋、玉圭均與華北、華中發現者相似。這就是古代西蜀曾與華中、華北有過文化接觸的證明。「蜀」這一名稱曾先發現於商代的甲骨文，當周人克商時，蜀人曾經前往相助。此外，漢州的陶器也是屬於早期的類型。你們認為漢州遺址的時代大約是西周初期的推測可能是正確的。如果將來四川其他的地方尚有發掘，它們將顯示出此文化分布的區域，並提供更多的可靠的證據。

根據你們的要求，我將我寫的兩本有關中國考古學的書送給你們，並且請書店直接將最近出版的一本送博物館，另一本送葛維漢先生。以後如有新作，我也將再送給你們。

現在我很忙，就此擱筆。

祝你們取得更大的成績。

沫若

1934 年 7 月 9 日

就在華西大學葛維漢、林名均等學者準備再次赴廣漢月亮灣發掘並作進一步研究之時，震驚世界的抗日戰爭全面爆發了。在大砲呼嘯、血肉橫飛的境況中，發掘工作被迫中斷。後來隨著形勢不斷變化，華西大學的外國教授一個個退出了歷史舞臺，先後情願或不情願地返回自己的國家，發掘月亮灣的機會一去不復返了。

自全面抗戰起到 1948 年年底，月亮灣經過了一場又一場激烈動盪、翻雲覆雨的發掘與劫掠活動。中華人民共和國成立後，混亂中的廣漢文化與月亮灣的考古發掘，又在硝煙散盡的西南地區，以長江後浪推前浪的姿態，開始了新一輪流淌奔騰。

1956 年春天，四川省文管會田野組，先後在涪江流域和溫江專區做

地下文物初查工作，其中溫江專區的調查，由文管會的王家祐與省博物館的考古學家張甸潮主持。藉此機會，王、張二人懷著一個尚有些朦朧的夢想，再赴廣漢月亮灣，在燕家院子四周做了較為詳細的勘察。

▌上交寶物

當此之時，老秀才燕道誠已經作古，燕青保主持家政。來勘察的王家祐與張甸潮借住在縣城文化館一間平房裡，要到月亮灣工作，來往需步行三十幾里，交通和生活十分不便，每當遇到風雨天氣，更是備覺困難與艱苦。面對此情況，燕青保主動邀請王家祐與張甸潮住進自己家中，二人推辭不過，便於幾個風雨之日於燕家吃住。每到晚上，王家祐與年過六旬的燕青保對床而眠，長夜傾談，一幕幕往事像流水一樣從記憶深處淌出。二人越談越投機，越談越過癮，越談越覺得相見恨晚，幾個晚上下來，竟成了兄弟一般，達到了無話不談、心心相印的境地。

王家祐在交談中得知，燕家仍有一部分精美玉器深藏不露，便主動告訴他，如今制定了專門的政策，凡一切出土文物都歸國家所有，任何個人不得私藏和轉賣。當年在月亮灣挖出的那批玉石器，如果繼續藏匿不交，就與新的國家法律相悖。

王家祐的一番話使燕青保幡然醒悟，決定從即日起，將家中所有的藏寶都挖出來，如數交給政府。

燕青保說到做到。第二天一大早，王家祐尚未起床，燕青保便藉著黎明的光亮拿著鐵鏟來到豬圈。大約半個時辰，便從豬圈的壕溝裡挖出了一個石頭做成的豬食槽。把槽的封蓋打開，裡面露出了深藏 20 多年之久的器物。

此時天已大亮，燕青保喊來王家祐驗看。王氏來到豬圈，只見豬槽

第四章　三星堆：失落文明的傳奇

內盛放著玉琮、玉瑗、玉璧、玉磬等極為精美的幾十件文物，又驚又喜。未久，經由王家祐牽線，器物全部交給了省博物館收藏。這是1929年燕氏父子在土坑中挖出的那批著名的玉石器中的最後一批，也是最為精美的一批。至此，燕家聲稱再無一件私自存留的玉器了。

為了驗證當年燕氏父子所挖玉石器存留的數量和儲存情況，1990年代，四川省文物考古研究所與華西大學博物館、北京故宮博物院等幾家藏有「廣漢玉器」的單位聯繫，對各自的藏品進行整理、鑑定。令人跌破眼鏡的是，幾家單位所有收藏的玉石器加起來，真品僅為40餘件，只相當於當年總數400多件的十分之一。

再後來，四川方面又與臺北故宮博物院聯繫，請求其對院內收藏的「廣漢玉器」進行鑑定並告知實情。臺灣故宮全面配合，得到的結果是，只有2件玉璋屬於真品，其他全部為贗品──也就是說，當年燕氏父子挖出的那批玉石器，90％已透過各種管道流散到國外或佚失了，這個具有悲劇意味的結局，令知情者無不扼腕嘆息。

1963年9月，四川省博物館和四川大學歷史系考古專業師生組成聯合發掘隊，來到廣漢月亮灣燕家院子附近進行發掘。這是燕氏父子發現玉器坑34年以來，首次由中國人主持對三星堆遺址的重要組成部分──月亮灣遺址進行正式的科學發掘。主持和指導者是美國哈佛大學博士、時任省博物館館長兼四川大學考古教研室主任的著名考古學家馮漢驥。同時，四川大學歷史系主修考古專業的15名學生全部參加了此次發掘。

此次發掘共開掘12個探方和1條探溝，發現房屋3組、墓葬6座、陶片3萬多片，出土了幾百件玉石器、骨器、青銅器殘片等極富研究價值的文物。同時，在3個探方的第二層中，分別發現了一些零星的青銅

器殘塊、孔雀石、銅煉渣等遺物，並發現 1 塊沿邊附有銅煉渣的粗陶片。經考古人員初步推斷，當是坩堝的殘片，遺憾的是沒有發現煉爐的遺跡。按照原定計畫，發掘於同年 12 月 3 日結束。

遺憾的是，後來省博物館在遷址的過程中，由於內部混亂與人為毀壞，月亮灣發掘的器物被弄得七零八落。由四川大學考古教研室馬繼賢等師生費盡心血、歷經一年整理得出極其珍貴的發掘資料，像抗戰全面爆發之後著名的「北京人」頭蓋骨化石一樣，從此下落不明。

發現青銅人頭

歲月如梭，直到 1980 年，三星堆的考古發掘才再次受到重視。1980 年至 1986 年，三星堆展開了多次田野考古發掘，每次都取得豐碩的考古成果。考古發掘進一步證明三星堆和月亮灣一帶方圓 6,000 平方公尺內出土的文物和房屋遺址具有相同的特徵，應是古蜀文化遺址的一部分。而地下形成的 16 層文化堆積經 ^{14}C 測定，最早年代為距今 4,800 年左右。根據這一資料，結合其他發現、發掘的文化特徵，主持發掘的考古學家認為，三星堆遺址豐富的地層堆積可為四川新石器時代晚期到夏商周三代 5,000 年文明史的考古研究建立一個年代學體系，並成為古蜀文化斷代分期的分水嶺和試金石。

1986 年 6 月，月亮灣和三星堆遺址的田野考古發掘期限已滿，發掘隊宣布撤離工地。沒有人想到，就在這個節骨眼上，震驚寰宇的考古大發現爆發了。

1986 年 7 月 18 日上午，三星堆附近磚廠的幾個工人在挖窯土的時候，偶然挖出了一把寬約 20 公分、長約 40 公分的玉刀，以及其他許多玉石器。

第四章 三星堆：失落文明的傳奇

　　陳德安等考古人員火速趕往現場，發現挖出的器物除了完整的玉戈、玉琮等，另有十幾件玉器在挖掘與爭搶中已被折斷、搗碎後扔入坑邊和四周的稻田，一時難辨是何種器物。另有一些明顯經火燒過泛白的碎骨渣，散落於四周和土坑之中。

　　從土坑所揭露的痕跡初步觀察判斷，地表下面一定還有大量的器物和人骨。而如此精美的器物與骨渣同出，說明此處很可能是一處與遺址有關的大型貴族墓葬。如果真的是古代貴族大墓，並且與三星堆遺址有關，其文化內涵與學術價值就不可估量了。陳德安立刻向上級主管彙報，得到明確指令「可以進行搶救性發掘」，震驚世界的考古發掘大幕即將拉開。

　　當天下午，南興鎮召集當地各村民兵，與考古人員共同組成一支保衛隊伍，晝夜看守、保護考古現場。陳德安派人到鎮上買來竹竿和涼蓆，在土坑上方搭起棚子，以防日曬雨淋對地下文物造成損毀。

　　1986 年 7 月 19 日，在西南部乃至整個長江中上游地區發掘史上，最為輝煌壯觀的考古發掘開始了。

　　關於此次發掘的具體情況，許多年後，已近知天命之年的考古專家陳德安回憶道：

　　首先在已暴露的部位設置兩個探方進行發掘，考古人員不顧夏日的酷暑，冒著蚊蟲的叮咬，夜以繼日地工作。大家用鋤頭、小手鏟、竹籤等，一點一點地挑，一遍一遍地刮，可謂名副其實的「刮地皮」。

　　7 月 23 日，探方內文化層清理完畢，兩個探方已露出坑的邊緣，坑內暴露出夯土。考古人員在距地表深 60 公分至 75 公分的黃色泥土中，刮出了一個長方形、具有三條道溝痕跡的五花土。黃色的生土和棕紅、棕褐、淺黃、灰白相雜的五花夯土，以及文化層以下的原生土區，分界

線十分明顯，考古人員欣喜之情溢於言表。攝影師江聰即時爬上高梯，拍下了這個重要現場。繪圖員立即繪製平面圖，以期完整記錄發掘過程，以便為日後研究提供詳細的發掘資料。根據以上情況，初步推斷這是一座規模頗大的「蜀王陵」。

考古人員非常激動，按照所暴露的五花土範圍繼續下挖。為避免地下文物損壞，考古人員只能改換小手鏟和竹籤一類的小工具發掘。由於地下的夯土是經過無數次夯打而成，又黏又硬，清理起來十分費力，考古人員吃盡了苦頭，個個手上都起了水泡。

7月25日，再擴方1個，原計畫中的5個探方全部布置妥當。下午，未等夯土清理完畢，坑東南部經火燒得泛白的骨渣堆頂部暴露出來，骨渣的表面還放有陶尖底器、陶器座、銅戈、銅瑗，以及玉石器殘塊，器物看起來均被火明顯地燒過。這些發現無疑透露出一個新的資訊：這個坑應屬於祭祀坑一類的性質，而不是大家期盼的所謂「蜀王大墓」，看來以前的推斷是錯誤的。

7月26日，坑內夯土大致清理完畢，當考古人員對夯土下方一層被焚燒的骨渣陸續清理時，一件件全身長滿了綠鏽的大型青銅龍虎尊、青銅盤、青銅器蓋等具有商代前期風格的青銅器皿相繼出土。面對新鮮、奇特、龐大的器物，所有在場的人情緒立刻高漲起來。劉光才等幾個參加發掘的工人，亢奮加茫然地瞪大了眼睛高聲叫嚷道：「下面肯定還有更好的東西，快挖，快挖，看看到底有些什麼！」說著便以衝鋒陷陣的姿態，打算把腳下的祭祀坑弄個天翻地覆。

在場的陳德安見狀，急忙上前阻攔道：「不要亂來，大家都要按照流程一點點地挖，誰也不能發神經，把事情搞砸了。」

陳的話音剛落，只見在坑內西部，躬身伏首地一直默默收集骨渣、

第四章　三星堆：失落文明的傳奇

外號「銅罐」的工人楊運洪，冷不防地尖叫起來：「人頭、人頭！陳老師，我挖出了人頭！」說著兩手向外一揚，一屁股坐到了地上。

這一聲叫喊，幾乎使所有在場的人都打了個冷顫。陳德安驚魂未定，火已在胸中騰地燃燒起來。他快步上前，想朝「銅罐」的屁股猛踹兩腳，以示對其「擾亂軍心」的懲罰。待來到近前，驀然發現一個碩大的青銅人頭倒放在一邊。與此同時，眾人「嘩」地圍了上來，看到了這一奇觀。

「都不要動！」陳德安顧不得再用腳去教訓「銅罐」，高喊一聲，把右手向後一揮，先是做了個阻止的動作，然後和陳顯丹等考古專業人員，蹲下身詳細觀察起來。

只見出土的這個青銅人頭跟真人的頭大小相等，頭部為子母口形，蒜頭鼻，高鼻梁，表情溫和，慈祥端莊，眼睛中透著朝氣蓬勃的神采，具有很強的寫實藝術風格。可惜自頸部以下殘損，由頸中看進去，整個頭像內部中空，筒壁發現有殘留的泥芯，也就是通常所說的內範或內模。陳德安與其他考古專家等圍著這具青銅人頭，經過畫圖、測量、拍照等一連串流程，懷著驚喜與迷惑之情，小心地將其取出坑外。

圖 4-2 三星堆祭祀坑出土的青銅縱目人頭像初露

圖 4-3 三星堆祭祀坑出土的圓頭頂、戴椎髻的青銅人像正面

圖 4-4 三星堆祭祀坑出土的圓頭頂、戴椎髻的青銅人像側面

發現青銅人頭

　　意想不到的是，這件人頭如同暗夜中前來報告消息的哨兵，預示著龐大的部隊就在身後。根據這一啟示，考古人員集中精力開始有針對性地發掘。接下來，一件又一件青銅人頭像，如同神話中的英雄豪傑一般，以不同的姿態和風貌相繼破土而出。有的頭戴平頂帽、腦後拖著一根梳理整齊的獨髮辮；有的頭戴雙三角尖安全帽，蒙著一個神祕的面罩，其形象看起來嚴肅威武，虎虎而有生氣。

　　見多識廣的考古人員，面對這一張張陌生而神祕的面孔，既驚喜又困惑，恍惚中彷彿自己不是在麗日中天的人間從事發掘，而是進入了志怪小說中神祕莫測的天宮或地獄，開始與天兵天將或閻王小鬼共存共生，共同迎接一場不可預知的嶄新生活。

　　7月27日0點，由陳顯丹、張文彥率領的一組發掘人員開始接班發掘。此時，蒸籠一般的酷暑漸已退去，薄薄的霧靄裹挾著淡淡的微涼在天地間飄散開來。浩瀚無垠的蒼穹繁星密布，寬敞明亮的銀河，橫貫寰宇，直通遙遠的天際。弦月高掛，星光燦爛，天地分外清新遼闊。

圖 4-5
三星堆祭祀坑出土的圓頭頂、戴椎髻的青銅人像背面

　　凌晨2時多一點，發掘人員正各就各位、用竹籤一點一點地挑土，參加本組發掘的工人楊運洪突然發現有一個竹皮狀的黃色物體在燈光照射下閃閃發光。他頓時精神抖擻，握緊手鏟，順著這根「竹皮」的延長方向用力剜動起來。不久，楊運洪發現眼前的黃色物體並不是剛才所想像的「竹皮」，而是一根金屬物。

第四章　三星堆：失落文明的傳奇

▍「金腰帶」破土而出

　　這根金屬物看上去有一點像是銅皮，但上面沒有綠鏽，也比以前所見到的青銅明亮光滑很多。因一時無法弄清這件物體的底細，楊運洪沒有即時向帶班的陳顯丹報告，只是照舊默不作聲地繼續鏟挖。隨著泥土不斷剷除，黃色的物體越來越長，上面開始顯露出雕刻的花紋，花紋的前方又顯露出一尾栩栩如生的鯉魚，緊接著一隻鳥又露了出來，看樣子這件物體還在不斷延伸。

　　這一連串的景緻，使楊運洪覺得納悶，心中暗自問著：「這是什麼東西，怎麼有這樣的花花圖？」在好奇與不解中他一時興起，低吼一聲：「我看你還能伸到成都去？」說完，他揮動鐵鏟，乾脆俐落地又向前推進了一大截。正埋頭操作的陳顯丹聽到楊運洪剛才那一聲低吼，轉過身輕輕問道：「『銅罐』，看到什麼了？」

　　經陳顯丹這一問，楊運洪才猛地想起目前所從事的這份工作與挖泥燒瓦大為不同，遂以攻為守地回答道：「陳老師，我掘出了一根東西，不知是什麼，上頭還畫著魚和鳥。」

　　陳顯丹聽了，大驚，急忙起身前來檢視。只見一件如腰帶寬的黃色物體，散發著明晃晃的亮光，蛇一般地伏在地上，彎彎曲曲有一公尺多長。物體的另一端仍插在泥土裡，不知其形狀與長度。從已顯露出的部分看，這件物品是用純金製成，不僅上面有花紋及魚和鳥的圖形，更重要的是，在延長部位還有人的頭像。就考古學家而言，無論發現、發掘出什麼器物，對上面的文字和類似文字的符號，以及各種影像都極為看重，因為透過這些密碼，更容易觸碰到遠古歷史的脈搏，接近歷史的真實，從而揭開歷史煙塵中湮沒日久的史事。多少年來，無數考古發掘的

事實已經證明了這條鐵律。可以想像，將這些神祕的圖案刻在一根純金的物體之上，意味著並非等閒之物，其中所蘊含的重大學術價值不可限量。

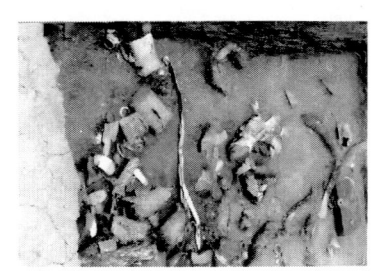

圖 4-6 「銅皮」大部分露出地面

但為了安全起見，陳顯丹顧不得教訓對方，靈機一動，裝作不在乎的樣子說：「沒什麼，一塊銅皮，不重要的，你先把它用土埋住，到這邊來挑吧。」

按照陳顯丹的想法，先故作不在乎地把這件器物埋起來，待拖到天亮再想法提取，比現在三更半夜挖出要安全得多。想不到此時所有的人都已圍過來觀看這件黃色物體。見陳顯丹下令掩埋，有一工人不解地問道：「陳老師，這個東西這麼黃、這麼亮，是不是金子做的？」

陳顯丹心裡一驚，暗自說聲「完了，被這幫傢伙識破了」，還是強行穩住有些慌亂的心，搖了搖頭，辯解道：「哪裡是什麼金子，一塊普通的銅皮，這亮光都是燈光照出來的。」

「你說的不對，要是銅的，為什麼身上不長綠鏽，是黃色的？其他的銅器都有鏽，是綠色的。你是在騙人吧？」對方也學著陳顯丹的樣子搖了搖頭，頗不服氣地高聲爭辯起來。其他幾位工人也湊上前來，跟著高聲吵嚷道：「眼見為實嘛，這銅和金子還能分不出來？陳老師是在騙人，暗中搞鬼！」說著就要將這件器物強行拉出，驗明正身。

第四章　三星堆：失落文明的傳奇

一看這陣勢，陳顯丹冷不防打了個寒顫，一道涼氣「嗖」地沿著脊背竄到頭頂。為了掩飾剛才的慌亂，他抬腕看了看錶，見指標正指向凌晨3點12分。此時，三星堆與月亮灣連片的原野，已是萬籟俱寂，大霧瀰漫，四方靜得讓人心中發毛，脊背發涼。考慮到此時整個工地既無軍警保護，又無先進的通訊設備與外界聯繫，為了出土文物和考古人員的人身安全考慮，陳顯丹不得不採取相應的措施，以防萬一。

只見他微笑著對幾位工人說：「銅器長鏽與不長鏽，是兩種不同的金屬物，你們要是不信，叫陳德安老師來看看。」說完，他對身旁的助手張文彥使了個眼色，大聲道：「你去把陳德安老師叫來看一看，快去快回。」

年輕靈活的四川大學考古系學生、發掘隊員張文彥，正為剛才的陣勢暗暗捏著一把冷汗，聽陳顯丹如此一說，立即心領神會，說了個「好」字，跳出土坑，邁開雙腿向考古人員駐地飛奔而去。

大約3分鐘後，張文彥從駐地返回工地，不動聲色地和陳顯丹成掎角之勢，站在坑外另一處高坡上。又過了大約5分鐘，陳德安率領幾位考古人員和技工氣喘吁吁地跑來了。陳顯丹見援軍已到，危機得以緩解，於是精神抖擻地帶領陳德安等人仔細檢視坑中的黃色物體。

根據顯露的遺跡，「二陳」和其他考古人員當即認為，這件非同尋常的器物是用純金製成的已無可置疑。從器物的長度和上面分布的圖案推斷，可能是古蜀王國某一位國王或高級貴族使用的一條金腰帶。

有鑒於這件器物的特殊性、神祕性和重要的學術價值，「二陳」認為事關重大，必須請示上級並請派武警保衛守護。

金杖 —— 王權的象徵

陳德安赴成都報告後，省考古所的趙殿增、朱秉璋、沈仲常，以及省文化廳和省文管會等幾名業務主管，乘坐一輛廂型車一路疾行趕到了三星堆發掘工地。此時，整個發掘現場已被警察與武裝部隊控制。

一切安排妥當，考古人員開始發掘「金腰帶」。在一片驚愕與歡呼聲中，「金腰帶」閃著光芒破土而出。經測量，器身全長1.42公尺，直徑2.3公分，淨重約500克。

經仔細觀察，發現原來推斷的「金腰帶」不正確，從殘留的痕跡來看，此物是用金條捶打成金皮後，再包捲在一根木杖之上而成為一個整體。出土時內層木芯已朽，但尚存碳化木渣，可知內有木杖。因發現時金皮已被壓扁變形，其長度、寬度都與現代人的腰帶相似，故「二陳」等考古人員認為是蜀王的「金腰帶」。實際上，這件器物是一柄金杖。

關於這根金杖的性質和用途，有的學者認為具有巫術性質，是一種法器，不是實用器具。有的學者認為是圖騰式的族徽標誌。而幾位發掘者認為是古代蜀國象徵王權的權杖。因為夏、商、周三代王朝都用「九鼎」象徵國家權力，古代蜀國則以金杖代表王權，是古蜀王國政權的最高象徵物。同時，也從另一方面說明，古代蜀國具有與中原同時期文化不同的來源與內涵。三星堆出土的金杖，是中國境內發現的商代最大、分量最重的金器，表示王權神授，是絕無僅有的稀世珍寶，其工藝之精湛，內涵之精深，令人嘆為觀止。

圖 4-7 三星堆祭祀坑出土的代表最高權力的金杖

第四章　三星堆：失落文明的傳奇

在發現這根純金權杖之前，世界考古學界、史學界、文藝界等，許多權威人士曾有過定論，認為權杖這樣的器物，從其產生的文化背景和文化用途判斷，中國甚至整個遠東地區都不可能存在。只有中東、近東和西方才有可能出現，或者說，這種權杖只是古埃及法老和希臘神話中的萬神之祖宙斯的專利品。然而在西南地區的三星堆遺址，仍然出土了象徵王權與神權的金杖。此一無可辯駁的事實，徹底地推翻了原有的定論。

金杖出土之後，三星堆器物坑的發掘仍有條不紊地進行，一件件珍貴器物在考古人員手中相繼出土，共發掘、清理器物數百件，大致可劃分為青銅類、玉器類、石器類、陶器類、海貝類、金器類。

根據出土遺物大都被火燒過、或埋藏前被打碎過，以及器物坑的中間和兩邊都有坑道等特點，陳德安、陳顯丹等考古人員初步斷定，這是古蜀人專為諸神崇拜舉行儀式所留下的祭祀坑，並在後來撰寫的發掘簡報中，將此坑正式命名為一號祭祀坑。

▍突遇二號坑

無獨有偶，就在陳德安押運一號祭祀坑出土文物返回成都之時，當初挖窯土挖出寶貝的磚廠副廠長又來到考古隊駐地，對留守負責的陳顯丹道：「陳老師，我們的人發現了坑裡的東西，於是窯土就沒得取了，現在你們東西也挖了，東西也弄走了，該讓我們找個地方挖點窯土了吧。」

「這裡滿地都是珍貴文物，你要我去哪裡給你找地方？」陳顯丹有些不耐煩地道。

突遇二號坑

「哎，陳老師，這可是你們許下的願啊！東西挖出來又弄走了，你們心裡舒服了，我們這幾十戶人家有父母老小，還等著把磚燒出來換錢吃飯哪！」對方的臉也跟著沉了下來，軟中帶硬地說。

陳顯丹聽了，微微一笑：「這個嘛，我們是許過願，你看這地下到處是文物，如何是好？這樣吧，你們在一號坑周邊選塊荒地取土，此事就算徹底了結了。」

「好，好！」副廠長答應著，走了。

8月14日下午，磚廠工人楊永成、溫立元二人負責在陳顯丹劃出的位於一號坑東南約30公尺處取土。當挖到距地表約1.4公尺深時，楊永成一鋤頭劈下去，發出「砰」的一聲悶響，楊的手掌與雙臂被震得發麻。

「哎，什麼東西這麼硬？」楊永成不解地自問著。

身邊的溫立元將頭伸過來，看了看楊永成挖的位置道：「是不是又碰到銅寶貝了？」

楊永成微微一笑道：「哪會這麼巧，要是真的挖出銅人，報告考古隊陳老師，可以得到200塊錢獎金呢，上次挖的那個坑，『銅罐』等人就拿到錢了。」

「那就快挖下去看看，說不定老天爺真的開眼，好事就讓我們倆遇到了呢！」溫立元說著，揚起鋤頭，用足了力氣，「嘿」的一聲向下劈去。隨著「咔砰」一聲脆響，一個如真人頭般大小的青銅人面像被挖了出來。

見此情形，溫、楊二人先是「啊」了一聲，接著瞪大眼睛俯視腳下的土坑。只見挖出的那個青銅人面像，眼睛、鼻孔清晰可見，整個面部花花綠綠的似乎塗了顏色。在青銅人面像之下，有一個碩大的筒狀的青銅器也露出了邊沿。在其旁邊，另有幾件青銅器隱約可辨。

第四章　三星堆：失落文明的傳奇

圖 4-8 二號坑器物出土情形　　圖 4-9 縱目人頭像破土而出

「哎呀，真的是個寶貝窩啊，快向陳老師報告吧，晚了，獎金可就沒我們的份了！」溫立元滿臉激動地提醒著。

於是，二人迅速將出土的器物埋好，收起工具，爭先恐後地跳到坑外，箭一樣地向考古隊駐地竄去。

此時已是下午6點多。陳顯丹聽完，難以抑制內心的激動，轉身就向外跑去。其他考古隊員聽到風聲，也跟著向工地飛奔。

現場很快勘察完畢。毫無疑問，這是一個與一號祭祀坑類似的器物埋藏坑。

面對這一突發事件，陳顯丹極其冷靜，理智地當場做出決定，下令將已暴露的坑口立即回填。當填到預定程度後，在最上層做出幾個不同的標記，以防有人在暗中搞鬼，偷偷發掘盜寶，資深考古隊員戴福森等在坑邊看守。陳顯丹與川大學生張文彥，分別赴成都和廣漢向省、縣主管單位報告，要求正式發掘。

8月21日，舉世震驚的考古大發掘正式開始了。

在發掘、清理的過程中，發現坑的東南角暴露出一個大型青銅物體的一部分。因這件器物倒置於坑角，高過埋入坑內的所有器物而首先露出地面。順著露出的部分挖下去，是一塊兩邊向內捲曲的光面銅皮。這

件銅器寬近 1 公尺，下挖至半公尺時仍不見底部。現場的發掘人員見狀無不驚奇莫名。

很快地，考古人員將坑中碩大無比的青銅器全部清理出土，這時大家才看清，原來是一個巨大的青銅面具，下顎中部已被打破，其中一塊吊在嘴邊。據陳顯丹等現場專家推測，這個面具可能是附在某個建築物或圖騰柱上的圖騰標誌。

圖 4-10 三星堆遺址二號坑出土的象牙

圖 4-11 三星堆遺址二號坑出土的金面青銅人頭像

圖 4-12 三星堆遺址二號坑出土的青銅面具

圖 4-13 三星堆遺址二號坑出土的金面罩

繼大面具出土之後，緊接著，是一根又一根、直至數十根象牙的面世。在象牙層下方，滿坑的珍寶令人目不暇接。高大、精美的青銅尊、罍，裝扮各異的青銅人頭像、大小不等的人面像、眼睛外突的「縱目」人面像、身軀斷開的青銅立人像，以及閃閃發光的金面罩、金面青銅人頭

第四章　三星堆：失落文明的傳奇

像與神奇的銅樹等，令人驚詫萬分，如墜夢境。加上那溫潤的玉環、玉璧、玉璋、玉戈等玉石器，猶如開啟了蜀國寶庫的大門，光彩奪目，令人整個身心如同置於神祕莫測的天宮聖殿與陰陽兩界魔窟仙洞之中。

史影裡的古蜀國

　　唐朝開元天寶年間，詩人李白曾發出這般感慨：「蜀道之難，難於上青天。蠶叢及魚鳧，開國何茫然。爾來四萬八千歲，不與秦塞通人煙⋯⋯」由此可知，這兩位名字叫蠶叢和魚鳧的古蜀開國之君，在建立國家的時候是何其茫然混沌，令後人難以猜測。

　　根據歷代史家不斷考證古蜀人留下的蛛絲馬跡，古蜀國濫觴於夏、商之際，滅於戰國晚期，前後相繼達 1,600 年之久。共經歷了蠶叢、柏灌、魚鳧、杜宇、開明等數代王朝。從流傳的文獻資料來看，古蜀立國的國名與傳說中最早馴化野蠶有關。另外，有的學者根據殷商甲骨文考察，認為「蜀」字的造型不僅與蠶有關，而且也與龍和蛇之類的動物有關。甲骨文中的「蜀」字寫作「𤕦」，其面部長著像螃蟹一樣的眼睛，長長的眼球突出於眼眶之外，與三星堆兩個器物坑出土的縱目面具極其相似。而下面彎曲的「蟲」身則與甲骨文中的「龍」（ ）、「蟲」（ ）、「蛇」（ ）的寫法相近。因此，三星堆兩個器物坑的發掘者陳顯丹等學者提出，不能簡單地理解「蜀」字下面的「蟲」字，從三星堆縱目人面像上鑄造的捲曲身體來看，「蜀」字下面的蟲身亦可理解為龍身或蛇身。

　　那麼，以蠶命名的蜀族的歷史是如何開始的呢？這個久遠的創世紀起源問題與其他所有民族一樣，只有藉助於傳說和神話並結合考古資料才能大致地詮釋。

▌開國何茫然

　　傳說中，自很久以前的盤古開天闢地之後，中國大地上相繼出現了3位分別掌管天地人事的天皇、地皇和人皇。而當時的天下被分為青州、雍州、冀州、梁州、兗州、徐州、揚州、荊州、豫州九大州。現今四川區域在當時屬梁州和冀州管轄之內。三皇中的人皇氏有兄弟9人，分別執掌天下九州。在人皇的後裔中有個叫黃帝的人。此人「生而神靈，弱而能言，幼而徇齊，長而敦敏，成而聰明」，智勇雙全，威力無比，屬於古代神話傳說中的重量級人物。黃帝自小生有反骨，並有野心發動政變、爭取做天下共主。成年後為實現這個野心，真的發動政變，並率眾與其他部落開始四處爭奪地盤。就在相互征伐廝殺的混戰中，黃帝率領手下的勇兵強將打敗了不可一世的蚩尤，統一了黃河流域廣大地區，成為華夏民族的始祖。

　　依照文獻的普遍說法，黃帝在今日四川茂州疊溪這個並不太出名的地方，娶了蠶陵氏之女嫘祖為妻。嫘祖，小名邛，又名皇娥，不僅美麗，還是一個了不起的發明家。她15歲時就發明了一種養蠶織錦的方法，是整個人類社會在這方面有資格獲取專利證書的第一人。依據遺傳基因，無論在哪個方面都很優秀的黃帝和嫘祖結合後，很快地生下兩個稱得上是人傑的英雄兒子，分別取名青陽、昌意。這兩個兒子後來都被派往今日四川之地，開始了工作、生活和戰鬥的人生歷程。老大青陽居住在今四川西北地區的湔江一帶，後與當地女子婚配。

　　老二昌意居於今四川西部的雅礱江一帶，後與居住在今茂縣與汶川之間的蜀山氏之女產生了愛情並結婚。生有一子，取名顓頊。後來，顓頊與另一個草莽英雄共工爭奪天下共主的位子，並將共工擊敗於不周之山，總算如願以償地坐上了第一把交椅。顓頊死後，變為北極星，他的

第四章　三星堆：失落文明的傳奇

子孫後代仍封於蜀，世世代代相傳為王。

關於以上遠古傳說，司馬遷在《史記》中曾這般記述：「黃帝居軒轅之丘，而娶於西陵氏女，是為嫘祖。嫘祖為黃帝正妃，生二子，其後皆有天下。其一曰玄囂，是為青陽，青陽降居江水；其二曰昌意，降居若水。昌意娶蜀山氏女，曰昌僕，生高陽，高陽有聖德焉。黃帝崩，葬橋山。其孫昌意之子高陽立，是為帝顓頊也。」按《史記·五帝本紀》索引的說法，司馬遷所提到的江水、若水，據考證皆在蜀地，可見玄囂與昌意都與蜀這個地區有著緊密關聯。

顓頊崩亡後，雖然肉身已如草木一般枯萎衰敗，但他還是非常想念自己曾工作、生活和戰鬥過的四川盆地，夢想那已失去的天堂，在不甘和極不情願的追思中，又上演靈魂附體，搖身一變成為一條蛇，悄悄地爬回了蜀地。後來又將檔案中的顓頊帝偷偷竄改為一個年輕的魚鳧的名字，從而蒙混過關，重新當起了蜀國的國王。這個故事見於《山海經·大荒西經》。原文這樣敘述道：「有魚偏枯，名曰魚婦（鳧）。顓頊死即復甦。風道北來，天乃大水泉，蛇乃化為魚，是為魚婦。顓頊死即復甦。」在這短短的記述中，作者提到了兩次，說魚婦（鳧）就是顓頊死後復活變化而來的。在這個變化過程中，當然還有一些奇特的天象異兆相伴而出，以顯示其神祕和不可知性。除《山海經》外，這個故事還被收入《呂氏春秋》、《大戴禮記》、《史記》等典籍，可見顓頊變魚鳧之事流傳之久遠。

在記載蜀地傳說的作品中，西漢時蜀人揚雄所著的《蜀王本紀》時代最早，也更接近事實本身。其書有云：「蜀之先稱王者，有蠶叢、柏灌、魚鳧、開明，是時人萌（民）椎髻左言，不曉文字，未有禮樂。從開明以上至蠶叢，積三萬四千歲……」

根據後世學者考證，四代王的總年數顯然不正確，應是不斷傳抄流

傳過程中出現的訛誤，因而後來的《太平御覽》在引用此段時就做了一番煞費苦心的考證，並根據考證結果改為「從開明以上至蠶叢凡四千歲」，比原來的記述一下子縮短了三萬年。

除了《蜀王本紀》外，大致完整地記載四川古代歷史的文獻著作，首推東晉常璩的《華陽國志》。在這部著作的〈蜀志〉部分，常璩論述道：「蜀之為國，肇於人皇，與巴同囿。至黃帝，為其子昌意娶蜀山氏之女，生子高陽，是為帝嚳。封其支庶於蜀，世為侯伯。歷夏商周……周失紀綱，蜀先稱王。有蜀侯蠶叢，其目縱，始稱王。死，作石棺、石槨，國人從之。故俗以石棺、槨為縱目人塚也。次王曰柏灌。次王曰魚鳧……」

《蜀王本紀》和《華陽國志》均稱有關蜀國的開國領袖為蠶叢氏，只是活動的具體年代與地域沒有明確記載，僅《古文苑‧蜀都賦》章樵注引《先蜀記》說：「蠶叢始居岷山石室中。」唐代盧求《成都記》也曾說過「蠶陵，即古蠶叢氏之國也」。兩書所記蠶叢氏活動的地區大致相符，可見蠶叢氏主要活動在今茂、汶一帶。自 1930 年代以來，茂汶一帶發現了大量的古代民族墓葬。這是一種被考古學家稱為「石棺葬」的特殊墓葬。當地流傳有羌人居住的傳說，而同樣流傳著的還有在羌人未到來之前，該地居住著被稱為「戈基」的居民。據稱，他們的生理特徵是「縱目」、「有尾」。這些戈基人後來被從北而來的羌人打敗而遷走，留下了大量的「石棺葬」。這段史實反映在羌族最早的史詩《羌戈大戰》和《嘎爾都》中。按照這兩部史詩的說法，作為原生長在青海高原上的游牧民族的羌人來到岷江河谷後，受到了先在此處定居的戈基人的驅趕與頑強抗擊。為了爭奪這塊肥沃的地盤，並在此長久立穩腳跟，羌人與戈基人展開了爭奪大戰。

第四章　三星堆：失落文明的傳奇

據《嘎爾都》這部史詩所說，當羌人戰勝戈基人後，雙方首領歃血為盟，保證今後互不侵犯，共同開發、利用岷山河谷。從此兩個民族不斷融合，逐漸形成了日後龐大的蜀山氏部落群和後來雄霸一方的古蜀王國。在今茂、汶一帶有關石棺葬的傳說，與上述史詩的內容大致符合，也與前引蠶叢氏「石棺、石槨為縱目人塚也」的記載相合，蜀人來自羌人的演變並在岷山一帶繁衍生息，的確有一些事實的跡象可供觀瞻，只是其年代難以考證。

當然，蠶叢氏並沒有永久地在汶川一帶生活，張守節《史記·正義》引《譜記》有「蠶叢國破，子孫居姚、巂等處」一語，已明確透露出後來的情況。只是作者未加以說明蠶叢國何以被破、被誰所破，從而留下了一個懸而未決的謎團。後世有的學者認為是被殷商王朝所破，有的說是為周武王所破，有的說是由於內亂被自己人所破，也就是說堡壘是從內部攻克的。但不管以何種原因，從內部還是外部所破，以蠶叢為領袖的方國曾遭遇過殘酷的戰爭是可能的。正是由於這場血腥味頗濃的戰爭，蜀人被迫開始了大規模的流亡與遷徙。

按照《華陽國志》等史籍的說法，蜀族的首領自開國鼻祖——蠶叢之後，接下來是柏灌，再接下來是魚鳧。但魚鳧王好景不長，後來也與他的祖宗蠶叢一樣，演出了一場國破族亡的悲劇。有關這場悲劇的原因亦有多種說法，就古籍記載而言，只是寥寥數語，可做如下排列：

《蜀王本紀》：「魚鳧田於湔山，得仙，今廟祀之於湔。」

《華陽國志》：「魚鳧王田於湔山，忽得仙道，蜀人思之，為立祠。」

《太平御覽》卷八百八十八引《蜀王本紀》：「（魚鳧）王獵至湔山，便仙去，今廟祀之於湔。」

魚鳧國破之悲劇發生的真正原因，有史家說魚鳧王是被從南邊來的

杜宇王率部所滅。有的說是在岷山河谷為了爭取更大的生存空間，魚鳧王率領部族在湔江與當地濮人不斷發生戰爭，因「時蜀民稀少」，終於不敵濮人，被對方強行驅逐出境，便有了後世史家「得仙」、「忽得仙道」、「仙去」的記述。還有一種觀點認為，魚鳧國破的根本原因，與耗費傾國之兵參與周武王伐紂而遭到了周的暗算有關。這一問題歷代學者爭論了幾千年，仍未得到一個圓滿的結論，不過對魚鳧國破事件是公認的，既然魚鳧國破、並已不再為王，那下一位就輪到杜宇王粉墨登場了。

年年啼血動人悲

有關杜宇王的事蹟，《太平御覽》卷一百六十六引《蜀王本紀》在敘述完魚鳧得道成仙之後，接著說道，「後有一男子名曰杜宇，從天墮，止朱提。有一女子名利，從江源井中出，為杜宇妻。乃自立為蜀王，號為望帝，移居郫邑」。

《華陽國志》云：「後有王曰杜宇，教民務農，一號杜主。時朱提有梁氏女利，遊江源。宇悅之，納以為妃。移治郫邑，或治瞿上。七國稱王，杜宇稱帝。號曰望帝，更名蒲卑。自以功德高諸王，乃以褒斜為前門，熊耳、靈關為後戶，玉壘、峨眉為城郭，江、潛、綿、洛為池澤，以汶山為畜牧，南中為園苑。會有水災，其相開明，決玉壘山以除水害。帝遂委以政事，法堯舜禪授之義，遂禪位於開明，帝升西山隱焉。時適二月，子鵑鳥鳴，故蜀人悲子鵑鳥鳴也。」

其實，常璩提出的所謂魚鳧王「忽得仙道」與杜宇帝「升西山隱焉」的故事，實際上都是被迫移交政權，與「堯幽囚，舜野死」之說相似。現代研究顯示，氏族公社時期的首領是由群眾推選交替的，不一定是由本人主動擇人授權，更非父死子承。不過群眾歸心的人，必然是本氏族內

第四章 三星堆：失落文明的傳奇

之人，唯有發展到幾個氏族聯合建成一個公社時，才會有氏族交替的事情出現。可以想像的是，杜宇能教農，就會受大眾擁戴，前酋長不能不退位。後來的開明能治水，又會受到大眾的擁戴，杜宇亦不能不退位，退位是他們必然的歸宿，所以杜宇到了晚年便大權旁落，只是在旁落之後，較前幾位國王更加悲壯和令人憐憫罷了。

那麼，杜宇的位子是如何被擠掉的呢，擠掉之後又是怎樣的命運？

據《蜀王本紀》載：「望帝（杜宇）積百餘歲。荊有一人名鱉靈，其屍亡去，荊人求之不得。鱉靈屍隨江水上至郫，遂活。與望帝相見。望帝以鱉靈為相。時玉山出水，若堯之洪水，望帝不能治。使鱉靈決玉山，民得安處。鱉靈治水去後，望帝與其妻通。慚愧，自以德薄不如鱉靈，乃委國授之而去，如堯之禪舜。鱉靈即位，號曰開明帝。」

後世有學者解釋，謂《蜀王本紀》文中之「屍」字，與殷墟甲骨卜辭中「屍方」之「屍」相同，與「夷」、「人」音同字通，從而把故事中「死而復活」的神話色彩沖刷殆盡。很顯然，這個叫鱉靈的人是懷著一種不可告人的目的由楚國來到蜀地，並演繹出一連串精采故事。

關於鱉靈來自何處的問題，有些學者釋荊為楚，但現在看來此「楚」不應當是楚族而是楚國，也就是說鱉靈是從楚國入蜀的。而他為何要由楚國入蜀，是否隻身亡命入蜀等，又是後世學者試圖解開的一個謎團。有學者根據鱉靈在當了蜀王之後，便自號為開明氏這一點推斷，認為其不會是隻身入蜀，必有家族若干人同來。來蜀的原因，最大可能是鱉靈隨著政治野心的膨脹，策劃指揮了一場政變，在這場政變中舉邑叛楚。不可避免地，受到具有強大軍事力量的楚國皇家軍隊的討伐，鱉靈的叛亂同樣不可避免地以失敗告終。當敗局已定、或者在敗局未定之前，鱉靈就做好了潛逃的準備。大敵當前，鱉靈做了各種偽裝，率族人躲過了

楚國軍隊的圍追堵截，一路輾轉到達蜀國。當時的蜀國之王，實際上只掌管川西大平原的黃土丘陵地區。平原以外的山區部落，只是蜀國的附庸，只有經濟往來，並非政治隸屬。在這種情況下，鱉靈率族人到達蜀國後，先在今樂山市立穩腳跟，漸漸解除了後顧之憂後，才到郫邑去晉見杜宇。這樣說的證據是，《水經注》南安縣云「縣治青衣水會，襟帶二水矣。即蜀王開明故治也」。足見鱉靈當年不但率族奔蜀，而且還在今樂山市一帶建立蜀國的附屬部落。當鱉靈來到郫邑之時，便抓住蜀國君臣所面臨的最緊迫、也最頭痛的水患問題，用楚人治理雲夢澤之法遊說杜宇。

　　就地理位置而言，當年杜宇所管轄的成都平原是個沖積、洪積平原，西北高，東南低，地面平坦，坡降幅度3%到5%。岷江上游每當春夏山洪暴發之際，自灌口洶湧沖出，瀰漫整個平原地區，故地表堆積物不斷增厚。東部一般厚30公尺，西部則厚達100公尺，最厚處300餘公尺。現代考古學家在平原地區所發現的古文化遺存多在地表以下，正是這種原因所致。當年洪水四溢、到處奔瀉的狀況，嚴重妨礙了居民們的生產與生活。鱉靈來自水災頻繁的江漢平原、長江沿岸地區，此地的文化與較偏僻的蜀地相比，更加發達和進步，這裡的人透過治理長江水系與雲夢澤，早已累積了豐富的防洪排澇經驗。當鱉靈到達成都平原時，目睹了洪水之災，而杜宇王朝又苦於無法治理。在這種情況下，鱉靈的適時來訪，很容易被對方接納並授權於他，使其率族調動部分蜀民治水。心懷陰謀和夢想的鱉靈巧借這一歷史性契機，大顯身手，在深山密林中「決玉山」以開溝通渠，使高地的洪水得以暢通並分流到大江大河之中。按《水經注·江水》所載：「江水又東別為沱，開明氏所鑿也。」也就是說當年是鱉靈率人開渠引岷江水入沱江以達到分洪目的，為了使沱江暢流，鱉靈再率部族與蜀人鑿金堂峽，讓更大規模的洪水得以宣洩，從

第四章 三星堆：失落文明的傳奇

而達到了「民得陸處」的可喜成果。

當治水成功、水患消除之後，國人的生產和生活都安定下來，鱉靈自然得到了人民的愛戴，成了功德昭著、威望興隆、如日中天的英雄人物。相比之下，老蜀王杜宇則有些相形見絀了。在這種強大落差和鮮明對比之下，鱉靈取代杜宇已是大勢所趨，只是選擇什麼時機和採取什麼方式的問題了。於是，鱉靈在一群幕僚和他妻子的密切配合下，設計了一個天下皆知的桃色事件。這一事件就是《蜀王本紀》記載的杜宇趁鱉靈外出治水之機，跟鱉靈的夫人行通姦之事。

其實，所謂杜宇這一「風流韻事」，在當時的華夏君臣父子之間實在是屢見不鮮，如把這種事情放到「西僻戎狄之國」的小邦之中，更是稀鬆平常。但由於此時國人從心理上已拋棄了老邁無用、腐敗無能且面目醜陋的歐吉桑杜宇，而像牆頭上的亂草一般，隨著疾風的吹向，全部倒向了意氣風發、豪情滿懷的新領袖鱉靈，老蜀王杜宇也就隨之淪落到無人問津的境地了。國人的這種集體有意識或無意識的倒戈，正好落入了對方事先設好的圈套，從而引發了「倒杜」熱潮。於是在鱉靈的脅迫、群臣的勸誘以及天下百姓的叫罵、責難中，杜宇交出了蜀國最高權力。從此，杜宇從豪華的王宮中突然蒸發，倉皇出逃到野外的深山密林，躲在一個密室裡，當起了亡國之君。而鱉靈以勝利者的姿態登上了蜀國的政治舞臺，成了新一代領導人，開始了新一輪治國安邦的偉大事業。

杜宇流亡之後，沉浸在痛苦中不能自拔，越來越覺得自己受了冤枉和委屈，尤其是被自己的人民所誤解，更加重了內心的痛苦與悲哀，不久便在極度的悲憤與憂鬱中死去。杜宇死後化為一隻杜鵑鳥，居住在岷山之中，每逢陽春三月，就張開翅膀，飛到蜀人之間，字字血、聲聲淚地不住呼喊著……

在他如泣如訴的呼喚聲中，蜀國人民漸漸從迷惘中覺醒，頓悟杜宇與鱉靈的夫人並無行苟且之事。蜀國百姓也對自己過去的言行表示悔悟，不禁思念起當年曾帶領大家兢兢業業地從事農耕、勤勞致富、奔向美好生活的老國王。為此，《蜀王本紀》曰：「望帝去時，有子規鳴，故蜀人悲子規，鳴而思望帝。」《太平寰宇記》引《蜀王本紀》說：「望帝自逃之後，欲復位，不得，死化為鵑，每春月間，晝夜悲鳴，蜀人聞之曰：『我帝魂也。』」由於這段意外插曲，後世留下了「子規（杜鵑）夜半猶啼血，不信東風喚不回」、「杜宇冤亡積有時，年年啼血動人悲」等詩句。幾千年來，人們藉著這些詩句，對杜宇這個飽受誤解的流亡國王，表達傷懷之情。

古蜀國的覆亡

鱉靈取代杜宇成為新的蜀王後，仍定都郫邑，號開明，又號叢帝，建立了開明王朝，其「後世子孫八代都郫」。今郫縣境內仍有蜀人為紀念杜宇和鱉靈修建的祠堂，名曰「望叢祠」。望叢即望帝與叢帝之意，可見杜宇、鱉靈在蜀人心目中是有明確的先後排序的君王。按史書記載推知，鱉靈在西元前 666 年左右建立開明王朝，相當於春秋中期。此後的 300 多年間，是古蜀王國發展的重要階段，也是最輝煌的時期。在輝煌榮光的照耀下，開明王朝最終完成了古國——方國——帝國的轉變。

從歷史的角度來看，與杜宇相比，鱉靈顯然是一位更富遠見和更有作為的政治家。他一就任，就掙脫血腥的宮廷鬥爭漩渦，將主要精力迅速轉移到開疆拓土、建功立業方面。他親自統率他的兒子和部族將士南征北戰，東伐西討，很快地打拚出一塊比杜宇時代更遼闊數倍的疆域，並將周邊各部族更緊密地聯合到以自己為中心的蜀國陣營中。到了春秋

第四章　三星堆：失落文明的傳奇

戰國交會的時代，蜀國已雄踞西南、成為一個幅員遼闊的泱泱大國了。到了這個時候，其疆域才形成了真正意義上的「東接於巴，南接於越，北與秦分，西奄峨嶓」的遼闊局面。

據《華陽國志》載：鱉靈漸老之後，無法再親自統兵征戰，便把軍權授予自己的兒子盧帝，令其繼續展開對周邊國家的攻伐。為了從強秦手中奪取更多地盤，盧帝按照父親的願望，率領蜀國大軍出師北伐，並一度創造了司馬遷所記載的「攻秦至雍」的輝煌戰果。

雍在今陝西鳳翔，是當時秦國的首都。蜀國在杜宇時代雖然取得了「以褒斜為前門」的勢力，但畢竟仍尚未跨過秦嶺。而此時的秦國正是春秋五霸之一秦穆公在位，綜合國力處在急遽上升階段，出現了「並國三千，開地千里，遂霸西戎」的大好局面。處於強勢進攻姿態下的秦國，竟被開明氏率領的蜀軍一口氣攻到了都城，蜀勢之強勁也就不難窺知了。憑著這樣的氣勢與實力，開明王朝最終奠定了「據有巴蜀之地」的大國地位，並在戰國初年相當長的一段時期內，與在西北部崛起的強秦保持平等又相互制衡的關係。《華陽國志》曾曰：「周顯王之世（西元前386年至西元前321年），蜀王有褒、漢之地。」這表示開明二世的地盤已到了漢中、接近咸陽，蜀國的鼎盛氣象由此可見。

這種英勇豪邁、氣吞山河的氣象延續到開明十二世時，整個蜀國已不見長江後浪推前浪的盛景，而是呈現江河日下、風雨飄搖的頹敗之象。相反的是，北部的秦國自商鞅變法之後國富兵強，實力迅速成長，已成為地方數千里、帶甲百萬眾的頭等強國。國力欣欣向榮的局面下，秦國君臣滋生了蕩平天下、統一宇內的野心，從而不斷向外擴張。就當時的情形而言，經濟、文化已經高度發展的中原固然是諸國爭奪的焦點，但具有重要策略地位的巴蜀同樣也是秦國要剷平的對象。於是秦國君臣制定策略，一方面東擊三晉，另一方面圖謀漢中、兼併巴蜀。在如

此嚴峻的形勢面前,蜀王非但不痛改前非、亡羊補牢,採取應對補救措施,以挽狂瀾於既倒,反而搞得朝廷上下內訌不斷、雞飛狗跳,四方百姓怨聲載道,甚至揭竿而起,公然與朝廷分庭抗禮。蜀國的滅亡已成不可逆轉的趨勢了。

隨著蜀王越來越貪戀酒色、倒行逆施,以及朝廷內外亂象紛紜、政局動盪的加劇,許多「災異」之說也跟著在朝野內外蔓延開來。據《華陽國志》載:開明十二世時,武都出現了一名由男人變成的女人,既美麗又妖豔,其實本尊是山精,蜀王將其納為后妃。或許因為這名「人妖」有著男人和女人都缺少的萬種風情,末代蜀王將三千寵愛集於她一身,對其百般迷戀,以至於她死後,為其大張旗鼓地建立紀念碑,以茲永久懷念。

周顯王二十二年(西元前 347 年),蜀王派使者朝秦,秦惠王為徹底滅亡蜀國,利用蜀王貪圖美色和金錢的弱點,用計引蜀王落入自己的圈套,令其為秦國入侵軍隊開道,終使蜀國覆亡。關於這個圈套的具體狀況,《水經・沔水注》引來敏《本蜀論》記載:「秦惠王欲伐蜀而不知道,作五石牛,以金置尾下,言能屎金。蜀王負力,令五丁引之成道。秦使張儀、司馬錯尋路滅蜀,因曰石牛道。」

這個離奇的故事當然不可能是歷史的真相,但後人得以依此「春秋筆法」的記載中窺見歷史真相的輪廓。秦人用計從蜀人那裡得到了至關重要的軍事情報——伐蜀必經之路此一。既然石牛道的情報已被虎視眈眈的秦人所掌控,處於優勢地位的秦軍伐蜀已是水到渠成,剩下的問題只剩下尋找師出有名的藉口,以及最佳的進攻時日。

周慎靚王五年(西元前 316 年)秋,秦大夫張儀、司馬錯、都尉墨等統領大軍開始沿石牛道一路往南,殺氣騰騰地向蜀地撲來。此次征伐的目的正如秦國重臣司馬錯、田真黃等臣僚所言:「蜀有桀、紂之亂,其國

第四章　三星堆：失落文明的傳奇

富饒，得其布帛金銀，足給軍用。水通於楚，有巴之勁卒，浮大舶船以東向楚，楚地可得。得蜀則得楚，楚亡則天下併矣。」也就是說，伐蜀不僅能得到巴蜀地區富饒的物資、充足的人力，而且還可以取得東向伐楚的重要基地。這一高瞻遠矚、避實就虛的策略，為秦惠王所賞識，並終於做出具有重大歷史策略意義的決定──南下伐蜀。

蜀王派五丁力士所開的石牛道，由今陝西勉縣西南越七盤嶺進入川境，至今廣元朝天驛入嘉陵江河谷，是歷代由漢中入蜀的主要交通大道。面對秦國大兵突至，蜀王得知消息後倉促下令應戰，並親自率兵在葭萌（治今廣元市老昭化城）迎擊。

想不到兩軍一交手，蜀軍大敗，丟盔棄甲退至武陽（治今彭山），蜀王在潰敗中被秦軍所殺（《蜀王本紀》作獲之）。蜀的丞相、太傅和太子都敗死於白鹿山（今彭州市北 30 公里）。

根據司馬遷的記載，秦惠王起兵伐蜀，「十月，取之，遂定蜀，貶蜀王更號為侯」。滅蜀之後，「（張）儀貪巴、苴之富，因取巴，執王以歸」。

後來的史實證明，司馬錯等人的戰略決策是完全正確的。蜀國滅亡，出現了「蜀既屬，秦益強，富厚而輕諸侯」、「秦併六國，自蜀始」的政治策略格局。

秦統一巴蜀之後，初立巴、蜀二郡，後分巴、蜀二郡再置漢中郡，共 3 郡 31 縣。自此，北至秦嶺，東至奉節，南至黔涪，西至青衣，包括今阿壩、甘南、涼山等州部分，以及鄂西北在內的廣闊地區，都置於秦的郡縣制度統治之下。繼之，秦國的制度政令逐步推行到巴蜀地區，促使青銅時代的古蜀文明，逐步融會於鐵器時代的中國文明之中。

舊的古蜀王國已死，一個新的大一統時代到來。

是人頭還是獸面

既然古蜀歷史已有了霧中樓閣般、隱隱約約的傳承脈絡，下一步就要看三星堆遺址兩個祭祀坑出土的文物，是否與這段歷史脈絡相匹配。也就是說，這些文物與古蜀歷史上的蠶叢、魚鳧、柏灌、杜宇、開明等為王的時代有無關聯。如果沒有，當作別論；如果有，屬於哪個時代、相互關係為何？

1987 年 5 月 26 日，經由四川省考古研究所修復專家楊曉鄔等人的共同努力，清理和修復三星堆遺址一、二號祭祀坑出土器物。此次修復的器物主要是受到社會各界特別關注的青銅大立人像、大面具、縱目人面像、青銅人頭像以及金杖等器物。透過各方修復專家的密切配合與通力合作，修復進展順利，4 個多月內就將兩個祭祀坑所出土、保存較好的主要文物，最大程度地恢復了原貌。

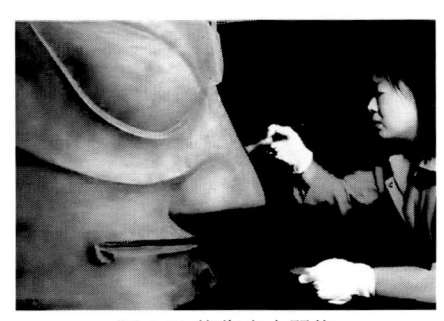

圖 4-14 修復出土器物

三星堆遺址的兩個祭祀坑共出土了 54 件青銅縱目人像及面具。這些面具看起來奇特古怪，整個造型似人非人、似獸非獸，因而兩坑的發掘主持人「二陳」在共同撰寫的《發掘簡報》中，最早把這批器物稱為「青銅獸面」、「縱目獸面像」、「青銅縱目獸面像」等。這一說法公之於世後，很快受到了張明華、杜金鵬、高大倫等學者的質疑，並認為這些面具的

第四章　三星堆：失落文明的傳奇

形象根本就不是獸，而是活靈活現的人，應該稱作「人面像」才合乎事實。這種面像的形式是從河姆渡文化的太陽神徽、良渚文化的祖神徽演化而來，並加以圖案化和人形化。著名考古學家杜金鵬還指出，良渚文化有一件所謂「獸面紋」的上半部，原本就不是鬼獸，而是一個明顯戴皇冠的人的形象。學者高大倫認為杜氏的這一說法更合乎歷史事實，並進一步補充說這種人面是從河姆渡「雙鳥負陽圖」演化而來。這個觀點得到了許多學者的認同，因而為「二陳」最早所稱的「獸面」變為「人面」，做了更加符合理性的詮釋。

在這些人面像中，有的兩個眼角向上翹起，如同豎眼一般；有的眼球向外突出，如同戰場上的指揮員架上了現代化的高倍數望遠鏡。如在二號坑發現的 15 件人面像中，均為半圓形，根據形態可分為 3 個型號，其中造型最神奇怪誕、**轟**動一時的就是那件被當作古蜀王「背椅」或「寶座」，眼球向前突出 16 公分的巨大青銅面具。

關於這件高 65 公分、面部至兩耳尖寬 138 公分的縱目面具的性質，有的學者開始把這件器物安插至已大體劃定的歷史框架中，並根據《華陽國志·蜀志》中「有蜀侯蠶叢，其目縱，始稱王」的記載，認為這就是蜀人的始祖神──蠶叢的影像。文獻記載中所謂的「縱目」，應是古代蜀人對自己祖先形象的追記，採取極度誇張的藝術手法，塑造蠶叢縱目的圖騰神像。這一形象，是人類對自然界和自身的理解尚處於原始時期，對其祖先神化、加工的生動寫照，猶如女媧造人以及伏羲、女媧人首蛇身的傳說形象一般。

有學者根據《山海經》所謂天神燭龍「直目正乘」的記載，認為這件青銅縱目面像並非所謂的古蜀始祖──蠶叢，而很可能就是《山海經·大荒北經》中記載的「燭龍」。這部古代地理名著，除記載民間傳說中的地理知識外，還保存了許多遠古的神話傳說。例如在一段故事中這樣說

道：大約在距今 6,000 年前，西北方的鐘山上有一條巨龍，它的身軀很長很長，一伸腰就能達到千里之外。它的樣子很怪，渾身通紅，雖是蛇身，卻長著人的面孔，但眼睛不是橫著長，而是豎立起來。

這個人面蛇身的怪物經年蜷伏在鐘山腳下一動也不動，不吃、不喝、不睡覺，也不怎麼呼吸。但只要它一旦想起來呼吸，普天之下就會立即颳起颶風，飛沙走石、日月無光，甚至像原子彈爆炸一般，造成房倒屋塌、天崩地裂的恐怖局面。不僅如此，這傢伙的眼睛又大又亮，一睜眼就能照亮天外的陰極之地，此時天外就變成了白天。待它一閉上眼睛，天外立刻又成了伸手不見五指的黑夜。只要它吹口氣，天外就立刻變成狂風呼嘯、冰雪漫天的寒冬。它只要輕輕地吸口氣，天外又變成了炎炎似火、酷熱難忍的夏天。可謂達到了通天入地、偷天換日的神奇境界。由於它能像蠟燭一樣發出光亮，人們便稱它為「燭龍」。又因為它能照亮天外陰極之地，所以又叫它「燭陰」。

燭龍的眼睛何以如此厲害？《山海經》說它「直目正乘」。「正乘」之意，語焉不詳，歷來頗多分歧，但對於「直目」，大多數注釋家都贊成晉代學者郭璞的說法，即「目縱」之意。從「燭龍」的眼睛聯想到三星堆二號坑出土的這件特大號青銅人面像，有的學者便頗為自信地認為，這就是燭龍「直目」的真實寫照，也是三星堆遺址為什麼在出土的器物中有不少龍的形象的原因。如出土的大型青銅立人像左衽上的龍、青銅爬龍柱形器上的龍，以及青銅神樹復原後上面那條長達 3 公尺多的巨型盤龍等，都應與燭龍這個神物有關。

另據當代學者王兆乾等人的研究，認為神話傳說中的火神、光明之神和南方之神祝融的讀音與燭龍相近，因而燭龍又可視為祝融。也有學者認為三星堆二號坑出土的十幾件眼球突出的青銅人面像，既不是燭龍，也不可能是祝融，就是傳說中的蠶叢及其部族的高級官員。

第四章 三星堆：失落文明的傳奇

當然，考古人員還注意到一個不可忽視的事實，與這個被稱為蠶叢影像的蜀人老祖宗同時出土的，還有一件鼻梁上裝配有「龍」或「蛇」的青銅縱目人面具，此件器物堪稱整個出土青銅器群中的絕品。這件面具寬 78 公分，高 82.5 公分，在額正中的方孔中，補鑄有高達 68 公分的夔龍形額飾，耳和眼採用嵌鑄法鑄造，角尺形的一雙大耳朵向兩側充分展開。最奇特的是一雙眼睛，呈柱狀外突的眼球向前長伸約 10 餘公分。鷹鉤鼻子，大口微張，舌尖外露，下巴前伸。出土時尚見眼、眉描有黛色，口唇塗有硃砂的印痕，應是這個青銅家族的一位高級神靈。

由於這件文物在構思和製造過程中都被賦予了極其偉大的想像力，使它在各類面具形象中異軍突起、光芒四射。尤其是額上那道長長的、直立的冠飾，猶如一道燦爛奪目的旗幟，壯美挺拔、迎風招展。只要站在它的面前，似能聽到「嘩嘩」擺動的天籟般神聖高潔的聲音。而那完美的造型設計以及精湛的製作工藝，又使這件器物顯得威震四座、氣盛八方，凜凜然有天神突降人間的神祕震撼之感。如此大膽狂放，具有穿越時空的豐富想像力的造型藝術，不只是在蜀地前所未見，即便是在中原乃至整個世界同期的青銅藝術中也是聞所未聞，前所未見的。

圖 4-15 青銅縱目面具

舉世無雙的青銅巨人

三星堆出土文物修復後，曾在北京故宮舉辦過一次展覽，布展人員特地將一件形體高大的青銅立人像安排在整個展廳的中央位置。

這件青銅立人像出土於二號器物坑的中層，身高 122 公分、冠高

10 公分，連座高達 2.62 公尺，重 180 多公斤。出土時從腰的下部斷為兩截，下層方座底部殘損。經修復專家楊曉鄔妙手回春，大致保持了原貌。據陳德安等考古學家推斷，此像鑄造歷史距今已有 3,000 多年。如此巨大的青銅人像，在中國出土的商周器物中可謂前所未有，其精湛的鑄造工藝，也為中國美術史和青銅冶鑄史所罕見。這尊青銅立人像不僅填補了中國青銅文化在這方面的一項空白，而且就時間論，比古希臘的德爾菲御者銅像、宙斯或波塞頓銅像還要早四、五百年以上。即使在古埃及等世界文明古國中，也從未發現如此久遠、如此巨大的青銅人像。1972 年，在義大利亞契市海灣發現了兩尊希臘青銅武士像，使整個歐洲為之狂歡。14 年後，三星堆大型青銅立人像橫空出世，使整個世界為之矚目，並再度引起了全人類的強烈震撼。這是迄今為止中國發現最大的遠古青銅人像，也是世界上同時期古文化遺存體積最大、藝術水準最高的罕見絕品之一，是中國青銅藝術發展史上的一座無法踰越的奇峰。

圖 4-16 青銅大立人出土場面

圖 4-17 青銅大立人像

第四章　三星堆：失落文明的傳奇

　　外觀上，這件罕見的青銅大立人像，身軀修長挺拔，頭戴迴紋筒形高冠，身穿窄袖與半臂式套裝三件，前裾過膝，後裾及地，長袍上陰刻兩組龍紋。有專家推測，這套打扮可能就是商代祭祀時穿著的「袞冕服」。大立人的左肩向右斜挎一條「法帶」，目光炯炯，直視天下。小腿和手腕上戴有鐲子，赤腳，一雙大手做「掐指一算」狀，透視出神祕威嚴、變幻莫測、法力無邊的魔力，宛若視天下蒼生如草芥、攬天下沉浮於股掌之中。在3,000多年以前，中國古代的君王具有多重身分，既是號令天下的一國之君，又是統率全國大、小巫師的群巫之長。國君平時統治國家，戰時則統率三軍出征。如遇天災人禍或祭祀祖先、社祭、軍祀時，則親自出馬，舉行隆重的祭禮，以確保統治階級的地位。基於此，有學者認為這尊立人像代表的是政教合一的領袖人物，也就是蜀王兼群巫之長的形象。

　　也有學者認為這座青銅大立人像，應是宗廟內祭祀先王及上帝特設的偶像，其作用是溝通天地、傳達天神的旨意。著名考古學家俞偉超在大立人像赴北京展出之前，於四川省考古研究所修復現場，親自考察這件剛剛修復完成的器物之後，對陪同的林向、趙殿增、陳德安、陳顯丹等三星堆的發掘者與研究者們這樣說：「大銅人站在祭壇上，大家都會推測他是一個神祇。但究竟是什麼神祇，似乎難以思索。我看，如果把大銅人雙手所持之物的原來面貌弄清楚，則神祇的屬性就容易釐清。這個銅立人雙手皆握成圈狀，握的方向又表示出所持為一長形物品。如仔細觀察，其雙手所握之物的斷面大致呈方形。在當時存在的物品中，只有琮的形狀與此情況最為符合。由此可推測，銅人雙手原持一大琮，如為玉琮，則埋藏時可能取下而置於他處，如為仿玉木琮，則就會因腐朽而不存了。三代之時，禮天用璧，祭地用琮。銅立人既然手持大琮，當為

祭地之神，可知大銅人本身具有地神的性質。」在這個推論下，俞偉超建議發掘者和修復者一起仔細尋找玉琮的蹤跡，以便確認這一推論。遺憾的是，直到所有的器物都修復完畢，也沒有發現和這件青銅大立人相關的玉琮出現。

通天神樹

　　三星堆遺址二號坑共出土了 8 棵被稱為神樹的青銅器物，這些樹有大有小，但均被砸爛並遭火燒，大多殘缺不全。最大型的、被稱為一號的神樹，經過修復專家楊曉鄔與他的助手們 3 年多嘔心瀝血的修復，總算比較完整地呈現於世人的面前。此樹通高 3.95 公尺，整株樹分為底座、樹身、龍三部分。圓圈形的底座上有 3 個拱形的足，如同樹根狀；主幹之上有 3 層樹枝，均彎曲下垂，樹枝尖端有花朵果實，每一枝的枝頭上都站立著一鳥，全樹共 9 隻鳥。樹的頂端因為殘缺，不知頂部的具體情況。但從殘缺的頂部仍能看見有一個巨大的果實，推測樹的頂部也應該有一隻鳥站立，因為它的結構與其他枝頭的結構在整體上相同。神樹的主幹外側有一條身似繩索、殘缺的青銅龍，由樹冠沿著樹幹蜿蜒而下，彎曲的身子總長度達 5 公尺。龍身是用銅管扭成繩索狀而成，直徑約 18 公分，呈由天而降之勢。整個形象看上去大氣磅礴、雄壯威武。那高昂的龍頭與扭曲的龍身，呈現出騰雲駕霧、自由流動於天地間之感。這棵神樹是中國國內出土青銅器中體積及重量最大的一件，同時也是全世界最大的青銅文物之一。

　　修復專家楊曉鄔說，在一號神樹的修復過程中，起初並不知道樹幹與那條殘缺的青銅龍有何關係，待各自修好後，神樹卻無法單獨立起來，需要有個支撐架才能立穩。經過一番觀察，發現神樹的底座和樹幹

第四章　三星堆：失落文明的傳奇

有幾塊多出的小銅片，望著這幾塊小銅片，楊曉鄔突然意識到可能與剛修復的那條巨型龍有關，於是趕緊和助手把那條青銅龍搬過來核對，結果發現樹與龍正是相互配套的一件器物。他們把龍配上之後，神樹便可站立，不再倒下。此時楊曉鄔才明白，這條攀在樹上的巨龍除了它的文化內涵和寓意外，在技術工藝上明顯地發揮了保持樹的重心穩定而不倒的功用，單論這一方面的鑄造技術，就是一項了不起的發明創造和技術成就。後來經過多個實驗室配合研究，神樹的樹身採用分段鑄造法製成，運用了套鑄、鉚鑄、嵌鑄、鑄接等手法，可謂青銅鑄造工藝的集大成者。從現代美學的角度來看，神樹造型結構合理、布局嚴謹、比例適宜，對稱中有變化、對比中求統一，整棵樹雖由多段、多節組合而成，但觀之仍有渾然一體、天衣無縫之感，堪稱鬼斧神工、巧奪天工，達到了登峰造極的藝術境界。

圖 4-18 青銅樹

　　除了排序為一號的大型神樹之外，那棵中型神樹的下半部分保存得比較完整，只是上部已幾乎殘斷無存，僅有一根枝頭上有鳥造型的樹枝大致可以復原。樹的底座呈山形，應表示神樹長在神山上，上面刻有太陽和雲氣紋。座圈的三面各鑄有一方臺，上面有跪坐人像，人像雙手不

知握著什麼東西。推測此樹原高度也應在2公尺以上。小神樹共有4棵，但均因殘缺太甚，無法修復，不過從殘件上可看出樹幹呈辮繩狀，樹座盤根錯節、渾然一體，樹枝端頭造型應為人首鳥身像，有學者把它喻為俗稱的「連理枝」。

關於這些大大小小的青銅樹所展現的主題和用途，著名考古學家俞偉超在銅樹修復之時，曾受邀到成都進行親身觀察，並對當地學者發表了自己的看法。據俞偉超云：三星堆祭祀坑大量出土物中，最引人注目的就是這兩棵大銅樹和一個大型銅立人像。這不僅是因為它們形體高大，形象奇特，更在於其含義難明，可以引起很多遐想。據初步推斷，二者都應是當時土地崇拜的展現。三星堆的早期蜀文化既然存在很多商文化的因素，當時的蜀人與商人一樣崇拜社樹便是很有可能的事情。「社祀」是一種祭祀土地神的活動，糧食從土地中生長出來，古代的農業部落為了祈求農業豐收，所以普遍崇拜土地神，並把這種土地之神叫做「地母」。社樹就是一種地母崇拜的展現。當時的蜀人，既然已經以農業為生，當然會出現這種地母崇拜。況且以後的東漢時期，四川又是銅質搖錢樹最流行的地區，於是潛藏著類似的歷史文化傳統。如果把這幾方面結合在一起考慮，將三星堆大銅樹推定為社樹的模擬物，看來是問題不大的。

對於俞偉超的看法，考古學界沒有太多的爭論，但有不少補充或另外一個脈絡的全新論述。如參加三星堆發掘的敖天照則認為，這幾棵神樹應是「早蜀先民宇宙觀的具體模式，也是太陽崇拜的實物寫照，與古代民族普遍存在的自然崇拜有關。《山海經》和《淮南子》曾有扶桑和若木的記載，三星堆祭祀坑出土的一、二號銅樹，就是棲息神鳥的扶桑和若木。扶桑在東方太陽升起的湯谷上，若木在西方太陽落下的地方。天上的10個太陽，由10個神鳥運載。1個在空中，9個在枝頭……這就是

第四章　三星堆：失落文明的傳奇

遠古時代人們認為宇宙有『十日』的神話傳說，三星堆遺址出土的青銅大神樹，即太陽崇拜的具體展現。用這種方式以祈求太陽適時出沒、風調雨順、五穀豐登、人畜興旺」。

關於敖天照所說的扶桑與若木之說，早在 1970 年代，史家郭沫若曾有過一番論述。當三星堆二號坑出土青銅樹的消息公開不久，就有一大批學者以老郭的這篇文章為底本，再次推斷、論證青銅神樹所牽涉的扶桑與若木等問題。不過如同古人所云，薑還是老的辣。就學術程度而言，後來者似乎都未超出當年老郭論述的範疇。

除郭沫若所說的扶桑之外，在古代還有「建木」與「若木」兩種樹的說法，並且與四川之地有著不可分割的關聯。據傳在「都廣之野」這個地方，有一棵樹名叫建木，此樹有枝葉、花卉和果實，還有龍、蛇等動物。它的位置恰好處在天地的正中央，即所謂「天地之中」。一些名叫「眾帝」的神人透過這棵樹上天下地，此樹因而成了登天之梯。關於這個「都廣」的具體位置，學術界大多認為就是現在的成都平原，或更大膽地說是廣漢的三星堆一帶。而傳說中的若木，生長在建木的西邊，和扶桑樹一樣，也是樹枝上有 10 個太陽。那太陽的光華普照大地，大地萬物在這光明的照耀下得以生長。

扶桑、若木、建木，這三棵古代神話傳說中的神樹到底代表著什麼，它們與三星堆出土的青銅神樹又有何關聯？學界至今沒有統一的定論。

權力的魔杖

曾被誤認為是「金腰帶」而風靡一時的金杖自一號坑出土後，經清理、修復後，全長 1.42 公尺，直徑 2.3 公分，淨重約 500 克。從製作工

藝來看，先用金條捶打成金皮後，再包捲一根木杖而成。出土時金皮已被壓扁變形，木杖因年代久遠早已蕩然無存，只是金皮內尚存炭化的木渣，依此推測原來內部應有木杖。

這根金杖之所以引起學者們的高度重視，除了本身是用黃金做成的器物之外，最為珍貴和富有研究價值的是在杖的一端，有長 46 公分的一段圖案。這段圖案經修復專家楊曉鄔用特殊的化學藥品清洗、除汙，極清晰地發現圖案共分三組：靠近端頭的一組，為兩個前後對稱，頭戴五齒高冠，耳垂三角形耳墜的人頭像，一副笑容可掬的樣子。另外兩組圖案相同，兩隻兩頭相向、鉤喙似魚鷹的鳥，在展翅飛翔，背上各有一支射進魚頭的箭——對於這個圖案，學者們有兩種不同的解釋：一是認為表示箭貫穿了鳥身又射中了魚頭；再是認為那不是箭，應叫「穗形物」，並進而推測當時的農業已有了水稻種植。

由於金杖圖案的魚和鳥緊密相連，有學者認為，表現的應是分別以魚和鳥為祖神崇拜的兩個部族，兩個部族聯盟組合成了傳說中的魚鳧王朝。另有學者認為，圖案中的魚和鳥本身就是魚鳧的圖畫闡釋，也就是魚鳧氏及魚鳧王朝徽號和圖案標誌。據《蜀王本紀》記載：「蜀之先稱王者，有蠶叢、柏灌、魚鳧、蒲澤（即杜宇）、開明。」其中柏灌、魚鳧、杜宇都崇拜鳥，並以鳥為圖騰。魚鷹即魚鳧，紋飾圖案的意義可能是透過巫術以祈求捕捉到更多的魚。魚鳧時代的經濟來源以捕魚為主，出土的金杖應是與魚鳧時代有關、具有巫術性質且兼具古代蜀國王權象徵的權杖。

四川學者屈小強在將這根金杖與中西亞文明對比後認為，以杖作為王權或神權的象徵，雖然在古埃及文明、愛琴海諸文明以及西亞文明中是司空見慣的文化現象，卻畢竟不合於中華古文明傳統。夏、商、周三代王朝都用「九鼎」象徵國家權力。夏代開國，「禹鑄九鼎」。從此，易

第四章　三星堆：失落文明的傳奇

鼎成為權力轉移的同義詞,並有「楚子問鼎」、「問鼎中原」之類的成語典故傳世。而古代蜀國為什麼不用鼎、而是以金杖象徵王權,並當作古蜀王國政權的最高象徵物,這可能是古蜀王族畢竟與中原華夏族關係較遠(雖可能同屬北蒙古利亞小種族),不是中原王朝的支裔或封侯之故。因而,在政權象徵問題上,便未依照中原方式。這個現象說明古蜀國具有與中原同時期文化不同的來源與內涵。而權杖所反映出的異域文化因素,則有可能再次證明古蜀社會的對外開放程度,證明古蜀王族可能引進了古埃及文明、古西亞文明的某些政治制度,只是這些引進形式多於內容罷了。

屈小強的這一論斷,學者劉少匆明確表示不敢苟同。劉氏認為屈小強是只知其一、不知其二。真正的歷史事實是,古代中國並非無權杖之說。中國人用杖,由來已久。杖,既是一種生活用具,也是一種裝飾品。《山海經‧海外北經》,就有「夸父追日,棄其杖,化為鄧林」之說。《山海經‧海內經》說都廣之野「靈壽實華」,靈壽木就是做杖的好材料。《漢書‧孔光傳》中有「賜太師靈壽杖」的說法。古蜀人來自山區,用杖助力,更是一種必要的器具。而中國歷代王朝,都有賜杖與老臣的慣例。如《禮記‧曲禮》曰:「大夫七十而致仕。若不得謝,則必賜之幾杖」、「謀於長者,必操幾杖以從之」。而不同身分的人,手杖裝飾和長度都各不相同。戲曲中,皇家使用的「龍頭枴杖」雖是道具,長度和三星堆所出金杖差不多。至於包金枴杖、包銀枴杖、木杖、藤杖、竹杖……品種甚為複雜。而杖首、杖身裝飾各種花紋及造型,更是珍貴手杖所必備。否則,怎麼表示自己的身價?既然可以彰顯身分,當然可以代表權力。因此,以金杖象徵至高無上的權力,是不爭的事實。

為此,劉少匆更舉例說,根據古玉研究專家古方考證,在江浙一帶的史前良渚文化大墓中,就有包括玉戚、玉鉞等在內的儀仗性質玉質附

權力的魔杖

件出土。這些出土的附件連起來，就是一件完整的玉杖。如江蘇武進縣寺墩遺址三號墓的平面圖上，明確地顯示玉戚上部約 6 公分處的「玉格飾」和下部 44 公分處的「帶槽玉器」，應屬同一玉戚的上下兩個附件。考古工作者裝接復原了各部件，形成一件長 68 公分，有柄首飾（即玉首）和柄尾飾（即玉鐏）的完整器物，這件特殊的玉器就是墓主人生前用以顯示自己地位的權杖。此一考古證據至少可以說明，中國之權杖古來有之，且是土生土產的，不一定是受到西亞文化的影響。

當然，寺墩遺址墓葬中出土的玉杖與三星堆出土的金杖，在形式和性質上都有區別。前者是方國的國君，後者是一個聯合王國的君王，將金杖稱為王杖，恐怕更為確切。同時可以認為，魚鳥象徵吉祥，箭翎則表示威武，這正是金杖作為權力象徵的應有之義。但有人認為，這支金杖的圖案，有魚有鳥，當印證是魚鳧王所執掌。但直到目前，尚無任何實物能證明魚鳧王朝的族徽是由魚和鳥組成。金杖上的圖案，第一組當然是王者之像，但第二組、第三組，從順序上看，是先鳥而後魚。這種排列方式則很難解讀成魚鳧，而應讀成鳧魚才對，但歷史上的蜀國又沒有鳧魚這一名稱的國王。所以，要說這根金杖為魚鳧氏所用，理由還不夠充分。

關於劉少匆對魚和鳥這兩種圖案所做的結論，有學者認為這是劉氏本人只知其一、不知其二的表現和證明，並表示這柄金杖上的圖案毫無疑問就是魚鳧王的象徵和整個族屬的族徽。由此提醒劉少匆不應忽視或視而不見的是，在三星堆二號坑與金杖同時出土的還有一件青銅大鳥頭。這件器物高 40.3 公分，頭頂原似有冠飾。出土時，發現其鉤喙口縫和眼珠周圍皆塗硃砂，原本是一隻彩色的雄鷹。鷹頸下端有三個圓孔，推測是做固定用的。從製造形式上看，有可能是神廟建築上的飾件，也有可能是安裝在某個物體之上作為儀仗用途的象徵標誌。無論是文獻記

第四章　三星堆：失落文明的傳奇

載還是遠古傳說，作為遠古時代圖騰遺存及自然崇拜、神靈崇拜、祖先崇拜之物，鳥與蜀人有極為密切的關係，幾代蜀王直接以鳥為名，足證此點。而三星堆文物中眾多的鳥形器物及紋飾圖案，更從考古發掘的角度提供了有力的實證，反映出古蜀先民的鳥崇拜觀念。

有相當數量的學者認為，三星堆二號坑出土的青銅大鳥頭，其造型與魚鷹（魚鳧）的造型十分接近，應是蜀王（魚鳧）的象徵，也有蜀族的族名、徽號之含義。結合遺址出土數量龐大的魚鳧造型勺把（即鳥頭勺把），並綜合其他各種因素進行分析，認為三星堆古蜀國最繁榮的時代屬魚鳧王朝時期。如再連結到廣袤的蜀文化分布區域內，亦大量出土魚鳧造型的勺把，可推測三星堆古蜀國魚鳧王朝時期的勢力，已達到了一個相當廣闊的範圍。根據三星堆文化稍後時期的漢中平原出土、不乏帶魚鳧造型意味的青銅器群的研究，有學者認為漢中平原一帶是三星堆古蜀國的東北邊界，當盛極一時的三星堆古蜀國突然消亡之後，魚鳧氏的一支就遷徙到了此地，開始了新的生活。

毀於援周伐商

有關三星堆古城的前世今生已有了較為清晰的線索，那麼，在古蜀人類歷史上曾輝煌蓋世的三星堆古城，又是如何走上毀滅之路的呢？

遺憾的是，古代文獻沒有詳細記載，專家學者只能根據考古發掘資料透露的點滴資訊，謹慎地探索追尋，以希望有新的發現與突破。若按照三星堆遺址主要發掘者陳顯丹的觀點，三星堆古城是毀於古蜀人參與周滅商的一次軍事行動。

按照陳氏的說法，從古文獻中，可以看到古蜀人不僅與夏人發生爭戰，而且在商王朝統治時期也常與商人發生衝突。因此，在商王朝的甲

骨文中留下了隻言片語。從三星堆遺址發掘的情況來看，至遲在二里頭文化（學術界普遍認為是夏文化）時期，蜀族就與中原有著文化往來。商、西周時期交流更為密切。一號祭祀坑出土的器物中，除了金杖、金面罩、青銅頭像、部分玉璋等具有強烈的地方特色，為商文化所不見外，其他如尊、罍、盤等青銅容器與玉璋等都和商王統治區域內出土的商代前期器物的形制、花紋大致相符。在祭祀禮儀上，蜀人用「燔燎」法，可與殷墟甲骨卜辭中「燎祭」相互印證。甲骨卜辭中的「至蜀」、「徵蜀」、「伐蜀」所指的蜀，應該就是川西平原的蜀。這個川西平原的蜀與商是仇敵，但與西北部的西岐是要好的盟友。

由此，陳顯丹認為，西岐是周人的領地，當時周人也常與商人發生惡戰，周、蜀自然成了朋友和盟軍。因此，周武王與商紂王的決戰中，特別邀請蜀軍前往參加，蜀軍答應後，迅速在預定的甲子日之前趕到了集結地，此說應是可能的。歷史上著名的牧野決戰，周武王和他的弟弟周公統兵車 300 輛、勇士 3000 名，及西南盟軍蜀、巴、庸、羌、微、盧、彭、濮等國的精銳之師，在牧野舉行誓師大會。誓言說：我的朋友們，紂王的軍隊雖然很多，但天帝就站在你們的前面，你們必然會打勝仗。你們不要害怕，但也不要掉以輕心，拿起你們的戈，舉起你們的盾，勇往直前吧！誓畢，周武王率軍與商王的 17 萬大軍在牧野（今河南淇縣西南）之地進行生死決戰。

周朝的勝利，可以說主要依靠了四川境內幾個方國的軍隊，特別是巴、蜀的軍隊功不可沒。因此，當時的史官在《尚書‧牧誓》中這樣讚譽道：「武王伐紂，實得巴蜀之師，巴蜀之師前歌後舞，令殷人倒戈。」

陳顯丹結合文獻《逸周書》推斷出結論：「就在周與蜀等國聯合滅掉商王朝之後，蜀國的厄運到來了。由於蜀軍參戰將士對勝利果實的分配不滿，加上蜀王不願受周武王的支配，兩國之間便產生了新的矛盾。周

第四章　三星堆：失落文明的傳奇

王朝認為，商王朝雖已消滅，但蜀國卻是一個強國，而又不肯臣服於周，將來必是一大隱患。因此，周武王在克商的第37天，突然派兵襲擊蜀軍。蜀軍毫無準備，被周武王的軍隊打得七零八落，潰不成軍。蜀王手下的霍侯、佚侯等主要將領和其他46名各級軍官被生擒，損失車輛、輜重達1,000多輛，士兵死傷者無數，蜀軍元氣大傷。周朝自周厲王以後，由於朝野內外矛盾加劇，天下開始大亂。位於西南的蜀國首舉反周大旗，並率先稱王稱帝，以至各國仿效，紛紛割據，自立為王。在楚、秦、晉、韓、趙、衛等國稱王時，蜀又改王稱帝，並東伐西征。一下子與楚國交戰，又與秦軍對壘，以至於蜀王的江山，曾被楚國的開明氏所取代，直至若干年之後被秦所滅，成為華夏大國的一部分。」

蜀亡於水

針對陳顯丹的此一說法，四川大學教授林向明確指出，三星堆古城既不是毀於杜宇攻擊的戰火，亦不是終結於援周伐商的軍事事件，而是毀於一場大洪水的侵襲。據林向回憶，考古人員在現場發掘的某一天，四川省水利研究所的幾名工程師特地來工地參觀考察，當他們站在壕溝邊聽完林向的介紹後，面對發掘後刻意留下作為研究之用的巨大「關鍵柱」久久審視不去。在這根「關鍵柱」的剖面上，可以看到整體為16層的文化堆積中，第7層是個明顯的分界層，厚20公分至50公分的洪水淤泥層，頂面呈水平狀，底面則隨第8層的頂面形狀而傾斜，呈凹凸不平狀。發掘時，考古人員清楚地觀察到這一淤泥層存在於壕溝及其周圍，顏色為青黑色，純淨而幾乎沒有什麼包含物，僅在底部發現了一柄長24公分的柳葉形銅劍。在這一層之上，1層至6層分別是現代耕土層到東周層，下面的8層至16層，根據地層疊壓與陶器形態分析，可分為四期：

第一期，時代相當於新石器時代晚期。

第二期，時代相當於夏、商之際。

第三期，出土一組有特色的陶器，如小平底罐、鳥頭勺把高柄豆形器、杜鵑、綿羊等，還有一個被反縛的無頭石人像，相當於商代中期。

第四期，富有特徵性的文化發展至鼎盛，相當於殷末周初。建築遺址分屬於第三、四期，整個漫長的文化堆積看似在第7層突然產生了斷裂。

由此可以看出，這一根「關鍵柱」的剖面透露出文化堆積突然中斷的資訊，可能與不可抗拒的大洪水有關。對此，林向特別與前來參觀考察的水利專家對此進行討論。按照水利專家的說法，成都平原的東北部屬於沱江水系，東向穿越龍泉山的金堂峽，峽谷長12公里，最狹處不到150公尺。而平原西部，水系的上游素有「西蜀天漏」之稱，雨量集中在夏、秋季節。每當暴雨成災，東向穿峽的徑流量可大於3,000立方公尺，所以至今峽口的金堂縣時常發生水災。加上金堂峽常有壅塞的危險，兩岸山岩屬於侏儸紀蓬萊鎮砂岩與泥岩石層，最易風化崩塌，又恰有一條東向的斷裂帶經過，存在著每千年發生一次大於5級地震的危險性，更加大了水道堵塞的可能。一旦金堂峽被阻，就可能使廣漢、德陽、新都一帶低窪處成為洪澇澤國。

從文獻記載來看，古代蜀國確實有自己的洪水傳說，同時由於水的原因而發生政變，並導致了改朝換代，甚至遷徙都城。杜宇時代就發生過一次大洪水，並留下諸多記載，例如「其相開明，決玉壘山，以除水害，帝遂委以政事」、「帝升西山隱焉，時值二月子鵑鳥鳴，故蜀人悲子鵑鳥鳴也」、「開明王自夢郭移，乃徙治成都」等。儘管古代史學家常璩等人對這種包含真實歷史核心的神話傳說往往加以竄改，但至少可以從

第四章　三星堆：失落文明的傳奇

中看到三個方面的事實：一、杜宇時洪災極為嚴重，《蜀王本紀》說「若堯之洪水」，民不能「陸處」。二、因災而變，改朝換代，開明乃荊人鱉靈，等於是「異族王蜀」。三、杜宇下臺是被迫的，蜀人才會悲子鵑。過去，史家總說蜀史可信成分不多，今見這一根「關鍵柱」，可證明文獻記載並非空穴來風，事實勝過於雄辯。

依照林向的研究成果推斷，三星堆遺址出土的大量青銅鳥頭，鉤喙的鳥頭與杜鵑的形象相同，還出土了一件陶塑展翅的杜鵑鳥。這一連串的現象並非偶然，結合「關鍵柱」所透露的遠古資訊，可以這樣認為：三星堆古城的最後時期不是發生在魚鳧時代，而是晚於魚鳧的杜宇時代。在這個時代裡，代表古蜀文明權力中心的三星堆古城被洪災所困，當杜宇王所屬的四方部族領地被洪水淹沒，村寨被沖垮，三星堆古城在洪水的沖擊浸泡下，即將面臨滅頂之災，不得不率領舉國民眾棄城出逃。其後，古蜀國的權力中心都邑，便轉移到現今成都市區的金沙遺址。

假若林向的說法成立，則三星堆古城最後一幕場景應是這樣的：

大雨滂沱、電閃雷鳴，連續不斷的暴雨仍在不停地下著。這場雨對三星堆古城的老國王杜宇與四方族人而言，是一場末日之災。夜裡，杜宇躺在宮中那潮溼的床榻上，聽著洪水在城牆外面不斷拍打撞擊的聲音，心中充滿了焦慮與不安。這種聲音越來越壯闊響亮，越來越令人心慌意亂、膽顫心驚。直覺告訴他，岷江上游的狂濤巨瀾正以雷霆萬鈞之勢向三星堆古城沖壓而來。這一夜，杜宇好幾次披衣坐起，來到大殿門口，望著漆黑的雨幕中不時閃過耀眼的電光和隨之爆出的隆隆雷聲，心中不停地祈禱和哀嘆。

翌日清晨，老態龍鍾的杜宇在近臣的服侍陪伴下，憂心忡忡地登上城樓。登城的過程中，他感覺原本堅實的城牆此時已經像浸泡在水裡的

蛋糕一般，有點酥軟了。驚恐中，他不禁問道：「上個月我們祭祀過幾次天神、雨神和水神了？」

負責國家祭祀儀式的大臣立即上前，躬身稟報：「我們一共祭祀十幾次了，前一陣子每3天祭祀1次，這幾天改為每日1次。」

杜宇聽了，早已昏花的眼睛看向城外，望著在雨水泥濘中背筐挑擔、四散奔逃的草民百姓，又望望城內四處湧動的水流和一個個臉上布滿了驚恐之色、精神即將崩潰的紛亂人潮，絕望地垂下了頭。剛才答話的那位臣子看到主上一副憂鬱的表情，心中泛起一股酸楚，感到面臨局勢的危難與自己責任的重大。他連忙湊上前，既想表現自己、又像是要推卸責任地說道：「依臣之見，這些太廟裡的神靈好像一點也不中用了，是不是被嬌寵壞了，或者是中什麼邪了，在我們急需它們鼎力相助時，它們卻像死了一樣，一點表示都沒有，索性給點顏色瞧瞧，看它們還敢不敢鬧脾氣？」

「不許胡說！」杜宇用沙啞的語調打斷了這位臣僚的話，停頓片刻，又突然想起了什麼，輕輕地對陪同的眾臣僚們說道：「走，大家一起到太廟看看這些神靈到底是怎麼了。」言畢，在群臣的簇擁下，他走下城樓的瞭望臺，向城內的太廟走去。

高大的太廟殿堂中，香煙繚繞，霧氣迷濛。只見一尊尊、一排排、一列列由青銅鑄成，神態各異、大小不一的神偶、神物和各種玉器祭品，錯落有致地擺放在不同的位置，呈現出眾神薈萃的天國景象。

老杜宇先在群神面前跪拜、祈禱一番，然後起身，圍著廟堂繞了一圈，心懷怨恨與憤懣之情，暗暗想道：眼看我的蜀國就要國破家亡了，這些神偶一點救援的表示都沒有，看來確乎是不甚靈驗，還是趕緊想別的辦法自救吧。

第四章　三星堆：失落文明的傳奇

　　回到宮殿之後，杜宇提出尋找新的居住地和遷都的想法，眾臣表示全力擁護的同時，認為應遷往成都平原的腹心地帶，而不應該再回到平原西北邊、祖先們居住的山地。假如再回到那裡，對於已經熟悉平原農耕生活的部族來說，無疑將面臨著更多、更大的災難。杜宇表示贊同，於是吩咐臣僚趕緊派人到成都腹地，並聯繫其他部落，尋找新的居住地，同時令全城的官員和百姓做好大搬遷的準備。

　　洪水依然沒有退去的跡象，而且來勢更加凶猛。在越來越混亂危急、諸事紛雜的局勢中，主持搬遷的大臣向杜宇稟報：「那些用於祭祀的國家禮器是否全都帶走？」杜宇蹙著眉頭想了想說：「帶走一點象徵性的神物就可以了，其餘的留下，在我們撤出這座城之前要舉行一場盛大的祭祀，把這些不中用的偶像燒了。」

　　眾臣僚對老國王的話語，紛紛表示理解與贊同。是啊，即使再偉大的神靈，也要為天下蒼生服務，否則將不再被人民尊稱為神靈。

　　經歷十幾個晝夜的狂風暴雨，總算出現短暫的停歇，籠罩在滾滾烏雲中的三星堆古城迎來了一個短暫的喘息機會。但幾乎所有的人都清楚地知道，這是另一場更大暴風雨來臨之前的預兆，片刻的安寧根本無法阻攔城外的洪水，即將以更凶、更猛、更快的速度和更為浩大的流量湧向這座已岌岌可危的古城。

　　就在這個危機四伏、災難臨頭之前的空檔，一場特殊的祭祀在滿城哀怨與憤怒的目光中悄然開始了。在一塊高高的臺地上，一頭頭無法帶走的戰象和牛羊等牲畜被宰殺，以慰勞全城的將士和有功的官員。一件件青銅神偶和玉石禮器，被從太廟裡搬出，一堆堆散發著潮溼與霉味的木柴被架了起來。大火終於點燃了，呈麻花狀的滾滾濃煙伴隨著霉爛的氣味沖天而起，直接插入低低懸垂著的鉛灰色雲層。古城的上空，不祥

的大鳥撲扇著黑色的翅膀在天地間低低盤旋，不時發出一陣陣恐怖、淒厲的哀鳴。

火堆旁的臺地上，苦力們揮汗如雨地搶挖出兩個寬大的土坑。烈烈火光映照下，土坑外的武士們在如狼似虎地吞吃了烤熟的大象肉、牛羊肉之後，開始舉起銅錘、銅刀、銅棍、石頭等一切可用以撞擊與切割、分裂的工具，咬牙切齒地打砸和焚燒著從太廟裡搬來的各種青銅禮器。平日躲在高高的太廟殿堂之上、養尊處優的神偶們，面對這突如其來的災難，神通頓失、束手無策，一個個緘默不語，任憑眾武士的刀劈、錘砸與焚燒。

幾天之後，滔天洪水夾帶著滾滾巨浪席捲而來，在江河震盪、山呼海嘯中，洶湧澎湃的潮流伴著聲若巨雷的音響撞開了高大堅固的城門，折斷了城中高大的旗桿，席捲蕩平了城中的大街小巷、殿宇茅舍。瞬間，三星堆古城變成了一片澤國，水中漂浮著屋頂的茅草和嬰兒的衣衫……

3,000 多年之後，考古人員在三星堆遺址，發現了這次特殊祭祀留下的兩個土坑，以及壕溝中那一層青黑色的沙礫淤泥。

又過了十幾年，在成都平原腹心地帶，人們又發現了杜宇王朝自三星堆遷徙之後，在這裡建造的另一座新都城——金沙遺址。

金沙：古蜀國的承續

2001 年 2 月的一個下午，一個工地中意外地發現一批銅人、玉器，成都文管會得知消息後，迅速派文物科科長弋良勝和成都市考古隊勘探研究一部副主任馮先成前往處理。

■ 第四章　三星堆：失落文明的傳奇

　　弋、馮二人趕到金沙工地後，與警方一起維持秩序、保護現場，並迅速聯絡成都市考古研究所有關人員。所長王毅、副所長蔣成得知情況後，認為事關重大，當即派副所長江章華帶領考古隊勘探二部主任、當年曾參與著名的三星堆祭祀坑發掘的朱章義偕同副主任張擎，連夜返回成都處理這個突發事件。

▌又一個「三星堆」面世

　　第二天一大早，江章華等從綿陽連夜返回的三人和考古所的另外兩名工作人員一同來到現場。只見在人群圍觀的中心，開挖出了一條長約20公尺、寬約6公尺、深約5公尺的壕溝，壕溝內外一片狼藉，壕溝四周的剖面上有三處明顯的象牙堆積，壁上還殘存有大量的玉器、石器，溝底散落著石璧、玉璋、玉琮殘片和為數眾多的象牙。很顯然，這是一處重要的文化遺跡。一切安排妥當後，考古所技工和當地招募的近200名工人開始清理散土中的文物。僅花費一天，就從散土中清理出金、銅、玉、石、象牙、骨器等精美文物400多件。此後將近兩個月內，又清理出金冠帶、太陽神鳥金箔飾、金面具、金箔蛙形人等極為珍貴的文物1,300餘件。由於大多數器物遭到損壞，器物的定名、拼接、整理工作極其困難。考古人員經過多次努力，以最快的速度將第一批文物拼接成功，為了解金沙遺址出土文物的概貌以及遺址性質的判斷提供了有力的實物證據。

　　金沙遺址發現寶藏的消息逐漸傳開，成都市委宣傳部指示考古隊和市警察局於2003年4月4日召開新聞發表會，向國內外媒體公布金沙遺址的清理和發掘等情況,，並安排媒體到現場參觀考察。會後，各家媒體發表了所派記者撰寫的文章之外，同時在顯著位置以醒目標題轉發新華

社發出的消息：

又一個「三星堆」驚現成都

　　新華社訊　四川廣漢三星堆遺址以其神奇而輝煌的古代文明令世人瞠目，如今，又一個堪與三星堆遺址並駕齊驅的「金沙遺址」在成都西郊現身驚世。4月4日，記者從有關方面召開的新聞發表會上獲悉，目前考古工作者已在此發掘出土1,000多件極其珍貴的玉器、金器、青銅器、象牙器、石器等，其中有屬「國寶」級的文物數件。會後，記者在發掘現場看到，200多名考古人員與工人正在積極發掘。據介紹，現共布探方50多個，發掘面積達4,000多平方公尺。目前的發掘工作僅是冰山一角……

　　隨著消息的公布，金沙遺址立即受到矚目並在海內外引起了強烈轟動，人們以極大的熱情與好奇將目光投向成都平原以及那個被稱作金沙的城郊一角。遙想當年，三星堆遺址初露崢嶸，尤其是1986年兩個大型祭祀坑的發現與一大批青銅器的橫空出世，震驚寰宇的同時，也讓見多識廣的考古學家大開眼界、同時又大傷腦筋。突然出現於成都平原、如此高度發達的青銅文明，究竟是如何產生和發展的？為何這個文明到了商代晚期，在毫無歷史記載的情況下突然斷裂消亡？消亡之後，它的子遺又去了哪裡……諸如此類的種種謎團，使無數專家學者陷入困惑之中，在學術界掀起了一場空前的探討熱潮。在為期十幾年、連續不斷的論爭中，儘管各種不同的觀點、不同的猜測、不同的論證不斷被提出，但參與論爭的所有專家、學者都曾近乎一致地預言：「三星堆文明在商代晚期因某種外來的不可抗拒之力，突然斷裂消亡，此後它的子遺如同在滔滔洪水中漂流而去的諾亞方舟，永遠地離開了成都平原，再也沒有回來。這個輝煌蓋世的文明可謂是孤峰獨立、一騎絕塵，整個成都平原、甚至長江流域，再也沒有與其相匹敵的古代文明了……」

第四章　三星堆：失落文明的傳奇

意想不到的是，金沙遺址的地下寶匣突然開啟，此前各路專家的一系列論證、預言、神話相繼宣告破滅，一件件鮮活的出土文物以叮噹作響、清脆震耳的鐵證，昭示著三星堆文明在突然消亡之後，並沒有從蜀地蒸發，而是從廣漢悄然遷徙到了成都平原的腹心地帶，繼續維繫和延續著文化血脈，並以其獨特的風騷和更具魅力的文化氣象迎來了古蜀文明第二個奇峰。面對金沙遺址這座突兀而起、詭譎奇異的文化崑崙，凡是參與考察的專家學者們在大感驚訝與驚嘆的同時，不得不開始重新思索一個無法避免的命題——三星堆文明是如何興起與消亡的，它和金沙文明到底有何關聯？金沙文明真的是三星堆文明的子遺嗎？

▌太陽神鳥再現人間

隨著發現金沙遺址的消息公布，考古人員對此展開了持續不斷的大規模發掘，遺址的文化內涵以及與三星堆遺址的關係，也越來越清晰明瞭，林向等考古學家的預言與推斷，正一點一滴地得到證實。

自 2001 年下半年開始，成都市考古所的考古人員，又對玉石器、銅器、象牙等器物的出土地點進行普遍調查。與此同時，考古隊亦對遺址範圍內的摸底河南側金沙村一帶進行了文物勘探與考古發掘，並對摸底河北側的黃忠村、龍咀村周圍，及沿河地帶進行了大規模考古鑽探、文物勘探和考古發掘。

經過兩年多的努力，到 2003 年 9 月，考古人員進行文物勘探的工地達 66 個，共分布探溝 1,700 餘條，鑽孔 5,000 餘個，布置 5 平方公尺的探方 2,200 餘個，發現各類遺跡近 3,000 個，商周時期文化堆積面積近 35 萬平方公尺。大致上釐清遺址的大型建築基址區、祭祀區、一般居住

區、墓地等幾大功能分布區，對遺址的性質、時代等也有了較清晰的了解。整個金沙遺址面積達5平方公里以上。

從考古人員勘探和考古發掘的階段性成果可知，金沙遺址有著嚴格的布局結構。遺址的東部是宗教儀式活動區，遺址的中南部是居住活動場所，遺址的中部則是居住區和墓地，遺址的北部，是先後進行過兩次大規模發掘的黃忠遺址，其主體遺存的時代為商代晚期至西周時期，據考古人員推斷，應是金沙遺址的重點之一。

發掘成果顯示，遺址內文化現象極其豐富，共發現房址、窯址、灰坑、墓葬等近千座。其中有10餘座房址長度在20公尺以上，最大的一座六號房址長度為54.8公尺，面積達500多平方公尺。這些大型的建築分布遵循一定的規律。據考古人員分析，可能屬於同一組建築，而這組建築極有可能就是金沙遺址宮殿區的一部分。無獨有偶的是，這一地區的位置分布與三星堆遺址兩個祭祀坑和內城宮殿區的分布格局完全一致。發掘人員由此推斷，這可能是一處與三星堆遺址性質相同的大型商周時期蜀文化中心區域，是三星堆古城毀棄之後，古蜀國的又一都邑所在。

從金沙遺址出土的文物數量來看，可謂數目眾多，種類豐富。已出土金器、銅器、玉器、石器、象牙、骨器、漆器等3,000多件，另外有數以萬計的陶器和陶片。其中僅出土的金器就高達90餘件，器物種類有金面具、金冠帶、蛙形金箔、太陽神鳥金箔、鳥首魚身金箔、金喇叭形器、金盒形器、魚形金飾及大量金器殘片等。在這些出土物中，以金冠帶、太陽神鳥金飾、金面具最具特色和文化價值，器物製作工藝達到了極高的水準，堪稱同時期金器加工工藝的經典之作。

第四章　三星堆：失落文明的傳奇

圖 4-19 金冠帶，現藏金沙江博物館

　　最引人注目的金冠帶為一圓圈形，直徑約 59 公分、寬約 4 公分、厚 0.02 公分。此器物表面鏨刻四組圖案，其中以人面紋為中心，分布兩側的圖案完全對稱。每組圖案由一鳥、一魚、一箭和人頭圖案組成，紋飾構圖簡潔，主要使用鏨刻技術，間或採用刻劃工藝。考古人員發現，金帶上的圖案和鏨刻工藝與三星堆遺址一號坑出土之金杖上的圖案幾乎完全相同，因而可進一步說明金沙遺址和三星堆遺址的關係極其密切，**屬於連續的文化系統。**

　　為此，成都市文物考古所所長王毅透過研究對比後，曾明確對外宣稱：「這條金冠帶不是一般的裝飾物，它肯定是當時此地最高統治者戴在頭上、象徵特殊權力和地位的裝飾物。金冠帶上的花紋也不是普通的圖紋，而是這個民族或統治階層的特殊徽記，具有特殊含義，並非一般人可以使用，這種花紋在其他的考古發掘中極少發現。金冠帶上的魚、鳥紋飾與三星堆遺址最高權力的象徵──金杖的圖紋驚人相似，幾乎可以肯定金沙遺址的主人與三星堆的統治者一樣，同屬於蜀王，而不是隸屬於三星堆統治者的藩王。而兩種文化也屬於同一個文化系統，並且兩個遺址之間必然存在著某種特殊的關聯。儘管詳細的關聯情況一時之間尚難以確定，但可以初步推斷這個遺址的主人肯定是古蜀國的最高統治者之一，與三星堆的統治者地位相當。」

　　至於這條堪稱絕品的金冠帶出土的詳細情形，根據當時發掘的考古

人員張擎事後回憶道:「金冠帶的出土使我們激動不已,但也讓我們心有餘悸,因為這條金冠帶出自雨水管道的回填土中。回填土是挖掘機從溝中挖出,又堆放在人來人往的露天地方,待管道修好後,再由人工進行回填夯築,我們就是從雜亂的回填土中發現了它。現在回想起來,這件寶物沒有在中間的過程中被不法分子趁火打劫,能完整地保存下來,真是不幸之中的萬幸啊。」斯言甚是。

圖 4-20 立在金沙遺址的中國文化遺產標誌

　　遺址內出土的另一件堪稱神品的金器——太陽神鳥金箔,器身為圓形薄片,空心部分是圖案,外徑 12.5 公分,內徑 5.29 公分,厚僅 0.02 公分,重 20 克。從外形上看,與現代剪紙工藝製出的物品極為相似。據器物的發掘者朱章義、張擎等考古學家研究認為,中心鏤空的圓形代表太陽,其外側 12 道弧形代表太陽的光芒,整個器體具象地表現出運行中的太陽特徵。在器物外緣與 12 道太陽光芒之間又鏤空出 4 隻飛鳥,鳥的形制相同,均引頸伸腿、首足相接,張開的喙微微下鉤,逆時針同向飛行。中心的太陽及光芒和周邊的 4 隻鳥,共同組成了一個圓形的、極具動感的圖案,因而又被稱為「四鳥繞日」圖。其構思新穎、極富現代氣息,在商周時期出土的文物中屬於極其罕見的神品,達到了同時期工藝技術的頂峰。2005 年 8 月 17 日,國家文物局正式公布採用成都金沙「四鳥繞日」金飾圖案為「中國文化遺產標誌」。

第四章　三星堆：失落文明的傳奇

關於這件器物所代表的文化內涵，學術界大致傾向於「太陽崇拜」說。遠古時期的人類對太陽的東起西落，尚未具有現代人的科學認知。他們看到能在天空中飛翔的動物只有鳥，因此認為太陽的東起西落，是由鳥背負著太陽在天空中飛行，而且由一隻鳥來背負著又大又熱的太陽飛來飛去，一定感到很累，所以想像中應有多隻鳥輪替背負才比較合理，於是便有了白天和黑夜。《山海經・大荒東經》記載：「湯谷上有扶木，一日方至，一日方出，皆載於烏。」透過這個記載可知這件器物表明了古蜀人對太陽的認知和崇拜。

金沙 —— 大時代的終結

金沙遺址出土的銅器均為小型器物，大多不能獨立成器。據考古人員分析判斷，應是大型銅器的附件。而在發掘中發現的少量銅尊圈足殘片和大型銅異形器殘片，則暗示著在未來的發掘中極有可能出土大型青銅器。此次出土的器物主要有銅立人像、銅牛首形飾、銅戈等。其中青銅立人像高約 20 公分，重 641 克。人體立於座上，頭戴有 13 道光芒的太陽帽，長辮及腰，臉形瘦弱，兩耳有穿孔，雙手握於胸前，手腕上戴一銅飾物，腰繫帶，內插一物。其造型特徵與人物形象和三星堆二號祭祀坑出土的大型青銅立人像極為相似，這一鮮明特徵再度反映了金沙遺址與三星堆遺址在文化脈絡上驚人的一致性。

除金器與青銅器外，金沙遺址出土玉器 1,000 餘件，在所有出土文物中占有十分重要的地位。主要器類有玉琮、玉璧形器、玉璋、玉戈等，尤以十節玉琮、玉璋、玉人面等最有代表性。這批玉器表面色澤豔麗，呈現紅、紫、褐、黑、白等多種顏色，極富層次變化，打磨細膩有序，表面異常光潔，堪稱玉器中的極品。令考古人員格外注意的是，有

幾件玉琮在出土時，射孔中均填滿了沙子。在太陽的光照下，沙子金光閃閃，異常明亮。考古人員聯想到「金沙」的得名或許就是由於古河道中有沙金的緣故吧。

最令發掘者難以忘懷的是 2001 年 2 月 12 日上午。那是一個陰沉沉的天氣，考古人員張擎手拿微型攝影機正在聚精會神地拍攝發掘人員從散土中清理翻查出來的文物。9 時 30 分左右，一位技工突然喊道：「來，來，快來這裡拍一下，我發現了一件寶貝呢！」張聞聲立即趕過去，只見這位技工手拿一件東西，正輕輕抹著上面的泥土。仔細一看，原來是一件青色的大號玉琮。張擎見狀大驚，急忙對正在現場檢查工作的成都市考古所所長王毅喊道：「王所長，快過來，不得了了，這裡發現寶貝了！」王毅聽聞，急奔而來，從技工手中小心翼翼地接過玉琮一看，臉上立即露出驚喜之色。他捧在手中一邊觀察、一邊情不自禁地說道：「曠世珍品，曠世珍品啊！」讚嘆聲中，眾考古人員紛紛圍了上來，共同目睹這件寶器的曠世風采。

圖 4-21 金沙遺址出土的大型玉琮

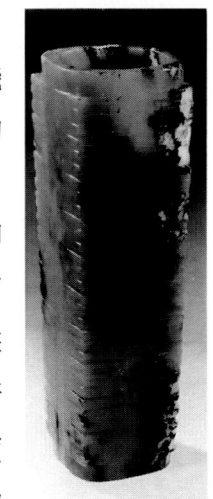

這件青色的玉器為十節玉琮，高約 22 公分，重 1,358 克。青色，上下共分十節，外方內圓，上大下小。玉器上共雕刻出 40 個神人面，每一個人面均雕刻出冠飾、眼睛和嘴，冠飾和嘴上還雕刻有比髮絲還細的微雕。這件器物和長江中下游地區新石器時代的良渚文化玉琮十分相似，但也有不同之處。從整體上看，良渚玉琮有粗獷之感，一般內壁較為粗糙，打磨不精，而這件玉琮卻精雕細刻，內壁打磨十分光滑，

圖 4-22 金沙遺址出土的石雕跪坐人像

第四章　三星堆：失落文明的傳奇

看起來比較內斂。特別令考古人員感到不可思議的是，著名的良渚文化是長江下游地區的新石器時代文化，而金沙遺址則是位於長江上游的商周時期遺址，兩者之間的時間差異達1,500年到2,000年，地理位置上也相隔數千公里。如此大的時間、距離之差，其中間的文化傳承關係是直接的還是間接的，頗令人費解。據王毅、朱章義、張擎等考古人員後來考證，這件器物的製作者可能不是金沙遺址的古蜀人，而是良渚文化的先民。也就是說，這件器物在商周時期已經是一件擁有1,000多年歷史的文物了。至於這件器物是如何歷經1,000多年而保存下來，又是如何輾轉數千公里而流傳到成都平原，並經古蜀人之手埋藏於金沙遺址之中，則成了難解的謎團。

與三星堆遺址有所差別的是，在發現大量精美玉器的同時，金沙遺址還發現了近700件形態各異、用途不同的石器，品種主要有璋、璧、虎、蛇、龜、跪坐人像等。根據發掘人員研究，這些器物大多不具有實用性，而與宗教祭祀活動密切相關。尤其是跪坐人像和動物形石刻圓雕作品，造型優美，栩栩如生，是中國目前發現的時代較早、製作最為精美並和祭祀活動有關的石雕藝術品。其中幾件跪坐人像，高15公分至25公分不等，整體形象是頭髮中分，長辮及腰，雙手反縛並有繩索捆綁。兩耳穿孔，嘴部和眼眶塗抹鮮豔的硃砂，如同現代女性一般戴耳環、塗口紅，表情各異。

據分析推斷可能是奴隸或戰俘的象徵。令考古人員大感興趣的是，這幾件跪坐人像均出土於金沙遺址的祭祀區，並和玉器、銅器等一起出土，說明它們同樣是作為祭品而被埋於地下。這一祭祀的形式，又可說明成都平原已具有了高度的文化和文明程度。而同一時期，中原地區商周王朝的王和貴族們殺人祭祀仍十分普遍，在甲骨文中有許多記載，考古發掘中也發現大量的實物，二者的文化差異如此之大，是學術界在此

之前所未曾想到的。

金沙遺址的發掘除了發現各種大小不一的器物之外，更重要的是發現了遠古時代的建築遺存，其中位於摸底河北岸的黃忠村「三和花園」工地內，發現了17座大型房屋建築基址。房址均為木（竹）骨泥牆式建築，多數為長方形排房。這些排房在建造時，一般是先開挖牆基，再安置其他各部件，牆體多採用木骨泥牆或加立柱的工法。由於時代過於久遠，晚期破壞比較嚴重，發掘時牆體和地面均已不存，僅有牆基槽和柱洞尚依稀可辨。

其中被埋在黃土之下數公尺、開口在第5文化層之下的6座房址，布局較有規律，均為大型排房建築，雖然因發掘場地限制，有3座房址未能發掘完畢，但可以肯定這6座房址為同時規劃和修建的一組建築。

這一組建築基址的發掘總面積在1,000平方公尺以上，是西南地區所發現最大的一組建築群。從幾十年來的考古情況看，在西南地區極少發現以木骨泥牆為主體的宮殿式建築基址，據發掘者推斷，這種成組的大型排房建築絕非一般平民所能擁有，只有古蜀國最高統治階層才有能力去修建這一工程浩大的建築物。結合金沙村出土的大量同時期祭祀用品和專用祭祀場所分析，這一組建築基址很可能是金沙遺址的中心宮殿區，也就是當年古蜀國的國王臨朝聽政、發號施令，以及群臣朝議之地。

九歌

隨著金沙遺址的發現與發掘，三星堆遺址與出土文物亦更加引起世界關注。

2003年5月10日，新華社對外發布了這樣一則消息：

第四章　三星堆：失落文明的傳奇

金沙江再次震驚世界

　　中華人民共和國成立以來，四川省規模最大的一次科學考古發掘——金沙遺址考古發掘工作再次取得突破性進展，3,000多件珍貴金器、玉器、石器、青銅器、象牙器和數以萬件陶器、陶片的出土震驚了社會各界。該區域占地200畝的地下，已探明有數萬平方公尺的文化遺存堆積，神祕的金沙遺址的地下分布情況正逐步明朗。

　　據考古專家稱，金沙遺址極有可能是三星堆文明衰亡後在成都地區興起的一個政治、經濟、文化中心——古蜀國在商代晚期至西周時期的都邑所在。透過對金沙遺址的發掘與研究，對建立成都平原先秦考古學文化序列和對巴蜀文化的深入研究，以及破解三星堆文明衰亡之謎等具有重要的學術意義。據初步研究結果表明，古蜀國統治者在成都附近的活動從原來認為的2,500多年，向前推進到3,000多年之前。

　　另據可靠消息，由於金沙遺址近期不斷地有驚世發現，已引起國際社會和聯合國教科文組織的極大關注，國家文物局近日已決定將金沙遺址和三星堆遺址聯合申報世界文化遺產。四川省和成都市政府部門已決定重新投入經費，啟動已停止幾年的三星堆遺址勘察與發掘，並對原出土的文物進行全面修復和展出。金沙遺址的發掘和保護也將按照三星堆工作站的模式，在此處建立長期的考古工作站和興建一座大型遺址博物館。

　　或許，這是自1986年三星堆兩個祭祀坑發掘以來，向外界傳遞的一個最令人振奮的訊號。這象徵著幾十年來，在與文物相關各單位部門經歷了如此多的風霜雨雪、明爭暗鬥的角逐拚殺之後，一段悲愴蒼涼的考古歷史有可能宣告終結，從而在法制規範與建設和諧社會的基礎上，走上以國家利益為最高目標的理性、祥和、自然的坦途，但願這一美好的願望能在新的世紀光照中成為現實。

第五章
破解《孫子兵法》的密碼

銀雀山奇緣

　　1972年4月，位於山東省臨沂縣城南一公里處的銀雀山，一群工人在城關建築隊負責人朱家庵帶領下，揮動手中鎬頭在銀雀山的上半部鑿石刨土。

　　突然，一名外號叫「驢」的建築工人，感到自己挖的部位有些不對勁，便停下手中鎬頭，懷著好奇四周檢視。待他換了鐵鏟，將可疑處的碎土亂渣一點一點扒開，眼睛驀地一亮：在剛才刨鑿的坑中，有一個長方形豎穴的邊沿顯露出來。儘管這個豎穴填塞著泥土碎石，但從外部遺留的印痕可以看出不是天然形成，像是人工開鑿而出。

　　因為這一偶然發現，「驢」的眼睛亮了幾秒鐘，又漸漸黯淡下來。在他看來，這不是一件什麼了不起的大事，只是平常的一點意外而已。這一帶，星羅棋布地散落著許多古墓葬，這些墓葬由於年代久遠，有許多已經被無意挖掘或有意被盜，尚有零星的墓葬土堆還能看得見、摸得著，但多數已失去了地面標示，而不為世人所知。像眼前這類豎穴，當地百姓在刨土掘坑時時常發現，已是見怪不怪，一律稱之為「爛墳壙子」。

　　一個上午過去了，「驢」挖掘的豎穴離地表已深約1.5公尺。此時，不僅坑壁完全暴露在外，隨著鎬頭劈落，坑底傳出異常的聲音，並逐漸挖出一塊塊質地細膩的灰白色黏土。此一奇特現象依然沒有引起「驢」的

第五章　破解《孫子兵法》的密碼

重視。在他的心裡，不管白泥還是黑泥，反正都是「爛墳壙子」的汙泥垢土，通通掘開扔出去，以儘快完成自己的份內工作。

直到下午 3 點多，建築隊中一名叫孟季華的老設計師無意中走了過來，因此改變了這座古墓的命運。

「驢」看這個老頭不同於往常，頗有些悲憤的模樣，並不理會。孟老先生更不想跟這個全隊出了名的固執單身漢囉唆，他接近坑邊，便想繞道走開。剛一轉身，被某樣東西絆到，搖晃了一下，驚悸之餘，放眼環顧，突然發現了一大堆白色的土碴。

「咦，怎麼有這玩意兒？」孟老先生心中問著，愣了片刻，突然意識到了什麼，急忙邁步來到坑口，眼睛為之一亮，脫口喊道：「哎呀，這不是座古墓嗎？『驢』呀『驢』，別再挖了，我去跟文物組那些人說一聲，看他們怎麼辦吧！」

滿身熱情加激情的孟老先生走下山，騎上停放在草叢中的腳踏車，一路急蹬來到臨沂縣文化局文物組，跟該組業務專員劉心健說明情況。劉心健聽完覺得有點意思，便和另一位業務人員張鳴雪一起騎車隨老孟到銀雀山看個究竟。

銀雀山並不高，跟一個土嶺差不多。在銀雀山東南邊，還有一個相似的小山岡，名曰金雀山。當地〈城區略圖〉記載：「城南二里有二阜，東為金雀環，西為銀雀環，挺然對峙，拱衛縣治。」

此時的銀雀山已今非昔比。自 1958 年始，整個臨沂城掀起一股挖掘礦石的風潮，金、銀二山是首選之地，幾年下來，兩山已是千瘡百孔、窟窿密布。1972 年，臨沂地區衛生局決定在銀雀山上半部興建辦公大樓。工人們清理挖掘高低不平的石頭坑，準備施做樓房地下室基槽。就在這次清理中，意外挖到了墓穴。

劉心健、張鳴雪來到「驢」挖掘的地方略作觀察，只見坑的下面明顯是一處古墓，就其大小而言，在臨沂城周邊地區屬於中上等的類型。至於墓葬的年代，是秦漢還是唐宋，以及是否被盜，價值如何，一時之間尚無法斷言。不過據先前發掘的經驗判斷，銀雀山是一個比較大的漢墓群集中地，推論是漢墓的可能性較高。但不管是不是漢墓，既然已經發現，就要做相應的清理發掘。

此時，在場的所有人都沒有想到，這座看起來並不顯眼的古墓，幾天之後將引爆一場轟轟烈烈、震驚寰宇的考古大發現。

開始發掘

這是一座長方形豎穴式墓葬，墓坑直接在山岡岩石上開鑿而成，墓壁直上直下，沒有發現其他墓葬慣有的斜坡墓道。墓室南北長3.14公尺，東西寬2.26公尺，地表至墓底深度為3公尺。不知是因為年代久遠還是其他原因，墓室上部有較大面積的殘損。這些殘損導致室內積了約有半公尺厚的汙泥濁水。從殘損部位處可見在墓坑與槨室之間曾填入大量質地細膩的灰白色泥土。這種泥土俗稱白膏泥，它的作用主要是隔絕墓室與外部空氣，防潮、防腐，保護墓室，尤其是保護棺槨內屍體和器物長久不朽。

儘管墓室殘破，滲入了積水，內部器物明顯受損，但對墓主人棺槨似乎影響不大，若用鎬頭敲敲槨板，尚能聽到「咚咚」的聲音。只是這聲音並不清脆，綿軟中透著沉悶，表明木材已經腐朽。

發掘人員將零星的碎石、散土清理後，準備打開木槨頂層蓋板。將棺槨板蓋的大部分揭開後，望著汙水中一堆亂七八糟分布的文物，劉心健請「驢」和他的幾個同伴，先用鐵桶舀出墓坑內的一部分積水。然後由

第五章　破解《孫子兵法》的密碼

劉心健、楊佃旭沿著槨箱自上而下、自南而北，一層層取出。隨著時間推移，先後有鼎、盆、壺、罐、盤、俑等陶器，以及耳杯、盤、奩、木盒、六博盤、木勺等漆木器出土。

到了下午4點30分左右，楊佃旭發現一個陶盆，立於邊箱東北角的泥水中，由於相距較遠，難以拿取，便找來一根繩子拴在腰上，讓「驢」和他一個同伴在後面拉住，身子大幅度傾斜於邊箱中。待穩定後，雙手伸出，手指捏住陶盆邊緣用力往上一提，盆子底部受到其他器物擠壓，竟「啪」的一聲斷為兩截。懊悔中的楊佃旭心痛地「哎——」了一聲，調換角度，準備提取其他器物。身旁的劉心健見此情形，急忙勸說道：「老楊，你還是把那半塊盆子拿出來吧，要不然編號不好編。」

竹書顯露

楊佃旭聽聞此言覺得有理，回到原來位置，伸手提取殘留的半塊陶盆，但試了幾次都沒有成功。由於器物底部連泥帶水，看不清楚，楊佃旭不敢硬拿，只好找來一把木勺，將殘存的積水，一點一滴向外舀刮。

隨著積水減少，厚厚的淤泥如同粉條工廠中的澱粉，漸漸突顯出來，隨葬器物也比先前看得較為清楚。原來這半截陶盆被一件歪斜的橢圓形木盒和一件彩繪筒形漆耳杯覆壓著，木盒與漆耳杯又同時和一堆亂草狀的物體相連。由於泥水混雜其間，只看到一團黑，難以詳細分辨。

按楊佃旭推斷，這一堆亂草狀的物體，似乎和先前在南半邊取得的一個盛栗子、核桃之類瓜果的竹筐相似，或者說這就是一個竹筐，只是不知什麼時候，竹筐已被壓扁，目前和泥水擠成了一堆，並有些腐爛了。

既是竹筐，按照一般常識，其世俗的價值就不是很大。但既然是田野考古發掘，就要按照科學規則處理，價值再小也要取出來。想到這

裡，楊佃旭弓腰伸臂，將面前那堆已黏在一起的器物穩穩地攬於手中。只見他運足了力氣，「嘿」的一聲喊，幾件連體器物被從泥水中一塊拖出來。正在旁邊舀水的劉心健放下勺子，轉身接下來，本來想一次運出坑外，又覺得過於笨重，猶豫片刻，決定將那件連在一起的小木盒和漆耳杯單獨分離出來，向外搬運就方便一些。

劉心健將器物放到眼前一個土臺上，左手按住一堆爛草狀的東西，右手抓住盒、杯二器，張口呼吸，氣貫丹田，雙臂使力，嘴裡喊聲：「給我開啊！」

隨著「噗」的一聲，手中的物體瞬間斷為兩截，那個木盒和漆耳杯如願掰開。有些意外的是，那看似一堆亂草狀的物體，在力的作用下隨之斷為兩截，一截仍附身於盒、杯二器；一截則散亂不堪地四散於地下的泥水之中——此時此刻，無論是劉心健還是楊佃旭，或是地面上的王文起、張鳴雪等人，萬萬沒想到這一堆亂草狀的器物，正是後來舉世震驚的、包括千年佚書《孫子兵法》在內的絕世珍品——竹簡書。

由於劉心健的錯誤判斷和操作，致使原本一個好好的整體分裂散亂，為後來的整理工作和學術研究，埋下了災難性的伏筆。當然，就這批價值連城的珍寶而言，這個令人扼腕的結果，僅僅是一個不妙的開端。隨著發掘不斷進展，尚有一連串的劫難將在這塊多災多難的土地上反覆上演。

劉心健將一堆零散器物分為幾次托舉出墓坑，由王文起等人傳遞給張鳴雪，再由張氏裝入坑邊的平板車。就在這次傳遞中，竹簡的命運又雪上加霜，被弄得亂上加亂，整個坑內、坑外，遍地都是殘斷的竹簡，災難性惡果進一步加劇。

此時，處於墓坑邊箱最前沿的楊佃旭，又從汙泥中摸出了幾件漆器

第五章　破解《孫子兵法》的密碼

與幾枚銅錢。漆器和剛才摸出的大致相同，銅錢經過劉心健檢視，是西漢文景時期的「半兩」。這種「半兩錢」，在以往發掘的古墓中時常發現，因為其多，用世俗的眼光看就很「不值錢」，但若用學術眼光看，卻有其獨到的價值，尤其在斷定古墓年代方面，有著其他器物不可替代的重要地位。

正因如此，劉心健意猶未盡地對楊佃旭喊道：「老楊，再摸一摸，看還有沒有，這錢很重要！」

聽對方如此一說，楊佃旭嘴裡「噢、噢」地答應著，雙手又在邊箱泥水裡摸索起來。就在這時，蕩動的泥水自靠近箱壁的地方緩緩沖出一塊薄薄的、約有 3 寸多長、草葉樣的竹片。這竹片如同一葉小舟，在寬闊的河面上輕輕蕩漾。這個細小的插曲，意外地引起楊佃旭的注意，冥冥中似有一種不可言狀的神祕力量，使他的眼睛為之一亮。他似乎得到神的啟示，下意識地將竹片順勢捏在手中，並藉助箱中的積水將汙泥沖刷一遍，而後隨手遞給了身後的劉心健。

劉心健突然接到半截小竹片，第一個感覺是屬於哪個陪葬核桃筐掉下的殘渣，這種毫無價值的東西，楊佃旭打撈上來，純屬多此一舉。這樣想著，剛要扔掉，又突然想起三天前老局長威嚴的訓示：「哪怕是一片草葉，也要給我拿回來！」劉心健心中驚地打了個冷顫，暗想眼前這東西不正是一片草葉嗎？既是草葉都要拿回去，那就照辦吧，否則屁股可能要挨板子。

想到此處，他剛要鬆開的手又縮了回來，眼望半截竹片端詳起來。他朦朦朧朧地意識到，眼前這半截竹片並不像是核桃筐的殘渣，究竟是什麼東西？一時也無法弄清。

在這個意識驅使下，劉心健急轉身，對仍趴在邊箱提取器物的楊

佃旭喊道：「老楊，你再摸一摸，看還有沒有剛才那個像草葉一樣的東西？」

楊佃旭「噢、噢」答應著，伸手在原來的地方摸索了一遍，扭頭說道：「沒有，什麼也沒有，我看你沒喝酒像喝了酒一樣。」說完便不再理劉心健，繼續提取其他器物去了。

劉心健拿著半截竹片爬出墓坑，正當他欲藉著陽光端詳，要弄個究竟之時，突然看到不遠處，一前一後走來兩個人。待這二人來到近前，劉心健一眼認出了其中一人，隨即喊了聲：「老畢，你們怎麼來了？」

對方打著招呼走上前來，劉心健忙向前與來者握手，並向坑外其他幾位介紹道：「這是省博物館的老畢⋯⋯」於是，大家暫停了發掘，在墓坑內外寒暄起來。

突然來人

來者是省博物館文物組工作人員畢寶啟、吳九龍。

畢寶啟和劉心健曾有過業務上的往來，算是舊識，因此雙方一見面便熱情地寒暄起來。畢寶啟簡單說明來臨沂的目的，劉心健便熱情地邀請二人道：「既然來了，你們今天就別走了，乾脆和我們一起發掘吧。」

滿臉寫著疲憊的畢寶啟對眼前這個墓沒有多大興趣，便推託道：「我們還沒有拜會地區主管，明天再說吧。」說著，就要招呼吳九龍告辭。

此時，吳九龍正好奇地觀看墓坑外一堆被劉心健扔掉的亂草一般的東西，聽到畢寶啟招呼，順手將那亂草一般的東西撿起了兩根，輕聲說：「老畢，我怎麼覺得這東西像是竹簡，找點水沖一下，看看有沒有字。」

第五章　破解《孫子兵法》的密碼

　　說著，他來到一個破水桶邊，用一塊小布片在水桶裡蘸了水，慢慢擦洗那兩根竹片上面的淤泥與水鏽。當他的手指攜帶布片，在竹片上最後一次劃過時，眼前驀地一亮，竹片上真的顯露出一行黑色字形，吳九龍不禁「啊」了一聲。驚愕之中，他強按住狂跳的心，瞪圓了眼睛，仔細辨別面前的文字。上面是帶有篆意的隸書「齊桓公問管子曰……」七個字。

　　按照吳九龍所理解的歷史知識，這上面的幾個字並不難懂。齊桓公乃春秋時期五霸之一、齊國最高領導人。管子則是這個國家一人之下、萬人之上的宰相。這七個字，說明君臣正在進行一場對話。關於這場對話的內容，很可能寫在其他的竹簡中。想到此處，吳九龍對畢寶啟與劉心健等人說：「不得了了，這墓裡挖出寶貝了，是竹簡，有字，上面有字！」

　　幾個人聽聞，大驚，立即圍上來，瞪大了眼睛，爭相觀看吳九龍手中的竹簡。畢寶啟看了，滿臉的疲憊蕩然無存，情緒高昂、神態激動地說：「沒錯，是竹簡，是竹簡！」他一邊說著，一邊像突然想起了什麼，對眾人道：「這墓中突然出現兩根竹簡殘片，絕不是孤立的，也不是偶然的，應該有它的同伴，有它必然的時代背景，快找找，看還有沒有。」

圖 5-1 銀雀山漢墓竹簡出土時形狀

話音剛落，吳九龍幾步上前，來到剛才撿拾竹簡的地方。驀然發現，原來那看似一堆亂草的東西，竟全部是竹簡殘片！──這堆殘片，長短不一，混合於汙泥中，若不仔細辨別，很難認出這就是價值連城的竹簡書。

「快來看，這一堆全是竹簡！」吳九龍大聲喊著。眾人瞬間圍過來，嘴裡嘰哩咕嚕地說著什麼。待一陣騷動過後，吳九龍小心謹慎地彎腰撿起那一堆散亂的竹簡，悄悄放於坑外由張鳴雪守護的兩輪平板車中。為進一步證實竹簡真偽，並了解其中的內容，劉心健快步來到平板車旁，又從那堆腐草狀的竹片中隨便抽出長短各一枚，來到不遠處的鐵桶邊，學著吳九龍的樣子，用水擦去汙泥，眼前又出現了「齊威王問孫子曰……」、「晏子曰……」等文字。

眼前這一堆亂草狀的竹片，很可能全部或大部書寫著文字，記載著一篇或數篇古代文獻。由於時代久遠，這些出土文獻無疑具有重大學術價值。

望著手中的竹簡，他們感到事關重大。向縣文化局及省博物館主管彙報後，經省、縣雙方人員商定，於第二天開始聯合發掘。同時，鑒於這一墓葬所出竹簡的重要價值，由臨沂政府和當地駐軍聯繫，請求派出一個排的兵力，警戒、保護墓坑與出土文物。

聯合發掘

4月16日上午，省、縣雙方組成的聯合發掘組進入工地，臨沂軍分區根據當地政府請求，令直屬獨立營派出一個加強排，荷槍實彈開赴銀雀山，對墓葬進行日夜守護。

按照此前雙方商定的計畫，墓室發掘主要由吳九龍、畢寶啟、蔣英

第五章 破解《孫子兵法》的密碼

炬三位省博物館考古學家負責，縣文化局的劉心健等人員則負責排水、傳遞器物、維持秩序等二線工作。當一切正常運轉後，當天下午2點左右，吳九龍等發掘人員在邊箱西南角發現了一批竹簡。鑒於上次被折斷的教訓，發掘人員找來一塊大木板，由吳九龍、蔣英炬二人輕輕插入竹簡下部，然後將竹簡和泥水一起托舉出來。這個看似簡單的做法，有效地避免了悲劇重演。

當竹簡被托出之後，為驗證真偽，蔣英炬從中間提取一枚檢視。經水沖洗，竹簡上面赫然出現了「而擒龐涓，故曰，孫子之所以為者」十幾個墨書隸字。

「這文字與孫臏有關，是不是我們發現了《孫子兵法》？」蔣英炬脫口喊了一句。

眾人一聽，精神大振，圍上前來議論紛紛：「上次劉心健抽出的那枚竹簡就有孫子二字，這次又有孫子，上面的文字既有龐涓，又有孫子，那麼這個孫子應該就是人們熟悉的孫臏，如果這批竹簡記載的不是《孫子兵法》，也與孫臏有關，若果真如此，這批竹簡將具有不可估量的重大學術價值。不得了，不得了啊！」大家議論著、猜測著，一時群情激昂、幹勁倍增，僅花了一天，就將邊箱的器物全部清理完畢。

圖 5-2 一號墓出土的漢簡

正當大家為此次發掘成果慶賀之時，在同一天，遠在千里之外的湖南長沙，幾十名考古人員正雲集馬王堆一號漢墓的墓坑，開啟了龐大厚重的棺槨，保存完好的千年女屍隨之橫空出世。這一偶然的巧合，揭開

了又一輪震驚中外的考古發現的序幕，不僅為剛剛復甦的中國文物界帶來了劇烈衝擊，同時也吹響了中國 20 世紀「考古中興」的號角。

由於銀雀山漢墓（此時根據出土器物等初步斷定為漢墓）重大考古發現被證實，前來增援的蔣英炬和其他發掘人員把棺內器物清理完畢後，準備連夜回濟南覆命。臨行前，徵得臨沂縣相關單位同意，他們帶回已經抽出的那枚記載孫子與龐涓之事的竹簡，以做為實物證據請主管過目。出於安全考量，蔣英炬特別派人到醫院買來一支玻璃管，將竹簡裝入管內後密封。

發現二號墓

蔣英炬回到濟南的第二天，銀雀山挖地基的「驢」等幾位工人，在墓坑的周邊清理時，偶然發現另外一個墓葬坑的痕跡。

根據「驢」等人回報的情況，畢寶啟、吳九龍、劉心健等再次前往銀雀山檢視，證實這確是一座古代墓葬。由於銀雀山只有一層薄薄的植被，植被下面就是巨石，墓坑是鑿石而成，上面的覆土顯得格外鬆軟。正因這種特殊情況，讓「驢」等工人輕而易舉地發現了這座藏匿千年的古墓。

考古人員根據此墓坑與已發掘的墓葬只有幾十公分之隔的現象推斷，二者可能有著某種關係。儘管在發掘前無法確定為夫妻合葬墓，但就這種葬式而論，發掘人員把此前的墓坑編為一號，未發掘的編為二號。

完成一系列例行的測量、畫圖、照相等工作後，接下來就是起運槨板。就當時的情形而言，物資極端匱乏，沂蒙山區更是貧窮到了極點。多年後，據吳九龍回憶，這個後來震驚中外的考古發掘，發掘人員竟連

第五章 破解《孫子兵法》的密碼

一雙薄薄的手套都無法配備,更遑論其他諸如排水、起吊等機械設備。重達三、四百斤的槨板,只能依靠人力抬出 3 公尺深的坑。

此時的吳九龍、畢寶啟等發掘人員,正彎腰伸臂、抓住槨板,瞪眼咬牙地向外搬移。由於墓坑深邃、狹小,抬槨板人員必須站在槨箱之外,腳下幾乎無立足之地。加之白膏泥黏腳,又弄得大家寸步難移。十幾名發掘人員費了九牛二虎之力,總算將龐大笨重的槨板移出坑外,隨後大家喘著氣,又將注意力移向槨內。

槨內同樣布有邊箱,其中的器物與一號墓大致相同。由於泥水浸泡,顯得凌亂不堪,待發掘人員小心謹慎地將汙水排出後,各器物的輪廓才大致顯示出來。考慮到一號墓發現竹簡的事實,吳九龍、畢寶啟等發掘人員初步判斷,二號墓也可能有類似竹簡出土,只是數量多少的問題。

當槨板揭開、汙水排掉後,吳、畢二人首先觀察是否真的有竹簡隨葬。環視一圈,發現邊箱東南角有異樣,很有可能藏著大家夢寐以求的無價珍寶——竹簡書。為了最大程度地保證東南角這批想像中珍寶的安全,吳九龍、畢寶啟決定先從邊箱的最北端開始清理。他們密切合作,按照嚴格的考古流程,先後於汙泥中提取了若干件陶鼎、陶盆、陶壺、陶俑等陶製器物。在兩件形態各異的夾砂灰陶罐中,有一件肩部刻有「召氏十斗」四字。這四個字立即引起發掘人員的注意,並成為後來研究該墓墓主的重要材料。

在清理過程中,吳、畢等考古人員發現了一個不同於一號墓的特殊現象,此處出土的陶器,幾乎分散於整個邊箱,由於通高不超過 30 公分,體積相對較小,並未占太大的空間,邊箱的大部分空間都被漆木器所占。由於泥水的浸蝕,漆木器有部分脫皮、變形,但整體完好,尚稱

珍品。當清理工作推進到南半部時，接連發現了 38 枚「半兩錢」，錢幣的出土，為墓葬的時間斷代再次提供了珍貴佐證。

竹簡再次出土

「半兩錢」清理過後，面對的就是那堆想像中的竹簡。為求一次提取成功，並做到萬無一失，動手前，吳九龍、畢寶啟詳細研究了一套清理方案，並按方案做了各種準備。當一切就緒後，具有決定意義的發掘開始了。

吳、畢二人身子趴伏在槨室中，手裡各拿一把小鐵鏟輕輕地刮著淤泥。一刻鐘之後，第一枚竹簡露了出來。緊接著，第二枚、第三枚相繼映入二人的視線。約一個時辰，眾人期待已久的祕密──32 枚竹簡全部顯露出來了。這批竹簡外觀完整、排列有序，靜靜地躺在槨箱中，似在等待有緣者的相會。

邊箱清理完畢後，吳九龍、畢寶啟又與其他發掘人員一起開啟了棺蓋。一切都在意料之中，墓主屍骨早已腐爛，性別難以確定，但從棺內殘留的木枕、漆奩和一面銅鏡均在棺的南面來推斷，可知墓主是以頭向正南的方式入葬的。至此，銀雀山一號、二號古墓全部發掘完畢。接下來要做的，就是對出土器物的整理、保護與研究，並儘快釐清兩座古墓的年代、性質、墓主是誰、具有何等身分，以及神祕的竹簡記載了什麼內容等。

從整體上看，銀雀山漢墓竹簡出土數量之多，內容之豐富，以及殘損之嚴重，都是罕見的。經由銀雀山漢簡整理小組對竹簡認真釋文並加以分類校勘，將其重點內容分為以下兩個部分：

第五章　破解《孫子兵法》的密碼

第一部分周秦諸子

1. 《六韜》十四篇

2. 《守法守令》等十三篇（簡本只得十篇，包括《墨子》、《管子》等篇）

3. 《晏子春秋》十六篇

4. 《孫子兵法》十三篇

5. 《孫子》佚文五篇

6. 《尉繚子》五篇

第二部分佚書叢錄

1. 《漢元光元年曆譜》

2. 《孫臏兵法》十六篇

3. 《論政論兵》之類五十篇

4. 《陰陽時令占候》之類十二篇

5. 其他之類（如算書、相狗、作醬法等）十三篇

銀雀山兩座漢墓一口氣出土了類別、字數如此之多的先秦古籍，這是自西晉太康二年（西元281年），在河南汲縣經盜墓賊不（做姓氏時念ㄈㄡˇ／ㄅㄧㄠ）准盜掘的那座古墓出土《竹書紀年》等大批竹書之後的近1,700年間，最重大的一次發現。

據史載，汲塚出土的古籍，大部分又再度散失。而銀雀山漢墓出土竹簡，大部分獲得整理與保存，尤其是大批兵書的出土，其意義更為獨特和重大。自宋之後的1,000多年來，學術界許多大師、巨擘都曾把《六韜》、《孫子兵法》、《尉繚子》、《管子》、《晏子》等古籍，通通視為後人假托的偽書，根本不能當作真正的學術著作來研究。

銀雀山漢墓發現的大批竹簡書，以無可辯駁的事實證明這批古籍至

少在西漢早期就已存在並開始廣泛流行。尤其是失傳長達 1,700 多年之久的《孫臏兵法》面世，使學術界聚訟千餘年的孫武、孫臏是否各有其人或各有兵法傳世的歷史懸案豁然冰釋。

《孫子兵法》書寫與墓主年代

墓葬的年代已經確定，所葬竹簡產生的年代下限屬於漢初哪一階段，學術界尚有爭論。吳九龍、畢寶啟執筆的《銀雀山漢墓發掘簡報》（簡稱《簡報》）稱：「根據竹簡中有漢武帝元光元年曆譜，據此推斷其產生年代，下限最晚亦在漢武帝即位的第七年（西元前 134 年）。」

但有學者認為這樣論述不夠確切，其時間跨度太大。在這批漢簡中，有 105 枚、計 1,000 餘字的《孫子兵法》殘簡。經由研究這些殘簡，可以深入思考許多問題。將竹簡〈九地篇〉殘文與傳本相校，可發現漢簡本作「衛然者，恆山（下缺）」，傳本此句作「率然者，常山之蛇也」。前者不避漢文帝劉恆名諱，則可知其產生年代，非但不在武帝元光年間，而且跨越了漢景帝在位期間的 16 年（西元前 156 年至前 141 年），上溯到文帝劉恆即位（西元前 179 年）之前，即西漢王朝開國或呂氏專權時期，這就比《簡報》的推斷提前了許多年，而這個推斷似乎更接近事實本身。

除此之外，還有一個較明顯的證據是，從出土竹簡字形來看，其抄寫年代當在秦到文景時期。這又比《簡報》的推斷提前了若干年。從另一個側面也可以看出，漢簡本《孫子兵法》的抄寫年代，比早期著錄《孫子兵法》的《史記》、《敘錄》、《漢書·藝文志》，都要早幾十年至 200 餘年。可知漢簡本《孫子兵法》更接近孫武手定的原本，因而讓現代人首次得以窺知西漢早期《孫子兵法》一書的真實樣貌。

一號漢墓出土的具有重大研究價值的《孫子兵法》竹簡書，其整簡和

第五章　破解《孫子兵法》的密碼

殘簡近 300 枚，計 2,600 多字，超過宋代刻本《孫子》全文的三分之一。透過校釋，竹書《孫子兵法》與宋本《孫子》大致相符，但也存在差異，從各方面的研究結果而論，竹書更符合孫子軍事思想。

至於銀雀山兩座漢墓的主人身分，由於缺乏完整的、具有說服力的資料，考古發掘者與漢簡整理小組人員，都難以做出確切的判斷。

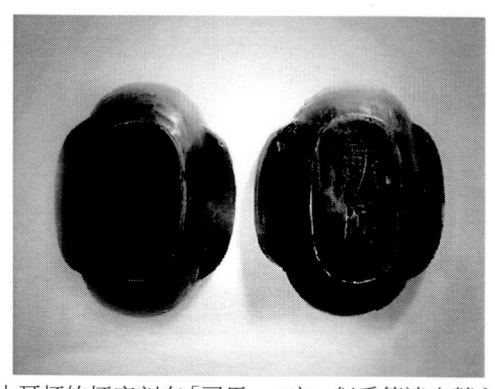

圖 5-3 出土耳杯的杯底刻有「司馬」二字，似乎傳達出墓主人的資訊

在一號墓出土的兩個耳杯底部，刻有隸書「司馬」二字，刻工較粗，據吳九龍、畢寶啟等推測，這個「司馬」應是墓主人的姓氏，不是官銜。因為按照一般習慣，不會把官銜隨意刻在器物上。但從墓葬出土的大批兵書來看，可以推斷墓主是一位關心兵法或與軍事有關的人物。

二號墓出土的陶罐上，其肩部刻有「召氏十斗」四字，據吳九龍、畢寶啟推斷，「召氏可能是墓主姓氏，但從 1951 年湖南長沙西漢劉驕墓曾出土署有『楊主家般』四字漆盤的情況來看，也可能是贈送人的姓氏」。

整理人員根據銀雀山一號和二號兩墓出土的陶器、錢幣、銅器、漆木器等器物的形制、紋飾、風格等特點以及墓坑形制等分析，可斷定這是兩座西漢前期的墓葬。特別是鼎、盒、壺等陶器組合的出現，進一步證明了此一推斷。兩座墓出土的「半兩錢」及一號墓出土的「三銖錢」，

更是確定這兩座墓葬年代的有力佐證。

據《漢書‧武帝紀》記載，建元元年（西元前140年），始鑄「三銖錢」，到建元五年（西元前136年）「停罷」，流通的時間僅短短四年，由此可以進一步斷定，一號墓的年代，上限不會早於建元元年。在這座墓葬裡既出土了「半兩錢」，而沒有發現武帝元狩六年（西元前117年）始鑄的「五銖錢」。由此推斷，墓葬年代的下限不會晚於元狩五年。即一號墓的確切年代，當在西元前140年至西元前118年。

考古人員在二號墓發掘中，還發現了一份完整的《漢武帝元光元年曆譜》，同樣是判斷墓葬年代的重要依據。

經由兩位天文曆法學家的研究，初步斷定，出土的這部分殘簡，就是漢元光元年曆譜。根據《漢書‧武帝紀》記載，建元六年次年，改為元光元年。這份曆譜，即漢武帝建元七年。

銀雀山二號墓出土的《漢武帝元光元年曆譜》，是考古史上所發現的中國最早、也是最完整的古代曆譜，曆譜中還附記了與農事有關的節氣、時令徵候等，它較《流沙墜簡》著錄的漢元康三年（西元前63年）曆譜，要早70餘年。有了《漢武帝元光元年曆譜》作為依據，年代上限應斷定為漢武帝元光元年（西元前134年）。銀雀山二號墓的年代，當在西元前134年至西元前118年，起始年代比一號墓晚了6年。

在此之前，對於漢代太初以前所用曆法究竟是什麼樣子，由於缺乏實例，始終是未解之謎。銀雀山漢墓《漢武帝元光元年曆譜》，為建元六年尚未改元時，所制翌年（西元前134年）的實用曆，不但可以校正以往推算的歷史年代、千年來沿襲之謬誤，而且為學術界提供了研究古六歷的重要依據，對於研究整個古代曆法，具有其他文獻不可替代的重大價值。

第五章　破解《孫子兵法》的密碼

隨著此消息的發布和傳播，人們驚奇地發現這批文化瑰寶裡有相當一部分古籍，不僅對現代人類是久已失傳的佚書，即使是兩漢時期的司馬遷、劉向、班固等學術巨擘，也無緣一見。

這批竹簡被悄然無息地掩埋了兩千多年之後又橫空出世，開啟一個湮沒日久的古老神祕世界，曾呼風喚雨、顯赫一時的晏嬰、伍子胥、孫武、孫臏等風雲人物，攜帶著歷史的滾滾風塵，再度躍入現代人類的視野。

田氏崛起

故事要從春秋時期的齊國說起，齊景公執政之初，強大的晉國和凶悍的北燕，分別向齊國的阿、鄄、河上之地殺掠而來。齊國雖出兵抵抗，但終因對方攻勢過於凶猛而敗退。眼看敵軍步步進逼，齊師無力阻擋，搞得朝野震動、四方不寧，剛上位的齊景公更是滿面焦慮，深為不安。在這樣的危難之中，丞相晏嬰向齊景公推薦了田穰苴。

田穰苴以大將軍之職，肅整軍紀，率部出征，很快地抵達前線陣地。晉軍眼看這位新上任的將軍田穰苴指揮大軍殺奔而來，慌忙連夜逃遁。燕軍一聽強大的晉軍不戰而逃，自己也不願跟這位活閻王較勁找死，於是亦引軍渡河北歸。穰苴趁勢率部追擊，斬敵首萬餘級，燕軍大敗，齊軍很快收復了失地。

大軍凱旋，齊景公拜田穰苴為大司馬，令其掌握國家的重要兵權，其他有功人員的官職各有加封。自此以後，田穰苴又被稱為司馬穰苴。若干年後，田穰苴的軍事思想由田氏家族的後人──已奪取齊國最高領導權的齊威王令學者整理成書，是為《司馬兵法》。

晉、燕兩國軍隊敗北，齊景公甚為得意。相鄰的莒（ㄐㄩˇ）國在交

往禮節中有所冒犯，齊景公大怒，決定出兵攻伐莒國，教訓一下那位不知天高地厚的小國之君，同時對其他鄰國殺一儆百。

戰爭之初，齊景公派一位名叫高發的將軍率師征伐。莒國君主主動棄首都，率部退奔紀鄣城拚死抵抗。見齊軍久攻不下，齊景公便改派老謀深算、久經戰陣的田書為將，再度對紀鄣城展開圍攻。

田書，字子占，為正宗的田氏家族後裔，是齊國上大夫田無宇的兒子，與田穰苴屬同族兄弟。田書繼承了父親的政治謀略和軍事才能，並加以發揚光大，年輕時即被齊景公拜為上大夫並得到重用。儘管現已年近花甲，但寶刀未老，仍經常統兵打仗，盡軍人之職。

紀鄣城雖小，但設防完善，兵精糧足，易守難攻。田書通曉兵法，尤長於謀略制敵。兵臨紀鄣後，他充分利用地形地物，白天輪番做表演性質的佯攻，以麻痺和疲憊敵人，使其漸漸放鬆警惕。幾天之後，一個月黑風高、伸手難見五指的夜晚，田書令兵卒利用一名織婦所獻繩索，緣繩登城。但剛剛登上60多人，繩索突然斷裂，部分兵卒從高聳的城牆上摔了下來。這個意外事件，驚動了城內的敵人。在這顯然無法於短時間內繼續登城的緊急關頭，田書果斷命令城外的軍隊擊鼓吶喊，城上60多兵卒也立刻響應。一時，城上城下裡應外合，鼓聲、喊聲震天動地。正在熟睡的莒國君臣，突然在暗夜裡聽聞外面如此大的聲響，誤認為是齊軍已經破城，並向城中殺來，於失魂落魄中連忙命人開啟西城門，迅速逃竄。齊軍一舉占領了紀鄣城，取得了本次伐莒的勝利。

莒國潰敗，齊景公又贏得了一次在諸侯面前逞威風的機會，當然格外高興。他不但下令將一處稱作樂安的地方賜給田書，作為採食之邑，又賜了一個孫氏的姓氏給田書，以彰其功。從此之後，田氏家族自田書之後都改姓孫氏。這也就是後來的孫武、孫臏等著名兵家之所以姓孫的源由。

第五章　破解《孫子兵法》的密碼

孫武奔吳

　　大司馬田穰苴和上大夫田書，因作戰有功而得以加官晉爵，封地、賜姓、賞爵的同時，還聯合起來操握兵權，控制軍隊，遮天蓋日之勢，令朝野為之側目。

　　田氏家族的敵對勢力——齊國貴族高氏、國氏、鮑氏等政治集團感到強大的壓力與威脅。為打破劣勢，高、國、鮑三個家族摒棄前嫌，組成暫時政治聯盟，向田氏家族實施政治打擊。

　　與此同時，三族聯盟暗中勾結齊景公夫人燕姬，令其在景公身旁大吹枕邊風。燕姬不負重托，與景公一番雲雨過後，於輕聲慢語中略帶殺機地說道：「如今田氏家族兵權在握，尾大不掉，君令不行，如此下去，很快將爆發政變。到那時，齊國就不再是姜家的齊國了……」

　　齊景公被燕姬的三寸不爛之舌哄得暈頭轉向，最終「寧信其有，不信其無」，下令將田穰苴削職為民，宣布孫書離職休養，立即離開首都，回到自己的采邑樂安。與此同時，凡是與田氏家族沾親帶故的各色人等，無論官職大小，一律調離國家機關，遠離權力中心。

　　這一連串不問青紅皂白的整頓，使田氏家族嘔心瀝血建立起的權力地盤在一夜之間轟然解體。面對主公的昏庸和政敵的幸災樂禍，田穰苴悲憤交加，憂鬱成疾，不久便撒手人寰。

　　田穰苴的猝死，於朝野內外、尤其是田氏家族中引起極大騷動。已賦閒在家的孫書，深知田氏家族處境艱難，說不定哪一天會遇到滅門之災。經過一番深思熟慮，孫書將他的兒子孫武叫到面前，以憂傷的語氣說道：「阿武呀，如今孫氏家族已進入低潮，我們的政敵已成洪水決堤之勢，快要淹沒孫氏家族這片龐大的森林了。然而，洪水總是要流走的，森林會長久留下並不斷生長，我們家族需要保存實力，把根留住。現在

你走吧，到別國去，遠走高飛，在那裡養精蓄銳，打拚出一塊新的地盤，以迎接新的革命高潮……」

此時，已24歲的孫武面對父親憂鬱的神情和期待的目光，說了聲「孩兒遵命」，俯身頓首叩拜。當他站起身時，父子二人相對無語，淚流滿面。

孫武腰佩長劍，站在一輛高大寬敞的戰車裡，攜帶四名衛士與兩位姬妾，離開了自己祖輩的封地——齊國樂安，踏上了前往吳國的大道。

他所要去的吳國位於長江下游，亦即許多年之後以蘇州為中心的大片地盤。吳國原為一個蠻荊人為主的卑溼小國，春秋中晚期，終於以遼闊的疆域、強大的軍隊和豐富的物產，一躍成為南方的軍事強國。大約略早於此時期，孫武踏上了吳國的土地。

許多天之後，孫武的高大戰馬拉著高大的戰車，映襯著孫武高大的身軀以及身邊姬妾柳條狀曲線形的剪影，在燦爛溫柔的夕陽沐浴下，來到吳國境內穹窿山下，孫武令馭手勒住戰馬，像一位將軍觀察即將出生入死的戰場一樣，手搭涼棚，面對暮色中蔥鬱浩茫的群山溝壑，用他那極富磁性、略帶沙啞的聲音大聲說道：「我有一種預感，命運將從這裡開始扭轉，走上前去，讓我們在這幾百里雲霄霧靄中開闢出一塊屬於我們的天地吧！」——自此，一行人就在這浩瀚蒼茫的穹窿山駐紮下來。

接下來的日子，孫武和他的追隨者，在連綿的山野、茂密的叢林、偏僻的鄉村，開始落地生根。隨著開闢工作不斷深入，形勢逐漸好轉，根據地不斷擴大。為了對正在興起的大業盡可能多做一些貢獻，孫武在艱苦複雜的領導工作之餘，更效法齊國的開國元勛姜子牙、一代名相管夷吾和本家的叔叔、著名將領、軍事家田穰苴等英雄重量級人物，深入研究他們修身齊家治國平天下的理論與實踐，結合開拓穹窿山發展歷程中的經驗和教訓，寫出《兵法十三篇》這樣的光輝篇章。

第五章　破解《孫子兵法》的密碼

　　五個年頭過去了，孫武和他的追隨者在穹窿山地區組成了一個規模浩大的游擊兵團，游擊隊員由當初的幾十人發展到 7,000 餘人之眾，號稱萬人兵團。正當孫武懷著滿腔熱情、崇高的理想、堅定的信念號召他的追隨者團結起來，以摧枯拉朽的戰鬥力和爆發力，洗滌吳國境內一切汙泥濁水之時，一個人的意外闖入，使正乘風破浪的航船悄然無聲地改變了航向。

　　──來者是楚人伍子胥。

▍孫武校場斬姬

　　伍子胥原為楚國人士，受到奸臣迫害追殺，逃往吳國，他發誓要擊垮楚國，以報仇雪恨。當時寂寞憂鬱的伍子胥在一次外出打獵時，意外結識孫武，二人相見，聊起彼此的經歷。伍子胥痛說自己流竄到吳國，準備發動一場偉大的革命戰爭，將楚政權一舉推翻的崇高理想和遠大志向。待二人在酒桌旁推杯換盞，酒過三巡，菜過五味，並經過了幾乎所有酒場所必經的竊竊私語──和風細雨──豪言壯語──胡言亂語──默默無語等階段，兩人變成了生死之交的好兄弟。

　　三天後，伍子胥離開穹窿山。回去之後他輔佐吳國公子光，利用吳國伐楚、國內空虛的機會，以專諸為刺客，襲殺吳王僚，公子光成功上位為王，稱闔閭。闔閭即位後，重用伍子胥，令其全面負責吳國的軍政事務。從此，整個吳國在政治、經濟、軍事等領域，均突飛猛進地發展，國力大大增強。但要與強大的楚國較量，前景仍是堪憂。為解決困境，伍子胥決定請一個人來覲見闔閭。這個人就是在穹窿山的孫武。

　　伍子胥猶記得上次與孫武會面的情景。二人交流、切磋用兵之道。起初，子胥並未看重這位來自齊國的貴族青年。過招之後，他馬上意識

到對方出手不凡，且越來越重，越來越狠，越來越出神入化，反而是自己眼花撩亂、頭暈目眩，只有招架之功，並無還手之力。最後，子胥按捺不住心中的激動，大喊一聲：「好，說得好，在下實在是佩服、佩服！」藉此表示自己已經認輸。

看見子胥心悅誠服，孫武自是心喜。酒過三巡、菜過五味之後，孫武藉著酒勁，從箱子裡拿出了他的大作《兵法十三篇》請子胥過目。

這部兵書，始於孫武在齊國之時，經過多年而陸續寫成。通篇吸收了齊國的開國元勛姜子牙、一代名相管仲、司馬穰苴等偉人的軍事策略概念。司馬穰苴是孫武之父孫書的同輩之人，不僅善於統兵作戰，還諳熟兵法，在軍事理論方面有精深的造詣，且非常器重從小就愛好兵書戰策的孫武，將一生的作戰經驗與教訓毫無保留地傳授給他。

閱畢兵書，子胥徹底被孫武的軍事天才所征服。在他心目中，孫武的《兵法十三篇》在軍事策略史上的地位，不僅代表一個時代的高峰，更是前無古人、後無來者、空前絕後的一座奇峰。

伍子胥想到這裡，很快地把孫武的能耐及所著兵書戰策之事，向吳王闔閭報告。吳王一聽，大感興趣，遂有招撫孫武為己所用的想法。子胥攜令重返穹窿山，與孫武相商。經過三輪密談，孫武終於答應以《兵法十三篇》見吳王。

吳王闔閭看過兵書後，對伍子胥說：「不錯，有些意思，也有一定的水準，論起來頭頭是道，不容易，值得表揚，也值得各位統兵將領好好地研究學習。不過我們知道，是騾子還是馬，需要拉出來走一走才知道，阿武寫出了這本書固然很好，但能不能經得起時間的考驗，他本人究竟在多大程度上將理論運用到實踐中，並使二者恰當地結合，這是個值得思考的問題，你說是不是？」

第五章　破解《孫子兵法》的密碼

不待子胥發話，立在殿前早已按捺不住的孫武大聲說道：「大王今日在眾臣面前對我的譏諷，我暫時不計較，待日後再向大王討教。至於理論與實踐的檢驗問題，明後天就可以現場演示。請大王給我一支軍隊，我當場演示給大王。」

於是，中國歷史上一場奇特的校場大練兵開始了。

操場上，站滿了300多名後宮女子。此為狡猾奸詐的吳王闔閭想出的特別招數，以後宮女子充當官兵，令孫武親自訓練以驗其能。或令其當眾出醜，以驗其不能。

孫武作為這次演練的總指揮，站在兩個方隊陣前，神情嚴肅地高聲宣布紀律：如有違反，視情節輕重，軍法論處云云。之後，孫武親自排兵布陣，以五人為伍，十人為總，各路隊伍脈絡清晰，條理分明。

按照操作規程，孫武要求所有參加演練的人必須隨鼓聲進退、迴轉。當一通鼓響過，全體官兵正直前進；二通鼓，左隊右轉，右隊左轉；三通鼓，各自挺劍呈爭鬥之勢。若聽到銅鑼響起，雙方收兵。

然而，當鼓聲響起，方隊中的官兵，有的向前邁步，有的則無事一樣地站著不動，這一走一停，整個方隊亂了起來。方隊一亂，這些後宮女子已忘記軍中規矩，把校場當成了王宮內的歌舞廳，開始掩口嬉笑，相互推拉。

站在高臺帥位上的孫武大聲道：「不要吵鬧，趕緊給我向前！向前！」臺下，沒有人理會這位披甲戴冑的將軍。孫武見狀，引咎自責道：「約束不明，命令不發揮作用，這是將領的責任。爾等聽著，現在本大帥再申明一次軍令：第一，……」孫武把三條紀律，又囉唆了一遍，如雷的鼓聲再度響起，震撼著訓練隊伍和檢閱臺上觀陣的吳王闔閭。

鼓聲中，兩個方隊更加混亂不堪。孫武見狀，強忍憤怒從帥位上站

起來，叫一名軍吏再次高聲宣讀剛才已申明過兩遍的軍令。但方隊中依然鬧笑不止，如同潮水一樣席捲瀰漫了寬闊明亮的校場。

孫武躍身跳下帥位，竄到戰鼓前，將司鼓手推到一旁，挽起雙袖，親自擂起戰鼓。鼓點越來越快，越來越緊。鼓聲震盪校場，響徹雲霄。眾人一看，孫武放著大元帥的位子不坐，竟自己降格當起了孤獨的司鼓手，更加張狂起來。

端坐在檢閱臺上的吳王闔閭，望著這烏煙瘴氣、一塌糊塗、不可收拾的場面，十分開心，不禁仰天大笑，最後笑得眼淚都流了出來。正在擂鼓的孫武，見闔閭的神態，認為這是對自己的公然羞辱——儘管孫武在練兵之前就有想過，只是沒想到這一眾男女無恥到如此地步。忍無可忍中，孫武將鼓槌高高舉起，然後又猛地砸向繃緊的鼓面，鼓聲戛然而止。

孫武臉呈黑色，雙目圓睜，大喝道：「執法官安在？」

不遠處的執法官聽到喊聲，迅速跑過來，單腿跪地，雙手抱拳於胸前，滿臉嚴肅地高聲答道：「末將在。」

孫武抬起頭，望著在校場中央亂竄的女人，聲音略顯沙啞地說道：「約束不明，命令不發揮作用，是我阿武的罪過。但我將命令申明再三，爾等仍不遵從，那就是對方的罪過了。」說完，轉身望著執法官問道：「如此罪過，按照軍法規定，對待這樣雞飛狗跳的烏合之眾，該如何是好？」

執法官再次抱拳當胸，乾脆俐落地回答道：「殺！」

孫武聽了，說了聲：「好！」於是轉過身，眼睛盯著莊妃和荀妃兩位現任隊長道：「士兵不服從號令，罪責在隊長身上，現在我正式宣布命令，把這兩個帶頭搗蛋的拉出去給我宰了！」

第五章　破解《孫子兵法》的密碼

　　話音剛落，左右軍士搶步上前，分別卡住兩位女隊長的脖子，拉出了隊伍，而後找繩子捆了，一個勾踢肘擊放倒地下。

　　這突如其來的一幕，令校場的官兵大為震驚，個個張口結舌，呆了似的立在地上不敢動彈。端坐在檢閱臺上的吳王闔閭，一看兩個愛姬突然被拉出去放倒，以為是操練的某項課目，禁不住笑了起來。

　　孫武如同一隻被激怒的獅子，瞪著血紅的眼睛，來回走動了幾步，而後打起精神，掃了一眼檢閱臺方向的吳王闔閭，慷慨陳詞道：「現在，我下令，正式判處莊、荀兩人的死刑。來人，速將兩個頭給我砍下！」

　　話音傳出，早已恭候多時的刀斧手，大喝一聲，雙臂揚起，寒光閃過。隨著兩股鮮血噴出，兩個頭如同半生不熟的西瓜，「噗、噗」地滾到了地下。

　　兩個活蹦亂跳的美人眨眼間橫屍校場，這些後宮女人先是目瞪口呆，接著像突然聽到槍聲的雞群，驚叫著四散奔逃。孫武從地下抓起兩根崩飛的鼓槌，猛地一敲戰鼓，大聲喊道：「都給我回來，有臨陣脫逃者，格殺勿論！」

　　此時，一直在校場內暗中控制局勢的伍子胥，早已透過親信被離指揮手下官兵，將逃散的女人們團團圍住，然後一陣槍戟橫掃，將眾人逼回原來位置。在驚魂未定之際，孫武又令軍吏從人群中拉出了兩名老嫗充當兩個方隊的隊長，而後大聲宣布道：「現在重新開始演練，如有不聽號令者，與剛才那二姬同罪。」言畢，奮力敲響了第一通戰鼓。

　　面對血淋淋的一幕，她們再也不敢怠慢，經過一陣短暫的混亂，隊伍在兩個隊長帶領下，開始有規有矩地前行。第二通鼓敲響，左右兩隊開始按規定向不同的方向行走轉動。第三通鼓響起，眾人開始紛紛拔劍做格鬥狀。當三通鼓完，開始鳴鑼收兵。如此往復三遍，整個隊伍越來

越整齊劃一，步伐越來越嫻熟。

孫武看了，覺得火候已到，便派軍吏到檢閱臺向吳王闔閭報告，說現在軍隊已經訓練完畢，請下臺檢閱。已被剛才的血案弄得懵懵懂懂的闔閭，慢慢回過神來。他望了望校場內的隊伍和作為指揮的孫武，勃然大怒道：「我還檢閱什麼？給我滾！」說著，猛起身，雙手一用力，身前的案桌被掀於臺下。闔閭用手往校場中心一指，罵道：「好一個阿武，你害得我好苦！」衛士們擁上前，將吳王闔閭扶下檢閱臺，匆忙起駕，回宮而去。

孫武拔郢

孫武校場斬姬，闔閭可說是啞巴吃黃連 —— 有苦難言，心痛得三天不吃不喝。後經伍子胥反覆勸說開導，並謂：「兵者，凶器也。不可虛談，更不可開玩笑。經此一斬，可見孫武的確是剛正不阿的良將，他日率兵出征，必然是攻無不克，戰無不勝。」

西元前 506 年，令楚國遭受致命一擊、並使孫武功成名就的歷史契機終於到來了。

這一年的秋天，貌似強大雄壯、但內部早已亂象叢生的楚國，與相鄰的蔡國發生衝突，在雙方談判無效的情況下，楚國倚仗國勢，悍然出動大軍圍攻蔡國。弱小的蔡國一看這陣勢，深知自己瘦弱的身軀根本無力支撐，便急忙向吳國求援。幾乎與此同時，楚國的另一位鄰居唐國的國君，一看楚、蔡二國為了一點雞毛蒜皮的小事，楚國就大兵壓境，以強凌弱，搞得蔡國上下人心惶惶、膽顫心寒，覺得楚國早晚有一天會欺負到自己頭上，便主動派人到吳國，要求通誼修好，並以全國之力，協助吳國共抗強楚。

第五章　破解《孫子兵法》的密碼

　　唐、蔡兩國雖是兵寡將微的小國，但因位於楚國的北部側背，就戰略角度而言顯得相當重要。如果吳國和他們結盟，便可在伐楚戰爭中避開楚國重兵把守的正面，從其北部側背大舉突襲，進而直搗楚國的腹心。關於這一點，早在幾年前，孫武就曾以敏銳的策略眼光，向吳王闔閭指出：「王欲大伐楚，必得唐、蔡之助而後可。」但這二國在歷史上就與吳國有些過節，而這些疙瘩一直沒有解開，突然提出要他們相助，談何容易？正當闔閭與子胥、孫武等為了如何能得到唐、蔡之助而大傷腦筋之時，想不到對方卻主動找上門來，這般好事當然不能放過。於是，闔閭當場答應出兵抗楚援蔡，並和唐國結為聯盟，共同對付楚國。由於吳國的援助，楚國吞併蔡國的計畫破滅。

　　經過一段時間的準備，這一年的九月，吳王闔閭正式宣布要對楚國發動一次強大的秋季攻勢，爭取一戰而取楚之首都郢城，徹底將這個邪惡軸心剷除掉。為堅定全軍將士必勝的信念，闔閭御駕親征，並擔任這次伐楚遠征軍的總指揮，伍子胥為副總指揮，孫武出任前線總指揮兼參謀長，伯嚭（ㄆㄧˇ）為副總指揮兼總後勤部長，闔閭的胞弟夫概為前敵先鋒官。此次遠征，正式展開了自商周以來規模最大、戰場最廣、戰線最長，以攻克對方首都為主要目標的戰事，歷史上稱為柏舉之戰。

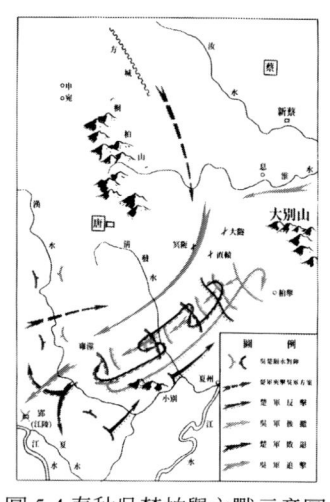

圖 5-4 春秋吳楚柏舉之戰示意圖

　　正在圍蔡的楚軍聞報，擔心吳軍乘虛入郢，遂迅速收縮兵力，回防楚境，確保郢都的安全。吳軍遵循孫武倡導的「出其不意，攻其無備」作戰策略，「經迂為直」，實施大規模的迂迴戰略。當遠征軍逼近楚國邊境時，又轉溯淮水悄然西進，在進抵鳳臺附近後，棄舟登陸，並以勁卒

3,500人為前鋒，兵不血刃，迅捷神速地通過楚國北部的大隧、直轅、冥阨三關險隘，然後穿插挺進到漢水的東岸，在策略上占領了優勢之地。

吳軍的突襲行動終於撼動了楚國朝廷，楚昭王於匆忙中急派令尹囊瓦、左司馬沈尹戌、武城大夫黑、大夫史皇等人會集楚國20萬大軍，從不同的駐地晝夜兼程奔赴至漢水西岸進行防禦，吳、楚二軍遂呈隔江對峙狀。此時無論是吳軍還是楚軍，雙方心中都十分清楚，漢水是抵擋吳軍進逼楚國郢都的最後一道防線，只要這道防線一失，郢都大勢去矣。因此，向來以頭腦冷靜、深謀遠慮、極富韜略著稱的楚軍名將左司馬沈尹戌，認真研究了吳軍的戰略後，建議囊瓦統率楚軍主力，沿漢水西岸阻擊吳軍，從正面牽制、吸引吳軍。而他本人則北上方城，徵集該地的楚軍機動部隊，迂迴到吳軍的側後方，毀壞吳軍的舟楫，阻塞三關要隘，切斷吳軍的歸路。待這一切完成之後，再與囊瓦所率主力部隊前後夾擊，將立足未穩的吳軍一舉殲滅。

對於沈尹戌的明智之計，並不算愚笨的囊瓦表示同意和配合，但待這位有膽有識的沈將軍率部奔赴方城不久，囊瓦出於貪立戰功的心態，竟毫無原則地聽從了「內戰內行，外戰外行」的武城黑和大夫史皇的挑撥慫恿，置楚軍生死存亡的大局於不顧，擅自拋開了與沈尹戌約定的正確作戰方針，採取冒進速戰的做法，未等沈部完成迂迴包抄行動，即率軍倉促渡過漢水，進擊吳軍。

孫武見楚軍主動出擊，大喜過望，心想愚蠢的楚軍肯定是內鬥起來了，否則不會出此下策，主動出擊；遂偕同闔閭、子胥等密議，果斷採取了後退疲敵，尋機決戰的方針，主動由漢水東岸後撤。驕傲自大的囊瓦不知是計，還以為是自己的名氣和陣勢使吳軍怯戰，於是率部追進，步步進逼。吳軍做出不得不回頭迎戰的姿態，自小別山至大別山之間，楚、吳兩軍先後進行了幾次規模不大的交鋒，但每次過招，楚軍總是被

第五章　破解《孫子兵法》的密碼

動挨打,因而漸漸造成了部隊士氣低落、疲憊不堪的局面。眼看楚軍已陷入完全被動的困境,孫武等吳軍將領當機立斷,決定與楚軍來一次真正的決戰。這一年的農曆十一月十九日,闔閭、孫武等指揮吳軍在柏舉地區(今湖北麻城)安營紮寨、排兵布陣,以與尾追而來的楚軍決一雌雄,著名的「柏舉之戰」就此開始了。

闔閭之弟、吳國遠征軍前敵先鋒官夫概,見楚軍正在不遠處紮下大營,擺出了要與吳軍決戰的架勢。根據不同的情報觀察分析,夫概認為楚軍主將囊瓦狂妄自大、驕橫跋扈,向來不得人心。跟隨他的將士,都有怯戰偷生之心,無死戰求勝之志。只要吳軍的先鋒部隊突然發起總攻,楚軍必然陷於混亂,而趁對方混亂未定之時,再以主力投入戰鬥,必能一舉將其擊潰,從而大獲全勝。為此,夫概請求立即發起對楚軍的攻擊。但是,闔閭、孫武出於「慎戰」的考慮,斷然否決了夫概的意見。血氣方剛、青春勃發,尊重權威但不迷信權威的夫概,認為這是攻擊楚軍的天賜良機。機不可失,時不再來,情急之中,他索性率領自己所部5,000餘人,以迅雷不及掩耳之勢攻入楚軍囊瓦部大營。果然未出夫概所料,楚軍一觸即潰,陣勢大亂。闔閭、孫武等見夫概部隊突襲成功,也乘機指揮吳軍主力投入戰鬥。在吳軍的凌厲攻勢下,囊瓦力不能敵,全線潰敗。不可一世的囊瓦在吳軍面前,早已喪魂落魄,置殘兵敗將於不顧,倉皇逃離戰場,遠奔鄭國尋求政治庇護。而教唆他的史皇則死於亂軍之中。吳軍取得了柏舉之戰的決定性勝利。

楚軍遭受重創之後,餘部倉皇向西南方向潰逃,孫武等吳軍將領指揮軍隊即時實施戰略追擊,並在柏舉之南的清發水(溳水)追上楚軍殘部。吳軍採取孫武「因敵致勝」的策略和「半濟而擊」的戰術,再度沉重打擊正渡河逃命的楚軍殘部。而後,吳軍繼續乘勝追擊,當追至30多里時,正趕上埋鍋做飯的楚軍殘兵敗將和從息地引兵來救的楚軍沈尹戌部

隊。狹路相逢勇者勝，兩軍經過一番血戰，楚軍被孫武坐鎮指揮的吳軍再度擊潰，主將沈尹戌當場陣亡，20萬楚軍主力全軍覆沒。至此，曾經稱霸於世的強大楚軍已全線崩潰。

吳軍在孫武的指揮下乘勝前進，一路勢如破竹、長驅直入，兵鋒直指楚國首都郢城。楚昭王一看大勢已去，置全城軍民生死於不顧，於驚恐中倉皇偕後宮妃嬪及少數臣僚、太監、廚師等，棄郢都出西門向雲中方向逃竄而去。駐守郢城的近10萬御林軍聽到昭王出逃的消息，爭相吶喊著「楚王都領著情婦跑了，我們還在這裡死守什麼」，大軍頃刻瓦解，一鬨而散，爭相逃命而去。十一月二十九日，孫武一行部隊未經大戰，一舉攻陷郢都，歷時兩個多月的破楚之戰終於以郢都的陷落和吳軍的全面勝利而告終。

吳國破楚之戰是春秋晚期一次規模宏大、戰法靈活、影響深遠的大戰，也是史籍記載中孫武親自指揮並參加的唯一一場戰爭。這次戰爭雙方投入兵力近30萬人，戰線綿延數百里，正式交戰兩個多月。一向被中原諸侯大國瞧不上眼的小小的南蠻吳國，在闔閭、孫武等人的指揮下，運用各種戰法，靈活機動、因敵用兵、迂迴奔襲、後退疲敵、尋機決戰、深遠追擊等，僅以7萬之眾，一舉戰勝多年敵手──號稱擁有百萬之師的超級大國，對長期獨攬霸權的楚國施以沉重的打擊。

這次戰役於其他諸侯國朝野內外引起譁然，吳國以天下強國的姿態傲然登上了歷史舞臺。而此前曾被普遍認為最有希望完成統一大業的楚國，儘管後來又死而復生，卻從此一蹶不振，再也沒有了昔日咄咄逼人的鋒芒與泱泱大國的氣象。有研究者認為，正是這場戰爭，才使統一天下的桂冠最終落到了偏於西部的秦始皇頭上。從某種意義上說，這場戰爭在相當程度上改變了春秋晚期的整個戰略格局，扭轉了歷史，洶湧奔騰的歷史長河自這場戰爭悄然拐彎。

第五章　破解《孫子兵法》的密碼

至於這場戰爭的最大功勞，應該歸於那位英雄豪傑。偉大的史學之父司馬遷，在他的《史記》中說得極為清楚：「西破強楚……孫子有力焉！」

吳國危機

吳軍自入楚之後「仁義不施，宣淫窮毒」，致使「楚雖撓敗，父兄子弟怨吳於骨髓，爭起而逐之」（清高士奇語），也就是說吳軍在楚難得民心。而此時的楚國逐漸得到了「國際社會」的同情與支持，楚軍人數倍增，戰鬥力加強，並在秦國救援軍的幫助下，開始由全線潰退轉為戰略進攻，逐漸形成了對楚都郢城的包圍態勢。面對楚秦聯軍強大的壓力和步步進逼，無論是伍子胥還是孫武都意識到，吳國已陷入了政治與外交的困境之中，要長期占領、統治楚國已不可能。更嚴重的問題是，駐楚吳軍從將領到士兵，整日沉湎於酒色之中不能自拔，搞得紀律鬆懈、軍心渙散，每個人腦海中裝的除了美酒便是女人，整個軍隊已呈現無法遏制的糜爛狀態。而國內又有夫概趁機叛亂，雖已平叛，但暗藏和潛逃的敵人依然存在，一時難以全部剿滅，他們人還在、心不死，伺機打擊才剛平靜的吳國政權。

於是，闔閭根據國內外的情況，果斷下令伐楚遠征軍留守部隊在做好善後工作的同時，實施戰略性撤退，以保存吳國的軍事實力，穩住國內的政治局面。孫武、子胥得令後，子胥覺得楚都已被占領一年多，離當初和孫武密謀的輝煌夢想只剩一步之遙了，而現在突然迴轉，總覺心有不甘，便與孫武密議，欲抗令不遵，繼續率領手下殘兵餘部，與楚秦聯軍在郢都周邊地區對峙周旋，進行持久的游擊戰；待國內局勢完全平靜之後，再請闔閭遣兵於吳，與守軍會師，進行第二次反攻，徹底覆滅

楚國，從而使自己登上楚王的寶座。只要實現這個計畫，孫武也得以按照當初的構想，著手竊取吳國大權，成為真正的吳國領袖。

　　子胥的打算，卻遭到孫武的否定。孫武以悔恨的心情道：「當初我們入郢後書呆子氣太濃，暴發戶的心態太重了，致使全軍具有決策權的高級將領甚至包括吳王闔閭以及你我，都因勝而驕、屢犯錯誤，造成今天這樣一個政治、外交、軍事等各方面的劣勢。尤其在軍事策略上，我們已在大意與迷糊中先失一子，把精銳部隊無聲無息地交給了闔閭，現在所剩的殘兵敗將，據我所知，腦子所想的除了女人還是女人，對什麼都不感興趣了。要繼續留在這裡已經不可能了。這次闔閭有令召我們回去，依我之見還是借坡下驢，免得引起他的猜疑。我有一種預感，現在的闔閭已經在伯嚭的誘導下，開始懷疑我們在搞陰謀詭計了，只是現在正處於半信半疑階段罷了。為打消他的疑慮，避免過早地暴露目標，我們應無條件、無脾氣地儘快率殘部迴轉，待回國後再見機行事。如果老天不假手扼殺我們，或許還有機會一顯身手吧。」

　　孫武的一席話，終於將子胥說動。二人決定按闔閭的命令，開始有計畫、有步驟地組織部隊撤退。凡是楚國的府庫寶玉，全部裝載運回。同時拿出主要精力，將萬餘家楚人全部遷往吳境，以充實吳國空虛之地。經過前前後後幾個月的忙碌，駐守在吳國的遠征軍餘部和萬家百姓安全進入吳境。

　　原由夫概引兵入關，配合發動反革命政變的越國部隊，儘管遭到了闔閭部旅打擊而退卻，但仍在吳越邊境大肆侵擾吳軍和百姓，使吳國疲憊不堪。當越王聽說孫武、子胥統兵回吳後，知孫武詭計多端，善於用兵，再繼續鬧下去越軍將遭重創，便主動避開鋒芒，退守越境，並停止了侵擾活動。

第五章　破解《孫子兵法》的密碼

重修《兵法十三篇》

　　吳國遠征軍完成了戰略性撤退，軍心、民心得以穩定後，吳國主事者決定對伐楚遠征軍將士論功行賞。但是，功勞最大的孫武沒有受到獎賞和重用，反而卸任將軍之職，在闔閭麾下掛了個相當於軍事理論研究院副院長兼辦公室主任職銜，同時以一萬五千名禁衛軍政治教官的名分，負責日常活動。

　　孫武卸了軍權，靜下心反思吳楚之戰的經驗與教訓，尤其是自己在戰爭中的所作所為以及對後世戰爭和整個華夏版圖所產生的重大影響。與此同時，他從一個破舊的木頭箱子中，翻出在穹窿山時期寫就的著作《兵法十三篇》，結合此次統兵伐楚的經歷與得失，全面加以修訂。

　　吳軍占領楚國的後期，當楚秦聯軍反撲時，孫武、子胥率吳軍餘部曾在雍澨擊敗楚軍先發部隊，但很快又被趕上來的楚秦聯軍主力擊潰，而吳軍尚未穩住陣腳，又遭到了楚軍的火攻。吳軍在烈焰升騰中陣腳大亂，一個個棄槍扔戟、哭爹喊娘、抱頭鼠竄。無奈烈火來勢凶猛，吳軍未逃出火海，便死傷近半，從而使孫武所屬部隊付出了自遠征楚國以來最慘烈的代價。經由這一戰爭的慘敗教訓，孫武潛心研究、詮釋關於火的規律以及在戰爭中的應用。修改後的《兵法十三篇‧火攻篇》中，他曾這樣寫道：

　　行火必有因，煙火必素具。發火有時，起火有日。時者，天之燥也；日者，月在箕、壁、翼、軫也；凡此四宿者，風之起日也。凡火攻，必因五火之變而應之。火發於內，則早應之於外。火發兵靜者，待而勿攻，極其火力，可從而從之，不可從而止。火可發於外，毋待於內，以時發之。火發上風，毋攻下風。晝風久，夜風止。凡軍必知有五火之變，以數守之。故以火佐攻者明，以水佐攻者強。水可以絕，不可以

奪。夫戰勝攻取，不修其功者，凶，命之曰費留。故曰：明主慮之，良將修之……（見銀雀山漢簡《孫子兵法》十三篇）

篇中除了說明實施火攻的天時地利及方法外，還將水與火的兩種攻擊方法做了對比。強調以火輔助進攻，效果顯著；用水輔助進攻，攻勢強大。水可以把敵人分割、阻絕開來，卻不能奪取敵人的積蓄。根據吳軍失利的切身體會，孫武特別指出：「凡是打了勝仗，攻取土地城邑，卻不能修道保法、鞏固勝利成果，必然會有禍患。這種情況，稱為勞民傷財的『費留』。所以，明智的國君要慎重地考慮這個問題，賢良的將帥要認真地處理這一問題。」最後一段文字，便是孫武對於吳國遠征軍破楚入郢之後，因「不修其功」最終導致失敗的深刻反省與檢討。

除了根據戰爭經驗不斷地反思自省，修訂補充視若生命的《兵法十三篇》之外，在盡可能的範圍內，孫武仍熱切關注著吳國的命運，並在政治、軍事、外交等方面施加自己的影響。

此時已經強大起來的吳國想要進一步發展並稱霸爭雄天下，就勢必要在「南服越人」和「北抗齊晉」兩個方面做出正確的選擇，並需要在決策和行動上分輕重緩急，採取各個擊破的戰略方針，儘量避免在同一時間陷於兩線作戰的局面。策略確定之後，關於應南進還是北上，吳國廟堂之上展開了一場激烈爭論。

以伍子胥為首的部分文臣武將，堅決主張南進伐越。而以闔閭、伯嚭伯嚭為首的一派，見強楚已破，漸漸滋生出引兵北向中原，與齊、晉

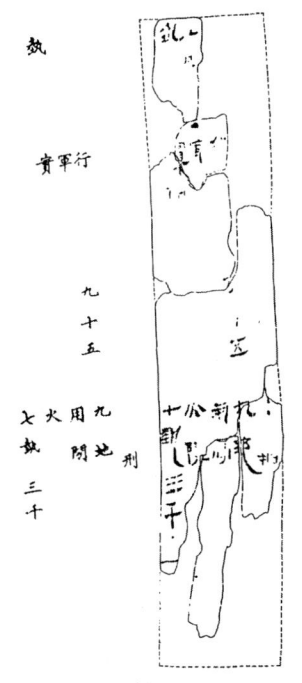

圖 5-5 墓內出土的《孫子兵法》木牘摹本

第五章　破解《孫子兵法》的密碼

等超級大國一爭雌雄的雄心壯志。孫武此時雖已被隔離到最高決策圈之外，由於他在徵楚戰爭中所顯露的卓越才華和崇高威望，加之和伍子胥的私人關係，以及他本人的不甘寂寞，不可避免地捲進了兩派相爭的漩渦。在這個熱得有點發燙的漩渦中，他旗幟鮮明地站在子胥一邊，竭力主張南進伐越。

在他看來，位於吳國南部並相鄰的越國，儘管較為貧困，但它長期與超級大國楚國狼狽為奸、沆瀣一氣，一直與吳國作對。現在它的盟友楚國已遭到了吳軍的重創，但越國似乎並未引以為戒，反而亡吳之心不死，擺出一副「隨便你」的架勢，增派大軍壓迫吳境，張牙舞爪、兵鋒咄咄，大有聞風而動、一舉吞滅吳國之勢。相對於越國的敵對態勢，北邊的齊、魯、晉等大國則顯得並不那麼迫切和嚴峻。按照子胥的說法，北邊的齊、魯不過是吳國身上的一塊「疥癬」罷了，即是攻陷齊、魯，也「譬猶石田，無所用之」。而越國則是吳國的心腹之患，如不儘早擺平，則必受其大害。因而，孫武除了私下向南進還是北向的決策圈施加自己的影響力外，還從不同的角度論證南越國對吳國的威脅，以及即將形成的心腹之患，並以越國為假設之敵，具體地闡明自己的策略原則與政治主張。這些原則與主張，大多透過不同的管道獻給了闔閭，有一部分精華留在了其不斷修撰的《兵法十三篇》中，為後世所了解。

闔閭、伯嚭之流儘管與孫武、子胥的觀點和主張態度相反，但畢竟越國近在咫尺，並屯兵邊境，整日對吳國虎視眈眈，不時地騷擾進犯，令吳國上下雞飛狗跳，不得安寧。在這種情況下，闔閭不得不暫時採納孫武、伍子胥等人的策略，將進攻打擊的矛頭首先對準越國，並等待機會向對方施以顏色。

吳越之戰

　　周敬王二十四年（西元前496年），闔閭已不再年輕，身體從上到下，從裡到外，再也沒有了當年發動政變、搶奪大位時的風采和氣魄了，每一根毛孔裡都透出腐朽與驕橫之氣。就在這一年，越王允常去世，其年輕的兒子勾踐嗣立。年老昏聵的闔閭認為這正是進擊越國的大好時機，便不顧子胥、孫武等人呈遞的「敵人已有準備，此時進攻並非良機，務必等待一個適當的時機，於適當的地點，向敵人發起總攻」分析報告，執意大興吳師，攻打越國。

　　為了顯示這次出征的重要性與必勝的信念，已呈激進狀態的闔閭撇開了伍子胥、孫武以及最寵信的大將伯嚭等人，自任總指揮，親率一干人馬，大呼小叫、浩浩蕩蕩地向越境殺來。新上任的越王勾踐聞報吳師來犯，沉著冷靜，本著「兵來將擋，水來土掩」的原則，果斷命令正處於一級戰備狀態的越軍出營抵禦。兩軍在吳越邊境的檇李遭遇，大戰隨之爆發。激戰中，年輕的越王勾踐指揮靈活，出其不意，將士奮勇當先，拚死而戰，整個越軍以哀兵必勝的強勢控制了戰場上的主導地位。而與此相悖的是，由於闔閭剛愎自用、狂妄自大、冒進輕敵、指揮不當，致使戰術破綻百出，戰機貽誤，一步步陷於被動挨打的境地不能自拔。幾十個回合下來，吳軍死傷大半，無力再戰，最後以全線潰退的慘敗結局而告終。

　　最為不幸的是，闔閭本人在潰逃中身負重傷，躺在擔架上吐血不止，未等回到吳國，便撇下手下的殘兵敗將嗚呼哀哉、撒手人寰，算是了結了罪惡的一生。

　　闔閭歸天之後，他的次子夫差成了新一代領導人，這一位以他父親的話說，是既愚蠢又殘暴的新領袖，上臺之後最想做的一件事，就是

第五章　破解《孫子兵法》的密碼

為其父報仇雪恨。按照夫差的打算，待老爸三年喪滿，立即發兵攻越復仇。

正當夫差整日磨刀霍霍之際，一直密切關注吳國動向的越王勾踐決定孤注一擲，先發制人，將吳國打得措手不及。於是越國在周敬王二十六年（西元前494年）春天，也就是闔閭喪期尚不滿三年的時候，悍然挑起了對吳戰爭。越軍以精銳之師，採取速戰速決的閃電式戰術，迅速突破邊境防線，直逼吳國境內。吳王夫差聞報越軍來犯，大聲罵道：「好一個越王勾踐，看我怎麼教訓你。」

按照此前擬訂的戰略部署，夫差立即下令調集全國約10萬兵力禦敵。軍隊的最高統帥、總指揮由夫差本人擔任，同時任命伍子胥為前敵總指揮兼參謀長，伯嚭為副總指揮、祕書長兼夫差行轅主任。在子胥的力薦下，孫武出任本次戰役的軍事顧問，負責辨別情報和諮詢戰略方針。戰爭開始之初，吳軍故意示弱，很快被勾踐的精銳擊垮，軍兵四散奔逃。勾踐一看眼前的陣勢，下令直進逐敵，力爭一舉殲滅吳軍。越軍追追停停，停停追追，直追到位於太湖邊的夫椒才徹底停止追擊——越軍精銳已完全陷於夫差大軍布下的埋伏圈，不得不停了。直到此時，勾踐才驚地意識到自己犯了輕信冒進的嚴重錯誤。但是，無論這個錯誤有多麼嚴重，如今也只能拚死一搏了。

兩支大軍短兵相接，可謂是仇人相見、分外眼紅。雙方掄起刀槍劍戟，你來我往廝殺起來，直殺得天昏地暗、日月無光，整個太湖的碧水春波被血水染成駭人的殷紅色。當戰爭進行到上半場尾聲，越軍雖處劣勢，但仍困獸猶鬥，置生死於度外，頑強拚殺。當進行到下半場時，勾踐察覺自己敗局已定，且無回天之力挽回頹勢，若再繼續拚殺下去，必將全軍覆沒，片甲難存。為保存實力，勾踐收拾殘兵敗將，看準吳軍的薄弱空檔，殺出一條血路，突圍而出。而吳軍憑藉兵強馬壯、地形熟

悉，尾隨越軍，窮追不捨，於浙江（今錢塘江）邊迫近越軍。勾踐一看這情形，感到無法再逃，無奈中只好下令殘兵敗將擺開陣勢，與吳軍做最後拚搏。強大的吳軍如泰山壓頂一般湧上，在戰馬的嘶鳴與車輪的隆隆滾動中，越軍殘部又損兵折將，死傷大半，勾踐不得不帶領 5,000 名親兵奪路逃竄。一路馬不停蹄、人不歇腳，狼狽不堪地竄至會稽山上一個小城之中，從君臣到甲士都感到再也無力往前行進一步了，勾踐只好決定不管是死是活，都要在這裡依山憑險、抵抗到底。一直跟蹤追擊的吳軍見越軍進入小城不再出來，便尾隨而至，將小城連同整個會稽山麓團團包圍。勾踐連同將士被困在會稽山上，先是斷水，後是斷糧，處境日漸困難。

就在這一干人馬即將全軍覆沒之時，勾踐聽從手下臣僚的建議，本著「留得青山在，不怕沒柴燒」的生存之道，決定賄賂伯嚭，請其從中調停，並向吳國屈膝投降，俯首稱臣，以保存越國江山社稷。愚蠢殘暴的夫差在伯嚭的教唆、蠱惑下，不聽子胥、孫武等人所提「宜將剩勇追窮寇」、一舉將越國滅亡的苦諫，毅然接受了對方的求和請求。此時的夫差當然不會料到，舉世震驚的吳越夫椒之戰，以吳國的勝利、越國的失敗而暫時畫下句號的同時，也為吳國埋下了國破家亡的伏筆。

伍子胥等人對夫椒之戰的勝利並不感興趣，反而對越國一直保持高度警惕，多次揭露越王勾踐的狼子野心。而這個時候，勾踐騙得了夫差的絕對信任，被恩准回到祖國，暗地開始勵精圖治、富國強兵。與此同時，勾踐在其手下弟兄范蠡、文種的策劃下，於越國的芸芸眾生中，挖掘出一位名為西施的美女，悄悄地送給吳王夫差享用。

此時的越國，國力已大幅度地恢復，並具備了東山再起的可能。放眼國內，「其民殷眾，以多甲兵」。這一點，無論是尚未完全失寵的子胥，還是潛心越國情報研究的孫武都心知肚明，並為此憂心忡忡。

第五章　破解《孫子兵法》的密碼

夫差自從有了西施之後，宮中烏煙瘴氣、意見紛紛。子胥與孫武以書面形式向夫差報告，措辭強硬地指出：「越國已經死灰復燃，並即將東山再起，如不趕緊將勾踐、西施徹底消滅，在不久的將來，吳國就要被越國所滅，墜入萬劫不復的深淵。」

剛愎自用的夫差看了子胥、孫武二人這份很不吉利的報告，頓時火起，用硃筆在抬頭上批了「天方夜譚」四個大字，帶著怒火寫道：「亂臣賊子，天下共誅之。子胥你今後給我閉上嘴巴，亦告知孫武，不准發表與吳國大政方針相悖的歪理邪說。否則，本大王不再心慈手軟，先斬了你們兩個的頭，以破除迷信、北伐中原，完成天下統一霸業。」

子胥一看自己的好言相勸對方不但不聽，還遭到威脅，決定從此閉上嘴巴，不再提及伐越之事。與此同時，也開始思索為自己留一條後路，一旦跟夫差徹底鬧翻，仍可以像當年由楚入吳一樣，進入另一個大國，重起爐灶，以實現自己的未竟之夢。待主意打定之後，子胥看準了一次出使齊國的機會，將自己的兒子偷偷帶出國門，託付給齊國一位鮑氏重量級人物，委其照顧培養，為自己日後叛國投敵開闢了一條地下暗道。

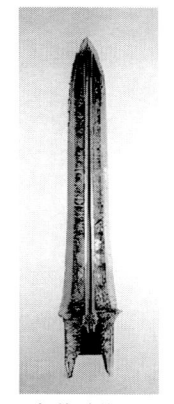

圖 5-6 春秋時期吳王夫差青銅矛（1983年湖北江陵出土）

圖 5-7 吳王夫差鑑（河南省輝縣琉璃閣出土）

孫武最後的時光

圖 5-8 伍子胥畫像鏡（漢代）

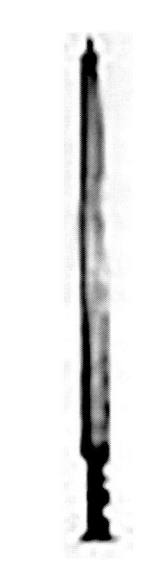

圖 5-9 越王者旨於
睗劍吳王夫差鑑
（河南省輝縣琉璃閣出土）

孫武最後的時光

當夫差從伯嚭處得知伍子胥暗中送兒子去齊國潛伏，當即破口大罵，下定決心收拾對方。

有一天夜晚，一番豪飲過後，在美女西施的煽動蠱惑下，夫差下令伯嚭立即派人將子胥抓來，欲施以刑罰。待子胥迷迷糊糊地被從被窩裡強行拖至宴席前，一把明光閃亮、專門用於賜死的「屬鏤」之劍伸了過來。子胥見狀，打個冷顫，頓時清醒了，知道自己的陰謀已經敗露。根據天下所有王國的法律規定，凡謀反者均是殺無赦，看來今天只有死路一條了。

想到這裡，伍子胥平靜心神，心一橫，仰天大笑道：「我知道這一天早晚要來的，想不到竟是今天晚上。我伍子胥死不足惜，只是我死之

第五章 破解《孫子兵法》的密碼

後，吳國也會很快滅亡的。」說完，他撿起「屬鏤」寶劍橫在脖子上，轉身看看夫差，又望望身邊的伯嚭，面色冷峻地對伯嚭道：「我們同鄉、同事一場，臨死前有一事相托，但願你不會推辭。我死之後，請你把我的眼珠挖出來，掛在東門之上，我要親眼看著越王勾踐率領人馬攻進城、吞滅吳國，並殺死夫差這個天下頭號傻子。」伍子胥說完大笑兩聲，揮劍割喉，砰然倒地。

孫武得知伍子胥的下場後，心驟然緊了起來，全身的血液快速流動，腦海中所有的細胞都集中在一起、快速運轉，開始思考自己應該如何面對這場突如其來的變故。他意識到自己留在此地凶多吉少，必須在夫差派人前來之前儘快潛逃，此所謂三十六計，走為上策。

在山雨欲來風滿樓的危急時刻和生死存亡的緊要關頭，大半生戎馬倥傯、在吳楚兩國縱橫馳騁，演繹了一段傳奇故事的孫武，開始了另一種潛逃的人生歷程。

關於他潛逃時的具體情境以及逃亡去向，由於歷史的記載極其模糊難辨，成為歷代兵家學者幾千年來苦苦探尋的謎團。有關孫武的流竄方向、潛伏地點與最終結局，在廟堂、民間與江湖之中，大致有如下幾種說法：

1. 被殺戮而死。《漢書‧刑法志》稱：「孫、吳、商、白之徒，皆身誅戮於前，而功滅亡於後。」顏師古注「誅戮」的人名云：「孫武、孫臏、吳起、商鞅、白起也。」唐李筌《太白陰經‧善師篇》亦承襲其說，謂「孫、吳、韓、白之徒，皆身被刑戮，子孫不傳於嗣」。依照這些描述，孫武晚年景況必然不妙，在伍子胥被殺以後，他受到牽連應是很正常的。不過，儘管《漢書》有載孫武被「誅戮」之說，但《史記》並沒有記錄，《漢志》也未言其原委和出處，因而這個說法應有待商榷。

孫武最後的時光

2. 部分史家推測，由於伍子胥被殺，孫武開始潛逃流竄，他首先攜家帶眷潛伏於曾造反起事的老巢穹窿山，一邊悄悄聯繫散落在周圍地區的舊部，重新在此建立根據地；一邊根據新的人生經歷和對戰爭藝術的觀察與思考，繼續修訂《兵法十三篇》。到了晚年，隨著夫差朝廷逐漸淡忘子胥其人其事，他的存在與否已變得無足輕重。在這個背景下，孫武悄然離開了曾兩次工作、學習、生活和戰鬥的穹窿山，移至姑蘇城外的郊區埋伏起來，除了從事耕種外，同時以一個知識分子的使命感與責任心，繼續深入研究軍事理論，直到生命耗盡，一命嗚呼。

3. 另有史家和研究者認為，孫武晚年的時候，穹窿山地區的革命處於低潮，又遭到叛徒出賣，他被臥底在部旅中的吳國特務祕密逮捕，在由伍子胥當年親自設計和督造的姑蘇監獄裡，度過了一段苦難的時光，最後被夫差所害，葬於吳都郊外的一片荒野之中。

4. 還有一部分史家，經由研究《孫子兵法》，認為孫武自第二次亡命穹窿山後，隨著吳國對他的淡忘和自己一天天老去，心靈深處漸漸滋生了一種落葉歸根的思鄉情結，他決定離開穹窿山，奔赴齊國故地。而就在這個時候，吳國在越國的連續打擊下，已呈苟延殘喘之勢。孫武趁亂回到了齊地。奔齊後的他或仍回祖上的封地樂安居住，或周遊四方，最終在齊國西南部一帶終了一生。

但不論他居住在哪裡，依然沒有放棄對戰爭規律的探索，並極有可能在吳國滅亡之後才命歸黃泉。其中一個理由是，《孫子兵法·作戰篇》指出：「夫頓兵挫銳，屈力殫貨，則諸侯乘其弊而起，雖智者，不能善其後矣。」這段文字，顯然是對夫差的悲劇結局做了總結——他對世仇越國鬆懈警惕，反而舉兵北上，爭當一個虛妄的盟主，卻導致越國乘隙進攻，最終成為亡國之君。

第五章　破解《孫子兵法》的密碼

吳國的覆亡

周敬王三十八年（西元前 482 年），吳王夫差突然心血來潮，野心再度膨脹，率領吳軍精兵勁旅，攜西施，浩浩蕩蕩、趾高氣揚地進抵黃池，與魯哀公、衛出公一起，約請晉定公在此處會盟。就在這次會盟中，夫差以外強中乾的軍事力量做後盾，嚇唬其他諸國，爭得了一個盟主地位。由於他的虛張聲勢，擺出一副普天之下捨我其誰的派頭，早已成為諸侯傀儡的周敬王不得不出面以公證人身分，賜給夫差一張大弓和一塊祭肉，表示承認吳國為當今天下霸主。

夫差率領手下弟兄，扛著周天子所賞賜具有天下霸主榮譽稱號的一塊特大號豬肉，一路凱歌高奏地跨過淮河、長江，當年伍子胥、孫武等人所擔憂的事情終於發生了。勾踐趁夫差率吳軍主力北上，國內空虛之際，派范蠡為大將，率越國精銳之師進攻吳國。越軍一路勢如破竹，直指吳都。留在吳國國內主持國務的太子友見狀，急調留守軍隊，親任前敵總指揮，號令所部禦敵。由於越軍來勢凶猛，風頭正勁，而吳軍倉促上陣，太子友指揮失靈，幾個回合下來，吳軍傷亡慘重，都城姑蘇面臨淪陷的危險，身為前敵總指揮的太子友不幸以身殉國，壯烈犧牲……噩耗很快地傳到正回國途中的吳軍將士耳裡。這一群踏著硝煙走來的熱血男子，連年征戰在外，身心早已疲憊不堪，熱血已在歲月的冷風苦雨中漸漸冷卻。原本以為這次跟主子赴黃池會盟，取得天下霸主的牌子，扛回家中、往宮中大門外一擺，就可以鎮住所有的諸侯，從此之後再也沒人敢找吳國的麻煩，自己也可以領到一大筆退伍費，解甲歸田，休養生息。誰知這小山一樣的大塊豬肉還沒扛回家，越國的軍隊就殺氣騰騰地攻進來了，且國內守軍屢戰屢敗，姑蘇即將淪陷，亡國在即，這怎麼得了？想到這裡，將士們紛紛流露出恐慌、哀怨、厭戰之情。到了此時，

夫差才感到形勢嚴峻，立即驅兵向國內奔來。面對越軍勢不可當的銳鋒，為了保住行將滅亡的吳國，在伯嚭的建議下，夫差無可奈何地同意與越國講和，算是得到了短暫的喘息機會。

從此之後，越國成為一個獨立自主的軍事強國，在東南區域迅速崛起，同時屢屢對吳國發動戰爭，並在戰場上節節勝利。夫差集團大勢盡去，一蹶不振。

吳國這個超級大國隨著夫差的死去徹底消失，隨之而來的是相鄰的越國進一步強大。若干年後，那位當年苟活下來的「職業革命家」勾踐，也陰錯陽差地登上了天下霸主的地位。隨後歷史進入了更加紛繁離亂的戰國時期。在這個大時代下，孫武的後代、人稱孫臏的齊國軍事家，又以長江後浪推前浪的雄姿登上了戰爭舞臺，並在歷史的腥風血雨中，演出了一幕幕詭譎離奇、慷慨悲壯的傳奇。

孫臏的身世

按照歷代史家較權威的說法，當吳國破滅之後，孫武趁著吳都姑蘇淪陷，攜帶家眷倉皇逃出吳境，來到齊地的西南邊陲鄄城一帶定居。

幾年之後，這位曾叱吒風雲的著名軍事指揮家、戰略家、策略顧問孫武將軍，總算了卻了他那令人說不清、道不明、四處流竄奔波的一生。若干年之後，他的玄孫、在家中排行老三的孫臏，於齊國阿、鄄之間的一個村落降生了。

孫臏當然是後來的姓名，且是一個外號，意為「被剔掉膝蓋骨的孫姓人氏」。他的膝蓋骨是被誰剔掉的呢？就是在民間流傳甚廣、早年與孫臏同拜鬼谷子為師的同學龐涓。至於孫臏原名為何，已無從考究。為敘述方便，權以孫臏為名，貫穿文字始終。

第五章　破解《孫子兵法》的密碼

關於孫臏其人其事，司馬遷在《史記》中記載：「孫武既死，後百餘歲有孫臏。臏生阿、鄄之間。臏亦孫武之後世子孫也。孫臏嘗與龐涓俱學兵法。龐涓既事魏，得為惠王將軍，而自以為能不及孫臏，乃陰使召孫臏。臏至，龐涓恐其賢於己，疾之，則以法刑斷其兩足而黥之，欲隱勿見。齊使者如梁，孫臏以刑徒陰見，說齊使。齊使以為奇，竊載與之齊。齊將田忌善而客之。」

孫臏早年的經歷大致與《史記》中記載的一樣。他與龐涓二人當年一同拜師鬼谷子，情同手足，龐涓入魏後卻忘記了當初的海誓山盟，墨子將孫臏引薦給魏王時，萬萬沒想到他的一番好意，卻害得孫臏差點丟了小命，乃至於孫臏最終靠著鬼谷子賜予的錦囊妙計「要想活，裝瘋魔」，才終於為自己博得活下來的機會。

這個機會的源頭仍要追溯到當年向魏惠王推薦孫臏的墨翟，墨翟師徒周遊列國，一路風餐露宿地來到齊國臨淄的時候，墨翟一位叫禽滑釐的弟子從魏國來齊。師徒閒談中提到了孫臏，墨翟問道：「這後生在魏國混得怎麼樣？」禽滑釐搖了搖頭說：「別提了，被龐涓害慘了，現在可說是生不如死。」接下來，禽滑釐便把孫臏在魏國的遭遇說了一遍。墨翟聽後十分震驚，慨嘆道：「我看其人才華出眾，本來是要推薦他，想不到反而害了他，這事跟老田說說，看有什麼辦法。」

田忌聽說之後，在憤慨之餘表示要伸張正義、伸出援手，想辦法把孫臏帶來齊國。田忌稟報齊威王，並強調：「我們齊國有如此著名的兵家巨星，卻無端在異國蒙受奇冤大辱，這真如孔仲尼所說，是可忍孰不可忍了。」

田忌回府和墨翟師徒商議，想出了一個可行的辦法，徵得齊威王點頭同意後，開始按計畫實施。

孫臏的身世

幾天後，齊國外交部禮賓司司長淳于髡（ㄎㄨㄣ）帶領幾名手下，以出使送禮為名，至魏國執行任務，禽滑釐也扮成其中一名隨行人員前往。來到魏國後，淳于髡見到魏惠王並呈上禮單，轉達了齊威王的友好之情。魏惠王見中原大國親自登門送禮，感到很有面子，對淳于髡一行盛情款待，又安排下榻。

按照事先的分工，作為隨行人員的禽滑釐暗中見到了依舊在街頭裝瘋賣傻的孫臏，為了防止龐涓的眼線察覺，白天並未與他講話，到了深夜才悄悄地隻身前去探望。此時孫臏雙腿殘疾，披頭散髮，背靠一個井欄，低頭似睡非睡。禽滑釐將其喚醒，孫臏抬頭瞪著眼，凝視著來者，並不言語。禽滑釐藉著明亮的月光細看了孫臏的慘狀，頓時淚流滿面。他抽泣著壓低聲音道：「孫先生，我是墨翟先生的弟子禽滑釐，業師將您的遭遇告訴了齊王，這次受業師和齊王的委派，專為營救先生而來⋯⋯」

孫臏辨清了來者的身分，明白了來者的意圖後，百感交集，不禁潸然淚下。過了許久，他才緩緩說道：「我孫某原以為自己非慘死於溝渠不可了，沒想到會有今日之機會。不過龐涓疑心太重，防範甚嚴，恐怕⋯⋯」

禽滑釐道：「先生不必多慮，一切自有安排，到了行期，便來此處接您。」當下，兩人祕密約好了暗號，等待第二天開始行動。

第二天晚上，禽滑釐領著一個30多歲的乞丐，趁著夜色悄悄地來到了孫臏所在的井邊。只見孫臏快速脫下衣服，遞給乞丐穿上，而後爬到禽滑釐的背上，禽滑釐背著孫臏，行走如飛，眨眼間消失在茫茫夜色之中。

次日上午，淳于髡等一行來到王宮向魏惠王辭行。魏王不僅回贈了一些稀有禮物，又派相國和元帥兩位國府大員為齊使團擺宴餞行。待酒

第五章　破解《孫子兵法》的密碼

過三巡、菜過五味之後，齊使與龐涓等相互告別。此時孫臏早已被藏於禽滑釐的車中，淳于髡令禽滑釐護車快馬加鞭先行出發，儘快脫離魏境而入齊國，自己隨使團一行斷後，以免龐涓派人追趕。就這樣，孫臏在齊使的保護下，神不知鬼不覺地消失了。

孫臏拜入齊王麾下

齊國大將軍田忌和墨翟得到孫臏已來齊的消息，一同前往探望。墨、孫二人相見，自是感慨多多，相互傾訴了一番分別之苦與思念之情，談了齊國的形勢和當前的狀況，使孫臏對齊國的整體局勢有了大致的了解。同時他們也簡單地策劃往後的前景，使孫臏感到欣慰的同時也增強了生活的信心和勇氣。

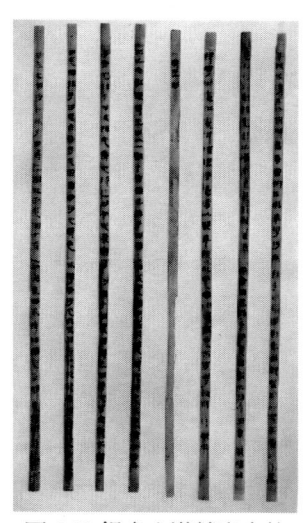

圖 5-10 銀雀山漢墓出土的《孫臏兵法》竹簡

第二天上午，田忌帶領孫臏乘坐一輛殘疾人用的專車，直入王宮拜見齊威王。齊王一看號稱天王級的兵學重量級人物孫臏來到殿前，表面上做歡迎狀，心中卻在思索，眼前這個瘸子是否像田忌、墨翟之流所說的那樣神乎其神。為了驗證孫臏的能耐，齊威王象徵性地打完招呼之後，當場考問孫臏道：「聽說你是先祖孫武子之後，並得到兵學聖人孫武子的真傳，深諳《兵學十三篇》的精髓，應算是當代兵家重量級人物了。想請你說說對戰爭打仗的看法？」

面對齊威王突然又似乎是很自然的提問，孫臏心中明白，這實際上是一次命題考試，而這次考試的成敗，將關係到自己的命運以及田忌、墨翟等人的面子。不過，以孫臏的才華和所學，

這個題目不算什麼難題，早在拜鬼谷子學藝時，這樣的作文就已交過多篇了，加之昨日自己對齊國的形勢已有了大致的了解，並作過一番思考，對戰爭已經有了獨到的看法和見地。於是，孫臏清了清嗓子，開始一字一句、嗓音略呈沙啞、聲調低沉有力地演講起來：

　　關於戰爭，並不是倚仗自己有強大的軍隊就可以說打就打，這是先祖帝王已經證明並傳下來的道理。如果打了勝仗，處於危亡中的國家便得以存續，並可延續將被毀滅的世系。如一旦打了敗仗，就會喪失國土而危害整個國家。因此，對戰爭不能不認真考察和研究。輕率好戰的人，會導致國家滅亡；一味貪求勝利的人，會受挫被辱。戰爭是不能輕率進行的，而勝利也不是隨意可以貪求的。要先做好準備，而後才能採取行動……任何一代帝王都不能平素貪圖安逸，無所作為而取得勝利。只有用武力戰勝敵人，才能使自己強大鞏固，實現萬民歸服，國家統一……那些功德不如五帝、才能不如三王、智略不如周公的人，卻宣稱要累積仁義、推崇禮樂，不用武力的辦法來制止戰爭，這種辦法堯舜不是不想做，而是根本做不到，所以才用戰爭的辦法來制止戰爭。（原文見銀雀山漢墓竹簡《孫臏兵法・見威王》）

　　孫臏一番講演，明確地表明自己的戰爭觀念和思想。這篇演講，後來成為《孫臏兵法》最為重要的一篇。它的核心思想是「戰勝而強立」，這是孫臏戰爭觀中的靈魂，也是對孫武《孫子兵法》關於戰爭觀問題的進一步發展和創造性的提升。

　　廟堂之上，面對齊威王的考問，孫臏一開始就先聲奪人地指出，戰爭是關係國家安危存亡的大事，「戰勝，則所以在亡國而繼絕世也。戰不勝，則所以削地而危社稷也。是故兵者不可不察」。

　　此時的孫臏冷不防地提出這一問題，絕不是危言聳聽、無的放矢，

第五章　破解《孫子兵法》的密碼

或撿拾他祖上孫武的牙慧、故弄玄虛,而是針對齊國的現狀發出的心靈呼喊。因為孫臏已從墨翟等人的口中了解到,在齊威王即位前和剛剛即位的一段時間內,齊國的形勢相當不妙。西元前 405 年,三晉(魏、趙、韓)聯合伐齊,廩丘一役,「得車二千,得屍三萬」,齊軍慘敗,從此一蹶不振。次年,三晉聯軍又和齊軍交手,齊軍大敗,聯軍一直攻入齊國的長城防線才算罷休。西元前 380 年,三晉伐齊,一直到桑丘才停住腳步。西元前 378 年,三晉伐齊又一直打到靈丘才罷兵回歸。西元前 373 年,燕敗齊於林營,魏伐齊到博陵,魯伐齊入陽關。次年,連小小的衛國也攻占了齊國的薛陵。西元前 370 年,趙伐齊攻甄。西元前 368 年,趙伐齊攻到長城腳下……因此,齊威王即位時,齊國正好處於「諸侯並伐」的亂象中,能否改變被動挨打的局面,的確關係到齊國的命運和前途。在這個節骨眼上,孫臏適時而大膽地提出了「戰勝而強立」的政治軍事理論。相對而言,這一思想較其他各種學說更符合當時歷史發展的客觀趨勢,因為在封建割據的情況下,任何一個統治者都不會自動退出歷史舞臺、放棄固有的權力,只能用「舉兵繩之」的手段解決問題。

對於孫臏這番雲山霧罩的誇誇其談,齊威王雖然沒有全部聽懂,但整體上覺得對方說得有些道理,大多數觀點還是合乎自己口味的。於是,他的臉色比先前好看許多,並半真不假地讚許道:「你剛才說得有點道理,不愧是孫武之後、鬼谷子之徒、當代著名兵學重量級人物啊!你既然來了,總得給你封個一官半職,否則對外界都說不過去,你自己認為什麼官職比較合適?」

孫臏聽了,覺得齊威王並未真正從內心裡看得起自己,言語中總有些敷衍的味道,而眼下正是一個包裝炒作和自我推銷的時代,看來若不說點大,不可能真正引起他的興趣和敬重。想到這裡,遂拱手施禮道:「感謝大王救命之恩和對我的關愛栽培之意,我作為一介殘疾書生,身殘

卻志堅，胸藏甲兵，有吞併敵軍十萬之眾的雄才韜略。但是，我自入齊國後，到現在一計未獻，寸功未立，何談要什麼職位？再說，假如給我一個官職，那魏國的龐涓知道後，一定會起嫉妒之心而生事端，這樣得不償失。不如暫時對外保密，等到大王哪一天有用人之處，我一定在所不辭，竭誠效力，以報答您的救助和知遇之恩。」

齊威王聽了，順水推舟地說：「這樣也好，你先到田忌將軍家住著吧。」孫臏答應著，離開了大殿，從此蝸居於大將軍田忌家中，成了一名門客。

既然做了人家的門客，就要象徵性地做一點門客所做的事情，否則每天白吃白喝，總覺得不好意思。就在孫臏思考著如何一展身手時，一個機會來臨了。當時齊國的廟堂之上，從君王到朝臣，大都沉湎於聲色犬馬之中，除了整日鶯歌燕舞之外，還有一個重要課目就是賽馬。當然這個賽馬並不是許多年之後所提倡的友誼第一、比賽第二的體育比賽，而是金錢第一、比賽第二的賭博。每一位參賽者在賽前都要押上重金以賭輸贏。對於這個比賽，或者說對於這個賺錢的機會，齊威王和大將軍田忌兩位重量級財迷都分外熱衷，總想在賽場上大撈一把。除了和其他群臣開賭外，齊威王與田忌還不時地較勁，一試高下。當然，既然是賭博，就有得有失，每次上場交鋒，田忌只要和齊威王對陣，總是敗多勝少，這令田忌感到格外頭痛和苦惱。現在又到了賽馬的時候，田忌看孫臏總是待在家中有些煩悶，就說道：「這次賽馬你也去看個熱鬧吧。」於是孫臏就跟著田忌到了比賽現場，意想不到的是，這一去就看出了門道。

當齊威王和田忌二人所屬賽馬開始對陣比拚時，孫臏發現雙方的馬都分上、中、下三個等級，且要一個等級、一個等級地逐次比賽，田忌的馬與齊威王的馬各等級之間足力相差不大，只要合理搭配是能取得勝

第五章　破解《孫子兵法》的密碼

利的。於是，孫臏請田忌到下次比賽時，要下大賭注，並表示自己有辦法保證讓他贏得這場比賽。田忌聽信了孫臏的安排，第二天比賽開始時，田忌在第一場用下等馬對齊威王的上等馬，結果自然是田忌敗北。而接下來的兩場，田忌則用一等馬對威王的二等馬；二等馬對威王的三等馬，結果田忌皆勝。三場下來，田忌是一負二勝，從而輕鬆地贏得了威王的大把金錢。

齊威王對這次敗北感到有些意外，私下問田忌勝出的原因，田忌將孫臏出的主意說了出來。齊威王開始從心裡佩服，並有些真誠地對田忌說道：「看來孫臏還真有兩下子，下次對外用兵你就和他合作吧，看看他在戰場上的能耐怎麼樣。」

孫臏桂陵之戰

就在齊威王此話說過不久，魏惠王稱霸中原的野心再次膨脹，他想一舉吞併與之相鄰的衛國，但衛國的盟友趙國表示不答應，於是魏惠王乾脆派龐涓率八萬大軍伐趙，要給趙國君王一點顏色瞧瞧，如能藉機滅了趙國，當然更是好事一樁。趙國聽到這個消息，自知力不能敵，國王緊急寫信向齊求救。齊威王在召集群臣商量之後認為，齊、趙這幾年關係一直不錯，算是友好鄰邦，如果眼睜睜地看著魏國軍隊滅趙而坐視不管，不但在道義上說不過去，對齊國本身也不利。如果此次伸手援趙，不但可以保住趙國，增強兩國之間的友好關係，同時還可以伺機破魏，從而慢慢取代魏國在中原的霸主地位。出於這幾個方面的考慮，齊威王決定立即成立部隊援趙。

為了藉機試探一下孫臏到底有多少真才實學，威王特地將其召到王宮談話，慷慨許諾要任命他為齊國救援軍主帥，田忌為副帥。孫臏聽

後，心中尚未忘了自己的身分，心想這個主帥是萬萬不能當的，於是當場表示道：「我是從酷刑之下僥倖逃生之人，現在被龐涓弄成殘疾，成了人不人、鬼不鬼的樣子。如果我擔任主帥，讓不知底細的將士們和外人見了，不但要嚇一大跳，還可能讓人產生堂堂齊國別無人才可選的錯覺，從而產生輕視之意，這對統兵作戰是極其不利的。為使這次遠征馬到成功，我建議主帥還是由田忌將軍來當比較合適。」

經齊威王與朝臣們商量，決定任命田忌為主帥，孫臏為總軍師。緊鑼密鼓之下，齊國救援軍以八萬人的龐大陣營，浩浩蕩蕩地出發了。當這支軍隊快到齊衛邊境時，根據密探探得的最新情報分析，龐涓之師已重創沿途的衛國，現率大隊人馬向趙國首都邯鄲撲去。面對此情，田忌對孫臏說：「趙國跟強大的魏國比起來，如同狼和老虎搏鬥，只有招架之功，並無還手之力，我們是不是趕快去救援邯鄲？」

孫臏坐在車中輕輕搖搖頭道：「不能救邯鄲。」

「不救邯鄲，那我們怎麼辦？」田忌問道。

「我設想了一個作戰方針，叫做批亢搗虛，圍魏救趙，你看行不行？」孫臏說著，對田忌解釋道，「目前，魏國獨霸中原的威勢尚在，其兵鋒正盛，我們這支志願軍原是一群烏合之眾，整天只知吃喝玩樂，戰鬥力跟人家差一大截，明顯是敵強我弱。在這種狀況下，若我軍直接救邯鄲，免不了要與魏軍進行一場大規模的生死決戰。在正面戰場硬碰硬的情況下，並不能保證我軍占上風，一旦戰敗，後果不堪設想。如果我們不救邯鄲，而是反其道而行之，趁魏國精兵北向，國內空虛之際，率部直搗其首都大梁。大梁的君臣一看我大軍來犯，必急招龐涓棄趙而歸，以解大梁之圍，這樣趙國也就得救了。當然，僅僅做到讓龐涓返回魏國，並不能從根本上解決問題，他既然能回來，也可以再回去，我們

第五章　破解《孫子兵法》的密碼

要設法讓他有來無回。要做到這一點，唯一的辦法就是盡可能地消滅他的軍隊，而要消滅他的軍隊，就需花心思攻打平陵。」

「怎麼又說到平陵去了？」田忌不解地插話道。

「是的。」孫臏望著田忌有些疑惑的神態，解釋道，「平陵是我們去大梁的必經之地，此城雖然城池較小，但所轄的縣境很大，人口眾多，是魏國東部地區的軍事重鎮，也是齊、衛兩國通往大梁的門戶。我軍進攻平陵，其目的不是為了破城，而是為了用疑兵之計迷惑敵人。根據當年我在魏國時對平陵地形地貌的觀察，此處南面有宋國，北面有衛國，途中有市丘國，四周地勢險要，兵力部署甚強，很難攻取。我軍如孤軍進擊，自己無法備足糧草，而取糧於敵的路也將被斷絕。陷於這種境地，就會給龐涓造成一種錯覺，以為我軍將領不懂得作戰規律，對策略戰術一竅不通。有了這個假象之後，龐涓便不會把我們放在眼裡，從而集中精力攻打邯鄲。而邯鄲的守軍知我們來援，必拚命死守，這樣魏、趙雙方必有一場又一場的拉鋸戰。待雙方力量都消耗得差不多的時候，我們再分出一支軍隊襲擊大梁，龐涓必然回救，到時我軍設下埋伏，可一舉擊潰敵人，從而使魏軍再無反撲的力量。」

面對孫臏的計策，田忌想了想，覺得有些道理，便說道：「那就按你說的進行吧。」於是拔營啟程，指揮軍隊向平陵方向出發。

待快到平陵的時候，田忌向孫臏問道：「你看這仗怎麼打好呢？」

孫臏不假思索地說：「我已經想好了，為盡可能地保存實力，不能讓我們軍中的將軍前去統兵交戰。據你了解，在我們的都大夫中，有誰平時說話做事胡里糊塗、不懂世故？」

田忌想了一下說道：「齊城、高唐的兩位將軍，靠著相國鄒忌的關係才當上將軍的。這兩個傢伙平時不學無術，只知吃喝嫖賭，終日無所事

事,典型的兩個糊塗蟲和敗類。」

「天作孽,猶可違,自作孽,不可活。你馬上下發命令,讓我們的精銳部隊按兵不動,令齊城、高唐二將軍帶著自己的手下弟兄去攻打平陵吧。按照我的構想,他們一旦進軍,就必須要經過魏國的橫、卷二邑附近,二城之外都是四通八達的環形大道,恰是敵軍集結兵力和布陣的好地方。這樣齊城、高唐二部到達後,前有平陵堅城之阻,後有來自橫、卷二邑魏軍沿環塗大道的襲擊,兩路夾擊,必敗無疑。照這二將的能力,活著回來的可能不大。」

田忌聽了孫臏的話,覺得有些不忍,但最後還是一咬牙、聽從了孫臏借刀殺人的陰謀,命齊城、高唐二將軍兵分兩路去攻打平陵。

果然不出孫臏所料,齊、高所部不但未能奪取平陵,反遭橫、卷二邑魏軍沿環塗大道的連續攻擊,結果在途中被打得大敗,齊城、高唐二將在逃竄中被魏軍所殺。

面對這種早已預料的結局,孫臏對田忌說道:「立即派遣輕車甲士快速前進,直搗魏都大梁的城郊,造成大軍壓境之勢,迫龐涓回救。同時分派少量步兵跟隨輕快的戰車西進,以向敵人顯示我軍勢單力薄,使其輕敵麻痹,進而入我圈套。」

田忌按孫臏的策劃而行。此時的魏惠王正在後宮酒宴起舞,突然聽到齊軍神兵天降似地包圍了自己的首都,驚恐之中急忙派人拿著令箭,命龐涓回師救駕。這個時候龐涓剛剛攻破邯鄲,正在趙國王宮準備好好享受一番,忽然接到回師的急報,氣得七竅生煙,既不情願放棄邯鄲,也不能不回救大梁。在極端痛苦中,只好兵分兩路,留下部分人馬駐守邯鄲,自己親率主力部隊回奔大梁。孫臏得到龐涓作戰部署的情報,迅速帶領主力於平城北部的桂陵一帶設下埋伏,等待龐涓主力部隊到來。

第五章　破解《孫子兵法》的密碼

此時龐涓率軍日夜回趕，他與手下大多數官兵近年來南征北伐，所向披靡，打遍天下無敵手，根本就沒把齊軍放在眼裡。心想只要自己的主力一到大梁，甚至不用到大梁，齊軍就該望風遁逃了。

令龐涓想不到的是，自己的部隊剛到桂陵，就遭遇了孫臏、田忌布下的伏兵。驕橫自大又毫無戒備的魏軍，在齊軍的突然攻擊下，一觸即潰，官兵死傷多半，龐涓本人率領幾名貼身侍衛於亂軍之中殺開一條血路，狼狽逃回了魏國，齊軍大獲全勝。

幾十年來在諸侯眼裡向以「怯弱」之態出現的齊軍，由於這次實施了孫臏的策略戰術，擊敗並重創了向以「悍勇」著稱的魏軍，從而創造了流傳千古的桂陵之戰，為齊國在後來的歲月中稱霸中原邁出了重要的一步。（見銀雀山漢簡〈擒龐涓〉）

馬陵之戰與龐涓之死

桂陵之戰後，魏惠王被迫與趙國議和，並撤兵邯鄲，趙國亡而復存。當然，魏國畢竟是久霸中原的強國，儘管桂陵一戰損兵折將，但仍有較強的實力，在不算太長的時間內就恢復了元氣。尤其是率領十二諸侯朝見周天子於孟津後，魏惠王又驕橫起來，忘記了桂陵之戰的教訓，開始實施吞韓滅趙、獨占中原的計畫。西元前 340 年，魏惠王再也按捺不住心中的欲火，他令龐涓為遠征軍總司令，率兵大舉進犯韓國。韓國君臣一看魏軍來勢洶洶，自知不是對手，火速向齊國求援。

齊威王自桂陵之戰後，漸漸從聲色犬馬中清醒過來，開始將主要精力放在治理國家上，並暗中圖謀中原霸權。這次見魏、韓已經交手，認為正是藉機破魏救韓的好機會，便召集群臣商量對策。相國鄒忌首先跳出來反對道：「魏、韓兩國沒有一個好東西，這是他們之間一場狗咬狗的

戰爭，沒什麼正義與非正義之分，我們還是少管這些閒事，坐地觀戰比較合適。」

大將軍田忌的看法與鄒忌正好相反，他不但主張救韓，而且要儘快出兵。列席會議的孫臏則認為，韓要救，但如果過早出兵，無疑形成了齊國代替韓國對魏作戰的情勢，如果齊、魏兩敗俱傷，後果必然是齊國要聽從韓國的擺布，這對齊既不利又不公平。最好的處理方法是，答應救韓，但不急於出兵，先讓魏、韓兩國進行拚殺，等到韓危魏疲之時，齊再發兵救韓擊魏，這樣才能名利雙收。

齊威王一聽，覺得這個觀點正合自己的心意，遂採納了孫臏的建議，許諾韓國出兵，卻一直按兵不動。

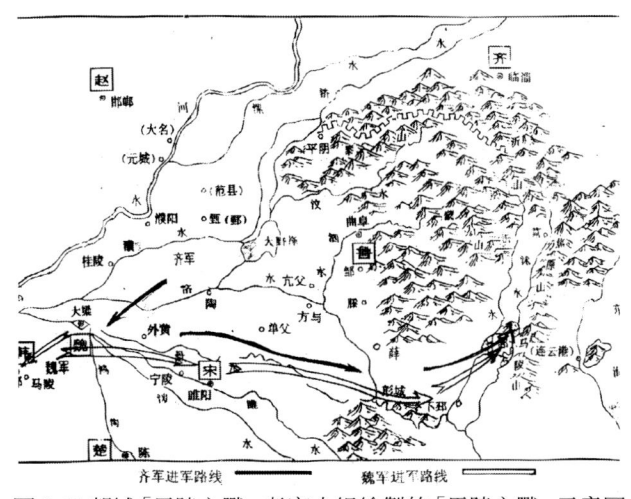

圖 5-11 郯城「馬陵之戰」考察小組繪製的「馬陵之戰」示意圖

龐涓率大軍與韓軍先後進行了五次較大規模的戰爭，魏軍五戰五捷，韓國已危在旦夕，而魏軍也已經勞累不堪。齊威王在孫臏的提示下，決定出兵。按照傳統史學家如司馬遷等人的說法，這次齊國出兵，與上次救趙大致相同，任命田忌為主帥，孫臏為軍師，統率大軍十萬救韓。孫臏故技重演，再次沿用上次批亢搗虛、攻其必救的策略，大軍不

第五章　破解《孫子兵法》的密碼

奔韓國，卻直撲魏國的首都大梁。征戰在外的龐涓正要進逼韓都，忽然接到本國急報，只好停止攻韓，火速撤兵回援。與此同時，魏惠王汲取了上次的教訓，在國內積極發動大量兵力，以太子申為主將，主動抵抗潮水一樣湧來的齊軍。

齊軍突破魏國邊境後，不久就接到龐涓回援的情報及太子申出兵抵抗的消息。孫臏建議田忌不等魏軍趕到，先避開鋒芒，繞道向東撤軍。龐涓率部晝夜兼程趕回魏國，一看齊軍不戰而退，便與前來禦敵的太子申合兵一處，立即沿齊軍退路急追而來。此時魏軍依仗人多勢眾和在本土上禦敵，可謂氣勢洶洶，銳不可當。田忌探知魏軍情報，對孫臏說：「看來魏軍還是不減當年伐趙之勇，這次也是來者不善，我們必須想辦法給他們迎頭痛擊，否則這件事就沒完沒了了。」

孫臏說：「我心裡有數，魏軍一向自恃勇猛強悍而輕視我軍，我軍也確實是不夠爭氣。在這種情況下，只能智取，不能正面交鋒和恃勇鬥狠。我們應利用龐涓及其部將急於和我們決一死戰的焦躁驕橫心理，設下圈套，引誘他們中計。先祖兵法有云，用急行軍趕百里路去爭取的，會折損領頭的大將；用急行軍趕五十里去爭取的，只能有一半部隊跟進。根據這個規律，我們要詐為怯弱，採用減灶之計，迷惑他們，讓其急行冒險，我們就可趁機將其殲滅了。」

田忌聽完說道：「儘管沒有絕對把握，但也不妨一試。」遂指揮軍隊依計而行。

龐涓率部追趕齊軍，儘管士氣高昂、精神抖擻，驕橫之情溢於言表，但畢竟在桂陵之戰中吃過大虧，因而龐涓在驕橫之中一直藏著小心。更讓他為之戰戰兢兢的是，他透過各種情報探知孫臏早已亡命齊國，並曾擔任桂陵之戰的軍師。既然孫臏能參加桂陵之戰，這次很可能就在齊軍中擔當重要角色，只要孫臏在齊軍之中，就很難對付了。所以

馬陵之戰與龐涓之死

對齊軍這次不戰而退，龐涓總在心中生疑，而對齊軍撤退的情報和蛛絲馬跡，便格外留意並時刻提防上當受騙。當他率大隊人馬追至齊軍曾放棄的紮營之處時，發現規模宏大、氣派非凡。派人清點做飯的鍋灶，其數量可容十萬人吃飯，龐涓為此甚感震驚和不安，於繼續追趕途中就更加小心謹慎。第二天追至齊軍安營紮寨處時，發現鍋灶只夠五萬人所用。待追至第三天，又對鍋灶進行清點，發現只夠三萬人之用。看到齊軍做飯的鍋灶一天天銳減，沿途又拋下了許多兵器、糧草、戰車等物資，漸漸放鬆了警惕，認為齊軍僅三天內就傷亡大半，確實是一幫烏合之眾。於是，為了儘快消滅齊軍，龐涓下令丟下步兵與輜重，親自率一部分精銳騎兵，向前狂追猛趕。

孫臏在撤退途中得到了龐涓已經先行追趕而來的情報，他按照魏軍前進的速度計算時間，急率部隊趕赴馬陵山埋伏起來。

馬陵山有一條十幾里長的古道，古道兩旁是高低不平的懸崖峭壁、溪谷深隘。溪谷兩旁，則是亂樹叢生、野草遍地，其地形地貌，正是兵家設伏奇襲的好地方。孫臏請田忌派兵把大量樹木伐倒，堵塞道路，只留一棵當道而生的老樹，把樹身向東的一面樹皮刮去，露出白木一條，然後用黑煤在上面寫下八個大字「龐涓死於此樹之下」，字的上部另有橫批「孫臏特賜」。

待這一切準備完畢，孫臏又請田忌挑選五千名弓弩手，埋伏在大樹兩側的山野叢林之中，並吩咐他們：「只要看見對面山崖上火光燃起，你們就對準樹下之人和所率部隊一齊放箭。」與此同時，田忌按孫臏的計畫，派自己的兒子田嬰領兵一萬，在離馬陵道三里的叢林中設伏，待魏兵竄出峽谷後進行圍追堵截，不讓龐涓像上次一樣再殺出一條血路、死裡逃生。

部署已定，孫臏又請田忌將大隊人馬屯紮於山野之外三十里處，形

第五章　破解《孫子兵法》的密碼

成一個口袋狀的大包圍圈，以期達到全殲龐涓和太子申部旅的目的。

當齊軍布置妥當後，龐涓的大軍也到了馬陵山下。此時正是農曆十月下旬，最後一抹晚霞從西邊的天際隱去，夜幕開始籠罩大地，整個山區顯得一片蒼涼、肅穆。突然，魏軍先頭偵察部隊前來報告：「馬陵山道發現斷木塞路，難以前進。」

龐涓聽了，看了看即將全黑的天空，心想，齊軍就在眼前，伸手可得。如果今夜放其翻過馬陵山遁去，以後的追剿無疑將困難許多，如今應趁勢追擊，絕不能放鬆。儘管此時進山有點冒險，但除了冒險，別無選擇。想到這裡，他一咬牙，下令先頭部隊搬開亂木，全力向前推進。夜幕籠罩下的魏軍精銳徐徐進入馬陵山道，懸崖峭壁、草叢樹木將慘淡的月光遮蔽起來，使狹窄的山道漆黑一團。越往前走，眼前越陰森恐怖，心中越是緊張，頭皮陣陣發麻。龐涓有些悔意，想命令部隊返回，但數萬人馬已經進入峽谷，周遭亂樹叢生，很難有迴旋的餘地，只好心存僥倖，硬著頭皮繼續闖下去。

不知過了多久，一群官兵摸索著來到了那棵齊軍特別保留的大樹旁，在偶爾顯露的朦朧月光照耀下，忽有一名眼尖嘴快的兵卒喊道：「樹上有字！」

眾官兵圍上前抬頭一看，只見一棵突兀而立的大樹，黑漆漆地擋在路上，樹身有一片明顯泛白，上面隱約可見塗著什麼文字，但由於月色太暗，一時看不清楚。吵吵嚷嚷之間，早已有精明負責、慣於拍馬屁的官兵報知龐涓。

「可惡，難道是遇到鬼了？」龐涓聽到這件奇事，心中發慌，但還是裝作若無其事的樣子，懷著好奇，帶領幾個親信來到大樹跟前。

只見大樹的空白處，確實有隱隱約約的字跡，但又看不清楚，龐涓

馬陵之戰與龐涓之死

令軍士取火把照明，以便弄清真相。火把很快拿來，樹上的一切盡顯眼前。

龐涓看了，大驚失色，脫口說道：「這個癟子，我今天又中了他的陰謀詭計了！」說完，匆忙轉身下令撤退。

就在這時，對面山崖上火光突起，早已埋伏在山谷兩側的齊軍看到動手的訊號，頓時引弩發箭。具有強大威力的勁弩如驟雨狂風一般席捲了山道上的魏軍。那當道而立的大樹，更成為齊軍弓弩手瞄準、射殺的目標。在如蟻似蝗的亂箭之下，龐涓躲藏不及。他於危難之中突然憶起了當年離開鬼谷時，老師鬼谷子曾說過「遇馬而卒」的話，現在自己身陷馬陵道，可能是在劫難逃了。又憶起自己離開鬼谷時，面對孫臏所說「死於亂箭之下」的咒語，龐涓一手扶樹，強撐著身子面對箭雨，滿含怨恨地說道：「我後悔當初沒有殺掉那個癟子，以致如今虎陷狼群，活生生落於他的手裡。唉，看來這都是上天安排的定數呀，天命難違，我龐某去也！」說完，龐涓拔出隨身佩帶的寶劍自刎身亡。

龐涓既死，魏軍頓時亂上加亂，經過一夜的激戰，太子申被俘，十幾萬魏軍全面崩潰瓦解。這是齊軍在孫臏的策劃指揮下，繼桂陵之戰之後、在馬陵所創造的又一個流傳千古的光輝戰例。（這場戰爭的記載見銀雀山漢簡〈陳忌問壘〉篇）

第二天黎明，在打掃戰場時，有官兵將龐涓的屍體抬至孫臏、田忌面前領賞，孫臏看到已血肉模糊的龐涓，立即怒火中燒、悲憤交加，千頭萬緒湧上心頭。為了發洩心中的憤怒和報當年刖刑之仇，他命兵士將龐涓的屍體抬到自己的專車前，取過一把長劍，「咔嚓」一聲，將頭顱斬下，說了句：「龐兄，我們的一切恩怨情仇今天算是一刀兩斷了，到閻王爺那裡再做同窗吧。」然後命人找根繩子將鮮血淋漓的龐涓頭顱掛在田

第五章 破解《孫子兵法》的密碼

忌乘坐的戰車橫木之上,藉以宣揚軍威、慶賀勝利。

馬陵之戰讓孫臏得以復仇的同時,也徹底改變了齊國與魏國的命運,歷史又一次得以改寫。

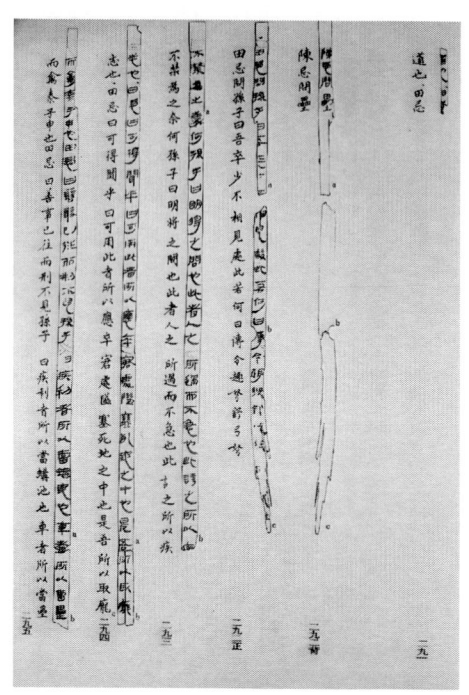

圖 5-12 銀雀山漢墓出土《孫臏兵法》摹本〈陳忌問壘〉

對司馬遷的挑戰

馬陵戰役之後,魏國一蹶不振、走上衰敗,齊國則藉著這次軍事勝利而強盛起來。諸侯們見風轉舵,紛紛棄魏奔齊,向齊國進獻金錢美女,以示親近,齊威王終於實現了稱霸中原的夢想。而孫臏自入齊以來,經過兩次戰役,也初步實現了畢生理想和政治抱負,除了報仇雪恨,也博得名揚天下、萬古流傳的著名軍事策略家美名。

對司馬遷的挑戰

隨著時間推移，逐漸強大的齊國，將相不和的矛盾日益嚴重，孫臏身為田忌的前門客和軍事助手，不但難以施展才華、為國盡忠，即使是安身立命也越來越困難，只好識趣地主動向齊威王提出歸隱山林的請求。齊威王深知孫臏的難處與明哲保身的想法，很痛快地答應了，並贈送一大筆安家費和兩名男童、四名女子給孫臏。自此之後，孫臏遠離了齊國都城，歸隱山野田園，開始了修身養性、著書立說的新生活。

當然，孫臏歸隱之後，在什麼地方隱居，每天怎樣生活，以至什麼時候撒手歸天等，史家少有記載，而民間傳說也多模糊不清。但有一點卻是肯定的，即孫臏在深入研究前人的兵書，尤其是《孫武兵法》的基礎上，根據自己平生所學，結合親身實踐和戰爭經驗，殫精竭慮、嘔心瀝血，終於完成了名垂千古的鉅著——《孫臏兵法》八十九篇和四卷圖錄，從而成為中國歷史上，繼孫武之後又一位承上啟下、繼往開來的偉大兵學巨匠。

由於孫臏和他的高祖孫武，在春秋戰國諸侯混戰的大舞臺上，都曾做過劃時代的表演，並創造了出神入化、登峰造極的兵學文化，而這筆文化遺產作為人類的瑰寶，在社會各階層特別是軍事領域產生了廣泛而深遠的影響，人們習慣上把孫武、孫臏統稱為孫子。而這個說法，被後來的司馬遷於《史記·孫子吳起列傳》中記載了下來。

司馬遷的傳記，對兩位孫子的身世、戰功以及著作等方面的記述，雖略顯簡單，但描述得大致清楚。即孫武是春秋末期仕於吳國的著名軍事策略家，著有兵法十三篇。孫臏是孫武的後世子孫，二人有血緣關係。孫臏生活在戰國時代的齊威王時，與他的祖先孫武一樣著有兵法傳世。

繼司馬遷之後，東漢史學家班固在其《漢書·藝文志》中，著錄了《吳

第五章 破解《孫子兵法》的密碼

孫子兵法》八十二篇和《齊孫子》八十九篇。班固的史料來源不得而知，但記述明確。《吳孫子兵法》指的是孫武所著的《孫子兵法》。《齊孫子》則是孫臏所著的《孫臏兵法》。另外，在《吳越春秋》和曹操的〈孫子序〉中，也有一些關於這方面的記載。

有關兩名孫子其人其書，《史記》與《漢書》的記載一直為人們所尊信。然而，到了唐代，才子杜牧根據司馬遷與班固對《孫子兵法》篇數的不同記載，在其所著《樊川集·孫子序》中提出了一種說法，認為傳世的《孫子兵法》十三篇是曹操刪削的結果。他說：「武所著書，凡數十萬言，曹魏武帝削其繁剩，筆其精切，凡十三篇，成為一編。」

杜牧的論點令平靜的池塘頓生漣漪，好事者紛至沓來，開始懷疑孫武其人其書是否真實存在。在各說之中，影響最大、最早者當數北宋仁宗時代注釋《孫子》的學者梅堯臣，梅氏認為《孫子兵法》這本書帶有濃厚的戰國色彩，不足為信。

南宋中期的史家葉適，進一步明確表示，孫子書不合儒家軍事理想，此書中的很多思想和名詞都非春秋時期所常見，而為戰國時期所獨有。他認為《孫子兵法》是後人偽造而冒孫武之名頂替的，歷史上根本就沒有孫武此人，也就是說孫武是那些偽造者憑空虛擬的一個神話人物。為證明此說正確，葉氏列舉了很多項證據加以論證。言之鑿鑿，此說影響巨大，近似鐵證。

明代學者章學誠、清代學者姚鼐受杜、葉等前輩儒生影響，認為《孫子兵法》「皆戰國事」，並宣稱：「吳容有孫武者，而十三篇非所自著。」主要理由有二：一是春秋時期用兵規模不大，即使是大國也不過數百乘，而《孫子兵法》中則有「興師十萬」的記述，顯然記述的是戰國時期的事情。二是《孫子兵法》中稱國君為「主」，這是戰國時期的稱謂

習慣，而「主」在春秋時期是士大夫之稱。

曾於晚清戊戌變法中大出風頭的梁啟超，在其有關先秦諸子的論述中，謂孫武的兵法十三篇，乃戰國人偽托，並有可能是孫臏所為。按梁氏的說法，兵書中所言，「皆非春秋時所能有……此書若指為孫武所作，則可決其偽；若指為孫臏所作，亦可謂之真」。梁氏沒有說這個論斷的根據是什麼，可能是出於他的主觀臆想，而不便或不能舉例加以論證。

孫武、孫臏各有兵書

除上述諸君發表的論斷和宣言，尚有多種紛紜繁雜、突兀離奇的不同論調。更有奇者，清人牟默人在《雪泥書屋雜誌・校正孫子》一文中，宣稱孫臏為伍子胥的後代。文中說道：「古有伍子胥無孫武，世傳《孫子》十三篇，即伍子胥所著書也。而《史記》謂「孫臏生阿甄間為孫武之子孫者，實即子胥之裔也。」

另一種說法更加大膽，稱孫武與孫臏為同一個人，著名的《孫子兵法》實際上是戰國時孫臏所著。如現代學者錢穆在《先秦諸子系年考辨》中說，孫臏名武，其人在吳、齊兩國都有生活的足跡。司馬遷作《史記》時「誤分以為二人也」。

另有日本學者齋藤拙堂作〈孫子辨〉一文，同樣因孫武之事不見於《左傳》，而懷疑《史記》中所載的孫武到底有沒有其人。經他如寫偵探小說一般反覆推理，得出孫武與孫臏原本是同一個人，名武而綽號叫臏，相當於梁山好漢魯智深綽號叫花和尚，孫二娘綽號叫母夜叉一樣。其理由大意是：司馬遷記載，孫武見吳王，當在吳伐楚之前，此時孫武就已經將自己所創作的兵法十三篇獻給吳王看過。但這個時候偏安南方一隅的越國尚小，其兵力不可能勝過吳國。而《孫子兵法・虛實篇》卻說：

第五章　破解《孫子兵法》的密碼

「以吾度之,越人之兵雖多,亦奚益於勝哉。」很明顯,此話是越國比吳國強大之後的語調,是戰國時期的孫子所言。另有證據,如《左傳》昭公三十三年,吳伐越,為吳越相爭之始。而《孫子兵法‧九地篇》則說「吳人與越人相惡」,這是後來吳越相結怨之證據,可見此著當是戰國之後所作。又《戰國策》一書稱孫臏為孫子,結合《史記》中的列傳,尤其是自敘傳中所稱的「孫子臏腳,而論兵法」,可知現行流傳的《孫子兵法》一書,是孫臏所著無疑,而孫武和孫臏同為一人,武為其名,臏則為綽號。

就在諸多懷疑論者紛擾不寧,將孫武、孫臏及其著作攪得一塌糊塗、亂上加亂之時,1972年銀雀山漢墓竹簡橫空出世。令世人親眼領略這批文化瑰寶的同時,也確認了所發現的這批書籍至少在西漢初年已廣為流傳的事實。尤其是《孫子兵法》與《孫臏兵法》同時出土,如同一道閃電劃過夜空,使聚訟千年的學術懸案頓然冰釋。這批漢墓竹簡,如一面迎風飄揚的旗幟,以鮮活亮麗和無可辯駁的存在吸引著人類驚喜的目光,並以自身的深刻內涵向世界昭示如下歷史事實:

第一,漢簡的出土證實了《史記》有關孫子和《孫子兵法》記載的真實性。與《孫子兵法》十三篇同時出土的,還有一些與十三篇關係十分密切、至為重要的《孫子兵法》佚文殘簡,其中〈吳問〉一篇記述的是孫子與吳王的問答。

吳王問孫子曰:「六將軍分守晉國之地,孰先亡,孰固成?」

孫子曰:「范、中行氏先亡。」

「孰為之次?」

「智是為次。」

「孰為之次?」

「韓、魏為次。趙毋失其故法，晉國歸焉。」

簡文中所說的「六將軍」，即晉國六卿范氏、中行氏、智氏和韓、魏、趙三家。春秋時期，卿與將軍不分，平時為卿，戰時統率一軍，則以「將軍」相稱。

據《史記‧晉世家》載，晉定公二十二年（西元前 490 年），趙、韓、魏和智氏聯合趕走范、中行氏。晉出公十七年（西元前 458 年），四家世卿瓜分了范、中行氏的土地。晉哀公四年（西元前 453 年），趙、韓、魏共滅智氏，盡併其地。

從以上的記載中可以看出，《孫子兵法‧吳問》產生的時間應在范、中行、智氏滅亡之後，否則，作者絕不會那麼準確地預料到三卿的滅亡次序。對於趙、韓、魏三家的發展，作者認為韓、魏相繼在智氏之後滅亡，晉國全部歸屬趙氏。然而這次他的猜測卻全然錯了，說明作者既沒有看到晉靜公二年（西元前 376 年）三家最後瓜分晉公室，也沒有看到晉烈公十七年（西元前 403 年）三家正式建立封建諸侯國的重大歷史事實。由此可知，〈吳問〉撰寫於智氏亡至趙、韓、魏三家自立為侯的五十年內。而孫武主要活動在吳王闔閭執政（西元前 514 年至西元前 496 年）時期，與〈吳問〉撰寫時間相去不遠。因此，把〈吳問〉視為孫武言行的可靠材料是沒有問題的。

此外，竹簡本中另一篇〈見吳王〉則記述了孫子吳宮教戰等傳記材料，不但與《史記》、《吳越春秋》等記載相吻合，而且有些情節較《史記》更為詳盡，據漢簡整理小組專家吳九龍等推斷，出土的篇章很可能就是當年太史公所依據的古本史料。由此可見，《史記》關於孫子的記載並非空穴來風，而是當時的流行之說，至少在當時人們並不懷疑孫子是春秋末期的吳國將領，同時也是《孫子兵法》一書的作者。

第五章　破解《孫子兵法》的密碼

第二，漢簡本《孫子兵法》與《孫臏兵法》同時出土，以無可辯駁的鐵證破除了孫子、孫臏同為一人的謬說，粉碎了孫子就是伍子胥等妄言。

在出土編號為第 0233 號竹簡中，有「吳王問孫子曰……」等字樣，在第 0108 號竹簡中，有「齊威王問孫子曰……」等文字。這些鮮活可見的文字，不但充分證明有兩個孫子，且同時昭示一個服務於吳國，一個服務於齊國。這兩位服務於不同國度的孫子，就是太史公在《史記》中所記載的孫武和孫臏。此二人處於不同的時代，各有兵法傳世。因而，那些鼓吹孫武、孫臏為同一人的謬論，也就不攻自破了。

第三，漢簡的出土證明《孫子兵法》確為十三篇。明顯的證據是，在一同出土的〈見吳王〉篇中，其中兩次提到孫子書為「十三扁（篇）」。另外，在十三篇簡文出土的同時，還發現了一塊記錄有竹書篇題的木牘。儘管這塊木牘已破碎成六塊小片，但從其行款及殘存的內容看，簡本《孫子兵法》確為十三篇，且其篇名與傳世本基本相同，只是在個別篇名與篇題上與傳本有些出入。

還有一個不可忽視的重要證據是，就在銀雀山漢墓竹簡發現 6 年之後的 1978 年夏季，考古人員在青海省大通縣上孫家寨──五號漢墓的發掘中，出土了一批木簡。與木簡同時出土的還有三面銅鏡、一些五銖錢以及一枚私印，印文為「馬良」。經觀察分析，三面銅鏡花紋皆為四乳四螭紋，銅錢與洛陽燒溝 I、II 型相同，由此推斷該墓時代當為西漢晚期。結合隨葬品的組合和木簡情況推斷，考古人員認為墓主人馬良可能為一名軍事將領，因史書無傳，其身世無從查考。但在出土的木簡中，其中有一部分是與《孫子兵法》有關的兵書。例如，有一支木簡（061 號）上明確書有「孫子曰：夫十三篇……」這個記載比銀雀山竹簡還要明確，從而進一步說明《史記》所記述的孫武有兵法十三篇是有根據的。另外，

在殘簡當中，還有一支（001號）上書「……□可與赴湯火白刃也」的文字，這與《史記》記述孫武見吳王闔閭時所說一段話的末句「雖赴水火猶可也」兩者相似。因這一句話不見於銀雀山竹簡，從而又可以作為銀雀山竹簡的補充。

與此同時，竹簡還提供了一些《孫子兵法》的重要佚文，例如：

「《軍門令》，孫子曰：能當三□」（047號）

「《合戰令》，孫子曰：戰貴齊成，以□□」（355號）

「《□令》，孫子曰：軍行患車錯之，相（？）□□」（157號、106號）

「子曰：軍患陣不堅，陣不堅則前破，而」（381號）

「□者制為《軍門》」（346號）

「□制為堅陣」（078號）

「行殺之，擅退者後行殺之」（063號）

據參加整理這批殘簡的考古人員說，類似以上的佚文在出土的竹簡中還有許多。此簡文是不是《漢書‧藝文志》所提到的《吳孫子兵法》八十二篇尚無確切根據，但可以肯定的是，至少在漢代初年，《孫子兵法》十三篇已經作為一部單獨、完整的著作而流傳於世了。至於班固所說《吳孫子兵法》八十二篇，如果不是無中生有、憑空捏造、故弄玄虛，最大的可能就是西漢末年劉向等人在整理過程中，把與孫子兵法相關的材料，如上孫家寨漢墓部分殘簡，以及在銀雀山漢墓中與《孫子兵法》十三篇一同出土的〈黃帝伐赤帝〉、〈地刑（形）二〉等孫子後學的解釋發揮之作也收入其中，致使篇目大大地擴充了。而曹操在為《孫子兵法》作注時曾明確指出「孫子者，齊人也，名武，為吳王闔閭作《兵法》一十三篇」，可見當時的十三篇早已成為定本，而不是幾十篇捆綁在一起的大雜燴。曹操之所以為《孫子兵法》作注，正如他在〈孫子序〉中所言，因不

第五章　破解《孫子兵法》的密碼

滿於一般注釋之作的「未之深究訓說，況文煩富，行於世者失其旨要」。後來的杜牧不解其意，妄下論斷，誤以為曹操刪削八十二篇而成十三篇，以至於謬種流傳，貽害四方。

▎兩部兵書之謎

孫武的《孫子兵法》之所以引起千餘年來聚訟紛紜除了已表述的種種理由外，還有一個重要原因，那就是《孫臏兵法》自《漢書·藝文志》以後不再見於著錄。即使《漢書·陳湯傳》曾引用了兵法「客倍而主人半，然後敵」之句，但後人都不知出自何典。隨著銀雀山漢墓竹簡《孫臏兵法》的出土，這個問題迎刃而解，千年懸案得以更加清晰地昭示天下。《漢書·陳湯傳》這句話原來是出於漢簡本《孫臏兵法》的〈客主人分〉篇。由此可以看出，在西漢時《孫臏兵法》還相當流行，但不久就散佚不傳，從而使紛爭驟起，綿延 1,000 多年而未絕。

銀雀山漢墓出土的《孫臏兵法》漢簡，經整理小組努力，共整理出竹簡 364 枚，分上、下編，每編各 15 篇，計 11,000 餘字。儘管字數已較原簡失去大半，但據整理者吳九龍所說，這一成果已來之不易。失傳 1,700 餘年的《孫臏兵法》終於陰錯陽差地重見天日，為研究孫臏及先秦歷史者提供了極其珍貴的資料。

根據銀雀山漢簡整理小組的考釋成果，漢簡本《孫臏兵法》的篇目和主要內容列表如下：

漢簡本《孫臏兵法》的篇目和主要內容列表

編次	篇名	主要內容
上編	擒龐涓	桂陵之戰
	見威王	孫臏的戰爭觀

編次	篇名	主要內容
上編	威王問	孫臏的戰略戰術思想及治軍、地形、陣法問題
	陳忌問壘	戰術運用,並以馬陵之戰為例加以說明
	篡卒	軍隊建設原則和戰爭勝負的因素
	月戰	戰爭與天時的關係
	八陣	選將標準和八陣的運用原則
	地葆	軍事地理
	勢備	陣、勢、變、權四項作戰指揮原則
	兵情	將、卒、主之關係
	行篡	關於選拔任用人才的方式和原則
	殺士	軍紀和賞罰原則
	延氣	鼓舞士氣的原則和方法
	官一	軍隊組織、作戰指揮和後勤保障
	強兵	富國、強兵
下編	十陣	十種陣法的特點和運用
	十問	敵我力量不同情況下的不同擊敵方法
	略甲	簡文殘缺,難以看出主要內容
	客主人分	取勝的保證
	善者	如何使自己居於主動、使敵人居於被動
	五名五恭	對付敵人的不同方法
	兵失	作戰失利因素的分析
	將義	將帥必備的特質
	將德	將帥品德
	將敗	將帥特質上的缺點與戰爭失敗的關係
	將失	將帥作戰失利的各種情況
	雄牝城	雄城、牝城的地理特點

第五章　破解《孫子兵法》的密碼

編次	篇名	主要內容
下編	五度九奪	避免不利條件，爭取有利條件
	積疏	積疏、盈虛、徑行、疾徐、眾寡、逸勞六對矛盾的相互關係
	奇正	奇正的相互關係

關於漢簡本《孫臏兵法》的作者，據整理小組人員吳九龍等從已整理的篇目分析，認為大部分為孫臏所著。另有一部分篇目，記述孫臏的事蹟，如〈擒龐涓〉、〈見威王〉、〈威王問〉、〈陳忌問壘〉、〈強兵〉等，其中有些語句對孫臏明顯地褒崇，這些篇目應是孫臏的弟子或後人根據孫臏的事蹟和理論編纂而成。

透過對漢簡本的考釋可以看出，孫臏在齊國時已有弟子，如《孫臏兵法》殘簡中有下面一段話：「孫子出，而弟子問曰：『威王問九，田忌問七，幾知兵矣，而未達於道也。……』」（第 65 簡）這當是孫臏有門下弟子的明證。還有，在第 8 簡有「曰孫子之所為者盡矣」句，這樣高度讚揚孫臏的話，從語氣來看，不像出於孫臏同齡人的筆墨，更不像出自齊威王、宣王或田忌之口，而極可能是他的弟子所說。另外還有一些篇目應是孫臏語錄的彙編，如〈篡卒〉、〈月戰〉、〈八陣〉等，推測也應是其弟子整理而成。因而吳九龍認為，《孫臏兵法》的編定，和一些先秦其他古籍一樣，當出於其門弟子之手。當然，也不能排除另一種推斷，即《孫臏兵法》的一部分或大部分是孫臏的原著，最後經過他的弟子增補編定。但無論如何，編定的年代，當在孫臏死去以後。儘管不能肯定孫臏的對話是原話，但其主旨卻反映了孫臏的思想，是後人研究孫臏軍事思想最為可靠的資料。關於《孫臏兵法》成書的時代，學術界雖存有爭議，但以銀雀山漢墓發掘者吳九龍為代表的許多學者，根據對漢簡的考證，認為

完成於戰國中期。

　　當然，從銀雀山漢墓出土的簡本《孫臏兵法》中不難看出，此書並不是無源之水、無本之木，憑空產生創造出來的孤立之作。它在相當程度上繼承了《孫子兵法》十三篇的軍事思想，是孫武戰略理論和策略思想的進一步發展與完善。從如下的列表中可以看到其異同之處。

《孫子兵法》與《孫臏兵法》二書對照列表

序號	《孫子兵法》	《孫臏兵法》
1	〈始計〉：「攻其無備，出其不意，此兵家之勝，不可先傳也。」	〈威王問〉：「威王曰：『以一擊十，有道乎？孫子曰：『有，攻其無備，出其不意。』」
2	〈始計〉：「道者，令民與上同意也，故可以與之死，可以與之生，而不畏危。」	〈兵失〉：「兵不能勝大患，不能合民心者也。」
3	〈始計〉：「將者，智、信、仁、勇、嚴也。」	〈將義〉：「將者不可以不義⋯⋯將者不可以不仁⋯⋯將者不可以無德⋯⋯將者不可以不信⋯⋯將者不可以不智勝。」
4	〈謀攻〉：「以虞待不虞者勝。」	〈威王問〉：「用兵無備者傷。」
5	〈虛實〉：「故兵無常勢，水無常形，能因敵變化而取勝者，謂之神。」	〈見威王〉：「夫兵者非士恆勢也。此先王之傳道也。」
6	〈行軍〉：「平陸處易，而右背高，前死後生，此處平陸之軍也。」	〈八陣〉：「險易必知生地、死地，居生擊死。」

303

第五章　破解《孫子兵法》的密碼

序號	《孫子兵法》	《孫臏兵法》
7	〈行軍〉：「凡軍好高而惡下，貴陽而賤陰，養生而處實，軍無百疾，是謂必勝。兵陵堤防，必處其陽而右背之，此兵之利，地之助也。」	〈地葆〉：「凡地之道，陽為表，陰為裡，直者為綱，術者為紀，……凡戰地也，日其精也，八風將來，必勿忘也。」
8	〈行軍〉：「絕水必遠水。」	〈地葆〉：「絕水、迎陵、逆流、居殺地、迎眾樹者，鈞舉也。」
9	〈行軍〉：「凡地有絕澗、天井、天牢、天羅、天陷、天隙，必亟去之，勿近也。吾遠之，敵近之；吾迎之，敵背之。」	〈地葆〉：「五地之殺曰：天井、天宛、天離、天隙、天招。」
10	〈地形〉：「夫地形者，兵之助也，料敵制勝，計險厄、遠近，上將之道也。」	〈威王問〉：「料敵計險，必察遠近……將之道也。」

　　由上表可知，《孫臏兵法》在一定程度上繼承了《孫子兵法》的軍事思想，但由於孫臏處在戰國時期，軍隊構成和作戰方式已與孫武所處的春秋時期產生了較大的變化。因此，孫臏又在某些方面改良《孫子兵法》。例如，《孫子兵法》對戰爭主張速決，反對持久，認為「兵貴勝，不貴久」、「久則頓兵挫銳」、「夫兵久而國利者，未之有也」，甚至說「兵聞拙速，未睹巧之久也」。這就是說，雖然是計謀拙劣的速勝，也優於籌劃巧妙的持久戰。此外，《孫子兵法》亦反對攻城戰，認為「攻城則力屈」，甚至把攻城戰當作一種萬不得已的「下策」。

　　孫武這種反對持久、攻城，主張速勝的思想，與春秋末年社會經濟狀況有關。春秋末年，生產力相當落後，各國的經濟力量都不可能支持曠日持久的攻堅戰、消耗戰。所以《孫子兵法》說：「凡興師十萬，出征

千里,百姓之費,公家之奉,日費千金。」從而特別提倡和主張對戰爭要慎重處理,既要知道「用兵之利」,又能了解「用兵之害」,才是「智者之慮」。書中還說道:「國之貧於師遠輸,遠輸則百姓貧;近師者貴賣,貴賣則百姓財竭。」同時還指出「軍無輜重則亡,無糧食則亡,無委積則亡」,從而主張要「因糧於敵」。這些論述,都是春秋末年社會經濟狀況的具體反映。從另一個方面來看,當時的城邑,並不是很普遍、很具規模,在戰爭中,還不能成為雙方爭奪的重點。因而,攻堅和曠日持久的消耗戰並不是十分必要。而且,從戰爭的武器來看,當時主要是銅製的刀、劍、戈、矛、戟、殳、鉞等武器,宜於近戰但不宜攻堅摧壘。雖有弓弩箭矢,但是射程短,不具有攻克城寨的能力。攻城用的所謂「戰車」也只能掩護士兵接近城牆,並不能作為衝破城寨、具有強大殺傷力的裝備。因而《孫子兵法》的軍事戰術思想,就不能不受到這些歷史條件的制約。

誕生於戰國中期的《孫臏兵法》與《孫子兵法》的戰術思想相比,就有了明顯的進步與發展。由於時代變遷,經濟發展、交通改進,孫臏在戰爭思想與策略戰術方面具有明顯的戰國時代特徵。具體表現為:

一、較廣泛地使用先進兵器。《孫臏兵法》曾多次提到使用弩,如「勁弩趨發」、「厄則多其弩」等。弩較弓強勁,可以遠距離殺傷敵人,在當時屬於先進兵器。與此同時,孫臏還在書中提到了「投機」,這種機器即拋石機,利用機械力量投石,擊殺遠處敵人。這樣先進的兵器用之於戰,可以殺傷較多敵人,並減少白刃戰的傷亡。

二、兵種變化。到了孫臏時代,交戰國雙方都普遍使用騎兵,《孫臏兵法》云「險則多其騎」便是例證。騎兵的大量投入,大幅提高軍隊的機動性、靈活性、突發性。

三、編制變化。騎兵、徒兵增加，戰車兵減少，孫臏的戰略思想也隨之改變並展現於其著作中。

四、各種外在條件的變化，自然引起了戰術、陣法變化與發展，出現了《孫臏兵法》中所說的「剽風之陣」、「雁行之陣」、「錐行之陣」等多種陣法。

五、隨著戰爭規模的擴大和城市特色的不同，孫臏開始主張攻城策略，這恰好是孫武所反對的「攻城為下」策略戰術。孫臏具體提出了什麼城可以攻打，什麼城不可以攻打，並且還講到要把野戰與攻城結合起來等策略戰術。這些論述，雖然並不見得完全合理與全面，但反映出了當時與城市的發展相適應的戰略思想與戰爭方法。這些概念的發展變化，正是《孫臏兵法》以《孫子兵法》為基礎而進一步發展和創新的強力佐證。

發現孫臏洞

銀雀山漢墓發掘者之一劉心健在《莒州志·古蹟》中，查到了一條「莒縣東南百里甲子山前麓有孫臏洞」的記載。此後，他曾多次按照這個記載到甲子山一帶調查，結果真的找到了「孫臏洞」，並認為此處是孫臏晚年的隱居之所。

甲子山孫臏洞屬山東省莒南縣朱蘆鎮石汪村地界，確切位置在石汪村北三裡拉子山西樓頂山的後山坡，即甲子山主峰玉皇頂以東半山腰上。此處群峰起伏、層巒疊嶂，是個隱居的好地方。

據載，孫臏洞「洞旁有泉，下有飲牛汪。山水環繞，境極幽僻」。實地觀察便可發現，此洞洞口朝東南，洞深 4 公尺多，高 3 公尺多，寬 10

公尺左右。洞內巨石參差，臺坎天然。洞口有長形磚牆，牆內有孫臏師徒三人及其坐騎的泥塑像。孫臏像高 4 尺，兩個徒弟李睦和袁達侍立在側，3 尺高的獨角牛作為坐騎居右，現依然可見。孫臏洞的東面不遠處有一座高山，號稱蒙山，據當地傳說是鬼谷子當年設壇授徒的地方。蒙山中有鬼谷洞，傳說當年孫臏、龐涓就曾在此讀書受教，也就是說當年鬼谷子的訓練基地就在此處。甲子山上的孫臏洞，選在他曾讀書就學的地方不遠處，當是思鄉和落葉歸根的寄託。

　　孫臏洞前有平地一塊，由東、南、西三面的殘存石垣圍成一個院落，院中央有一飲水池泉，水由洞內石壁縫中流出匯此。暗流至潤，匯成小溪，再下流三里，抵村東北角斜坡，匯聚成瀑布。瀑布下是個石汪，傳說這就是孫臏當年耕作休息和飲牛的地方，山村即以此石汪而得名。村的東北角流淌的一條河邊，仍可看到在一塊大青石板上有一串串茶碗大的小洞，據說這是孫臏的牛來飲水時踏踩而出的印痕。

　　根據當地風俗習慣，地名以人名命之並立祠塑像紀念，一定與其人在此生活過有關。莒地既非孫臏的家鄉出生地，也不是其采邑封地，而竟然能以孫臏之名命洞，且祠以師徒塑像，一定有其他緣由。

　　按照劉心健考察研究所得出的結論，此洞很可能與孫臏當年離開齊國官場和戰場後，曾在此隱居過有關。此地遠離齊國都城臨淄，可避開政敵的注意，又不出齊境，還可慰其愛國之心，再加上「山水環繞，境極幽僻」，正是難得的隱居「聖地」。洞內塑有其二徒，亦與史料記載相符。《孫臏兵法·威王問》篇即有「孫子出而弟子問」之語，但沒有其弟子姓名。根據孫臏洞現有的塑像印證，其弟子中較親近者，可能就是民間傳說中的李睦和袁達，後隨師父隱居於此。

第五章　破解《孫子兵法》的密碼

圖 5-13 甲子山孫臏洞中的塑像，孫臏（中），左右站立者是他的兩個徒弟

洞中右邊另有獨角牛和牧童塑像皆栩栩如生。孫臏受刑而不能行走，需要坐騎。官場失意隱居，乘不起車馬，牛既可代步，又可從事耕作，恰合隱士之需。

據當地人說，1955 年以前，這裡有傳統的「牛旺香」山會。每年農曆正月十五，群眾會於此地燒香祈禱牛旺禾收，雖然這一做法帶有迷信色彩，但從當地農業世代相傳、並神化孫臏和他的牛來看，也似乎說明孫臏在此隱居很久，留下了深刻的影響。

《史記》載，孫臏的故里在阿、鄄之間，也就是今菏澤地區鄄城縣境內。孫臏離開齊國官場之後，沒有再回到鄄城老家，很可能來到了甲子山一帶，就此隱居並著書立說。只是著名的《孫臏兵法》是否就產生於甲子山這個洞內，尚難做出定論。

千年祕辛，期待有識之士前來解開。

第六章
消失的曾國：神祕王國之謎

擂鼓墩風水之謎

　　歷史的契機於漫不經心中突然降臨。

　　如同世界上許多重大考古發現都肇始於野外修路造房、挖坑築壩，曾侯乙墓的面世，正是源於當地駐軍某一次偶然的施工。

　　1977年秋天，在湖北省隨縣城郊擂鼓墩，武漢軍區空軍雷達兵部想要在原軍械雷達修理所（後文簡稱「雷修所」）擴建兩個兵器工廠，由負責營區基礎建設工程的副所長王家貴主持，9月，正式破土動工。

　　一直在監工的王家貴突然發現，工地中間一處的土質由褐色泥土構成，便蹲下身詳細觀察。這泥土不像紅砂岩那樣堅硬，像是人工挖填的地層。於是他問了當地一位外號「萬事通」的白髮老者。這位老者煞有其事地說，此處在很久以前是一座小廟，廟裡住著一個和尚。這位和尚經常下山勾引女人，後來和一位前來進香的年輕寡婦勾搭上了。一年後，東窗事發，寡婦的族人前來興師問罪，一氣之下，把小廟一把火燒個精光。許多年之後，此處已長滿了荒草野樹，日軍占領隨縣、進駐擂鼓墩時，又在這一帶挖戰壕、修碉堡，說不定下面就是日本投降後廢棄的戰壕或地道。

　　白髮老者一席話令眾人半信半疑，王家貴輕輕地搖了搖頭，小聲說：「我看不像小廟，也不像戰壕和道地，依我的知識和經驗，下面恐怕

第六章　消失的曾國：神祕王國之謎

是一座古墓。」

　　雷修所所長鄭國賢聽了，略微一驚，隨後又神態自如地笑了笑，道：「你是不是考古的電影和雜誌看多了，有點走火入魔，想在這裡也挖出個女屍來啊？不過……」鄭國賢停頓了片刻，又說：「我剛才也有這個念頭，只是現在還不能確定，再挖挖看。你密切注意下面的情況，若有了其他變化再想辦法。」

　　施工照常進行，沒有人再去關注地下是一座小廟的地基還是日軍挖掘的戰壕陷坑，然而王家貴的心就此與這片異樣褐土緊緊拴在一起。

　　施工仍在繼續。擂鼓墩東、西兩團坡，在炸藥爆響與推土機轟鳴中進入了深秋。這天上午，參加施工的隨縣城郊公社團結大隊第八生產隊二十幾名社員，被安排在東團坡東部邊緣清理石渣碎土，並用鋼釺鑽洞爆破。其中生產隊會計梁升發與姪女梁愛琴被分到一個較為偏僻的坡下清理碎石和泥土。當二人連挖帶刨、掘下一公尺多深時，隨著梁升發舉起的鎬頭從空中落下，只聽見「咚」的一聲，鎬頭被彈了出來，梁升發的手臂被震得發麻。

　　「唉，遇到硬石了！」梁升發自言自語地說著，用鎬頭輕輕地向外勾著泥土，看是否需要鑽洞爆破。就在鎬頭的利刃在泥土中攪動時，「咕咚」一聲輕微響動，一個圓圓的銅質物從土中滾出。

　　梁升發眼睛一亮，扔下鎬頭，好奇地蹲下身，拾起銅質物，一邊用手擦著外面的泥土，一邊觀察起來。只見眼前的銅質物，像一只「香爐」，口部比碗略大一些，罈子狀，肚子鼓起，下面有三隻腳，內外長了斑斑點點的綠鏽，拿在手中感覺沉甸甸的。

　　梁升發將「香爐」放下，迷惑不解地用手在眼前泥土裡扒了幾下，三個小型的青銅箭頭陸續出土。此時，梁升發意識到了什麼，拾起鎬頭，

用力刨挖起來。不久,一件青銅壺隨著「咔嚓」一聲,被帶出坑外。不遠處的姪女抬頭間猛然看到這個情景,疾步上前,瞪大了眼睛對梁升發問道:「挖出什麼了?」

此時梁升發已回過神來,知道自己挖出了寶器,遂一臉嚴肅,急忙用眼神阻止姪女,同時迅速脫下上衣,把幾件銅器蓋了起來。他向四周看看,見其他人並未注意自己的舉動,遂轉過身,壓低聲音,滿臉興奮並帶有幾分神祕地說道:「銅傢伙,是寶貝呢,別出聲,被那邊的人看見,就沒我們的了!」

梁愛琴雖無見識,但覺得新奇,從叔叔的面部表情和一系列動作中可感知眼前的「寶貝」不同凡響,於是點頭表示心領神會,不再出聲。

發現青銅器

梁升發在坑外蹲下身子,用略帶顫抖的手捲了一根紙菸,點火抽著,有些不安地望望崗坡上工作中的人群,又瞟了幾眼面前的土坑,沉思了一會兒,輕輕對姪女說道:「我猜下面肯定還有好東西,我們倆悄悄掘。要是讓他們瞧見,都來搶,就沒得我們的份了。」

言畢,將菸頭「唰」地扔到地上,精神抖擻地復入坑中,小心地挖掘起來。未久,一連挖出了 20 餘件器物(梁愛琴後來說 24 件),全部為青銅器。有的像罐子,上面有蓋;有的像香爐,帶三隻腳;有的長方形帶四隻腳;有的像燈座;另外還有幾十個箭頭。所出器物大者有十幾斤重,小的只有幾兩重。因土質鬆軟,挖的時候又格外小心,青銅器出土後絕大多數完整無損。為防止其他成員發現,梁升發在旁邊另掘一小洞,將出土器物陸續放入洞中,用土覆蓋,然後再用上衣掩住。

中午下班,梁升發與姪女故意磨蹭拖延,見工地上再無人影,便把

第六章 消失的曾國：神祕王國之謎

器物從小洞中扒出，用上衣包住，各自背著向外走去。因兩包東西又大又沉，十分顯眼，引起雷修所站崗巡邏哨兵的注意和懷疑。哨兵追上前來，當場叫住二人，命令其放下包裹，接受檢查。梁升發無奈，只好硬著頭皮一一照辦，同時解釋是自己從地裡掘出的破銅爛鐵，準備拿回家，當作餵雞養兔的工具。

哨兵覺得事情蹊蹺，但並不知這些滿身長著綠鏽的「破銅爛鐵」有何價值，又看到這些器物的確不是部隊的東西，一時不知如何處理。梁升發見哨兵猶豫不決，一邊笑哈哈地打著圓場，一邊示意姪女梁愛琴拎包快走。姪女心領神會，梁升發也藉機提起包袱，溜之大吉。

梁升發帶領姪女一路小跑步，氣喘吁吁地將東西背回家，一顆懸著的心終於「咚」地落下。在他看來，只要進了家門，這堆東西就理所當然地成為自己的合法財產，無須再擔心村裡其他人前來掠奪了。於是，梁氏以暴發戶心態，當場在家中搭起一塊木板，公開展示挖出的青銅器。

梁升發在家中辦展覽的消息很快在村中傳開，張二毛、王拴狗、李鐵枴等聞風而動，紛紛前來觀展。王拴狗在當地算是見過一些世面的能人，面對一堆長著斑斑點點綠毛的青銅器，當場斷定此為古銅，比一般的廢銅值錢一些，遂勸梁升發趕快找錘子，把長著三隻腳的「香爐」、沒長腳的「銅壺」以及帶蓋的大肚子器物砸開搗碎，用水沖洗乾淨後賣給供銷社廢品收購站。據王拴狗預估，這一堆東西可以賣十幾塊錢，足以換成幾條好香菸與幾斤鹹魚嘗嘗。

另一位村中「能人」李鐵枴，對王拴狗的說法不屑一顧，認為不能輕易開砸，說不定那帶蓋的罈罈罐罐裡頭裝著寶貝，現在最明智的做法是，趕緊撬開看看。一番巧舌如簧的鼓動，梁升發豪氣大增，內心充滿著希望與幻想，找來一柄大鐵鏟，一連撬開了兩個帶蓋的罈子和三個罐

子。令在場者大失所望的是，裡面除了泛著綠鏽的髒水和一點零碎的骨頭，再無他物。

劉歪嘴見狀，唾液四濺地發表：「這可能是人的骨頭，小孩死了之後把骨頭裝進去的。」

朱小豬疾步向前，搖著頭道：「不可能是人的，這是古人吃剩的排骨湯。」說著，他拿起一把小錘子將幾件青銅器敲打一遍，鼓吹梁升發儘快將其砸開，沖洗後賣到供銷社廢品收購站，換幾包上等的黃金龍牌香菸，讓大家過過癮。

在眾人一片喊砸的呼聲中，梁升發按捺不住心中的激情，進屋拖出一把大號鐵錘，就要向一個銅罐砸去。

正如同眾多古典小說常有的「刀下留人──」驚險情節一樣，恰在這時，忽聽門外一聲大喊：「住手──」

眾人聽聞大驚，抬頭望去，只見雷達修理所的副所長解德敏帶領幾名官兵急匆匆衝了進來。梁升發高高舉起的鐵錘停在空中，不再動彈，場面進入短暫凝固狀態。

一個小時前，梁升發走出雷修所大門，見哨兵沒有追趕，心中忐忑不安地向後瞟了一眼，而後突然加快步伐，將包袱重新搭在肩上，偕姪女慌張地朝崗下奔去。一直默默注視兩人行蹤的哨兵見狀，驀然意識到不對勁。這一老一少，心中一定有鬼，說不定那些破銅爛鐵是什麼寶物。想到這裡，哨兵感到問題有些嚴重，急忙來到連部彙報。

獲報人員立即將器物與在電影上看到的馬王堆出土文物連繫起來，頓感事關重大，趕緊向主管施工的王家貴及負責生產、行政、招收工人的解德敏彙報。王、解兩位副所長一聽，當即斷定是從坑中挖出的古物，既然出自雷修所這塊地盤，理應即時上交，此人卻膽大妄為，以破

第六章　消失的曾國：神祕王國之謎

銅爛鐵蒙混過關，攜帶古物溜之大吉，這還了得？事關重大，不能稍有遲緩，必須立即追回。於是，王、解二人強壓怒火，果斷決定由解德敏親自率人追回文物。解德敏等人趕到團結大隊打聽，有幾位嘴快的成員搶著說道：「哎呀，你說的人是會計梁升發，正在家裡辦展覽呢！」

解德敏急忙找人帶路，奔向梁家。就在他跨進大門的一刹那，梁升發已將鐵錘高高舉起。沉重的錘頭尚未落下，解德敏一聲大喝，避免了青銅器粉身碎骨的下場。

解德敏進門來，表情冷峻地圍著展出的青銅器看了一遍，突然抬頭對梁升發說道：「挖出東西要即時上報，這是早已宣布的規矩。你今天弄來的這些東西屬於珍貴的國家文物，必須立即交給國家。私藏就是犯罪，你是不是想成為現行犯？」

在場的眾人聽了，大駭。梁升發望著身穿軍裝、威風凜凜的解德敏滿臉怒氣，深感事情不是說著玩的，漲紅著臉，驚恐中似笑非笑道地：「我怎麼想犯罪呢？東西是你們檢查的，都在這裡，一件也沒有少，你們說怎麼辦就怎麼辦吧。」

解德敏說道：「東西先拿到雷修所保存，然後上交縣裡，看如何處理。」說完，他示意一同來的官兵將東西重新包好，全部帶到了雷修所。

現場勘察

解德敏一行攜青銅器回到駐地，所裡幾位首長觀看後，認為是古物，但屬於哪朝哪代卻說不清楚。幾人一起來到梁升發挖坑的地方檢視，沒有發現異常情況。施工現場依舊機器轟鳴，人聲鼎沸，爆炸聲此起彼伏，火藥味四散飄蕩。1978年2月21日，當推土機把炸鬆的紅砂岩

與中間地段約半公尺厚的青灰土推去時，又出現了一個奇特現象：只見青灰土裡夾雜著一些麻灰色碎石塊，這些石塊顯然與紅砂岩大為不同。未久，在中間部位的東南角，一塊長、寬各一公尺多的大麻灰色花崗岩大石板，在推土機的轟鳴中破土而出。

一直在工地觀察的王家貴見狀急忙走上前來，憑著自己的所學知識和多年累積的經驗，一眼看出這顯然是一塊經過加工的石料。他立即命令推土機停止推進，令一名技術員將所長鄭國賢、政委李長信、副所長解德敏等長官請來觀看。

鄭所長趕到後，令幾名技術人員用鐵鍬將石板周圍的土挖去，以便詳細觀察。一經清理，眾人大吃一驚，只見灰白色土層中竟鋪了一層大小相近的石板。石板經過人工鑿製，且鋪砌成一個平面。一連掀起五塊，皆是如此。

既然是人工加工，又有規則地鋪砌而成，意味著地下肯定有不同尋常的建築物。結合上面的「五花土」與下面鋪設的石板，除了說明這是一座古墓，沒有什麼其他合理的解釋。

3月4日，正在宜城主持楚皇城勘探的襄陽地區博物館考古人員王少泉被單位召回，要他去施工現場檢視。3月5日，王少泉一行人進入施工現場勘察。他們迅速做出了判斷，認為此處是一座大型墓葬，年代應為春秋至秦漢之間。3月9日，王少泉向省博物館副館長龔鳳亭和考古隊長譚維四詳細彙報了勘察情況。龔、譚二人聽完，大為震驚，如果此墓是一座，而不是多座連在一起，其墓主身分之高、埋葬器物之豐是難以想像的。龔、譚二人當場決定，省博物館即刻從野外調集一流的考古、鑽探人員，前往助陣，探明情況，搶救地下埋藏的珍貴文物。

第六章　消失的曾國：神祕王國之謎

發現盜洞

　　3月19日，考古隊長譚維四率領從江陵紀南城調集而來的技術人員王正明、陳錫嶺，攜帶兩根探鏟匆匆趕往隨縣。

　　譚維四詳細檢視了暴露痕跡，挖出的土層、土質以及鑽探的資料，又親自拉著皮尺測量墓坑，已大致清楚狀況。這是一座「岩坑豎穴木槨墓」，即先在紅砂岩山包上開鑿一個豎穴為墓壙，然後在壙內放置木質棺槨，再用泥土回填，層層夯築，在夯築層的中間，又鋪了一層大石板，以鞏固墓頂。

　　譚維四還看到，鑽探出的幾塊槨板木屑附有竹蓆殘片，淡黃色的殘片在陽光下泛著亮光，如同剛剛編織完成。這個奇特的跡象，很可能意味著整個墓葬並未遭到盜掘，並像馬王堆漢墓一樣，隨葬品完好如初地保存於地下寶庫之內。想到這裡，譚維四驚喜不已，當場握住雷修所所長鄭國賢的手說：「你們這次可是幫了我們的大忙，為國家立了大功了！」

　　吃過晚飯，工地現場掛起了電燈，考古人員開始挑燈夜戰，四根探鏟從不同方位往下探鑽。因工地中有一個水塔壓住了墓坑東南部一角，根據譚維四指示，兩根探鏟著重探其四周，以探明塔基與墓坑的關係。想不到探鏟剛深入地下兩公尺多深，陰沉的天空下起了濛濛細雨，高出河畔幾十公尺的山岡，北風呼嘯，寒氣襲人。雨越下越大，風越刮越緊，人站在山岡上開始打哆嗦，無奈之下，考古人員只好拔出探鏟，收工回營。

　　次日，風雨未停，急不可待的考古人員身披雨具來到現場繼續鑽探。經過一上午的努力，考古人員釐清了墓坑的準確形狀、槨室深度以及槨板的鋪蓋方法，掌握了填土與地層關係，繪製了平面圖。

發現盜洞

　　令考古人員感到不可思議的是，此墓形狀極為特殊，坑口呈不規則多邊形，這樣的形狀在湖北省境內屬首次發現。靠水塔的部位，墓坑內的槨蓋板，離地平面最深處不到2.5公尺。而中部靠東部位東室與主室交界處，一字排開連打四個探孔，在地面下方70公分至80公分深處見到木槨。面對這一情景，譚維四大為震驚，脫口而出：「好險，這可真是千鈞一髮！若再向下放一炮就完了。說不定墓裡的屍體都要被炸出來了！」

　　下午，考古人員繼續鑽探。在墓中間偏北的部位，省博物館的陳錫嶺手持探鏟剛打下半公尺深，感到有點不對勁，繼續下探，仍是如此。「不對勁呀，是不是探得盜洞了？」陳錫嶺於迷惑詫異中，情不自禁地叫了起來。

　　「盜洞？」眾人紛紛抬頭轉身，面帶驚恐之色圍攏過來。「是擾土，有些不妙！」陳錫嶺將拔出的探鏟鏟頭平放在地下，讓譚維四等人檢視。眾人看了，皆沉默不語，譚維四站起身，面色沉重地說：「是有些不妙，再探再看，爭取在天黑之前探個清楚。」

　　陳錫嶺復把探鏟插入探孔，雙手持桿，一上一下，嫻熟輕巧地鑽探起來。根據譚維四指示，鑽探手李祖才也持鏟前來鑽探。

　　天色漸漸暗了下來，陰沉的天空又下起了濛濛細雨。淒風苦雨中，考古人員身披雷修所胡股長送來的雨衣，將目標全部集中在這個可疑的盜洞之上。

　　當陳錫嶺手持的洛陽鏟下探至1.8公尺深時，一鏟觸到了木槨板，再一鏟打下去，觸到了石塊，表明木槨板與石塊擠壓在一起。此時，李祖才的探鏟已觸到巨石，鏗鏘不能進。拔鏟做傾斜狀，繼續下探，鏟頭正好從一塊木槨板與巨石中間穿過，「噗」的一聲插入墓坑之內。待把洛

第六章　消失的曾國：神祕王國之謎

陽鏟拔出，一股混濁的水流噴湧而出，眾人大駭，紛紛退避。

情況已經基本明瞭，眼前就是一個盜洞，且這個盜洞不偏不倚，就打在中室部位。如果假設正確，這個室當是主要存放陪葬品的地方。所探到的三塊巨石與木槨夾雜在一起，是盜墓賊鑿斷槨板之後，上面的石塊跟著下塌，然後插入棺槨之中，於是造成石塊與木槨板夾雜堆砌在一起的情形。除了表明此處是一個盜洞，根據水流突然噴出的現象，可以斷定，整個墓坑內已積滿了水。至於水是從盜洞灌入，還是因滲漏而積聚坑內，不得而知。但無論如何，既發現盜洞又見積水，這對於下葬的墓主和陪葬的器物，都是《易經》卦象上「主大凶」的預兆。

一陣大風呼嘯著掠過山岡，將眾人吹得一陣搖晃。霧氣飄蕩中，一個響雷在擂鼓墩上空炸響，雨更大了，不祥的陰影向考古人員的心頭籠罩而來。

▌洞下是水庫

21日上午，由省、地、縣三級組成的聯合鑽探隊全部進入工地，繼續清理昨天發現的盜洞，以期徹底釐清地下情況。

現場施工的工人把墓口浮土用鐵鏟全部清理乾淨，考古人員陳錫嶺、劉柄等開始清理盜洞內淤土。盜洞直徑約90公分，深入地下約1.1公尺處見到槨板，正對盜洞的一塊槨板東段，顯然是被盜墓賊斬掉了一截，導致這塊蓋板的西段失去重心，斜插著塌入槨室內，上部的填土也隨之而下，幾塊石板因失去支撐物而落入洞內，與淤泥攪在一起。當清理到槨底時，一股混濁的水流再度湧出，地面上的考古人員無法看清槨室內的情況。

既然已把槨板斬斷，那麼這個盜賊是鑽入了槨室，還是沒有鑽入？

如果鑽入槨室，後面箱子裡的陪葬品是否已經被劫？棺材是否已被劈開？墓主人的屍體是安然沉睡，還是已被拖出棺外，拋入槨室的某個角落而早已腐爛成泥？如果此墓已經被盜，裡面是否還有倖存之物？

譚維四面對水流湧動的洞口，對雷修所的鄭所長道：「洞內情況不明，用你們的抽水機把水抽一下，看看槨室的情況再說吧。」

一部小型抽水機很快運到現場，吸管插入盜洞之內，抽水機開始作業。洞內的水流由濁變清，源源不斷地流出，兩個多小時過去，仍未見乾枯的跡象。

「真是見鬼了，這個墓坑到底有多少水，不要抽了，停機。」譚維四說完，抽水機停了下來。

吸管拔出，譚維四伸頭向盜洞看去，只見水位與抽水前基本持平，沒有明顯變化，抬頭對身邊的劉柄說：「我明白了，整個墓坑已積滿了水，並與地下水相連，這樣下面就成了一個水庫，再抽也是沒有用。我看這樣吧，聯合勘探就到這裡，李祖才負責找人把這個洞口回填，其他的人到辦公室開會，討論下一步如何行動。」

眾人聽了，沉默不語，個個面露悲觀失望之色，無精打采地來到雷修所三樓會議室商量對策。

根據譚維四的分析，如果盜墓賊沒有把槨室劈開，而多重內棺密封又夠堅固，仍有機會找出古屍，至少有百分之幾的希望。「不過，」譚維四說，「在我看來，這個墓的重要性並不在此，比古屍更為重要的文物肯定不少，發掘價值依然很大。退一萬步說，即使是被盜掘一空，按照國家文物法規，這麼大規模的墓也要正式清理發掘，更何況若不發掘又怎麼能知道墓中的情況呢？」

眾人認為言之有理。發掘人員開始晝夜奮戰，力爭早日結束。下一

第六章　消失的曾國：神祕王國之謎

步急需做的，是取出槨板，進入墓坑。

所謂槨，就是套在棺材外面的大棺材。所見槨蓋板，共由47塊巨型梓質枋木組成，分東西向和南北向鋪就。每塊枋木最短者5.68公尺，最長者達9.85公尺，寬度和厚度均接近或超過半公尺，最大者達到了3.1立方公尺。因長年在地下泥水中浸泡，枋木外表均呈黑色，每塊重量約在1噸以上，大者超過兩噸。

圖6-1 將木板吊出坑外（周永清提供）

5月18日，在駐隨縣城郊砲兵某師的支援下，吊車將一塊塊槨板吊起，露出的墓室中果然滿是積水，水的顏色雖然比盜洞所在的中室清澈許多，但水面除了漂浮幾小塊殘竹片，什麼也看不見。向下望去，只見黑漆漆一片，是淤泥還是由於水質本身混濁造成，一時難以釐清。譚維四命人找來一根鐵絲，順槨牆徐徐伸下，測知槨室水深竟達3.13公尺，差不多是兩個人接起來的高度，近似於一口水井的水位。

眾人皆大吃一驚，如此深的水位意味著什麼呢？為儘快釐清底部的情況，譚維四命令楊定愛繼續指揮向北起吊，直到把整個北室全部揭開為止。與此同時，在北室安放潛水泵，加速抽水，打算竭澤而漁，水落石出。

潛水泵抽了幾個小時的水，北室的水回落約有半尺。按這樣的速度，需要幾天幾夜才能見底，難道下面與地下暗河中的水道相通？譚維四想著，圍繞槨室走了幾圈，除了發現北壁槨板上有藤條做的纜繩痕跡外，沒看到其他異物。

「看來真的不妙了！」一位同事向前小聲提醒道。

「不可能，難道一點渣也沒留下，這個盜墓賊也太絕了吧！」譚維四說完，以悲壯的心情向眾人大聲喊道，「大家再堅持一下，把盜洞南邊的幾塊槨蓋板吊起來，看看這下面到底葫蘆裡裝有什麼藥。」

吊車的長臂再度轉到盜洞南側，隨著哨聲響起，一塊槨蓋板被吊離原處。眾人急不可待地伸頭觀看，只見下面全是淤泥和濁水。又一塊槨板吊起，下面的情形仍如此前。

當第三塊吊起，下面仍是淤泥與濁水。此時，天空已經大亮了，地面下的情形比先前看得更加清晰，但除了泥水什麼也沒有。

第十塊槨蓋板被吊了起來。眾人探頭觀看，下面還是積水一片，發掘隊員們似已習慣了這種場面，情緒不再波動。

起重機的長臂再度旋轉過來，巨大的鐵鉤對準了第十一塊槨蓋板，套裝工作完成，起重機轟然一聲、加大油門，粗壯的鋼絲繩開始繃緊，槨蓋板騰空而起。就在這時，只見水下一個巨大的黑影一閃，「嘩」地竄起，仰起的頭顱在空中停留片刻，又一個滾翻落入水中，激起的浪潮漫過槨蓋板，打溼了坑邊人員的褲腿。

未等眾人明白過來，又一個巨大黑影在波浪中騰空而起，像一條受傷的大鯨，發著呼呼的怪異之聲，在空中旋轉飛舞片刻，又一個滾翻跌回水中。潮流衝擊處，一塊開裂的墓壁「呼隆」崩塌下來，站立其上的考古人員險些落水。

第六章　消失的曾國：神祕王國之謎

「水鬼！」不知是誰喊了一聲，沉沉的夜幕中如同一聲驚雷，令人不寒而慄。眾人先是各自後退了幾步，而後轉身慢慢圍了上來，瞪大了眼睛，久久凝視著眼前兩個長形「怪物」。現場一片死寂。

十具棺材同時冒出

水面漸漸平靜下來，兩個「怪物」在水中輕微蕩動，人群中喊聲再起：

「大漆器，彩繪的大漆器！」

「不是，像是棺材！」

譚維四踏著槳板走上前來，果然看到水上漂浮著兩口黑漆彩繪長棺，每一口長度約兩公尺，大部分沒於水中，只有蓋板等少部分浮於水面。

圖 6-2 彩繪棺浮出水面，考古人員在繪圖與準備吊棺

「終於顯露尊容了！」譚維四說著，眉頭舒展，臉上露出了一絲笑容。無論棺內情形如何，畢竟大家親眼看到有東西冒了出來。興奮之中，譚維四抬腕看了一下手錶，將近凌晨 5 點，東方天際泛出魚肚白，新的一

天就要來了。

「起吊到此結束，下一步如何行動，等研究後再說。」譚維四於驚喜中下達了收工命令，眾人看著水中漂浮的兩口巨棺，戀戀不捨地撤出了工地。

第二天，兩口棺相繼被吊出。第三天上午，考古人員先對一號棺進行清理，棺內骸骨雖零散，但大致上未缺失，另有小玉環、小木篦等文物，屍骸的下顎骨與牙齒整齊完好，推測死者是一位比較年輕的女性。

為探清墓坑情況，當天下午，取吊槨蓋板的工作全面展開。隨著蓋板的起吊，水底又「呼呼啦啦」接連竄出了幾口彩繪木棺。負責記錄的劉柄推斷這些應是陪葬棺。這些木棺有的蓋、身分離，有的完好，有的橫臥，有的完全傾覆，似是剛剛遭到了一場大規模洗劫。

眾人見狀，無不驚駭。偌大的墓坑如同一個山頂水庫，本就形成一大奇觀，想不到東、西兩個墓室竟有十口彩繪木棺冒出，自是奇中加奇。這是湖北省考古界所挖的幾千座大小墓葬中，未曾遇到過的先例。

▎無頭小鴨浮水而來

槨蓋板和浮起的木棺全部取走了，深埋地下的木槨初露真顏，儘管整個場面有如「水漫金山」之勢，但大輪廓還是可以分辨出來。

整個木槨空間差不多有半個足球場一樣大，如此龐大的木槨不僅在湖北省考古發掘中從未有過，就是在整個中國也屬首次發現。

十幾天沒日沒夜地努力，只見到了一個大木槨的輪廓、十口浮起的陪葬彩繪木棺，另外就是一汪清濁不一的深水，其他的文物什麼也沒有見到。譚維四等考古人員決定，立即動用潛水泵抽水，儘快解開墓坑藏寶之謎。

第六章　消失的曾國：神祕王國之謎

當天夜裡 11 點，開始抽水。

潛水泵發著「隆隆」響聲轉動起來，一股股清水順著 8 公尺長的管道噴射而出，流入山岡下的溝渠。

突然，看似平緩無波的西室「咕嚕」一聲輕微的響動，從水下冒出了一個黑紅色枕頭一樣的物體。「有東西！」人群中有人喊了起來。

「是一隻鴨子。」又有人喊道。

眾人循聲望去，只見這個形同枕頭、又好像一隻鴨子的器物，正隨著抽水泵的吸力，緩緩向北移動。即將抵達坑壁時，考古人員才發現的確是一隻「無頭小鴨」。待打撈上來仔細觀察，方知是一個木製漆盒。

這隻漆盒整體被雕成鴨子形，周身髹黑漆，繪羽毛紋飾，腹內中空，靠近頸部有一圓形榫眼，眼內兩邊各有一凹槽，由此可知還有一個頭插入其上，形成了一個極富藝術特色的「鴨形盒」。

不過，這隻「鴨子」，只有鴨身沒有鴨頭。想不到兩天之後，室內清理人員陳恆樹等人在清理西室浮起的二號木棺時，從棺內清理出了一個有頸彩繪漆木鴨頭，當時就有人聯想到這個「無頭小鴨」，將二者一拼對，鴨頭頸部兩個凸起正好插入盒身凹槽內，轉動一下方向，鴨頭即被閂卡在盒體內，形成了一隻完美精緻的小鴨子。

圖 6-3 木雕鴛鴦形盒。第一件從墓中水裡冒出的文物。
通高 16.5 公分，身長 20.1 公分，寬 12.5 公分

無頭小鴨浮水而來

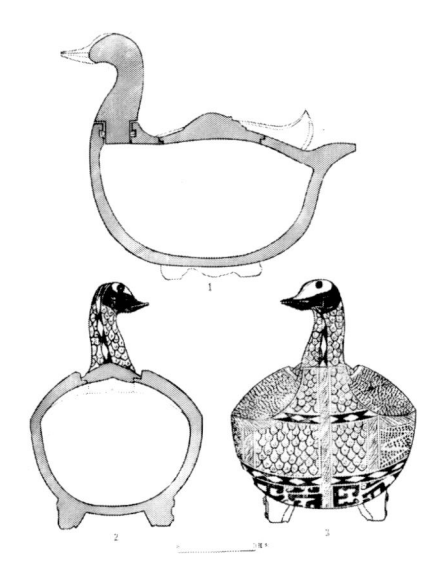

圖 6-4 鴛鴦形盒圖（1. 縱剖 2. 橫剖 3. 前視）

這個時候大家才明白，二號棺出水時，棺蓋與棺身早已分崩離析，棺身側翻，小鴨子也隨之身首分離，鴨身落入水中，鴨頭仍在棺內。落水的鴨身因缺失頭部，水從頸部灌入腹中沉沒。當潛水泵抽水後，鴨身受吸力的作用在水底擺動翻滾，最後浮出了水面，重返人間大地。這是考古人員除棺槨之外，在墓坑中直接提取的第一件珍貴文物。

不久，這件文物在工地現場舉辦的一個小型展覽中展出，所標的器名是「鴨形盒」。雷修所政委李長信看了，對譚維四說：「這個名稱不夠雅緻，而且依我看它的外形不像鴨子，更像一隻鴛鴦。鴛鴦是老百姓所熟悉和喜歡的一種吉祥鳥，為何不叫它鴛鴦形盒呢？這樣又雅緻又吉祥，還更接近實物。」

當天，譚維四與其他考古人員接受了李長信的建議，修改了標籤及各種紀錄上的稱謂，改為「鴛鴦形漆盒」。

按照考古業內規定，凡是已經記錄的器物，不能輕易更換名稱。此次更名，是整個發掘過程中唯一的一次例外。1993 年 12 月 20 日，中國

第六章　消失的曾國：神祕王國之謎

國家郵電部向全球發行的一套「中國古代漆器」特種郵票，其中有一枚就採用了這隻鴛鴦形漆盒圖案，名稱為「戰國・彩繪樂舞鴛鴦形盒」。從此，這件器物高貴典雅的名字走向了世界。

當然，鴛鴦漆盒之所以被郵電部選中，除了年代久遠和精美別緻的工藝造型外，更重要的還在於器身腹部那兩幅「彩繪樂舞」圖案。正是這兩幅圖案所具有的深刻文化內涵和暗含的玄機奧祕，才使後來的譚維四等考古人員在冥思苦索之後，終於找到了破譯出土編鐘演奏的密碼——按照盒上的繪圖，樂師分立兩側，用木棒直接撞擊編鐘，從而使湮沒了兩千多年的音樂之門，**轟然洞開**。

墓坑水位在緩緩下降，西室再無小鴨子之類的器物浮起，北室和東室也無異常情況出現，最大的中室非但沒有器物露面，因盜洞淤泥受到吸力而泛起，攪得滿室積水混濁不清，似在向考古人員提示著盜洞的存在。

凌晨兩點鐘，水面上仍無異常動靜。譚維四望著下降水面與坑壁的比例，認為至坑底至少還有兩公尺的水位，無論如何今夜都不可能把水抽乾，遂決定安排幾人輪流在現場值班看守，其他人全部回駐地休息。

眾人揉著沉重的眼皮，拖著疲憊的身軀，向山岡下駐地走去。發掘現場由考古隊員馮光生、彭明麟二人各帶一名實習生值班。

抽水泵「咚咚咚」地響個不停，山下的雞鳴也一聲接一聲地傳上山岡，墓坑的水位在一點一點下降。就在幾人坐在坑邊打瞌睡之時，忽聽見墓坑深處傳來一聲響動。幾人從迷糊中驚醒，紛紛彈跳起來。

「什麼東西？」馮光生大喊著，率人向墓坑西室邊沿狂奔而去。

燈光映照下的西室水面，只見一具木棺，像一個全身穿著迷彩服的巨人在坑中站立而起，隨著全身搖晃打轉，頭上的水流向下狂瀉。

就在這時，坑內又響起了「嘩嘩啦啦」的聲音。水波湧動處，三具木棺飛身立起，如同大海中三隻翻捲的黑色海豹，又如同纏鬥的公牛，在空中扭打了半圈後各自斜著身子倒臥下去，水面激起一陣大浪。

坑邊人經此一番驚嚇，睡意全無，瞪大了眼睛，注視著面前四具橫豎不一的木棺。

蛟龍出水

當手電筒的燈光對準中室的時候，一個眼尖的實習生喊了一聲：「有東西！」

與此同時，大家的目光都集中在中室西側兩個長形黑影身上。因離得較遠，光照在水面上有些反光，難以看清真容，只感到黑影像兩條長蛇在水面上起伏遊蕩。再往南部照射，同樣發現一條長形黑蛇狀的東西浮在水面上，若隱若現。離黑影約兩公尺多遠的中室西南處，有一個圓形的黑點露出水面，因光線黯淡，仍然無法判明這個黑點到底是什麼。

「向別處看看。」馮光生說著率領幾人由中室南部轉到東室東北部，手電筒燈光照射著水面，一個巨大的黑色物體露出水面，長寬各有幾公尺，如同一艘潛水艇，停泊在神祕的港灣，又如同傳說中的水怪蹲臥水中，看不到水怪的頭顱，露出的只是那傾斜的令人毛骨悚然的脊背。

水位不斷下降，約半個小時後，中室西部和南部邊沿三條起伏的蛇狀的黑影已清晰可辨。原來是三根方形的長木，每根 1.8 公尺左右，因長木的兩端各鑲有浮雕蟠龍花紋的銅套，朦朧的燈光下看起來如同黑色的游蛇。

令馮光生等大吃一驚的是，三根橫木下方竟各自懸掛著一長串青銅編鐘。這三根小方木是懸掛編鐘的木架，靠西壁的兩架因與槨壁靠得

第六章　消失的曾國：神祕王國之謎

近，看得較清晰，每根方木懸掛編鐘六件。從掛鈕下看，粗細不一，大者比碗口粗些，小者比大茶杯口略大。南部一掛編鐘因距槨壁較遠，看起來有些模糊，但整個形體輪廓與西部兩架編鐘相同。

眾人狂喜不已，一位實習生沒見過如此場面，情緒失控，當場跳著腳、搖頭晃腦、大喊大叫起來。

「要不要告訴譚隊長他們？」彭明麟驚喜中對馮光生道。

「你快去報告，我在這裡守著。」馮光生說完，彭明麟轉身向山下衝去。

「譚隊長，不得了，墓裡出了編鐘，三排，還掛在上面。」隨著「砰砰」的敲門聲，彭明麟聲音嘶啞地在暗夜裡大喊大叫起來。

「是不是看花了眼，沒弄錯吧？」屋裡傳出譚維四懷疑的聲音。「千真萬確，不會錯的，三排幾十個。」彭明麟答。

「這就不得了了。」譚維四說著穿衣出門，其他的考古人員也聞聲陸續竄出門來。

「快去，快去，大家快去看！」譚維四揮舞著手電筒，聲音由於過分激動而明顯有些顫抖。眾人不再追問什麼，一個個揉著眼睛，隨彭明麟向三里外的發掘現場急速奔去。

眾人抵達現場，水位又下降了約 15 公分。此時，靠近中室西壁和南壁的三排編鐘，已大部分露出水面。

「沒錯，是編鐘！」譚維四脫口而出。一向精明幹練的楊定愛轉動了聚光燈，扭開了強光電燈，各路燈光集中射向中室部位。只見三排編鐘整齊地排列著，耀人眼目。

「怎麼這排是五個，好像中間缺了一個？」譚維四詳細觀察三排編鐘後，發現西部兩排分別是七件和六件，而南部一排只有五件，顯然中間

有一件闕如。

「不會是被盜墓賊盜走了吧？」有人小聲提示。

眾人聽了，突現驚疑之色，譚維四心裡也撞擊了一下，心想這個可惡的盜墓賊，怎麼隨時隨地都有他的影子。他拿了一個長柄大號手電筒，對準缺口部位仔細觀察。木梁下方部位有個豁缺，很像是編鐘自身脫落造成，而不是被盜，鐘體很可能就在下面的水中。如果確實有一鐘掉於水中，則共有十九件編鐘，一座古墓出土這麼多完整、成套的編鐘，這在全國也是少見的。

圖 6-5 中室的青銅編鐘等禮、樂器出水時的情景

此時，馮光生最初在中室東南部發現的那個黑點，隨著水位降落，露出了一根手臂粗細的尖頭木桿。木桿鬃紅漆，直立水中，眾人望之大惑不解，程欣人驚呼道：「很像是旗桿。」

一位年輕的考古人員道：「不可能，這個墓室就像一個房間，旗桿應該插在廣場上，怎麼插在屋子裡？你見過在屋子裡豎旗桿的嗎？」

這時，武漢大學教授方酉生站在東室邊沿喊道：「老譚，快過來，彩繪棺露出來了。」

聽到喊聲，譚維四急忙來到東室邊沿，只見一個長 3 公尺多的龐然

第六章　消失的曾國：神祕王國之謎

大物緊貼南壁槨板處，斜側立於水中，上部是一塊平板鋪就，上漆並彩繪，兩端和中部有細長的銅鈕伸出，像怪獸的利爪。

這個時候，大家才恍然大悟，當初看到的水下巨大的黑影既不是潛水艇也不是怪獸，應是一副大型木棺，也就是墓主人的棺。因大部分仍沒於水中，無法得知其準確的體積大小，僅從上部觀察，這副棺比先前發掘的最大陪葬棺還要長出一公尺多。如此巨大的墓主棺在中國考古發掘史上未曾有過，即使是舉世聞名的馬王堆漢墓也無法與之匹敵。假如棺槨沒有被盜和損壞，墓主的屍體應該保存完好，堆積如山的珍寶一定還閃耀著當初的光芒，這是多麼輝煌的前景啊！在場者皆欣喜欲狂。

就在眾聲歡呼之際，譚維四頭腦冷靜下來，必須減慢排水速度，否則中室的編鐘很有可能因為缺少水的浮力而垮掉。於是，當即下令，暫停抽水，研究對策。

經考古人員仔細檢查測算，槨室深3.3公尺以上，已出水的木架橫梁不過一公尺左右，其下還有兩公尺多的軀體浸在水裡。經考古隊員討論，最後想出了「兩防一保」的應付辦法：

一、防晒。二、防倒。三、保水。

辦法既定，各小組按分工開始行動。譚維四下令繼續抽水，以期儘快解開水下編鐘之謎。

5月24日午夜時分，由上而下，一層橫梁又從水中露出。

燈光下，只見長短兩根曲尺相交，梁體粗大，緊靠西壁的橫梁長達7公尺，緊靠南壁者3公尺有餘。南架由兩個銅人支撐鐘架，最東端一銅人雙手上舉，腰掛佩劍，北端因淤泥包圍，不見何物支撐。梁架懸掛一串長枚青銅甬鐘，由小到大依次排列，皆有茶罐般粗細，顯然比上層編鐘大了許多。甬鐘一字排開，氣勢磅礴，蔚為壯觀。鐘架兩端皆有半公

尺多長的青銅套，套上滿飾深浮雕鏤空龍首花紋，梁身皆以黑漆為地，米黃色漆彩繪菱形幾何花紋。猛一看去，恰似一條蛟龍正浮出水面，欲凌空而起，呼嘯蒼穹。

「蛟龍出水了！」負責中室觀察的考古隊員中，不知是誰突然喊了一聲，一時之間，工地震動，眾人皆驚。

水波湧動中，黑漆漆、滑溜溜的鐘架，懸掛一排甬鐘，在燈光下閃耀，彷彿蛟龍出淵、呼風喚雨之勢。

甬鐘花紋精美，皆有錯金銘文。考古人員左德承當場認出兩件銘文，一為「宴賓之宮」，一為「午鐘之宮」。這架甬鐘從順序看應是33件，但有兩件掛鉤殘斷，落入水中暫不可見。

圖 6-6 全套編鐘出水時的情形

5 月 25 日傍晚，編鐘架下又露出一層橫梁，與其上梁結構形體相近，經清除淤泥，發現梁下亦有三個佩劍銅人及一根銅圓柱頂托，共有 12 件大型甬鐘及一件特大型鎛鐘，或懸於梁上，或掉在梁下的泥水中，最大者有鍋口般粗細，形同一個裝滿糧食的麻袋。木梁兩端仍配置銅套，皆有透雕鏤空龍首、鳳鳥、花瓣的圖案。黑漆朱黃色的橫梁，上層

第六章　消失的曾國：神祕王國之謎

的彩繪菱形幾何花紋，令人驚嘆不已。

至此，編鐘三層全部露出，原來是一架完整的特大型編鐘。就在青銅編鐘全部露出的同時，中室東壁有兩件大型銅壺和一些殘瑟、笙、竽等樂器顯露出來；西室亦有六具棺材浮出水面，其中四具豎立，蓋、身分離，多為彩繪；北室南壁出現兩件大型銅缶，體高至人的腰部，直徑一公尺餘，器型之大為全國罕見。

圖 6-7 墓中出土編鐘下層轉角處佩劍青銅武士，
高 1.16 公尺（含榫頭與底座），重 323 公斤

在銅器旁邊，還散落著一堆腐朽的華蓋、甲冑等器物；東室內，如同一座房子狀的龐大主棺已露出大半，遍體彩繪，朱黑色的怪異花紋，望之令人生畏。在主棺的一側，散落著一些青銅鹿角、飛鳥等器物。放眼望去，整個墓坑泥水蕩漾，珍寶遍地。各色器物令人眼花撩亂，嘆為觀止。

當編鐘全部顯露之際，墓坑內的積水還有近一公尺深。

隨著水位下降，中室北部露出的淤泥越來越多，清除淤泥成了最緊迫的工作。考古人員決定此次清理工作先從盜洞四周展開。

5月30日午夜，考古人員將兩個掉入淤泥中的長枚甬鐘先行取出，用水小心謹慎地清洗後，發現甬鐘鉦部有「曾侯乙乍時」錯金銘文，其

正鼓部位還有標音銘文，反面銘文更多，篆體錯金，雖在泥水中浸泡千年，仍金光閃閃。

受此啟發，負責中室清理的郭德維仔細觀察懸掛在梁架上的甬鐘，發現所有的甬鐘均有銘文，皆錯金。每件銘文除一面鉦部為「曾侯乙乍時」幾個相同的字外，其他全是關於音樂的內容。令郭德維等考古人員感到不可思議的是，最下層有一特大型鎛鐘，正面鉦部有銘文 3 行，計 31 字：

隹王五十又六祀，返自西陽，楚王酓章乍曾侯乙宗彝， 之於西陽，其永時用享。

從字面表達的內容，與排列的甬鐘銘文完全不同，且無一字涉及音樂。鐘體本身似與其他編鐘沒有關聯，似是羊群中一頭高聲鳴叫的驢，顯得突兀和另類。

在一組完整的編鐘系列中，為何出現這樣一件碩大而奇特的青銅器物，內中含有什麼樣的歷史祕辛？根據歷史記載，楚惠王名酓章，這件鎛鐘既有「楚王酓章」字樣，應該與楚惠王和一個叫曾侯乙的國君或封疆大吏有關。以武漢大學方酉生教授為代表的考古人員認為這是一個侯的墓葬，主人應是曾國的一個侯，名字叫乙。

圖 6-8 編鐘架上懸掛的青銅楚王鎛鐘

第六章　消失的曾國：神祕王國之謎

起吊主棺

　　就在中室積極清除淤泥之時，水位不斷下降，楊定愛主持的東室整理工作也已開始進行。當水位下降至距槨牆頂約 1.5 公尺時，龐大的主棺顯露出來了。只見這副巨棺屹立於東室中間偏西南部位，黑漆為地，上施朱彩，看上去像小山一樣巍峨壯觀、氣勢恢宏，又像一個龐大的怪物靜靜地臥於泥水中，等待著某一個瞬間突出深淵，縱橫天下。

　　經仔細觀察，發現主棺外棺蓋，是在巨大的四橫兩豎的銅框架上嵌厚木板，旁邊伸出 12 個銅鈕，鈕下銅框各有銅楔，用以卡緊銅框；框下有 10 個銅榫，用以嵌入棺身銅立柱。棺身用 10 根工字形銅立柱，嵌 10 塊厚木板構成。棺身上共飾 20 組圖案，每組以陰刻的圓渦紋為中心，周邊飾以朱繪龍形蜷曲勾連紋。這種龐大的銅木結構的棺和埋葬形式，在中國是首次發現。

　　經測量，整副主棺長 3.2 公尺，寬 2.1 公尺，高 2.19 公尺，正南北向放置，底部有 10 件圓形獸蹄形足，用以支撐主棺。在考古人員此前發掘的幾千座墓葬中，所見最大的主棺長度也未超過 2 公尺，寬度和高度也僅僅一公尺左右。兩者相比，真是小巫見大巫了。

　　按照常理，主棺應該是四平八穩地立於墓穴，但此棺一邊伸出的銅榫嵌入槨牆之內，整副棺只有西部四個銅足著地，一邊懸空，蓋面呈傾斜狀，導致棺蓋東南角與棺身脫離，出現了一個 8 公分的縫隙。從縫隙中往裡窺視，清楚地看到裡面還有一具內棺，且比外棺更加華麗。棺身在墓室中傾斜，且與蓋脫離，在以前的考古發掘中未曾遇到。

　　從主棺外形推測，重量當在 4 噸以上。這樣一個龐然大物，當年用什麼運輸工具將其運往墓地，又如何下葬於墓坑，已無從知曉。按照考古人員郭德維的推斷，棺槨到了墓地後，先在墓坑之上將棺的四角固定

好木樁或銅樁，棺的四角拴上絞索，絞索靠墓坑邊固定的樁，由人力操作徐徐下放。當主棺下放到一半時，東南角的繩索突然繃斷，主棺立即產生傾斜並急速下沉，其他三面的絞索無力支撐。結果是棺蓋東南角的銅鈕隨著棺的墜落而重重地撞向南部槨壁板，並插了進去。因棺身重力過大，被釘牢的棺蓋板「咔嚓」一聲與棺身分裂，整個主棺呈半懸空狀立於墓中。墓主的外棺蓋板與棺身，原由銅榫鑲牢，但在下葬時棺身傾斜，蓋板鑲釘撞向槨壁，導致蓋與身之間鉗榫的銅榫大多數被拉斷或拉折，留下了寬達 8 公分的縫隙。

生前威震一方的墓主，死後面對此一操作失誤，只能無可奈何地歪著身子躺在傾斜的棺材裡，於冥冥世界中長久地睡去。

當主棺內的骨架移入庫房之後，發掘小組邀請科學院古脊椎動物與古人類研究所專家張振標對人骨架的年齡、性別等做了初步鑑定。隨後又請湖北醫學院楚莫屏與湖北省博物館李天元兩位專家，對墓中出土的 22 具人骨架仔細觀察與測量。鑑定結果顯示，墓主和陪葬者人骨的主要特徵屬蒙古大人種，接近蒙古人種的東亞和南亞類型。墓主為男性，年齡 42 歲至 45 歲，身高 1.62 公尺至 1.63 公尺。

地下兵器庫

東室主棺的文物與墓主骨骸全部取出，儘管沒有見到完整古屍，但出土的珍稀文物仍令人興奮。此後，大家的主要精力集中於其他幾個槨室的清理工作。

6 月 10 日下午，墓坑北室的清理工作接近尾聲。

最初露出的器物是靠南壁的兩件特大型銅缶，中間是一些傘蓋等物。整個北室北部全部被散亂的一堆甲冑片所覆蓋。當把甲冑片清理之

第六章 消失的曾國：神祕王國之謎

後才看到，此室原來是個大雜庫。兵器之多、之精、之獨特，讓考古人員眼前一亮，有矛、戟、殳等多種長桿青銅兵器，一般在 3 公尺以上，最長的達 4.36 公尺。

另外有成捆的帶桿箭鏃，每捆五十支左右。此前考古發掘中所見箭鏃一般只見箭頭而不見箭桿，北室出土的箭頭都完好地安於箭桿之上，且箭桿捆紮的羽毛也皆完好，殊為罕見。

整座古墓共出土各類兵器 4,777 件，北室就占了 3,304 件，其數量之大，保存之完好，令人驚嘆。其中，30 件戟和 60 多件戈的清理出水，令考古人員格外關注。

與以往所有發掘的出土物都大不相同，北室的戟頭，或由三戈一矛組成，或無矛而由三戈或兩戈組成。從保存的情況看，無論是 4 公尺多長的帶桿矛戟，還是 3 公尺多長的帶桿青銅戟，皆完好無損，如同剛剛放入一般光亮如新。而戈頭、戟頭還完好如初地捆紮在兵器桿上，這一發現，令考古人員大為震驚。因戈桿本身極不容易保存，凡墓中出土而戈頭仍存於桿上者極為稀少，因而後人很少見到實物。自宋代以來，學者們對戈頭的捆紮方法一直爭論不休。中國考古發掘中，只有少數幾座墓葬有出土過，但因保存不佳，無法全部了解當初原形。曾侯乙墓 60 多件完整戈的出土，令這一歷史懸疑頓然冰釋，而關於戟的形狀之謎與學術爭論，至此也得以解開。

戈作為一種勾兵或啄兵，最早是受到石、骨、陶鐮的啟示而產生的。在華夏民族領域新石器時代晚期遺址裡就曾出土石戈，其狀如橫長形的鐮刀，沒有明顯的援與內的分界線。中國所發現的最早戈頭出土於距今約 3,600 年前河南偃師二里頭夏代遺址中，長條形的援稍稍彎曲，雖然形似鐮刀，但兩面起脊，尖銳，內作直內或曲內。到了商代，這種兵器又有發展，但變化較小。

西周到春秋時期，青銅戈的製造突飛猛進，製造者根據新的戰爭和多兵種出現的需求，在商戈的基礎上，延長胡，增加穿數，終於發展成完備的戈式。作為一柄長兵器，在柲的前端裝戈頭，後端裝鐏。其次戈與柲由垂直相交，變得大於90度的鈍角，使戈援上翹，從而加強了鉤擊的效能，在車戰時代扮演了威武雄壯的重要角色。車士站在車上，利用錯車的時機，從車側伸出戈鉤殺對方的車士。

因戈的強項在於勾和啄，不能直刺，發揮空間受到限制。春秋後期，隨著步兵和騎兵的出現，在戰場上拚殺時，多做正面交鋒，橫勾式的戈很難派上用場。於是，一種在勾、啄、援之外，又能刺的多功能武器——由戈和矛聯裝的戟就應運而生了。

戰國時期，刺、援合體的鐵質「卜」字形戟開始出現，它不但逐漸取代了青銅戟，而且也徹底淘汰了青銅戈。及至隋唐時期，長兵器除矛、槊和長刀之外，在戰爭舞臺上稱雄一時的戟也被排擠出實戰的行列，並很快湮沒於歷史的煙塵之中。宋之後，世人只聞戟之名，而不知其形了。

後人談及周代車兵五種，只是根據文獻記載言其為戈、戟、殳、酋矛、夷矛。宋代徐天麟在《西漢會要》中引初唐顏師古曰：「五兵謂弓矢、殳、矛、戈戟也。」至於這五種兵器的器形是什麼樣子，歷來對弓矢、矛的看法沒有異議；對酋矛、夷矛的說法有爭論，但未形成氣候；唯對戈戟與殳的爭論此起彼伏，近千年來一直未曾停歇，遂成為一樁懸而未決的兵學要案。

爭論直到曾侯乙墓30柄青銅戟橫空出世，以活生生的實物與現身說法解開了千古之謎。這批戟大多為三戈或兩戈連裝，身上鑄有「用戟」或「行戟」的銘文，明確無誤地告訴世人，它就是史籍上所記載五兵之一的青銅戟。

第六章　消失的曾國：神祕王國之謎

令考古人員倍感興奮的是，與戟一同放入墓坑的三稜矛狀青銅器，也以無可辯駁的「鐵證」，為世人解開了另一個湮沒遁失千年的不解之謎。在清理中，考古人員於墓中北室發現了 7 件帶三稜矛的長兵器。器身通長均在 3.3 公尺左右，三稜矛頭長 12 公分至 17.9 公分，後部相接的是一個帶刺的球形銅箍，再後面隔 49 公分至 50 公分的一段是套在柄上的第二個刺球銅箍，樣式獨特而威武。

與三稜矛同時出土的還有 14 件長杖式器物，頂面均有半圓形銅環，又稱銅柲帽。杖式器物長度為 3.12 公尺至 3.26 公尺不等，與三稜矛桿皆為「積竹木柲」，分別橫置在室內泥水中。清理人員程欣人等小心謹慎地把 7 件三稜矛頭取出坑外，洗淨淤泥並去鏽，發現其中三件有同樣內容的篆刻，一行六字，解讀後為「曾侯（邸）之用殳」。

圖 6-9 鐫刻銘文的「曾侯邸之用殳」殳首。
殳上鑄刻「曾侯邸之用殳」銘文，
確知類此形制之兵器自名為殳

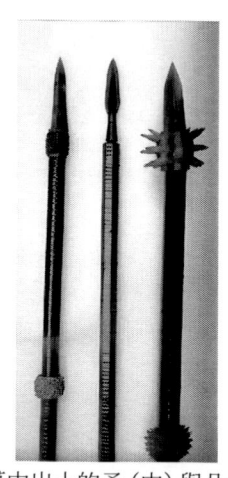

圖 6-10 墓中出土的矛（中）與殳（左，右）

顯然，這個三稜矛就是遠古時代的兵器 —— 殳。為了這件兵器的形狀與作用，學術界為此爭論了千餘年而得不到統一結論。而如今，曾侯乙墓一次出土 7 件，且有銘文為證。以研究古代兵器著稱的考古發掘人員程欣人，見後興奮不已，當場說道：「千年之謎，今可解矣！」

墓主就是曾侯乙

當擂鼓墩古墓發掘即將結束時，從各地趕赴發掘現場的專家、學者與考古人員一道在發掘工地分別舉行了數次學術討論會、座談會。來自北京大學的古文字專家裘錫圭、李家浩經由研究墓葬出土的 10,000 多字資料（編鐘銘文 2,800 字左右，竹簡墨書 6,600 字，另有刻在鐘磬、青銅兵器上的文字 600 餘字），判定自晉代汲郡魏墓發現《紀年》、《穆天子傳》等竹書之後，此為先秦墓葬出土文字資料最多的一次。墓中出土青銅禮器銘文，多為「曾侯乙作持甬終」，大部分編鐘在樂律銘文之外，也有「曾侯乙作持」的銘文，這些銘文，充分說明曾侯乙就是這座墓的主人。換句話說，這座墓中埋葬著古代曾國的頭號人物——一位名叫乙的曾侯。

裘、李二人的觀點得到了大多數考古發掘者贊同，在後來編撰的大型學術報告《曾侯乙墓》中，編撰者對各種觀點總結後說道：「在此墓出土的青銅禮器、用器、樂器和兵器上，『曾侯乙』三字，計有 208 處出現。在考古發掘中，同一人名作為物主如此多地出現於一座墓的器物上，還沒有先例，不容忽視它對判明墓主的意義。」又說：「更能說明問題的是：墓中出土的銅鎛上面的銘文，載明該鎛是楚惠王贈送給曾侯乙的。楚惠王為曾侯乙鑄鎛，而『曾侯乙』三字又作為器物的所有者反覆出現於許多銅器上，這就只能說明，接受楚王贈鎛的曾侯乙正是擁有這些銅器的曾侯乙，也正是此墓的主人。」

既然墓葬的主人是曾侯，那就應該有個曾國。據文獻記載和現代考古發掘，在隨棗平原及其附近地區出土過大量春秋戰國時期的曾國銅器，其中一部分確實是來自湖北的襄陽、孝感等地區。這些銅器的出土，以確鑿無疑的事實證明，春秋戰國時期在隨（(縣)棗（(陽)走廊及

第六章　消失的曾國：神祕王國之謎

其附近，確實有一個曾國存在。

然而，奇怪的是，史上著名的《左傳》、《國語》、《史記》等典籍，對春秋戰國時期隨棗走廊這一地區大小國家的活動都曾詳細記述，卻唯獨沒有提及從銅器銘文所知的存在了幾百年、活動範圍在漢東流域最為廣大的曾國。

隨縣境內在史籍上一直記載有一個隨國，如《左傳》、《春秋》、《國語》中都提到隨國，但從未提到曾國。然而在這一帶出土文物的銘文中，唯有曾國的器物而不見一件隨器。許多年以來，無數鴻學碩儒懷著一種宗教般的虔誠和希望，企圖在不為世人熟知的古代文獻和出土資料中，尋找到有關曾國的記事本末，但一代又一代過去了，儘管學者們殫精竭慮，在浩瀚的故紙堆和斑駁鏽蝕的出土文物中，四處扒尋梳理，仍未發現關於曾國的隻言片語和蛛絲馬跡。也就是說，地下出土的文物與傳世文獻無法對號入座。所謂神龍見首不見尾，畢竟還有個或大或小的尾巴可見。可是這個曾國只存在於地下的青銅器中，在傳世文獻上連個小小的、即便是細如游絲的蝌蚪文也無從尋覓。這是歷史本身的誤會，還是後人的疏忽？神祕的「曾國之謎」真相到底是什麼？

6月10日，在隨縣發掘現場的著名史家陳寅恪弟子、武漢大學歷史系教授石泉，應邀向全體考古隊成員和其他學者發表「古代曾國──隨國地望初探」學術報告。石教授以豐富廣博的學識和天才的預見，率先提出「曾、隨為同一國家」此一具有劃時代意義的非凡見解。此報告旁徵博引，環環相扣，列舉了湖北省隨棗走廊和豫西南、鄂西北之間，南陽盆地南部出土之大量有銘文的曾國青銅器，以及這一地區大量的歷史地理學調查資料。在將這批資料與古代文獻記載對比研究後，石泉說道：「考古材料中的曾國和文獻記載中的隨國，時限一致，地理位置（尤其是在今隨縣一帶）重合，族姓相同，而在現有的曾器銘文與有關隨國的史料

中，又未見此二者的名稱並存。凡此跡象，似乎只有把曾與隨理解為同一諸侯國的不同名稱，才講得通。」

繼石泉之後，前往擂鼓墩發掘現場參觀考察的中國社科院歷史研究所研究員李學勤，在工地舉辦的討論會中，對石老前輩的見解表示贊同，他廣泛蒐集資料並經過一段時間的研究，對神祕的「曾國之謎」進一步推論。他認為：「姬姓曾國不但在《左傳》裡有記載，而且有關的記事還很多，只不過書裡的國名不叫做曾罷了。大家知道，當時有的諸侯國有兩個國名，例如河南南陽附近的呂國又稱為甫，山東安丘的州國又稱為淳于。從種種理由推測，漢東地區的曾國，很可能就是文獻提到的隨國。大洪山以東有隨、唐、厲三國，姬姓的隨國最強，所以《左傳》說『漢東之國隨為大』。春秋前期，西元前706年，楚武王侵隨，隨侯做好了準備，楚軍不敢進攻。西元前704年，楚再伐隨，雖獲勝利，但未占領隨國，只結盟而還。西元前690年，楚武王第三次伐隨，死於軍中，由大臣與隨侯結盟。西元前640年，隨國又率領漢東諸侯叛楚。分析這一時期的形勢，漢東小國境域能北至新野、南至京山並與楚抗衡的，只有隨國。」

擂鼓墩古墓的主人是曾侯乙，曾國與隨國為同一國家之說，經南北兩位歷史學家首倡，在學術界引起了強烈迴響，附和者甚眾，應者雲集。曾參加擂鼓墩古墓發掘的方酉生表示支持曾、隨同為一國之說，並根據歷年來在湖北隨縣、安陸、京山、棗陽以及河南新野等地出土曾國銅器銘文的研究，提出了自己獨特的見解。按方氏的說法，從文獻記載看，周王朝幾次將一些姬姓王室宗親以及異姓功臣，分封到各個邊疆地區去「以藩屏周」。當時分封到漢水流域的姬姓國家有唐、隨、聃、巴、厲等國，後來隨成了諸姬中的老大，稱霸漢東，鼎興一時。

周王朝原來分封的本意是「以藩屏周」，即讓這幾個姬姓宗親國家

第六章　消失的曾國：神祕王國之謎

監督控制南方的苗蠻，包括居住在荊蠻之地的楚國，以鞏固周王朝的統治。但隨著時間的推移，現實情況發生了巨大嬗變，日趨強大的楚國像一頭虎虎生風的雄獅在江漢平原四處捕獲獵物，吞噬周圍的小國。曾國與楚國只有一條漢江阻隔，面對楚國咄咄逼人的氣勢和周王室的日趨沒落，無力與其相抗，深感凶多吉少的隨國越來越難以擔當周王室對自己的厚望，最後只好轉身背周附楚，唯楚王馬首是瞻，才勉強生存下去。如此所作所為，與當初周王室分封時鎮撫南方、拱衛周室的本意，顯然是背道而馳了。

面對這種在正統者看來大逆不道的行為，《春秋左氏傳》為了維護周天子的宗主地位，就用周禮來貶低它，將曾國貶低稱為隨國。所謂「隨」，即牆上之草，隨風而倒，含有譏諷、敵愾的意思。因而，所謂的隨國，實際上就是姬姓的曾國，曾國和隨國實際上是同一個國家，只是叫法不同而已。也許周天子當初封的是曾侯，而以後建都於隨這個地方，隨著曾國撇開周室依附於楚，南淪為楚的附庸，別人就叫他隨侯、隨國，但他則一直稱自己是曾侯。今天的隨縣就是古代曾國的延續，曾侯乙墓的發掘算是正式解開了這個千古之謎。

原作為周天子宗室一支的曾國，之所以自稱為曾，而其他諸侯國將其貶稱為「隨」，除了曾國後來像牆頭之草、順風而倒，依附楚國以圖自保外，還與一次重大的歷史事件有關。這個事件就是弒殺周幽王，也就是流傳甚廣的周幽王「烽火戲諸侯」而亡國的故事。

整日沉浸在聲色犬馬中的周幽王不僅淫亂不止、暴虐異常，為了討好妖豔美女褒姒的歡心，不惜廢掉申后及太子，改封褒姒及其兒子。更為荒唐的是，為博得褒姒一笑，周幽王竟喪心病狂地在維繫著周王朝生死存亡的軍事重地烽火臺妄點烽火，前來支援的諸侯備受戲弄，深感羞

辱。如此胡鬧的結果，周幽王被申侯聯合其他方國與部落軍隊弒殺於驪山腳下。

當此之時，包圍周王朝首都並除掉幽王的主角是申國的軍隊，配角則是犬戎和曾國兵馬。申國是申后的娘家，太子宜臼的外祖母家，當被廢掉的太子悄悄潛往申國避難時，申侯不禁怒從心頭起，惡向膽邊生，索性聯合曾國與犬戎部落共同發兵討伐周幽王。申國的位置在今河南西南部的南陽盆地，與曾國為鄰，西夷犬戎是北方一支凶悍的少數民族部落，活動範圍鄰近今寧夏、甘肅的陝西西北部地區，處在周朝王畿之地的西北部。申、曾與犬戎聯手，正好形成對周王朝中央的夾擊之勢。當時的太史伯已清楚意識到這種危局，《鄭語》載：「史伯謂（鄭）桓公曰：『王欲殺太子，以成伯服，必求之申，申人弗畀，必伐之。若伐申，而繒與西戎會以伐周，周不守矣。」可惜的是整日沉浸在尋歡作樂中的周幽王已顧不得這些了，在聯軍以迅雷不及掩耳之勢的強大重擊下，周王室力不能敵，鎬京陷落，幽王在敗退中被殺身死，延續了275年的西周王朝宣告滅亡。

就當時形勢和各路諸侯而言，雖然周幽王德衰無道，內外結怨，但仍是普天之下眾人仰望的天字第一號人物，是當時人世間近似神靈的天朝國君，誰要是膽敢傷害他一根毫毛，就是弒君弒父的叛逆行為，屬於十惡不赦的滔天大罪。周昭王南征死於漢水，300年後齊國的管仲仍在追究這件事的責任，這固然是齊國君臣施展的伎倆，想藉此要挾壓制楚國，但從另一方面也可以看出，凜然的王權是不容侵犯的。只是楚的使者咬緊牙關，就是不認這筆帳，此事才算不了了之。周幽王正是依仗世俗中認同的王權神聖不可侵犯，因而有恃無恐，直至國破人亡方才罷休。很顯然，在周宗室各路諸侯看來，幽王驪山被殺，是申、繒、西戎

第六章　消失的曾國：神祕王國之謎

明目張膽地犯上作亂，此舉乃逆天大罪。在這三個凶手裡面，申雖是具體的發動者，是典型的首犯，但他是太子宜臼的舅氏，擁立新天子平王的功臣元勳，功過是非糾纏在一起，其他諸侯一時還無法對其鞭撻和興師問罪。至於兩個從犯或曰幫凶，西戎儘管也很強大，但他不是諸侯，又是另類民族，事成之後退守其所在的邊疆，不再拋頭露面，此事便不了了之。只有繒國是罪責難逃的幫凶，也是最適合當替罪羊並由各路宗室諸侯討伐的對象。雖然繒國依靠自身的力量和申國以及周平王的支持，暫時沒有被其他諸侯明正典刑，但在當時各路諸侯和普天下百姓之間，受到了道義上的討伐與責難。到了漢代，當司馬遷寫《史記》的時候，在〈楚世家〉中還曾這樣說過：「若敖二十年，周幽王為犬戎所弒，周東徙，而秦襄公始列為諸侯。」這裡，司馬遷用了一個「弒」字來表示周幽王身亡的歷史事件。「弒」的本意固然可解釋為臣殺死君主或子女殺死父母之意，但還有一種犯上作亂、大逆不道、傷天害理的弦外之音隱含其中，對「弒者」無疑是含有明顯貶義的。或許正是處於這種道德層面上的原因，繒國在參與弒君的一年之後，古代典籍中就再也見不到「繒」了。儘管繒國後來力量不斷壯大，開疆拓土，及至京山、新野、隨縣等區域，並在今隨縣城區立都，由繒改曾，成為漢水以東各諸侯國的龍頭老大。但在其他諸侯國看來，這個國家只配叫一個隨風飄搖或見風使舵的「隨國」，而斷不能稱其為有著周王室血統的曾國。

——這就是曾即隨，隨國與曾國關係轉變的來龍去脈。

一件奇特的衣箱

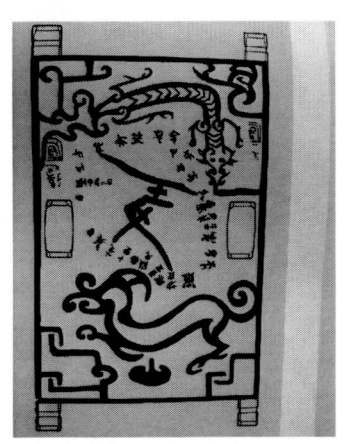

圖 6-11 繪在 E66 號衣箱蓋頂上的二十八宿天文圖

既然墓主姓名身分已經釐清,那麼,這位曾侯乙葬於何時呢?

按考古專家推斷,曾侯乙的死亡時間,當為楚惠王五十六年(西元前 433 年)五月初三,主要依據來源於曾侯乙墓出土的一件衣箱。──這件神奇的衣箱,竟成為解開墓主人死亡之謎的一把隱祕而玄妙的鑰匙。

衣箱出自東槨室中的西南隅,共有五個,皆木質,除編號為 E66 號的衣箱為朱漆外,其他四件皆髹漆,繪以朱漆花紋,但紋飾各不相同。譚維四特別聘請相關的專家、學者對其詳細研究,並著重於編號 E66 的衣箱,希望能從中找到不為外行所知的密碼。

整體來看,E66 號箱體作矩形,箱蓋拱起,與其他衣箱稍有差別。最為獨特的地方是蓋面正中有一個朱書篆文的大型「斗」字,與青龍、白虎兩幅巨畫。

「斗」字無疑表示北斗星,環繞「斗」字周圍,書有二十八星宿名稱,這是中國所發現的二十八宿全部名稱最早的文字紀錄,故命名為「二十八宿圖」。

第六章　消失的曾國：神祕王國之謎

E66衣箱蓋上各個星宿，按順時針方向排列，與人們平時仰頭觀察的天象正好相反。這個現象是西周初期存在於人們心中的宇宙觀念，也是「蓋天說」的具體反映。蓋面兩端，畫師灑脫地描畫了兩隻巨型青龍、白虎，青龍一端的側立面加有大蘑菇雲狀紋飾，白虎一端的側立面繪有一隻蟾蜍。箱的另一立面繪有相對的兩隻獸，另一面沒有彩繪。

這件漆箱與相關文字繪畫一經公布，立即引起轟動，當年舉行的中國天文史學會，特地邀請發掘曾侯乙墓的考古人員譚維四等前往介紹出土經過和相關內容。時已定稿並等待開印的《中國大百科全書・天文卷》的編者聽聞這一消息後，立即決定暫停印刷，對書中所涉相關內容重新修改，並加入了E66箱蓋上的天文內容。這件漆箱的圖片也迅速由中國傳到海外，被數十種天文雜誌作為封面，廣泛傳播。歐美與日本等國的天文學家聞風而動，紛紛前往參觀實物，並著手研究。一時之間中外震動，舉世矚目。

曾侯乙墓E66衣箱二十八宿天文圖的發現，以無可辯駁的事實證明，這是迄今所見世界上最早的二十八宿天文圖。竺可楨、夏鼐兩位學術大師把二十八宿的起源定在中國，時間斷在西元前7世紀，即春秋時代。若按事物循序漸進的發展規律推算，二十八宿的起源，或許比這個推斷還要更早。

由於處在天球的不同位置，二十八宿又被古人平均分為東、西、南、北四組，每組七宿，分別用青龍、白虎、朱雀、玄武等動物的形象表示。這一對應關係的文獻起源於秦漢時期，後人普遍認為四象是從二十八宿演變而來的。

曾侯乙墓E66衣箱天文漆畫的發現，修改了此一錯誤結論，不僅將四象與二十八宿相對應的紀錄提早到戰國早期，而且促使歷史學家對二十八宿與四象的關係問題重新考慮並作出新的判斷。

在研究中，專家們注意到了一個特殊現象，即 E66 衣箱天文圖上只畫出了青龍與白虎，並沒有出現文獻記載中的朱雀與玄武，但是青龍與白虎在圖上的位置，與四象的劃分大致一致。這一現象令學者們感到困惑的同時，也備受刺激，深感其中一定含有外人不易察覺的祕密。經深入研究才逐漸覺悟到，之所以沒有出現朱雀、玄武的影像，可能是衣箱蓋上不再有空餘的畫面，畫工只好將其省略了。

　　二十八宿的名稱，是在寫好「斗」字並畫好青龍、白虎後，於間隙中填補的。不過在箱身的另一面畫著鳥形的怪獸。有研究者認為，這就是代表南方的朱雀。如果按這一邏輯推斷，箱身的另一面應有代表玄武的影像或寓意才能對應，但對面塗滿了黑漆，如同漆黑的夜幕，什麼也沒有。這又做何解釋呢？

　　對此，譚維四等專家認為：「把天球分為東西南北四方，用動物和顏色來標誌。東方是青龍，西方是白虎，南方是朱雀，北方是玄武。青、白、紅、黑都有了。」當然，這個說法，只是一種附會而已。

曾侯乙死亡之日

　　譚維四與相關專家認為，古人對天象的觀念，除了依此定時節、有助於農業生產，又從中演變出一種帶有濃厚迷信色彩的占星術，把星象與人的命運或者國家的命運連在一起，成為一種「宿命論」。《史記‧天官書》則有「二十八宿主十二州」之說。與此同時，星相家還根據人的生辰八字，對應天相，以此推占其人的壽夭貴賤，使「宿命論」更加細化與具體化。

　　依古人的觀念推論，曾侯乙墓中衣箱所繪圖畫，也有可能將人的吉凶禍福與星象連結，並把這種資訊留存於繪畫中。按照此思路推理下

第六章 消失的曾國：神祕王國之謎

去，終於從「山有小孔，彷彿若有光」的小隧道，一下子進入了土地平曠、阡陌縱橫的桃花源，豁然開朗。

在二十八宿其中之一「亢宿」之下，清晰地寫著「甲寅三日」四個字。

這顯然是個時間的標誌，這個時間意味著什麼呢？甲寅三日，又到底是指哪一年哪一日？帶著這一連串的疑問，查日本漢學家新城新藏所編《戰國秦漢長曆圖》，西元前433年五月初三正是甲寅日。

受到這一研究成果鼓舞的譚維四等人又邀請天文學家進行推算，結果不但表明上述日期準確，而且這一天，北斗的斗柄也正好指在「亢」的位置上。天文學家還進一步推算出，在那一天的黃昏，北方七星隱沒在地平線下，人們已無法看到。原來，這是描繪西元前433年五月初三黃昏時候的天象圖。

至此，E66衣箱星相圖的玄機奧祕得以破解，它與曾侯乙的命運果然有著神祕的關聯，曾侯乙的死亡之謎也隨之豁然開朗。

楚惠王五十六年，即西元前433年農曆五月初三黃昏時分，曾國國內發生了一件驚天動地的大事。朝堂之上，奏鐘石笙筦未罷，天大雷雨，疾風發屋拔木，鐘磬亂行，舞人頓伏，樂正狂走。雷電交加中，一陣怪風襲來，蕩滅了燈火。沉沉黑暗中，一代國君曾侯乙極不情願地嚥下了最後一口氣，撒手歸天。

40多歲的曾侯乙死了。是死於暴病，還是群妃、臣僚或其子與外戚合弒，一命嗚呼，皆不得而知。根據墓中出土遺物和文獻記載，可以推測的是，當曾侯乙斷氣閉眼，不顧宮中近侍、臣僚、妃嬪愛姬們或真或假的哭號，一路急行，匆匆趕往另一個世界那陰森恐怖的閻王殿，欲登鬼錄之時，仍在陽間大千世界為各種欲望和利益算計奔忙的親族家人，

開始調集各色官僚、術士，為其緊急招魂，以期讓這位國君重返人間。

在一片白幡飄蕩、蕭颯淒涼，鬼氣迷濛的氣氛中，只見作為山林之官的虞人滿面肅穆莊嚴，快步登上房簷的梯子，早已恭候在庭前的樂隊開始彈奏起曾侯乙生前喜愛的樂曲，身穿白色細紗的歌舞伎隨之起舞翻騰。

緊接著，專門負責招魂的禮儀之官頭戴爵弁，身穿朝服，在樂曲、歌舞以及白幡交融飄蕩中，從東邊的屋簷登上房頂，手持曾侯乙生前所穿的衣服──周王室賞賜的禮服，隨著陣陣呼天搶地的哀號與嚶嚶低泣，面向北方連呼三聲曾侯乙的名字：「皋──乙復！」而後將衣服自上至下，拋入前庭放置的竹篋中。

立在前庭的受衣者，立即將投下的衣服覆蓋在曾侯乙身上。如果曾侯的靈魂只是暫時離去，身上覆蓋招魂之衣，則靈魂復歸，曾侯乙很快就會醒來。若這位國君一意孤行，下定了決心不顧他的血親、近侍、臣僚、妃嬪、愛姬等，在奔往閻王殿的鬼道上死不回頭，招魂者則迅速轉到曾侯乙的大小寢宮、始祖之廟和國都城郊，做最後的努力。

於是，成片的白幡隨風飄動，哀號慟哭的人群四處奔走，招魂官滿面淒楚，聲聲呼喚：「皋──乙復！」如此循環往復，連續三天三夜。直至哀哭者淚乾力盡，招魂官伏地泣血，方才罷休。

按《禮記·問喪》的說法，人死之後「三日而後斂者，以俟其生也。三日而不生，亦不生矣」。意為死者在三天之內，尚有還魂復活的希望。若三日內不能生還，希望就此寂滅。死者的血族近親須放棄妄念，趕緊準備小斂、大斂的儀式，以安葬死者。

西元前433年農曆五月初三這一天黃昏，曾侯乙在淒風苦雨中走了，再也沒有回頭。等待他的便是擂鼓墩那個幽深陰暗的地下宮殿。

第六章　消失的曾國：神祕王國之謎

琴聲飛揚的年代

現場發掘紀錄顯示：考古人員在中室內除了發現一架 65 件大型編鐘外，還發現編磬一架，有磬 32 件、鼓 3 件、瑟 7 件、笙 4 件、排簫 2 件、篪 2 件，共計 115 件。出土時，大致上保持下葬時的陳放位置。瑟、笙、簫（排簫）、篪和兩件小鼓雖因槨室內積水漂動有所移位，但大致上仍可看出當時是被列於鍾、磬、建鼓所構成的長方形空間之內。整個中室三面懸金石、中間陳絲竹的場景，與該室沿東壁陳放的尊盤、鑑缶和聯禁大壺等禮器，以及東室內的墓主之棺相對應，從而展示了一個規模宏大的宮廷樂隊的基本建制與奏樂時的大致布局。

除了中室這一宏大場面的布置，在墓主安寢的東室也陪葬部分樂器，計有瑟 5 件、琴 2 件、笙 2 件、鼓 1 件，共 10 件。出土時雖因積水流動而漂離了原來的位置，但多數仍集中在墓主棺東側，可看出下葬時的大概方位。僅有兩件瑟漂離較遠，幾乎到了墓室的東端。此室的樂器配備似展示了寢宮樂隊的建制，樂人們是專門在寢室中為君王演奏取樂的。

圖 6-12 墓中出土的聯禁銅壺

發掘報告特別顯示，編磬出土時，因該處恰在盜洞之下，被盜墓者截斷的槨蓋板與上面塌下的填土、石塊將大部分掩埋。清除覆蓋的積壓

物之後發現，磬的橫梁中部、上層梁端的龍角以及西部的圓立柱已被砸斷，多數磬塊因此受損，幾件完整的磬塊也因擠壓和積水浸泡，表面有不同程度的腐蝕，有些甚至成粉末狀，僅在泥土中留下了形跡或碎末，無法提取。慶幸的是，橫梁和立柱雖斷，因有淤泥的支撐，全架仍保持著原來的結合形式；磬塊雖損，仍保持著當年的懸掛方式和排列關係。復原後可知，整個磬架懸掛磬塊32件。在最底層支撐整個磬架的是兩個龍首、鶴頸、鳥身、鱉足合於一體的青銅怪獸，各重24.8公斤。不知是何原因，東邊怪獸的舌頭不知去向，清理時未發現遺物。據發掘人員推斷，一是被盜墓賊取走，二是原本缺失，三是下葬時趁混亂之機被人掠走，最後一種可能性最大。

在完整或殘破的磬塊中，有刻文和墨書共計708字，所有刻文顯然都是在磬塊磨製完成後所刻。其內容可分為三：一是編號；二是標音；三是樂律關係，這是繼編鐘銘文之後在音樂學上又一個了不起的發現。儘管編磬沒有像編鐘那樣保留著原來的音響，多數磬塊已無法擊奏，少數完整者也不能發出樂音，但仍可以看到大多數磬塊的外形。那依然如舊的編懸形式和與鐘銘相通的整句成段刻文，以及保存完好的擊奏工具和磬匣等，為考古人員探尋其昔日音容提供了指南。

由《中國大百科全書·音樂舞蹈卷》可知，至少有21種優秀的中國樂器失傳了。這本書上說古代有一種特別大的鼓，叫「咎鼓」，在演奏大型音樂作品時應用，十分氣派，至於這種鼓到底長什麼樣子，眾說紛紜，難以窺其真面目。古代文獻《周禮》謂「鼓長尋有四尺」。尋乃古代長度單位，一尋等於八尺，尋有四尺，當為一丈二尺。如此寬大的鼓實在是十分神奇。有人認為這麼大的鼓實在不可思議，它是用什麼皮做成的，如何敲擊？有研究者認為，很可能此鼓就是曾侯乙墓中出土的建鼓，鼓面本身並不大，只是以立柱之類的東西加長罷了。

第六章　消失的曾國：神祕王國之謎

　　擺放在中室南部的 4 件鼓，分別為建鼓、扁鼓、懸鼓。其中以南半部靠東壁處以單柱豎立的建鼓最龐大耀眼，擺放的位置也最重要，可惜發掘時由於考古人員的疏忽大意，沒有即時用支撐物支撐，致使鼓柱因水的下落而折斷，成為一大憾事。

　　對於建鼓的敲擊方法，考古人員透過曾侯乙墓西室木棺中出土的鴛鴦漆盒找到了答案。這個後來轟動世界的漆盒，腹部除了繪有一幅撞鐘圖外，在另一面還有一幅擊鼓舞蹈圖，當中以一獸為座，上豎一建鼓，一旁繪一似人非人、似獸非獸的樂師，雙手各持一鼓槌，正在輪番擊鼓。另一旁繪一高大武士，頭頂高冠，腰佩寶劍，身著廣袖，隨著鼓聲正在翩翩起舞。畫師寥寥數筆，擊鼓者的形象就活靈活現地呈現在人們面前。這一幅圖畫，為建鼓乃樂器之一和它的敲擊方法提供了有力的佐證。

圖 6-13 鴛鴦形盒上的鐘磬樂舞圖，此圖以朱漆繪於鴛鴦形盒腹部左側，畫面中鐘磬懸於一對獸形柱的鐘磬架上，旁繪一樂師握棒撞鐘，生動地反映出當年宮廷鐘磬樂舞的生動場面。
這一影像為編鐘之研究、尤其是下層大鐘演奏用具及方法做了明確的提示

琴聲飛揚的年代

圖 6-14 鴛鴦形盒左側腹部描繪的　　圖 6-15 鴛鴦形盒右側腹部
　　　　 撞鐘擊磬圖　　　　　　　　　　　 描繪的擊鼓舞蹈圖

　　與建鼓同出的十弦琴、五弦琴、排簫和篪等樂器，由於某種歷史原因，久已失傳，現代人類只能在歷史典籍上見到它們的名字，有的甚至連名字都被遺忘了，更不要說其形狀和曲調了。

　　在當今樂壇，當說到排簫的時候，很容易讓人聯想到西洋的排簫，有許多排簫的音樂，流行於世界各國並受到樂迷喜愛。西洋的排簫還有個別名叫潘管（pandeanpipe），又稱「緒林克斯」（syrinx）。根據希臘神話，「潘」是一名牧神，長著羊的腦袋，兩隻山羊腿，還有兩隻山羊的犄角，十分醜陋難看。它暗戀河神的女兒緒林克斯，但美麗的緒林克斯並不喜歡小潘，戀愛自然無果。想不到小潘一看軟的不行，索性擺出無恥的嘴臉，以獵狗逐兔的策略，對這位女神採取強硬行動。女神緒林克斯一看小潘瘋狂地向自己撲來，拔腿就跑，小潘在後面緊追不放，眼看就要被追上了，女神的父親河神發現後前往搭救。他喊了一聲，唸了一個咒語，緒林克斯立刻進入河中變成了一叢蘆葦。按老河神的想法，我的女兒都變成一叢蘆葦了，你還追什麼，追上又能怎麼樣呢？應該放棄邪念，不再妄為了吧。想不到小潘是個心狠手辣的無賴，他衝入河中恨恨地把蘆葦折斷，上岸以後，又把一根根的蘆葦用繩子繫在一起，一共七根，有長有短，成為七個音符的排簫。小潘拿著排簫迎風跑到奧林匹亞山上吹起來，排簫發出了嚶嚶嗡嗡的聲音，似是緒林克斯的呼喚和低

353

第六章 消失的曾國：神祕王國之謎

泣。小潘終究還是占有了女神緒林克斯，並顯然帶有強悍、霸道與擄掠意味。後來潘管流傳開來，歐洲及南美均有此樂器，羅馬尼亞及匈牙利民間尤為流行，形制不一，從最早的七管發展至二十餘管，其音色獨特，音量變化不大，適於演奏抒情樂曲。

中國的排簫歷史悠久。相傳黃帝命伶倫作樂律，編竹製作排簫，從此這一樂器就占據了重要地位。雖然石、陶、金屬等都可製作排簫，但音質最純正的還是竹製品。古今中外的排簫大多數為竹製品，而中國素有「世界竹子之鄉」、「竹子王國」的美譽。全世界竹類植物約 70 多屬 1,200 多種，中國占 50 多屬 900 多種。中國至今仍是世界竹類植物最大分布中心，竹子種植面積、產量及竹文化都居世界首位，這也為製作排簫提供了豐富材料，因而中國的排簫也有一個別名，叫比竹。

圖 6-16 墓中出土的竹排簫，長 22.5 公分，寬 11.7 公分，厚 1 公分

比竹之名，除了自身材料由竹構成外，還有一個原因就是中國的排簫小的由十六支組成，大的二十三支。就外形而言，比竹就如同好多竹子像兄弟一樣站在一塊，親切交談。這個情調給人一種四海之內皆兄弟的和諧感覺。沒想到，中國講求「和為貴」的排簫失傳了，後人只能從歷史典籍中尋覓它的蹤影，揣測它的相貌。屈原〈九歌‧湘君〉曰：「君不行兮夷猶，蹇誰留兮中洲？美要眇兮宜修，沛吾乘兮桂舟。令沅湘兮無波，使江水兮安流。望夫君兮未來，吹參差兮誰思？」此篇為祭祀湘水男神湘君的頌歌。屈原在另一篇〈湘夫人〉中所讚頌的湘夫人，同為湘水之神，在楚人心目中，與湘君是一對配偶，故兩篇頌歌多對唱的詞句，描述了他們相互愛慕思戀的故

事，抒發了湘夫人思念湘君那種臨風企盼，因久候不見湘君依約赴會而怨慕神傷的感情。舊說或謂湘君即舜，湘夫人即舜之二妃娥皇、女英，是因舜死於蒼梧的傳說而附會。

屈原在歌中所詠的「參差」，即別號比竹的排簫，因其形狀如鳳鳥的翅膀參差不齊，故又名參差，成語「參差不齊」就來自這種樂器的意象。但「參差」究竟有何所指，形若何，音如何？漢代石刻、魏晉造像甚至隋唐壁畫中尚能見其形，但難聞其聲，再往後則是形跡難覓，沒有人說得清楚了。

曾侯乙墓排簫的出土，使世人終於看到了它本來的面目。兩件排簫，正是由參差不齊的13根竹管並列纏縛而成，在未脫水的情況下，其中一件有七、八個簫管能夠發音，可以聽出不是按十二律及其順序編列，由之構成的音列至少已是六聲音階結構。這種形制的排簫和古壁畫、石雕中所見形象一致，並與今天仍在東歐舞臺上演奏的排簫相同。先秦編管樂器如排簫者有稱為「籟」。就在曾侯乙墓發掘兩年後，河南淅川下寺春秋楚墓又出土了一件石排簫，形制與曾侯乙墓出土的竹排簫完全相同，再一次證明了先秦排簫的形制，釐清了歷史迷霧。當世人聽到兩千多年前的實物吹奏出的樂音，見多識廣的音樂界專家如黃翔鵬者亦稱讚為「人間的奇蹟」。

絕響

曾侯乙墓出土的五弦琴，《史記·樂書》曾經提到：「昔者舜作五弦之琴，以歌南風。」《通禮纂》也提到：「堯使無勾作琴五弦。」這個五弦琴恐怕比瑤琴失傳還要早，曾侯乙墓發掘前，世人並不知五弦琴是什麼樣子，發掘之後，學術界對其定名仍有不同看法。

第六章　消失的曾國：神祕王國之謎

　　從出土實物看，器為木質，形若長棒，首段近方，尾段近圓，全長 115 公分，出土時弦已朽爛無存，琴身首起長 52 公分為一狹長形內空的音箱，周身以黑漆為底，底板、側板均以朱、黃兩色描以精細華麗的彩繪。有專家認為這件樂器與文獻記載中先秦一種名叫「筑」的樂器相仿，應該稱為「筑」。《說文解字》注：「筑，以竹（擊之成）曲，五弦之樂也。從竹，從巩。巩，持之也。竹亦聲。」在曾侯乙墓發掘之前的長沙馬王堆三號墓中，出土了一件通體髹黑漆的器物，此器長 31.3 公分，形如四稜長方木棒，首部的蘑菇形柱上，還殘存纏繞著的弦絲。首尾兩端各嵌一橫排竹釘，能張五條弦。此為何物？在發掘現場的考古學家如睹天外之物，不辨牛馬，沒有一人能說出它的名字，更不知其從哪裡來，最後到了何處。因而在《長沙馬王堆二、三號漢墓發掘簡報》中，避而不談，編寫者眼中視同沒有、或者只是一塊拿不上臺面的爛木頭而已。許久之後，有音樂學家根據這座墓葬隨葬品清單的記載，認為是一件失傳已久而又極其寶貴的古代樂器──筑。

　　隨著研究的不斷深入，學者們在長沙馬王堆一號漢墓黑地彩繪棺上，發現一隻怪獸在彈擊一件樂器，所繪之器與出土的筑形狀相同。至此，當年參與發掘的考古人員才恍然大悟，原來這個怪獸所擊的東西就是筑。

　　筑在戰國、秦漢時期是非常有名的樂器。秦漢古籍中有很多關於它的記載。《史記‧刺客列傳》載，當荊軻受燕太子丹之命，懷著地圖與匕首赴秦國欲刺殺秦王時，燕太子丹與知其事者，「皆白衣冠以送之。至易水之上，既祖，取道，高漸離擊筑，荊軻和而歌，為變徵之聲，士皆垂淚涕泣。又前而為歌曰：『風蕭蕭兮易水寒，壯士一去兮不復還！』復為羽聲慷慨，士皆瞋目，髮盡上指冠。於是荊軻就車而去，終已不顧」。祖，是一種祭奠路神的儀式，古人出遠門時常有這種儀式，以圖平安順

利。變徵之聲，是指變換音調。古代樂律分為宮、商、角、變徵、徵、羽、變宮七調，大致相當於今之 CDEFGAB 七調。變徵，即 F 調。此調韻味蒼涼，悲惋淒切。羽聲，相當於今之 A 調，韻味激昂慷慨，令人熱血奔湧，具有極強的蠱惑力與煽情效果。

荊軻抵秦國，刺殺秦王事敗被剁成肉餅，燕太子丹與他的國家隨之招來了身死國亡之禍，燕王喜被擄。

《史記》載：「其明年，秦併天下，立號為帝。於是秦逐太子丹、荊軻之客，皆亡。」又說：「高漸離變名姓，為人庸保，匿作於宋子。久之，作苦，聞其家堂上客擊筑，徬徨不能去。每出言曰：『彼有善有不善。』從者以告其主，曰：『彼庸乃知音，竊言是非。』家丈人召使前擊筑，一坐稱善，賜酒。而高漸離念久隱畏約無窮時，乃退，出其裝匣中筑與其善衣，更容貌而前。舉坐客皆驚，下與抗禮，以為上客。使擊筑而歌，客無不流涕而去者。宋子傳客之。聞於秦始皇，秦始皇召見。人有識者，乃曰：『高漸離也。』秦皇帝惜其善擊筑，重赦之，乃矐（ㄏㄨㄛˋ）其目，使擊筑，未嘗不稱善。稍益近之。高漸離乃以鉛置筑中，復進得近，舉筑撲秦皇帝，不中。於是遂誅高漸離，終身不復近諸侯之人。」

這個故事在司馬遷筆下可謂一波三折、離奇詭異、險象環生，猶如一篇驚悚小說，令人讀之頭皮發麻、心驚肉跳。想不到當荊軻的一幫隊友在秦王朝強大壓力下四散逃亡之時，高漸離卻喬裝打扮，搖身一變成了宋子之庸保，也就是今河北省趙縣東北一大戶人家的僕傭。一連串的因緣際遇，使高漸離陰錯陽差地成為秦始皇的私人樂手，且在被人認出的險境中免於一死，卻又被熏瞎了眼睛。讀史至此，真為高氏之不幸而痛切扼腕，悵然太息。同時也可看到筑作為一種樂器在當時是何等的重要和流行，其身分地位如此之高貴，可謂在百樂中獨樹一幟，備受帝王將相與貴族士大夫寵愛，否則秦始皇不會冒生命危險專門聽仇敵高漸離

第六章 消失的曾國：神祕王國之謎

為其擊筑作歌。當然，高氏擊筑的技藝之超群亦是重點。只是這對昔日的冤家相聚，最終演繹了一場令世人不忍聞見的人生悲劇。

秦亡之後，作為樂器的筑並沒有隨著戰爭的烽火硝煙而消失，漢代人對擊筑的愛好程度有增無減。漢高祖劉邦統兵於淮北戰場擊敗叛亂的勁敵英布後回到故鄉，在召集父老鄉親的盛大宴會上，以複雜的心境親自擊筑，令青壯年與他一起高歌：「大風起兮雲飛揚，威加海內兮歸故鄉，安得猛士兮守四方……」史載，高祖的姬妾戚夫人也是一位擊筑高手，劉邦常令戚夫人擊筑，自己唱歌，每次演奏完畢，總是淚水漣漣，難以自制。

漢之後，筑漸漸沒落並終於失傳了，《中國大百科全書》說因為筑失傳太久，它是什麼形制，什麼構造，如何演奏，後人都不知道，就連它是幾根弦也不知道了。馬王堆漢墓出土的筑與曾侯乙墓出土之筑形狀相同，但有些專家認為，曾墓出土的這種樂器形體狹長，岳山低矮，不便「以竹擊之」，因而認為不是筑。經此反對，曾侯乙墓發掘報告的撰寫者也就不敢輕言定名，按這種樂器上面張有五弦，且又近屬琴類，暫且以「五弦琴」而名之。悲夫！

臉上塗著血汙的人

青銅重器和各種樂器全部放入墓室後，接著進行的一項最牽動人心的活動，就是如何將21名女人作為陪葬品裝殮入棺，抬入墓坑，為主人殉葬。

曾侯乙墓發掘後，譚維四、舒之梅曾撰文對此論述如下：

擂鼓墩一號墓的墓主人是曾侯乙，即曾國一名叫乙的君主，是戰國早期一個諸侯國的領袖。墓內放置的幾千件隨葬器物，曾侯乙不僅生前

占有享用,死後還要帶進墳墓,更有甚者是用人殉葬,這座墓殉葬了二十一人,經科學工作者對其骨架的研究鑑定,全是女性青少年,年齡最大者約二十五歲,最小者僅十三歲左右。

人殉制度起源於原始社會末期,盛行於殷商、西周奴隸社會,當時一個奴隸主死了,往往要殺殉或生殉(活埋)奴隸幾十人,多者達數百人,殉者不是身首異處就是頸上戴有枷鎖,身上纏有繩索。擂鼓墩一號墓的二十一名殉葬者骨骼齊全,未見刀砍斧傷痕跡,而且還都有一具彩繪木棺,內有木梳、木篦、玉環之類的少量隨葬品。結合有關文獻推測,封建統治階級對這些殉者很可能是採用「賜死」的辦法,即用欺騙手段迫使她們為墓主人殉葬。從形式上看,這種殉葬方式似乎較殷商、西周時代文明一點,但本質上其對殉者的壓迫之慘,並沒有兩樣。

上述規模龐大的墓坑和木槨、幾千件隨葬器物、二十一具無辜殉者的纍纍白骨,都是對封建統治階級壓迫人民的血淚控訴。

透過文獻記載,活著的人為死去的人殉葬,謂之「人殉」。這一現象在古代許多地方曾存在過,尤以亞洲為重,埃及、西亞兩河流域、印度、日本和中國皆然。至於這種制度的形成是人種使然,還是社會環境等因素所決定,史家說法不一,爭論也未曾平息,但這一事實之殘酷卻是毋庸置疑的。

中國的人殉從什麼時候開始,又是怎樣的一種形式,典籍多有記載。《左傳·成公二年》:「宋文公卒,始厚葬,用蜃炭,益車馬,始用殉。」正義引鄭玄注:「殺人以衛死者曰殉,言殉環其左右也。」《墨子·節葬下》說:「天子殺殉,眾者數百,寡者數十,將軍大夫殺殉,眾者數十,寡者數人。」《史記·秦本紀》載:「武公卒,葬雍平陽,初以人從死,從死者六十六人。」又說:「繆公卒,葬雍,從死者百七十七人。」

田野考古發掘的事實讓世人看到,宋文公「始用殉」的記載並不可

第六章　消失的曾國：神祕王國之謎

靠，這種惡習早在原始社會末期的龍山文化（西元前 20 世紀左右）和齊家文化（西元前 17 世紀左右）時期就已出現。甘肅武威皇娘娘臺遺址、永靖秦魏家遺址的齊家文化氏族公共墓地中都曾發現女子為男子殉葬的合葬墓，考古學界公認這是中國已知最早的殺妻（妾）殉葬墓。

那麼殉葬的女人或男人是以怎樣的方式就死而作為祭品埋葬的呢？史籍記載和考古發掘證明，有的被活埋，有的被殺後整體埋葬或肢解後埋葬，有的被活活餓斃，有的被強迫上吊自殺，其方式多種多樣，慘不忍睹，令人聞之心寒。拋開氏族群落的殉葬不談，僅以發掘證實的夏商周三代及其之後的各個朝代，大致可以看出古代中國殉葬制度的殘忍輪廓。

1957 年，著名考古學家徐旭生在河南偃師二里頭村發現了一處古代遺址。在已發掘的灰層和灰坑中，考古人員發現人殉墓葬數百座，人骨或身首異處，或雙手被縛，或一手反折背後，或兩手上舉過頭。另有一些零星的人頭和肢骨，想是被刀砍或活埋。據發掘人員分析，這些慘遭殺害之人，應當就是奴隸。1955 年，鄭州商城在考古發掘中始見殉葬坑和殉葬墓，在一個編號為 171 的坑中，考古人員發現了兩具人骨，又有一個人頭及兩隻腿骨。人骨雙手反綁，手指骨、手臂骨和腳趾骨全被砍掉。此舉令發掘者發出了「奴隸主對奴隸們的殺害，就是如此的殘忍」之感嘆。

殷墟 1001 號大墓，雖遭多次盜掘破壞，但仍然在墓底、墓道等處發現殺人殉葬者共達 225 人之多。據推測，整個墓內殉葬的奴隸可能有三、四百人。考古人員透過細緻的觀察研究，推斷出當時殺殉的步驟是：當墓坑、墓道填土工作進行到一定階段的時候，奴隸們就被雙手反綁，一隊一隊按順序被牽到墓道之中，面向墓坑，並肩東西成排跪下。劊子手從一頭到另一頭，按序砍殺。被殺者倏忽間人頭落地，肢體向前

撲倒，成為俯身，隨之為填土所埋。填土一至二層後，再按原樣殺殉一些奴隸填埋。如此循環，直至砍殺到一定數量為止。經骨骸鑑定，被殺的奴隸多數都未成年，一般在十幾歲，有的只有幾歲，更小的連天靈蓋都還沒有長滿。較之1001號大墓，發掘時，殷墟其他各墓破壞得更加嚴重，但無一例外都有人殉。少則幾人，多則幾十人，如1550號大墓，中心腰坑殉葬一人一狗，墓室四角四個小墓坑，各殉葬一人，北墓道口，又殉葬十具一排的人頭骨數列，共計殘存殉葬的奴隸有幾十人至上百人之多。從現場情形看，這些殉葬的奴隸，多數身首砍斷，有的只有肢體，有的只有頭顱，有的雙手背縛，有的抱手蜷腿，有的張口歪頭，悲慘之狀不忍目睹。在殷墟大墓區東部，考古人員揭露附屬小墓1,242個，多有殉人，估計總數達2,000。

圖6-17 商代統治階級用奴隸做人牲的場景

在殷墟小屯北地，靠洹河的彎曲部位，是商王朝舉行祭祀的地方，從考古揭露的25個土坑看，共祭用62隻羊、74隻狗、97個人。用作祭祀的奴隸年齡不等，小孩為完整軀體，成人皆被砍頭。砍頭後，人骨呈俯身狀，頭與頸完全脫離。有的被砍頭後留有下顎，有的脊椎骨上還帶有顎骨和頸骨。有的呈仰身狀，頭部僅被砍去上部，下部還連在頸上。被砍的地方，有的在鼻部，有的在眉際，刀砍的痕跡，還清楚可見。對於此種情形，考古人員做過各種研究和猜測，有的認為可能是劊子手偷

第六章 消失的曾國：神祕王國之謎

懶，或者太不把這些奴隸的生死放在眼裡，如同砍殺一條狗一樣隨便。有的認為是在砍頭的一剎那，出於本能反應，奴隸的頭產生了顫動，刀走偏鋒，從鼻子處掠過。在劊子手或主持祭祀的貴族看來，反正被殺者已是腦漿迸裂，撲地而亡，也就不再計較是從頸上還是頸下開刀了。據參加發掘的考古人員胡厚宣說，小屯殷王的宮殿宗廟區，截至1970年代已發現人祭738人，倘若把殘墓復原，數量將有千人以上。如果把其他各地的商代遺址人殉、人祭的發掘數目加以統計，確切的人數達到3,684人。除殷墟之外，其他商代墓葬也發現人殉現象，如河北藁城臺西商代前期的一號墓，「在西階上殉葬未成年女子一人，兩腿相交，兩臂上屈，似是捆綁所致」。這個姿勢，顯然是被活埋而形成。假如這些考古發掘的墓葬在此前不被破壞的話，殉葬者可能多達四、五千人。這個數字僅是由田野考古工作者地下發掘所見，至於從甲骨文字所見殷代人祭的情況，將大大超過此數，更加令人驚駭。對此，考古學家兼甲骨學者胡厚宣曾專門著文說明：截至1970年代初，在已發現的甲骨文裡有關人祭，以殷代武丁（西元前1250年至西元前1192年）在位的時期為最多。在所見1,006則卜辭中，祭用9,021人；另有531則未記人數，一次用人最多的是500個奴僕，這裡所說的僕就是奴隸。武丁之後，祭用人最多的是廩辛、康丁、武乙、文丁，計有卜辭688則，祭用3,205人，另有444則未記人數，一次用人最多的是200人。

在所見殷墟卜辭中，有一則為「不其降冊千牛千人」。有甲骨文學者認為，千牛千人也是一種祭祀，即殺掉了1,000頭牛，1,000個奴隸。日本立命館大學漢學家白川靜教授對此有不同看法，認為這是以牢閑養獸備供犧牲挑選的儀禮。

對這一說法，胡厚宣表示贊同，卜辭的意思是以牢閑把千人與千牛一起關起來，以備他日舉行祭祀時挑選犧牲之用。這些奴隸最終被殺掉

是肯定的,但不是卜辭記載的一次全部人頭落地,就如同樹上的柿子,有的要一、兩個月,有的要更多的時間才落下。這些成千上萬用作祭祀犧牲的奴隸,有男有女,有臣有妾,有姬有婢。被關者或被押赴斷頭臺者,或戴枷鎖,或雙手背縛,或用手勒髮,或以繩引牽。或焚燒,或土埋,或割裂,或用手扼制。或被剁成肉醬,盛在豆中,或用鑽鏃,取其腦漿,或殺人而以其血祭,或斫伐而取其頭顱。有的奴隸頭被砍下,隨著噴出的淋淋鮮血一同被掩埋,直到幾千年後發掘時,斑斑血跡仍清晰可見。真可謂「斷頭臺上淒涼夜,多少同儕喚我來」。從卜辭上看,有刻劃奴隸的象形字,像被擊撲倒,刨坑活埋,張口呼號,做竭力掙扎之狀。也有的被砍下頭後,還要在頭骨上刻以銘辭。胡厚宣說,這些卜辭中的人祭,與地下考古發現互相印證,結果完全相符。種種悽慘形象,怵目驚心,令人髮指。當年魯迅先生曾言:「我向來是不憚以最壞的惡意來推測中國人的。但這回卻很有幾點出於我的意外。……竟會這樣地凶殘……竟至如此之下劣」,但是他們「居然昂起頭來,不知道個個臉上有著血汙」。(〈紀念劉和珍君〉)此話雖說的是魯迅那個時代的當局和當局豢養下披著警察外衣的鷹犬,但讀罷此語,似乎又讓人回到了遙遠的商代和商代的人殉現場。或許魯迅的偉大之處正在於此吧。

21 位女人之死

商代如此,作為承接了夏、商兩代道統的周代,人殉制度又是如何呢?《西京雜記》卷六記載:「幽王(周幽王)塚甚高壯,羨門既開,皆是石堊,拔除丈餘深,乃得雲母深尺餘。見百餘屍縱橫相藉,皆不朽。唯一男子,餘皆女子,或坐或臥,亦猶有立者,衣服形色不異生人。」周幽王是西周最後一位天子,也就是寵愛褒姒而不惜以烽火戲弄諸侯,最終導致失國的那一個臭皮囊。最後一位尚且如此,前面的君王也不會好

363

第六章 消失的曾國：神祕王國之謎

到哪裡去，由此可推知整個西周的殉葬尤為盛行。

東周時代關於人殉、人祭，地下已被發現的遺存不多，但依然存在。如安徽壽縣的蔡侯墓，屬於春秋時期，1955年發掘時，考古人員在墓底東南角，發現殉葬一人。又《左傳・文公六年》載：「秦伯任好卒，以子車氏之三子奄息、仲行、鍼虎為殉，皆秦之良也。國人哀之，為之賦〈黃鳥〉。」詩曰：

交交黃鳥，止於棘。

誰從穆公？子車奄息。維此奄息，百夫之特。臨其穴，惴惴其慄。

彼蒼者天！殲我良人！如可贖兮，人百其身！

穆公，即春秋時秦國之君，名任好，卒於周襄王三十一年（西元前621年），以177人殉葬。從，即從死之意，也就是殉葬。子車奄息，子車是氏，奄息是名。一說字奄名息。夫，男子之稱。特，匹。這句是說奄息的才能可以與一百個男人匹敵。穴，指墓壙。

這首詩譯成現代白話，便是：黃雀嘰嘰，酸棗樹上息。誰跟穆公去了？子車家的奄息。說起這位奄息啊，一人能把百人敵。走近了他的墳墓，忍不住渾身哆嗦。蒼天啊蒼天！我們的好人一個不留！如果准許我們贖他的命，哪怕是用一百個人也可以。

此詩被編選於《詩經・秦風》中，它無疑是一首輓歌，全詩共三章，分別悼輓三位傑出的良才。每章末四句是詩人的哀呼。可見秦人對於三良的惋惜，也可見秦人對於暴君的憎恨。

秦穆公死後不過一百年，社會發生了劇烈變革，人殉制度開始引起非議並產生動搖。春秋時代的孔子曾站出來公開反對殉葬制度，既反對以活人殉葬，同時也反對以活人生前占有的珍貴器物隨葬，甚至反對用仿真人的木俑殉葬。按照這位聖人的說法，人鬼殊途，並不能同歸，完

全沒有必要白費力氣和浪費財物，甚至損害人的生命。入葬的時候，只要用泥巴做個小車，用稻草紮個小人作為明器殉葬就可以了。若是用逼真的木偶人殉葬就會走上邪惡之道，因為用逼真的木偶人與用活人殉葬幾乎相同，是對活著的人大不敬。後來的孟子在與梁惠王對話時也曾提及此，他說：「孔子曰：『始作俑者，其無後乎！』為其像人而用之也，如之何其使生人飢而死也。」孟子的話明顯反對統治者不顧人民的死活，甚至置人民於水火之中而不顧，竟把人活活餓死。他把餓死與殉人相提並論，是對這兩者的雙重憎恨。孟子在世的時候，距離秦穆公也不過兩百餘年。在這一、二百年內，整個社會的確發生了巨大變革，處於奴隸制即將崩潰，封建階級登上歷史舞臺的轉折時期。較之孔子，孟子在社會政治問題上更加言辭犀利而鮮明，他宣稱：「君視臣如手足，臣視君如腹心；君視臣如犬馬，臣視君如國人；君視臣如糞土，臣視君如寇仇。」（《孟子‧離婁》）至於對一般的臣僚，孟子更不以為然──「今之所謂良臣，古之所謂民賊也」（《孟子‧告子》）。孟子自稱「吾善養吾浩然之氣」（《孟子‧公孫丑》），「富貴不能淫，貧賤不能移，威武不能屈」（《孟子‧滕文公》）。此番氣魄、學識和人格魅力，令舉國有識之士紛紛響應支持，有的甚至不惜拋卻身家性命為之諫阻倡議，延續了幾千年的人殉制度終於受到一定程度的遏制。

　　春秋之後，人殉制度大致上廢除，大多數貴族改用木製或泥製人形偶像殉葬。戰國時的秦國在獻公元年（西元前384年）曾正式下令廢止人殉。但是到了西元前221年，秦統一六國後，殉葬制度死而復生，令人不寒而慄。《史記‧秦始皇本紀》載，秦始皇帝死後，「二世曰：『先帝後宮非有子者，出焉不宜。』皆令從死，死者甚眾。葬既已下，或言工匠為機，臧皆知之，臧重即泄。大事畢，已臧，閉中羨，下外羨門，盡閉工匠臧者，無復出者。」從這段文字看，不只一大批后妃宮女從死，參

第六章　消失的曾國：神祕王國之謎

與陵寢建設的工人也無一倖免，皆無辜地成了秦始皇的殉葬品。

秦亡之後，除邊遠地區強制婦女殉葬外，人殉制度已趨湮滅。據《三國志‧吳書》載，三國時吳將陳武戰死，孫權破例下令以陳愛妾殉葬。吳亡，此「恩典」即遭到指責：「權仗計任術，以生從死，世祚之短，不亦宜乎！」孫權的做法被連結至吳國短祚的命運，可見時人對殉葬已是深惡痛絕。

按照這種思想觀念傳承下去，本應不會再出現殉葬的慘劇，但歷經幾個朝代的攻伐輪換之後，想不到當江山社稷落到一位乞丐與和尚出身的朱元璋手中時，早已成為腐屍的殉葬制度再度從陰間冒出來，隨著南京城蕩漾的血水淚滴，重返大明王朝的舞臺。

洪武二十八年（西元 1395 年），朱元璋的次子秦王朱樉死，以兩名王妃殉葬，自此，潘朵拉的盒子正式啟封。朱元璋本人死後，亦有嬪妃、宮女陪葬孝陵。《明史‧太祖本紀》載，1398 年閏五月初十，「（朱元璋）崩於西宮，年七十有一」。長孫朱允炆繼大位，史稱建文帝。新皇帝遵照遺詔，凡太祖沒有生育過的後宮妃嬪，皆令殉葬，另有若干宮女從死。具體殉葬是多少人，史上並無確切記載。據明末人毛奇齡所著《彤史拾遺記》載：「太祖以四十六妃陪葬孝陵，其中所殉，唯宮人十數人。」殉葬的步驟不再像商周時期直接拉到墓地砍頭活埋，因為時人確信被砍頭者的鮮血會玷汙主上的靈魂，使之在陰曹地府內感到不爽，便改弦更張，用「文明」的方法，乾淨俐落地處死。具體操作方法是，臨刑前於宮內擺設宴席，請這些妃嬪盛裝打扮後赴宴。宴畢便被帶到指定的殿堂內，由太監分別架上木床，將頭伸進預先拴好的繩套中，太監撤去木床，一個個年輕的生命就此消亡。

朱元璋的四子朱棣奪得姪子建文帝的政權、登上大位後不久，即在北京昌平建造十三陵首陵──長陵地宮。據文物專家王秀玲考證，朱

棣死後有七名妃嬪殉葬。當時有一位朝鮮籍妃子韓氏也在被指定殉葬之列，這名妃子明知自己將死，心有不甘又無力抗爭。當她被太監架上木床，將要把頭伸進帛套的剎那間，猛地回首呼喚自己的乳母金黑：「娘，吾去！娘，吾去……」其悽慘之狀和悲慟之聲，連監刑的太監都潸然淚下。少頃，太監將其頭顱強行按進帛套中，抽掉木床，韓氏掙扎了幾下便氣絕身亡。金黑是韓氏從朝鮮帶來的乳母，後來被放回故國，說出這段詳情，被朝鮮文獻《李朝實錄》記載下來，始為世人所知。

明亡之後，這一制度在清朝初年又曾短暫出現。天命十一年（西元1626年），68歲的努爾哈赤病死，令大妃阿巴亥殉葬，詔曰：「俟吾終，必令殉之。」阿巴亥為了保全幾個兒子，盛裝自盡，年僅37歲。實際上，除了阿巴亥以外，努爾哈赤生前侍奉他的四位宮女也一塊殉葬了。

據傳，在清康熙皇帝之前的清世祖福臨、清太宗皇太極與努爾哈赤一樣，死後都有活人殉葬。一直到康熙年間，御史朱斐針對此惡習上書曰：「屠殘民命，干造化之和。僭竊典禮，傷王制之巨。今日泥信幽明，慘忍傷生，未有如此之甚者。夫以主命責問奴僕，或畏威而不敢不從，或懷德而不忍不從，二者俱不可為訓。且好生惡死，人之常情，捐軀輕生，非盛世所宜有。」或許這個反對意見產生了作用，或由於其他更複雜的原因，康熙十二年（西元1673年），開始明令禁止八旗包衣佐領以下的奴僕隨主殉葬。從此，帝王死後的殉葬制才算真正退出中國歷史舞臺。

幾千年漫長而慘烈的人殉事例與制度，令魯迅先生在看到明代「以剝皮始，以剝皮終」的黑暗政治和殘酷刑罰之後發出感慨：「自有歷史以來，中國人是一向被同族和異族屠戮，奴隸，敲掠，刑辱，壓迫下來的，非人類所能忍受的痛楚，也都身受過，每一考查，真教人覺得不像活在人間。」（魯迅《且介亭雜文・病後雜談之餘》）

儘管不像活在人間而是活在地獄之中，也還是要活下去。活著就是

第六章　消失的曾國：神祕王國之謎

為了活著，無他。只是每個人活法不同，死法也各異罷了。曾侯乙墓的墓主與殉葬的 21 名少女即是此活命哲學的生動注釋。

曾侯乙墓陪葬者生前的身分，經由分析其所用葬具、在槨室內的陪葬位置、與墓主木棺及墓內隨葬文物的關係等，東室的 8 位，因與墓主人葬在同一室內，推測應為曾侯乙的近侍妃妾或宮女。其中 6 位在主棺之東，木棺呈一字式平行排列，所有木棺製作較講究，內面均髹黑漆，有一具表面髹紅漆，餘均黑漆為底繪紅彩。髹紅漆者體積最大，放置居中，可能為墓主的愛妃。

其餘 5 位可能為近侍妃妾。主棺之西的兩具木棺，位於東室通向中室的門洞旁，與狗棺為伍，生前地位應比前 6 位要低，有可能為墓主人生前的近侍宮女。結合秦始皇入葬情形，殉葬者身分大致如此。至於西室的 13 位陪葬者，皆為棺葬，但年齡較小。此室除了 13 具陪葬棺，別無他物，據此推斷，很可能是墓主人生前的歌舞樂伎或樂舞奴婢。類似的以樂舞奴婢殉葬之事，史籍亦有記載，例如，《漢書・趙敬肅王傳》中有彭祖的後人膠王元「病先令，令能為樂奴婢從死。迫脅自殺者凡十六人」。

通觀曾侯乙墓 21 位殉者，其遺骨鑑定既未見刀砍斧傷和被毒殺的痕跡，又入殮於髹漆彩繪木棺內，且有衣衾或竹蓆包裹，還有些許器物隨葬。譚維四、郭德維等學者認為，極有可能是採取賜死的辦法來殉葬的。即每人先賜以紅色綢帶，命其自縊身亡後入殮於棺，然後隨墓主一同埋入墳墓。這些死者大多數被迫從死，從出土的屍骨形態仍可想像她們當年慘死的情景是何等淒涼。

發掘顯示，墓坑西室與中室隔牆中段有一個約 50 公分的四方小洞，與中室相通。而中室、北室各室之間也都有四方小洞相通，這是為了便於曾侯乙在陰間宮殿尋花問柳而特別設定的。頗令人感慨的是，在靠近東室通中室門洞的地方，還放置有一具殉狗棺。狗棺比陪葬的殉人棺

小，沒有施彩，棺蓋上卻放有兩件石璧。顯然，這是墓主生前的一隻愛犬，死後仍守候在墓主的足下，並為其守門看戶。由此更可以看出，這些陪葬的少女在墓主及其家族眼中，也不過相當於一條狗罷了。

　　發掘中還可看到，墓主外棺北側下部留有一個小門，內棺的足檔描畫了一個窗框，這裡是曾侯乙的安息之所。很顯然，在這位君主有了興致，希望遨遊天國的時候，小門和窗框是他靈魂出入的通道，他的家人和臣民在這點上想得非常周到，可謂關懷備至。曾侯乙在另一個世界裡絕不會有行動不便的感覺，無論是東室的近侍寵妾，還是西室的歌伎少女，她們生前為主上服務，死後仍然要盡職盡責。她們的棺上都繪有類似主棺的窗格，就是隨時準備聽候主人的召喚，順通道而出入服侍。特別值得一提的是，西室二號棺中20歲的少女，或許是一名樂舞領班，或許有特殊的身分，她的鴛鴦盒可作為一個象徵。這件美麗奇特的鴛鴦盒與少女一起隨葬，用意何在？發掘者郭德維推斷，鴛鴦盒顯然是這位少女生前所喜愛之物，埋葬時，考慮到她生前的喜好或遺願，將這件藝術品做為她的陪葬品。自然界中的鴛鴦總是成雙成對地生活著，人們常用來比喻恩愛的戀人，此女懷抱鴛鴦伴其生前身後，是否在婚戀上有什麼祕密？這件器物是曾侯乙賞賜，還是她本人所置？或許是心上人暗中贈送，以此作為定情的信物？如果真的是定情之物，只能隨著破碎的愛情之夢，共同被殉葬於幽幽地宮之中。

圖 6-18 曾侯乙內棺上描繪的神怪影像，意在保護死者的靈魂

第六章　消失的曾國：神祕王國之謎

▎曾國的真相

　　陰風陣陣，滿城蕭瑟的曾國首都，外賓接待組的治喪人員也在頻繁而友好地接待著來自國外與盟友贈送的弔唁禮物。

　　從曾侯乙墓出土的 240 枚竹簡 6,696 字中可以看到，除了兵甲類的登記，就是參加葬儀的車馬及餽贈者的清單。其中記載曾侯乙死後，餽贈車馬的人有王、太子、令尹、魯陽公、陽城君、平夜君等。王、太子、令尹當是指楚國的王、太子和令尹。曾人對楚王等人如此稱呼，可以得知這時的曾侯已完全附屬於楚。也就是說，這個由周王朝分封名為曾的姬姓國家，實際上已完全淪為楚國的附庸了。

　　簡文還明確地表明，曾侯乙死後，他人所贈之車共 26 乘，自備之車共 43 乘，總數為 69 乘。另外有他人贈送和自備之馬超過 200 匹，由於竹簡出土時已殘損，原來的數字估計更大一些，因為墓中所出的戈頭、殳等兵器以及箭鏃都多於簡文所記的數量。但墓中只有兵器而沒有車馬，按裴錫圭的說法，從《周禮》等書有關記載來看，簡文所記的車馬大概多數不會用來從葬，很可能有一定數量的車馬埋在墓外專門設定的車馬坑之中。可惜發掘前墓地周圍已遭到嚴重破壞，詳情已無法查明。

　　當各種入葬事宜就緒後，在整個葬儀中最為重要的高潮大幕開啟了──這是曾侯乙進入墓室前的最後一道流程。按照當時的葬制和禮數，有專門人士先為曾侯乙香湯沐浴，而後梳洗打扮、穿衣戴帽。與此同時，在衣內衣外的屍體四周，放置大小、形制不同的玉器和少量金器等物。放於死者臉部者，稱為「綴玉面罩」。最具特色的是用玉石雕刻了幾十件小動物，分別置於死者的七竅和肛門與生殖器上，置於口中者則謂玉珍，塞於鼻、耳、肛門與生殖器者叫玉塞。其用意是為了傳說中的千年屍骨不朽。

曾國的真相

圖 6-19 曾侯乙墓墓主口含的玉雕小動物，大如黃豆，小如綠豆，
有玉牛 6 件，玉羊 4 件，玉豬 3 件，玉狗 2 件，玉鴨 3 件，玉魚 3 件，
共 21 件，這是其中的一部分

　　巨大的漆棺，在汗水流淌與淚水飛濺的肅穆哀苦氣氛中，終於到達擂鼓墩墓地。一陣手忙腳亂、大呼小叫，架在墓坑之上的巨大套棺隨著一根絞索突然斷裂，「咕咚」一聲摔入墓坑東室之內，半尺長的銅鈕如利劍一樣斜插入墓壁槨板之中，嚴絲合縫的棺蓋板隨著棺身下沉的重力「咔嚓」一聲被撕破，裂開了一道拳頭般粗細的裂縫。面對這一突然而至的凶象，哀號之聲頓絕，現場鴉雀無聲，一片死寂。眾人驚恐又莫知奈何，主持者已是全身顫抖，面如死灰，汗如雨下。

　　少頃，當主持者於惶恐不安中企圖指揮眾人以最快的速度將這個龐然大物「改邪歸正」時，所有的人使盡招數、用盡力氣，但斜趴在坑中的巨棺已如泰山壓頂，巍然不動。無奈之下，曾侯乙的親族與重臣只好決定放棄，就此掩埋。

　　於是，上百人開始按照原計畫行動。把所有該放置的小件陪葬物放置完畢，而後於墓坑之上加封槨蓋板，鋪竹蓆、絲絹與竹網，再用 6 萬多公斤的木炭鋪填於槨頂與槨壁之間，最後覆土掩埋加固。當這一切做完後，曾侯乙墓的地下宮殿已完全封閉於山岡曠野之中，春秋晚期一個諸侯國的祕密，就這樣悄然消失在歷史視野之外。

　　外棺的開裂與傾斜，為屍體的腐爛埋下了禍端。

第六章 消失的曾國：神祕王國之謎

最後的歸宿

曾侯乙墓深入山岡地表以下 13 公尺，內槨底板直接建在坑底岩石上，沒有像槨頂和槨牆四周那樣填埋木炭或白膏泥並加以夯實，只有中室部分槨底做過類似努力。這一明顯對屍體防腐構成巨大威脅的重要缺陷，是由於時間倉促來不及施行，還是設計者眼見坑底岩石乾燥無水，而自以為是地認為萬事大吉？或許由於墓主家族產生內訌，各自爭搶財產與權力，衝突嚴重，而只顧眼前之事，顧不得棺下情形？

總之，一根又一根的寬厚木質槨板直接鋪在坑內的岩石之上，而墓坑的位置正處於風化岩石地質帶上，紅色的岩石具有透水性。墓坑四周岩石本身和地下都含有大量水分，且擂鼓墩山岡地下水又埋藏較淺，最淺處埋深小於 0.5 公尺。

也就是說，當曾侯乙梳洗打扮好，攜 21 位青春美女進入幽暗的地下宮殿，準備在陰間這個小型世界好好安息享樂一番之時，墓底和坑壁四周開始透過微小的空隙，向坑內滲水，且以每晝夜 2 立方公尺至 3 立方公尺的速度推進。約經過 242 個晝夜，墓坑內的水已湧至 2.19 公尺，這正是墓主外棺的高度。

假如棺槨下葬時沒有開裂傾斜，曾侯乙尚可一如既往地躺在棺內，優哉地過他的陰間鐘鳴鼎食的生活，做著一個個桃色美夢。很不幸，棺蓋撕裂，縫隙難填，從地下與四壁悄然無聲漫過來的冷水，如同探頭探腦的蛇一般、一縷縷地鑽入棺內。繼之凜冽的激水「嘩」的一聲翻棺而過，呈瀑布狀湧入棺內，很快地將相當於臥室的內棺包圍。棺內那具酒肉充塞的皮囊，遂被沖到內棺一角，不再動彈。

當坑內地下湧出的水流上升到 2.2 公尺之時，戛然而止，且永久停

留在這一水平線上。這個高度，僅比墓主外棺高出 0.01 公尺。世間之事如此之巧，足以令鬼神唏噓。曾侯乙的皮囊將在凜冽的清水浸泡中，一點點腐朽成泥。

一百多年後，盜墓賊在月黑風高之際，掘開了曾侯乙墓穴，鑿斷了槨板並撈取少量器物。繼之，大雨來臨，水流順洞灌瀉而下，墓坑積水暴漲一公尺多，直升至槨蓋板，將整個墓坑全部浸泡為止。汙泥濁水的水位上升，加劇了曾侯乙那具臭皮囊的腐爛。

又是兩千多年過去了，現代考古人員開啟墓穴，進入棺內，看到了一堆被浸泡成黑黃色的碎骨。一扇埋藏於塵煙霧靄中的歷史之門由此開啟，湮沒千年的祕密得以揭開，曾侯乙墓葬發現發掘的故事，就此結束。

歷史的脈搏 —— 始祖骸骨、青銅神像與失落國度：

猿人頭骨 × 青銅面具 × 孫子兵法⋯⋯圖文並茂再現千年的古文明之光與文化傳奇

作　　　者：	岳南
發　行　人：	黃振庭
出　版　者：	崧燁文化事業有限公司
發　行　者：	崧燁文化事業有限公司
E - m a i l：	sonbookservice@gmail.com
粉　絲　頁：	https://www.facebook.com/sonbookss/
網　　　址：	https://sonbook.net/
地　　　址：	台北市中正區重慶南路一段 61 號 8 樓 8F., No.61, Sec. 1, Chongqing S. Rd., Zhongzheng Dist., Taipei City 100, Taiwan
電　　　話：	(02)2370-3310
傳　　　真：	(02)2388-1990
印　　　刷：	京峯數位服務有限公司
律師顧問：	廣華律師事務所 張珮琦律師

-版權聲明

本書版權為河南文藝出版社所有授權崧燁文化事業有限公司獨家發行繁體字版電子書及紙本書。若有其他相關權利及授權需求請與本公司聯繫。

未經書面許可，不得複製、發行。

定　　價：499 元
發行日期：2025 年 01 月第一版
◎本書以 POD 印製

國家圖書館出版品預行編目資料

歷史的脈搏 —— 始祖骸骨、青銅神像與失落國度：猿人頭骨 × 青銅面具 × 孫子兵法⋯⋯圖文並茂再現千年的古文明之光與文化傳奇 / 岳南著 . -- 第一版 . -- 臺北市：崧燁文化事業有限公司 , 2025.01
面； 公分
POD 版
ISBN 978-626-416-217-3(平裝)
1.CST: 考古學
790　　　　　　　　113020275

電子書購買

爽讀 APP　　　臉書